Ausländische Personengesellschaften
im internationalen Steuerrecht

Europäische Hochschulschriften
European University Studies
Publications Universitaires Européennes

Reihe II
Rechtswissenschaft

Series II Série II
Law
Droit

Band/Vol. 4470

PETER LANG
Bern · Berlin · Bruxelles · Frankfurt am Main · New York · Oxford · Wien

Gabriele Machens

Ausländische Personengesellschaften im internationalen Steuerrecht

PETER LANG
Bern · Berlin · Bruxelles · Frankfurt am Main · New York · Oxford · Wien

Bibliografische Information Der Deutschen Bibliothek
Die Deutsche Bibliothek verzeichnet diese Publikation in der Deutschen Nationalbibliografie; detaillierte bibliografische Daten sind im Internet über ‹http://dnb.ddb.de› abrufbar.

Dissertation Universität Bamberg, 2006

ISSN 0531-7312
ISBN 978-3-03911-227-2

Hochfeldstrasse 32, Postfach 746, CH-3000 Bern 9
info@peterlang.com, www.peterlang.com, www.peterlang.net

Inhaltsverzeichnis

Schrifttumsverzeichnis

Monographien, Aufsätze, Beiträge in Sammelwerken

Aigner, Hans-Jörgen / *Züger*, Mario: Die Lösung des OECD-Steuerausschusses für Qualifikationskonflikte bei Personengesellschaften, in: Personengesellschaften im Recht der Doppelbesteuerungsabkommen: Die Auswirkungen des OECD-Reports auf die Abkommenspraxis, hrsg. Wolfgang Gassner u. a., Wien 2000, S. 47 ff. (zitiert: *Aigner/Züger*, Lösung des OECD-Steuerausschusses).

dies.: Sind Entnahmen aus Personengesellschaften abkommensrechtlich „Dividenden"?, SWI 2000, S. 254 ff.

Baranowski, Karl-Heinz: Besteuerung von Auslandsbeziehungen, 2. völlig überarb. und erw. Aufl., Herne 1996.

Baumgartner, Sandra: Beteiligung an einer Personengesellschaft – Zurechnung der Betriebstätte an die einzelnen Gesellschafter im Abkommensrecht, in: Personengesellschaften im Internationalen Steuerrecht, hrsg. von Christoph Urtz u. a., Wien 2001, S. 299 ff. (zitiert: *Baumgartner,* Beteiligung an einer Personengesellschaft).

Becker, Helmut: Die Besteuerung von Betriebstätten, DB 1989, S. 10 ff.

Beisse, Heinrich: Korreferat zum Referat Gassner, JbFfSt 1976/1977, S. 247 ff.

Bernhard, Winfred: Einkünfte aus ausländischen Betriebstätten im Lichte des Europarechts – Anmerkung zu dem Urteil des EuGH vom 14.12.2000, C – 141/99 (AMID), IStR 2001, S. 366 ff.

Best, Michael: Einkünftequalifikation und Gewinnermittlung bei Personengesellschaften, DStR 1991, S. 1545 ff.

Blumenwitz, Dieter: Die Auslegung völkerrechtlicher Verträge, in: Doppelbesteuerungsabkommen und nationales Recht, hrsg. von Klaus Vogel, München 1995, S. 5 ff. (zitiert: *Blumenwitz* in: Doppelbesteuerungsabkommen und nationales Recht).

Bornhaupt, Kurt Joachim v.: Lohnsteuerrechtliche Fragen bei Entsendung von Arbeitnehmern ins Ausland und vom Ausland ins Inland, BB 1985 Beilage 16, S. 1 ff.

Brenner, Dieter: Personengesellschaften im internationalen Steuerrecht, in: Unternehmensstruktur und Rechtsformen im internationalen Steuerrecht, hrsg. von Wilhelm Haarmann, Köln 1996, S. 63 ff. (zitiert: *Brenner*, Personengesellschaften im internationalen Steuerrecht).

Breuninger, Gottfried / *Krüger,* Astrid: Die abnehmende Lokalisierung von Unternehmen als Rechtsproblem im internationalen Steuer- und Gesellschaftsrecht – Gibt es mehrere Orte der Geschäftsleitung?, in: Festschrift für Albert J. Rädler zum 65. Geburtstag, hrsg. von Gottfried Breuninger u. a., München 1999, S. 79 ff. (zitiert: *Breuninger/Krüger* in: FS Rädler).

Breyer, Christoph: Die Einkommen- oder Körperschaftsteuerpflicht ausländischer Rechtsgebilde, in: Personengesellschaften im Internationalen Steuerrecht, hrsg. von Christoph Urtz u. a., Wien 2001, S. 355 ff. (zitiert: *Breyer*, Die Einkommen- oder Körperschaftsteuerpflicht ausländischer Rechtsgebilde).

Buciek, Klaus: Grundsatzfragen der Betriebstättenbesteuerung – Podiumsdiskussion, in: Internationale Betriebstättenbesteuerung, hrsg. von Detlev J. Piltz u. a., Köln 2001, S. 65 ff.

Bühler, Ottmar: Prinzipien des internationalen Steuerrecht, Amsterdam 1964.

Burmester, Gabriele: Die Anrechnungsmethode im deutschen Steuerrecht, in: Die Methoden zur Vermeidung der Doppelbesteuerung, hrsg. von Wolfgang Gassner u. a., Wien 1995, S. 241 ff. (zitiert: *Burmester*, Anrechnungsmethode).

Cordewener, Axel: Auslandsverluste und EG-Grundfreiheiten: Kurskorrektur am falschen Fall? – Kritische Anmerkungen zum Vorlagebeschluss des BFH v. 13.11.2002, IStR 2003, S. 413 ff.

Crezelius, Georg: Steuerrecht II, 2. Aufl., München 1994.

ders.: Unternehmenserbrecht: Erbrecht – Gesellschaftsrecht – Steuerrecht, München 1998.

Dautzenberg, Norbert: Vereinbarkeit von Doppelbesteuerungsabkommen und EG-Vertrag am Beispiel der Besteuerung der Arbeitnehmereinkünfte – Bemerkungen aus Anlaß der EuGH-Vorlage Gilly – DB 1997, S. 1354 ff.

ders.: EG-rechtswidrige Behandlung von negativen ausländischen Einkünften nach den EuGH-Entscheidungen Vestergaard und AMID, FR 2001, S. 809 ff.
Debatin, Helmut: Außensteuerliche und internationalrechtliche Behandlung von Rechtsträgern und daran bestehenden Beteiligungen, DB 1977, Beilage 13, S. 1 ff.
ders.: Inländische Beteiligungen an Mitunternehmerschaften im Ausland, BB 1978, S. 669 ff.
ders.: Inländische Beteiligungen an ausländischen Mitunternehmerschaften, BB 1978, S. 1608 ff.
ders.: Qualifikationskonflikte im Doppelbesteuerungsrecht, FR 1979, S. 493 ff.
ders.: Entwicklungsaspekte des internationalen Steuerrechts, RIW/AWD 1980, S. 3 ff.
ders.: System der Auslegung der Doppelbesteuerungsabkommen, DB 1985, Beilage 23, S. 1 ff.
ders.: Entwicklungstendenzen im internationalen Steuerrecht und nationalen Außensteuerrecht im Lichte der neuen höchstrichterlichen Rechtsprechung, DStZ 1987, S. 211 ff.
ders.: Subjektfähigkeit ausländischer Wirtschaftsgebilde im deutschen Steuerrecht, BB 1988, S. 1155 ff.
ders.: Subjektiver Schutz unter Doppelbesteuerungsabkommen, BB 1989 Beilage 2, S. 1 ff.
ders.: Das Betriebstättenprinzip der deutschen Doppelbesteuerungsabkommen (Teil I), DB 1989, S. 1692 ff.
ders.: Das Betriebstättenprinzip der deutschen Doppelbesteuerungsabkommen (Teil II), DB 1989, S. 1739 ff.
ders.: Zur Behandlung von Beteiligungen an Personengesellschaften unter den Doppelbesteuerungsabkommen im Lichte der neueren Rechtsprechung des Bundesfinanzhofs, BB 1992, S. 1181 ff.
ders.: Doppelbesteuerungsabkommen und innerstaatliches Recht, DStR 1992 Beihefter zu Heft 23, S. 1 ff.
Diehl, Wolfram: Qualifikationskonflikte im Außensteuerrecht, FR 1978, S. 517 ff.
Djanani, Christiana / *Brähler*, Gernot / *Hartmann*, Thomas: Die abkommensrechtliche Behandlung von Ausschüttungen aus US-amerikanischen S-Corporations, IStR 2003, S. 456 f.

dies.: Die Finanzverwaltung und die autonome Abkommensauslegung – zugleich Besprechung des BMF-Schreibens vom 19.3.2004, IStR 2004, 351 –, IStR 2004, S. 481 ff.

Dreissig, Hildegard: Ergänzungsbilanzen – steuerliche Zweifelsfragen und wirtschaftliche Auswirkungen, StbJb 1990/1991, S. 221 ff.

Engel, Michaela: Vermögensverwaltende Personengesellschaft und ertrag-steuerrechtliche Selbständigkeit, Herne/Berlin 2003.

Fahrenberg, Jürgen / *Henke*, Ulf: Das BMF-Schreiben zur steuerlichen Einordnung der US-LLC aus Beratersicht, IStR 2004, S. 485 ff.

Firlinger, Robert: Die abkommensrechtliche Ansässigkeit und die Methoden zur Vermeidung der Doppelbesteuerung, in: Die Methoden zur Vermeidung der Doppelbesteuerung, hrsg. von Wolfgang Gassner u. a., Wien 1995, S. 307 ff. (zitiert: *Firlinger*, Ansässigkeit).

Fischer, Lutz: Die Beteiligung an ausländischen Personengesellschaften vor dem Hintergrund der Betriebsstätten-Verwaltungsgrundsätze vom 24.12.1999, in: Staaten und Steuern: Festschrift für Klaus Vogel zum 70. Geburtstag, hrsg. von Paul Kirchhof u. a., Heidelberg 2000, S. 963 ff. (zitiert: *Fischer* in FS Vogel).

Fischer-Zernin, Justus: Sondervergütungen und DBA, RIW 1991, S. 493 ff.

Flume, Werner: Allgemeiner Teil des Bürgerlichen Rechts I/1 – Die Personengesellschaft, Berlin 1977.

Frotscher, Gerrit: Internationales Steuerrecht, München 2001.

Gloria, Christian: Die Doppelbesteuerungsabkommen der Bundesrepublik Deutschland und die Bedeutung der Lex-Fori-Klausel für ihre Auslegung, RIW 1986, S. 970 ff.

ders.: Das steuerliche Verständigungsverfahren und das Recht auf diplomatischen Schutz, Berlin 1988 (zitiert: *Gloria*, Verständigungsverfahren).

Gosch, Dietmar: Die Personengesellschaft und die Pensionszusage, DStZ 1994, S. 193 ff.

ders.: Rechtsprechung im besonderen Blickpunkt der Außenprüfung, Zum Mittelpunkt der geschäftlichen Oberleitung, StBp 1998, S. 106 ff.

Greif, Martin: Steuergestaltung bei einer international tätigen Personengesellschaft, in: Unternehmensstrukturen und Rechtsformen im

internationalen Steuerrecht, hrsg. von Wilhelm Haarmann, Köln 1996, S. 89 ff. (zitiert: *Greif*, Steuergestaltung).
Groh, Manfred: Trennungs- und Transparenzprinzip im Steuerrecht der Personengesellschaften, ZIP 1998, S. 89–95.
Großfeld, Bernhard: Basisgesellschaften im Internationalen Steuerrecht, Tübingen 1974 (zitiert: *Großfeld,* Basisgesellschaften).
Günkel, Manfred / *Lieber*, Bettina: Abkommensrechtliche Qualifikation von Sondervergütungen, FR 2000, S. 853 ff.
dies.: Duplik zu H. Krabbe, Abkommensrechtliche Behandlung von Sondervergütungen, FR 2001, S. 132.
Haas, Gerhard: Mitunternehmerschaften international, BB 1978, S. 53 ff.
ders.: Qualifikationskonflikte ausländischer Mitunternehmerschaften, BB 1978, S. 1253 f.
ders.: Nochmals: Inländische Beteiligungen an ausländischen Mitunternehmerschaften, BB 1979, S. 84.
Hahn, Hartmut: Das AMID-Urteil – belgisches Internum oder Aufbruch zu neuen Ufern? – Besprechung des EuGH-Urteils vom 14.12.2000, IStR 2001, S. 465 ff.
ders.: Grenzüberschreitende Berücksichtigung von Betriebstättenverlusten, IStR 2002, S. 681 ff.
ders.: Nochmals: Betriebstättenverluste, Verfassungs- und Europarecht, IStR 2003, S. 734 ff.
Haiß, Uta: Gewinnabgrenzung bei Betriebsstätten im Internationalen Steuerrecht: Vermögens-, Aufwands- und Ertragszuordnung nach OECD-Musterabkommen und neuem Betriebsstättenerlass, Neuwied, 2000 (zitiert: *Haiß*, Gewinnabgrenzung).
Helde, Stefanie: Dreiecksverhältnisse im Internationalen Steuerrecht unter Beteiligung einer Betriebstätte, Köln 2000.
Hemmelrath, Alexander: Besonderheiten bei der Beteiligung von Steuerinländern an Personengesellschaften in DBA-Staaten, IStR 1995, S. 570 ff.
Henke, Ulf / *Lang*, Michael: Qualifizierung ausländischer Rechtsgebilde am Beispiel der Delaware-LLC, IStR 2001, S. 514 ff.
Herrmann, Harald: Die Einordnung ausländischer Gesellschaften im deutschen, US-amerikanischen und europäischen internationalen Steuerrecht, Köln 2001 (zitiert: *Herrmann*, Einordnung ausländischer Gesellschaften).

Hey, Friedrich: Gesellschafts- und steuerrechtliche Aspekte der Limited Liability Company, RIW 1992, S. 916 ff.

ders.: Stellung der US (Delaware) Limited Liability Company im internationalen Steuerrecht, in: Außensteuerrecht, Doppelbesteuerungsabkommen und EU-Recht im Spannungsverhältnis: Festschrift für Helmut Debatin zum 70. Geburtstag, hrsg. von Gabriele Burmester u. a., München 1997, S. 121 ff. (zitiert: *Hey* in: FS Debatin).

Hock, Bernhard: Personengesellschaften mit internationalem Gesellschafterkreis – Besteuerungskonflikte und Lösungsmöglichkeiten, Wiesbaden 1994.

Höppel, Elke: Anrechnung ohne Subjektidentität, in: Personengesellschaften im Internationalen Steuerrecht, hrsg. von Christoph Urtz u. a., Wien 2001, S. 37 ff.

Jacobs, Otto: Internationale Unternehmensbesteuerung – Deutsche Investitionen im Ausland, ausländische Investitionen im Inland, 5. Aufl., München 2002, (zitiert: *Jacobs*, Internationale Unternehmensbesteuerung).

Jakob, Wolfgang: Zur Einbeziehung von (negativem) Sonderbetriebsvermögen in das Verlustausgleichspotential nach §§ 15a, 21 Abs. 1 S. 2 EStG, DB 1980, S. 2354 ff.

Jakob, Wolfgang / *Hörmann,* Norbert: Zur Einkünfteerzielungsabsicht bei gemeinsamer wirtschaftlicher Betätigung, FR 1990, S. 33 ff.

Jann, Martin: Die Auswirkungen des EU-Rechts auf die Abkommensberechtigung von beschränkt Steuerpflichtigen, in: Doppelbesteuerungsabkommen und EU-Recht, hrsg. von Wolfgang Gassner u. a., Wien 1996, S. 43 ff.

Jungreithmeir, Martina: Beteiligung an einer Personengesellschaft – Zurechnung der Betriebsstätte an die einzelnen Gesellschafter bei beschränkter Steuerpflicht, in: Personengesellschaften im Internationalen Steuerrecht, hrsg. von Christoph Urtz u. a., Wien 2001, S. 315 ff. (zitiert: *Jungreithmeir*, Beteiligung an einer Personengesellschaft).

Kappe, Klaus: Besteuerung von Gewinnanteilen aus US-Personengesellschaften und Zinsen aus Gesellschafterdarlehen nach dem DBA-USA, DStR 1987, S. 479 ff.

Keller, Andreas: Die Bedeutung des neuen Art. 23 A Abs. 4 OECD-Musterabkommen zur Lösung von Qualifikationskonflikten im Zusammenhang mit Personengesellschaften, in: Personengesellschaften im Internationalen Steuerrecht, hrsg. von Christoph Urtz u. a., Wien 2001, S. 257 ff. (zitiert: *Keller*, Die Bedeutung des neuen Art. 23 A Abs. 4 OECD-MA).

Kempermann, Michael: Die Bestimmung des „Arbeitgebers" und seine Ansässigkeit in den „183-Tage-Klauseln" der Doppelbesteuerungsabkommen, DStZ 1982, S. 143 ff.

ders.: Kommentar zum Urteil des BFH v. 16.12.1998, I R 138/97, BStBl. II 1999, 437, FR 1999, S. 758.

Kerath, Andreas: Maßstäbe zur Auslegung von Doppelbesteuerungsabkommen unter besonderer Berücksichtigung des Verständigungsverfahrens, Hamburg 1995 (zitiert: *Kerath*, Auslegung von Doppelbesteuerungsabkommen).

Kessler, Wolfgang / *Schmitt,* Claudio Philipp / *Janson*, Gunnar: Berücksichtigungsverbot abkommensrechtlich „befreiter" Betriebsstättenverluste, IStR 2001, S. 729 ff.

dies.: Nochmals: Berücksichtigungsverbot abkommensrechtlich „befreiter" Betriebsstättenverluste, IStR 2003, S. 307 ff.

Klebau, Bodo: Einzelprobleme bei der Auslegung von Doppelbesteuerungsabkommen, RIW 1985, S. 125 ff.

Kleineidam, Hans-Jochen: Gewinnermittlung bei Auslandsbetriebstätten, IStR 1993, S. 395 ff.

ders.: Die abkommensrechtliche Behandlung von Erträgen aus Beteiligungen im ausländischen Betriebstättenvermögen oder: Ist der Betriebstättenvorbehalt gerechtfertigt?, IStR 2004, S. 1 ff.

Kluge, Volker: Ertragsteuerliche Zurechnungsprobleme bei internationaler Unternehmenstätigkeit und ihre Beeinflussung durch Doppelbesteuerungsabkommen, Bochum 1975 (zitiert: *Kluge*, Zurechnungsprobleme).

ders.: Die Anerkennung ausländischer Gesellschaften im deutschen Steuerrecht, DStR 1976, S. 365 ff.

ders.: Das internationale Steuerrecht: Gemeinschaftsrecht, Außensteuerrecht, Abkommensrecht, 4. Aufl., München 2000 (zitiert: *Kluge*, Das internationale Steuerrecht).

Knobbe-Keuk, Brigitte: „Qualifikationskonflikte" im internationalen Steuerrecht der Personengesellschaften, RIW 1991, S. 306 ff.

dies.: Bilanz- und Unternehmenssteuerrecht, 9., völlig überarb. und erw. Aufl., Köln 1993.

Köhler, Franz: Das Betriebstättenprinzip im Recht der deutschen Doppelbesteuerungsabkommen bei Mitunternehmerschaftsgebilden – Zugleich eine kritische Anmerkung zum BFH-Urteil vom 27.2.1991 – I R 15/89, RIW 1991, S. 1024 ff.

Komarek, Alexander: Die Personengesellschaft als Arbeitgerber nach Art. 15 OECD-MA, in: Personengesellschaften im Internationalen Steuerrecht, hrsg. von Christoph Urtz u. a., Wien 2001, S. 237 ff. (zitiert: *Komarek*, Personengesellschaft als Arbeitgeber).

Kowallik, Andreas: Die zivilrechtliche und steuerliche Vorteilhaftigkeit der „Kapitalgesellschaft & Co. KG“ für Direktinvestitionen in Deutschland, den Niederlanden, England und den USA, Frankfurt am Main, 1998 (zitiert: *Kowallik*, Kapitalgesellschaft und Co. KG).

Krabbe, Helmut: Steuerliche Behandlung der griechischen GmbH, RIW/AWD 1976, S. 192 ff.

ders.: Besteuerung von Sondervergütungen an beschränkt steuerpflichtige Gesellschafter inländischer Personengesellschaften, FR 1981, S. 393 ff.

ders.: Besteuerung belgischer Personengesellschaften und ihrer Gesellschafter nach dem deutsch-belgischen Doppelbesteuerungsabkommen, RIW/AWD 1981, S. 535 ff.

ders.: Verlustberücksichtigung bei Auslandseinkünften, in: Grundfragen des Internationalen Steuerrechts, hrsg. von Klaus Vogel, Köln 1985, S. 79 ff. (zitiert: *Krabbe*, Verlustberücksichtigung).

ders.: Steuerliche Behandlung der Personengesellschaften nach den Doppelbesteuerungsabkommen, IWB 1998, Fach 3, Gruppe 2, S. 753 ff.

ders.: Qualifikationskonflikte bei atypischen stillen Gesellschaften, IStR 1999, S. 591 f.

ders.: OECD-Musterabkommen 2000, IStR 2000, S. 196 ff.

ders.: Betriebstättenverwaltungsgrundsätze und Personengesellschaften, IWB 2000, Fach 3, Gruppe 2, S. 863 ff.

ders.: Die Personengesellschaft im internationalen Steuerrecht, StbJb 2000/2001, S. 183 ff.

ders.: Abkommensrechtliche Behandlung von Sondervergütungen – eine Replik, FR 2001, S. 129 ff.

ders.: Personengesellschaften und Unternehmensgewinne nach den DBA, IStR 2002, S. 145 ff.

Kraft, Gerhard: Erfolgsabgrenzung bei Betriebsstätten nach den Betriebsstätten-Verwaltungsgrundsätzen, StbJb 2000/2001, S. 205 ff.
Kroppen, Heinz-Klaus: Ausgewählte Fragen zum Betriebstättenerlass, StbJb 1999/2000, S. 137 ff.
Kumpf, Wolfgang: Besteuerung inländischer Betriebstätten von Steuerausländern, Köln 1982.
ders.: Ergebnis- und Vermögenszuordnung bei Betriebsstätten, StbJb 1988/1989, S. 399 ff.
Kurth, Hans: Die Besteuerung des Mitunternehmers. Die steuerliche Beurteilung der Leistungsbeziehungen zwischen der Mitunternehmergemeinschaft und ihren Gesellschaftern, Köln 1978 (zitiert: *Kurth*, Die Besteuerung des Mitunternehmers).
Kussmaul, Heinz / *Schäfer,* René: Die Option von Personengesellschaften für eine Besteuerung durch die Körperschaftsteuer im französischen Steuerrecht – Voraussetzungen und steuerliche Wirkungen im Optionszeitpunkt, IStR 2000, S. 161 ff.
Lang, Michael: Die Bedeutung des Musterabkommens und des Kommentars des OECD-Steuerausschusses für die Auslegung von Doppelbesteuerungsabkommen, in: Aktuelle Entwicklungen im Internationalen Steuerrecht, hrsg. von Wolfgang Gassner u. a., Wien 1994, S. 11 ff. (zitiert: *Lang*, Die Bedeutung des Musterabkommens und des Kommentars).
ders.: Die Bindung der Doppelbesteuerungsabkommen an die Grundfreiheiten des EU-Rechts, in: Doppelbesteuerungsabkommen und EU-Recht, hrsg. von Wolfgang Gassner u. a., Wien 1996, S. 25 ff.
ders.: Die Bedeutung des originär innerstaatlichen Rechts für die Auslegung von Doppelbesteuerungsabkommen (Art. 3 Abs. 2 OECD-Musterabkommen), in: Außensteuerrecht, Doppelbesteuerungsabkommen und EU-Recht im Spannungsverhältnis: Festschrift für Helmut Debatin zum 70. Geburtstag, hrsg. von Gabriele Burmester u. a., München 1997, S. 283 ff. (zitiert: *Lang* in: FS Debatin).
ders.: Die abkommensrechtliche Behandlung von ausländischen Personengesellschaften mit Steuersubjektivität im Ausland, in: Unternehmenspolitik und internationale Besteuerung: Festschrift für Lutz Fischer zum 60. Geburtstag, hrsg. von Hans-Jochen Kleineidam, Berlin 1999, S. 713 ff. (zitiert: *Lang* in: FS Fischer).
ders.: Qualifikationskonflikte im Recht der Doppelbesteuerungsabkommen, in: Staaten und Steuern: Festschrift für Klaus Vogel zum

70. Geburtstag, hrsg. von Paul Kirchhof u. a., Heidelberg 2000, S. 907 ff. (zitiert: *Lang* in: FS Vogel).
ders.: Qualifikationskonflikte bei Personengesellschaften, IStR 2000, S. 129 ff.
ders.: Die Erbringung von ausländischen Besteuerungsnachweisen durch den Steuerpflichtigen, SWI 2000, S. 210 ff.
ders.: Die Besteuerung von Einkünften bei unterschiedlichen Personen aus dem Blickwinkel des DBA-Rechts, SWI 2000, S. 527 ff.
ders.: The Application of the OECD Model Tax convention to partnership, A critical Analysis of the report prepared by the OECD Committee on fiscal affairs, Wien 2000 (zitiert: *Lang*, The Application).
ders.: Seminar B Teil 2: Das OECD-Musterabkommen – und darüber hinaus: Welche Bedeutung haben die nach Abschluss eines Doppelbesteuerungsabkommens erfolgten Änderungen des OECD-Kommentars?, IStR 2001, S. 536 ff.
Lang, Michael / *Wimpissinger*, Christian: Die Einkünfte von Gesellschaftern einer Personengesellschaft aus abkommensrechtlicher Sicht, S. 85 ff. (zitiert: *Lang/Wimpissinger,* Die Einkünfte von Gesellschaftern).
Larenz, Karl: Methodenlehre der Rechtswissenschaft, 6., neubearb. Aufl., Berlin 1991.
Lechner, Eduard: Ort der Geschäftsleitung von inländisch beherrschten ausländischen Gesellschaften, in: Steuern im Rechtsstaat: Festschrift für Gerold Stoll zum 65. Geburtstag, hrsg. von Werner Doralt, Wien 1990, S. 395 ff. (zitiert: *Lechner* in: FS Stoll).
ders.: Befreiungsmethode und Einkommensermittlung, in: Die Methoden zur Vermeidung der Doppelbesteuerung, Wien 1995, S. 137 ff.
ders.: Die Auswirkung des EU-Rechts auf die „Befreiung" von Verlusten nach den Doppelbesteuerungsabkommen, in: Doppelbesteuerungsabkommen und EU-Recht, hrsg. von Wolfgang Gassner u. a., Wien 1996, S. 85 ff.
ders.: Die Abkommensberechtigung von Personengesellschaften, in: Personengesellschaften im Recht der Doppelbesteuerungsabkommen: Die Auswirkungen des OECD-Reports auf die Abkommenspraxis, hrsg. von Wolfgang Gassner u. a., Wien 2000, S. 69 ff.
Lehner, Moris: RIW-Kommentar, RIW 2001, S. 387.

Lethaus, Hans J.: Wege zur Abkommensberechtigung der Personengesellschaft, in: Steuerrecht, Steuer- und Rechtspolitik, Wirtschaftsrecht und Unternehmensverfassung, Umweltrecht: Festschrift für Wolfgang Ritter zum 70. Geburtstag, hrsg. von Max Dietrich Kley, Köln 1997, S. 427 ff. (zitiert: *Lethaus* in: FS Ritter).

Loukota, Helmut: Lösung internationaler Qualifikationskonflikte, SWI 1999, S. 70 ff.

ders.: Der OECD-Report zur Anwendung des OECD-Musterabkommens auf Personengesellschaften, in: Personengesellschaften im Recht der Doppelbesteuerungsabkommen: Die Auswirkungen des OECD-Reports auf die Abkommenspraxis, hrsg. Wolfgang Gassner u. a., Wien 2000, S. 15 ff.

ders.: Sensationelle Neuerung bei DBA-Auslandsverlusten, SWI 2001, S. 466 ff.

Lüdemann, Peter / Hruschka, Franz: Die Behandlung von Personengesellschaften im Verhältnis Deutschland – Spanien, IStR 2000, S. 25 ff.

Lüdicke, Jürgen: Aktuelle Besteuerungsfragen bei inländischen Betriebsstätten ausländischer Unternehmen – Unter besonderer Berücksichtigung von Banken und Versicherungen, in: Besteuerung wirtschaftlicher Aktivitäten von Ausländern in Deutschland, hrsg. von Lutz Fischer, Köln 1995, S. 35 ff. (zitiert: *Lüdicke*, Aktuelle Besteuerungsfragen).

ders.: Neue Entwicklungen der Besteuerung von Personengesellschaften im internationalen Steuerrecht, StbJb 1997/1998, S. 449 ff.

ders.: Anmerkung zum BFH-Urteil v. 24.3.1999, IStR 1999, S. 409 f.

ders.: Die Besteuerung von international tätigen Personengesellschaften – geänderte Auffassungen der Finanzverwaltung im Betriebstättenerlaß und anderen BMF-Schreiben, Hamburg 2000 (zitiert: *Lüdicke*, Die Besteuerung von international tätigen Personengesellschaften).

ders.: Internationale Aspekte des Steuervergünstigungsabbaugesetzes, IStR 2003, S. 433 ff.

Manke, Klaus: Personengesellschaften im Internationalen Steuerrecht, JbFfSt 1978/1979, S. 333 ff.

ders.: Personengesellschaften und DBA – Abkommensberechtigung und Abkommensschutz, in: Grundfragen des Internationalen Steuerrechts, hrsg. von Klaus Vogel, Köln 1985, S. 195 ff. (zitiert: *Manke,* Personengesellschaften und DBA).

Mathiak, Walter: Ermittlung der Einkünfte ausländischer Personengesellschaften, DStR 1990, S. 255 ff.

Menck, Thomas: OECD- Bericht zur Personengesellschaft und zum Qualifikationskonflikt – ein Überblick, IStR 1999, S. 147 ff.

ders.: Schwerpunkte der Anpassung des OECD-Musters fürs Steuerabkommen, IWB 2000, Fach 10, Gruppe 2, S. 1469 ff.

Menhorn, Matthias: Die abkommensrechtliche Behandlung von Beteiligungserträgen an einer ausländischen Personengesellschaft, in: Personengesellschaften im Internationalen Steuerrecht, hrsg. von Christoph Urtz u. a., Wien 2001, S. 101 ff.

ders.: Die Rechtssache AMID und ihre Auswirkungen auf den grenzüberschreitenden Verlustausgleich, SWI 2001, S. 62 ff.

Meßmer, Kurt: Die Bilanzbündeltheorie: Eine meisterhafte Schöpfung der Rechtsprechung?, StbJb 1972/1973, S. 127 ff.

ders.: Die Gesellschafter und der Mitunternehmer des § 15 Absatz 1 Nr. 2 EStG, in: Handelsrecht und Steuerrecht: Festschrift für Dr. Dr. h.c. Georg Döllerer, hrsg. von Franz Klein u. a., Düsseldorf 1988, S. 429 ff. (zitiert: *Meßmer* in: FS Döllerer).

Mittermaier, Johannes E.: Besteuerung von Personengesellschaften im Verhältnis USA-Deutschland, Heidelberg 1999.

Möbus, Susanne: Ausgewählte Besteuerungsfragen und Gestaltungsmöglichkeiten bei der Beteiligung an einer US-Limited Liability Company, Baden-Baden 2001 (zitiert: *Möbus*, US-Limited Liability Company).

Mössner, Jörg M.: Die Methoden zur Vermeidung der Doppelbesteuerung – Vorzüge, Nachteile, aktuelle Probleme, in: Grundfragen des Internationalen Steuerrechts, hrsg. von Klaus Vogel, Köln 1985, S. 135 ff. (zitiert: *Mössner*, Die Methoden zur Vermeidung der Doppelbesteuerung).

ders.: Zur Auslegung von Doppelbesteuerungsabkommen, in: Völkerrecht, Recht der Internationalen Organisationen, Weltwirtschaftsrecht, Festschrift für Ignaz Seidl-Hohenveldern, hrsg. von Karl-Heinz Böckstiegel u. a., Köln 1998, S. 403 ff.

ders.: Die Auslegung von Doppelbesteuerungsabkommen in der Rechtsprechung des Bundesfinanzhofes, in: Die Auslegung von Doppelbesteuerungsabkommen in der Rechtsprechung der Höchstgerichte

Deutschlands, der Schweiz und Österreichs, hrsg. von Michael Lang u. a., Wien 1998, S. 19 ff. (zitiert: *Mössner*, Die Auslegung von Doppelbesteuerungsabkommen).
ders.: Steuerrecht international tätiger Unternehmen – Handbuch der Besteuerung von Auslandsaktivitäten inländischer Unternehmen und von Inlandsaktivitäten ausländischer Unternehmen, 2., völlig überarb. und erw. Aufl., Köln 1998 (zitiert: *Verfasser* in: Mössner, Steuerrecht international tätiger Unternehmen).
Müller, Mario / *Wangler,* Clemens: Qualifikationskonflikte bei der Beteiligung inländischer Investoren an ausländischen Personengesellschaften, IStR 2003, S. 145 ff.
Müller-Dott, Johannes Peter: Zur Rechtsänderung des § 34c EStG zur Anrechnung ausländischer Steuern durch das StVergAbG, DB 2003, S. 1468 ff.
OECD, The Application of the OECD Model Tax Convention to Partnership, Paris 1999.
Ostendorf, Claudia: Behandlung von Sondervergütungen der Mitunternehmer im internationalen Steuerrecht – unter besonderer Berücksichtigung der deutschen und österreichischen Rechtslage, Berlin, 1994 (zitiert: *Ostendorf*, Behandlung von Sondervergütungen).
Peusquens, Herbert: Beteiligung an Mitunternehmerschaft, BB 1980, S. 255 ff.
Philipp, Alfred: Die Personengesellschaft im Ertragsteuerrecht anderer OECD-Staaten, in: Die Grundprobleme der Personengesellschaft im Steuerrecht, hrsg. von Heinrich Wilhelm Kruse, Köln 1979, S. 249 ff.
Piltz, Detlev J.: Die Personengesellschaft im internationalen Steuerrecht der Bundesrepublik Deutschland, Heidelberg 1981 (zitiert: *Piltz*, Personengesellschaften).
ders.: Qualifikationskonflikte im internationalen Steuerrecht unter besonderer Berücksichtigung von Personengesellschaften, in: Besteuerung internationaler Konzerne, hrsg. von Lutz Fischer, Köln 1993, S. 21 ff. (zitiert: *Piltz*, Qualifikationskonflikte).
ders.: Veräußerung von Sonderbetriebsvermögen unter den Doppelbesteuerungsabkommen (OECD-Musterabkommen und DBA Schweiz), IStR 1996, S. 457 ff.
ders.: Grenzüberschreitende Sondervergütungen bei Personengesellschaften, in: Besteuerungspraxis bei grenzüberschreitender Tätig-

keit, hrsg. von Jürgen Lüdicke, Köln 2003, S. 137 ff. (zitiert: *Piltz*, Grenzüberschreitende Sondervergütungen).

Pott, Hans-Michael: Die Kollision unterschiedlicher Formen der Gesellschaftsbesteuerung im internationalen Steuerrecht: Das subjektive Qualifikationsproblem im abkommensfreien Raum und unter Geltung eines Doppelbesteuerungsabkommens, Köln 1982, (zitiert: *Pott*, Kollision).

Prinz, Ulrich / *Breuninger*, Gottfried: Steuergestaltung mit ausländischen Personengesellschaften, IWB 1997, Fach 10, Gruppe 2, S. 1293 ff.

Pyszka, Tillmann: Lizenz- und Zinszahlungen einer Personengesellschaft an ihren ausländischen Mitunternehmer, IStR 1998, S. 745 ff.

Rädler, Albert J. / *Lausterer*, Martin: Die EG-Rechtswidrigkeit deutscher Steuervorschriften bei Teilwertabschreibungen und Veräußerungsverlusten von ausländischen Tochtergesellschaften – Verlustausgleichsbeschränkung nach § 2a Abs. 1 Satz 1 Nr. 3 EStG, in: Gesellschaftsrecht, Rechnungslegung, Steuerrecht, Festschrift für Welf Müller zum 65. Geburtstag, hrsg. von Peter Hommelhoff u. a., München 2001, S. 339 ff. (zitiert: *Rädler/Lausterer* in: FS Müller).

Raupach, Arndt: Der Durchgriff im Steuerrecht, München 1968 (zitiert: *Raupach,* Durchgriff).

ders.: Konsolidierte oder strukturierte Gesamtbilanz der Mitunternehmerschaft oder additive Ermittlung der Einkünfte aus Gewerbebetrieb der Mitunternehmer mit oder ohne korrespondierende Bilanzierung?, DStZ 1992, S. 692 ff.

ders.: Unternehmen und Unternehmer im Recht der Doppelbesteuerungsabkommen, in: Staaten und Steuern: Festschrift für Klaus Vogel zum 70. Geburtstag, hrsg. von Paul Kirchhof u. a., Heidelberg 2000, S. 1067 ff. (zitiert: *Raupach* in: FS Vogel).

Regniet, Michael: Ergänzungsbilanzen bei der Personengesellschaft: Sonderbilanzen der Gesellschafter und Wertkorrekturen der Gesellschaftsbilanz, Köln 1990.

Riemenschneider, Sven: Abkommensberechtigung von Personengesellschaften und abkommensrechtliche Behandlung der Einkünfte aus Beteiligungen inländischer Gesellschafter an ausländischen Perso-

nengesellschaften, Frankfurt am Main 1995, (zitiert: *Riemenschneider*, Abkommensberechtigung).
Ritter, Wolfgang: Grenzüberschreitende Gewinnabgrenzung bei Betriebsstätten – Ein systematischer Versuch, JbFfSt 1976/1977, S. 288 ff.
ders.: Perspektiven für die Fortentwicklung des deutschen internationalen Steuerrechts, IStR 2001, S. 430 ff.
Roth, Andreas: Zurechnung von Wirtschaftsgütern bei Betriebsstätten und Personengesellschaften, in Zurechnung von Wirtschaftsgütern im Internationalen Steuerrecht, hrsg. von Jürgen Lüdicke, Köln 2000, S. 87 ff.
Rottgardt, Florian: Sondervergütungen im Abkommensrecht, in: Personengesellschaften im Internationalen Steuerrecht, hrsg. von Christoph Urtz u. a., Wien 2001, S. 155 ff. (zitiert: *Rottgardt*, Sondervergütungen).
Saß, Gert: Verbotene Steuerdiskriminierung wesentlicher Beteiligungen in der EU – Anmerkung zum EuGH-Urteil vom 13.4.2000, Rs. C 251/98, Baars, DB 2000, S. 1252 f.
ders.: Zur Verlustberücksichtigung bei grenzüberschreitender Unternehmenstätigkeit in der EU, Anmerkung zum EuGH-Urteil vom 14.12.2000, Rs. C. 141/99, DB 2001, S. 508 ff.
Schaumburg, Harald: Internationales Steuerrecht, 2., völlig überarb. und erw. Aufl., Köln 1998.
ders.: Die Personengesellschaft im internationalen Steuerrecht, Stbg 1999, S. 97 ff. und S. 156 ff.
ders.: Besteuerung von Kapitalerträgen – Vollzugsdefizite und Vorgaben des Europäischen und Internationalen Steuerrechts, in: Besteuerung von Einkommen, hrsg. von Iris Ebling, Köln 2001, S. 225 ff. (zitiert: *Schaumburg*, Besteuerung von Kapitalerträgen).
Schlütter, Egon: Die Sondervergütungen eines Mitunternehmers im Außensteuerrecht, JbFfSt 1979/1980, S. 152 ff.
ders.: Personengesellschaft oder Körperschaft? – Aktuelle Qualifikationsfragen, in: Grundfragen des Internationalen Steuerrechts, hrsg. von Klaus Vogel, Köln 1985, S. 215 ff. (zitiert: *Schlütter,* Personengesellschaft oder Körperschaft?).
Schmidt, Christian: Zur DBA-Anwendung und inländischen Steuerpflicht bei im Sitzstaat rechtsfähigen ausländischen Personengesellschaften, IStR 1996, S. 14 ff.

ders.: Steuerliche Probleme bei grenzüberschreitenden Investitionen in osteuropäischen Personengesellschaften, in: Steuerplanung zwischen Abkommens- und nationalem Außensteuerrecht, hrsg. von Lutz Fischer, Köln 1998, S. 39 ff. (zitiert: *Schmidt, Ch.*, Steuerliche Probleme).
ders.: Personengesellschaften im internationalen Steuerrecht nach dem OECD-Bericht „The Application of the OECD Model Tax convention to Partnerships" und den Änderungen im OECD-MA und im OECD-Kommentar im Jahre 2000, IStR 2001, S. 489 ff.
Schmidt, Karsten: Deregulierung des Aktienrechts durch Denaturierung der Kommanditgesellschaft auf Aktien?, ZHR 160, S. 265 ff.
ders.: Gesellschaftsrecht, 4., völlig neu bearb. und erw. Aufl., Köln 2002.
Schneider, Norbert: Sonderbetriebsvermögen – Rechtsgrundlage und Umfang, Köln 2000.
Schnitger, Arne: Die normative Bedeutung des Partnership-Reports, in: Personengesellschaften im Internationalen Steuerrecht, hrsg. von Christoph Urtz u. a., Wien 2001, S. 275 ff.
ders.: Anrechnung ausländischer Quellensteuern bei steuerfreien ausländischen Einkünften unter besonderer Beachtung von § 8b Abs. 5 KStG, IStR 2003, S. 298 ff.
Schön, Wolfgang: Zum Stande der Lehre vom Sonderbetriebsvermögen, DStR 1993, S. 185 ff.
Schreiber, Gottfried: Wer ist Mitunternehmer? Bestandsaufnahme und Versuch einer Definition des Mitunternehmerbegriffs im Einkommensteuerrecht, Augsburg 1995.
Schröder, Siegfried: Abkommenberechtigung und Qualifikationskonflikte nach DBA bei Mitunternehmerschaft, StBp 1989, S. 25 ff.
Schuch, Josef / *Bauer,* Josef: Die Überlegungen des OECD-Steuerausschusses zur Lösung von Qualifikationskonflikten, in: Personengesellschaften im Recht der Doppelbesteuerungsabkommen, hrsg. von Wolfgang Gassner u. a., Wien 2000, S. 27 ff. (zitiert: *Schuch/Bauer*, Überlegungen des OECD-Steuerausschusses).
Selent, Alexander: Ausländische Personengesellschaften im Ertrag- und Vermögensteuerrecht, Gelsenkirchen 1982.
Selent, Alexander / *Endres,* Dieter: Die Besteuerung des Arbeitslohns bei Auslandsdienstreisen – Eine Überprüfung der Arbeitgebereigenschaft und Ansässigkeit von Personengesellschaften in der 183-

Tage-Klausel der Doppelbesteuerungsabkommen –, DB 1984, S. 84 ff.
Söffing, Günter: Besteuerung der Mitunternehmer, 4. Aufl., Herne 1994.
Sonneberger, Hans Jürgen: Französisches Handels- und Wirtschaftsrecht, 2., völlig neubearb. und erw. Aufl., Heidelberg 1991.
Staringer, Claus: Der Betriebstättenvorbehalt für Dividenden, Zinsen und Lizenzgebühren, in: Die Betriebstätte im Recht der Doppelbesteuerungsabkommen, hrsg. von Wolfgang Gassner u. a., Wien 1998, S. 223 ff. (zitiert: *Staringer*, Betriebstättenvorbehalt).
ders.: Leistungsbeziehungen zwischen der Personengesellschaft und den Gesellschaftern aus abkommensrechtlicher Sicht, in: Personengesellschaften im Recht der Doppelbesteuerungsabkommen, hrsg. von Wolfgang Gassner u. a., Wien 2000, S. 101 ff. (zitiert: *Staringer*, Leistungsbeziehungen).
Storck, Alfred: Ausländische Betriebsstätten im Ertrag- und Vermögensteuerrecht, Frankfurt am Main 1980.
Storck, Alfred / *Selent,* Alexander: Die Besteuerung inländischer Beteiligungen an ausländischen Mitunternehmerschaften im Ertragsteuerrecht, RIW/AWD 1980, S. 332 ff.
Strunk, Günter / *Kaminski*, Bert: Aktuelle Entwicklungen bei der Besteuerung von ausländischen Betriebstätten und Personengesellschaften in Abkommensfällen, IStR 2003, S. 181 ff.
Sutter, Philipp: Die abkommensrechtliche Stellung der atypisch stillen Beteiligung, in: Personengesellschaften im Recht der Doppelbesteuerungsabkommen, hrsg. von Wolfgang Gassner, Wien 2000, S. 205 ff. (zitiert: *Sutter,* Die abkommensrechtliche Stellung).
Thömmes, Otmar: Grenzüberschreitende Organschaft, JbFfSt 2001/2002, S. 80 ff.
Tipke, Klaus / *Lang*, Joachim: Steuerrecht, 17. völlig überarb. Aufl., Köln 2002.
Toifl, Gerald: Die EU-Grundfreiheiten und die Diskriminierungsverbote der Doppelbesteuerungsabkommen, in: Doppelbesteuerungsabkommen und EU-Recht, hrsg. von Wolfgang Gassner u. a., Wien 1996, S. 139 ff.
ders.: Personengesellschaften mit Drittstaateneinkünften aus abkommensrechtlicher Sicht, in: Personengesellschaften im Recht der Doppelbesteuerungsabkommen: Die Auswirkungen des OECD-

Reports auf die Abkommenspraxis, hrsg. von Wolfgang Gassner u. a., Wien 2000, S. 121 ff.

Tumpel, Michael: Die Beteiligung an einer Personengesellschaft als Betriebstätte des Gesellschafters, in: Die Betriebstätte im Recht der Doppelbesteuerungsabkommen, hrsg. von Wolfgang Gassner, Wien 1998, S. 145 ff. (zitiert: *Tumpel*, Die Beteiligung an einer Personengesellschaft).

ders.: Betriebstättenverluste in der Europäischen Union, SWI 2001, S. 55 ff.

Uelner, Adalbert: Steuerliche Probleme bei kapitalistisch verfassten Kommanditgesellschaften, DStZ 1980, S. 363 ff.

ders.: Steuerliche Probleme bei kapitalistisch verfassten Kommanditgesellschaften, JbFfSt 1980/1981, S. 359 ff.

Vogel, Klaus: Der räumliche Anwendungsbereich der Verwaltungsrechtsnorm, Frankfurt am Main 1965 (zitiert: *Vogel*, Verwaltungsrechtsnorm).

ders.: Verbot des Verlustausgleichs für bestimmte ausländische Verluste – Der neue § 2a des Einkommensteuergesetzes, BB 1983, S. 180 ff.

ders.: Zur Abkommensberechtigung ausländischer Personengesellschaften, IStR 1999, S. 5 ff.

ders.: Das oberste österreichische Steuergericht erklärt Verluste bei DBA-Freistellung für abzugsfähig, IStR 2002, S. 91 ff.

Vollmer, Werner: Die Personengesellschaft als Dividendenempfänger nach Art. 10 OECD-MA, in: Personengesellschaften im Internationalen Steuerrecht, hrsg. von Christoph Urtz u. a., Wien 2001, S. 85 ff.

Walz, Rainer: Steuergerechtigkeit und Rechtsanwendung, Heidelberg 1980.

Wassermeyer, Franz: Die Auslegung von Doppelbesteuerungsabkommen durch den Bundesfinanzhof, StuW 1990, S. 404 ff.

ders.: Anrechnung ausländischer Steuern – Einige Anmerkungen zu einem Grundsatzurteil zu § 34 c EStG, FR 1991, S. 680 ff.

ders.: Anmerkung zum Urteil v. 28.7.1993, § 12 S. 2 Nr. 1 AO, Geschäftsleitung ist Betriebstätte qua definitione, IStR 1994, S. 28.

ders.: Die Auslegung völkerrechtlicher Verträge – Haltung des BFH, in: Doppelbesteuerungsabkommen und nationales Recht, hrsg. von

Klaus Vogel, München 1995, S. 19 ff. (zitiert: *Wassermeyer* in: Doppelbesteuerungsabkommen und nationales Recht).

ders.: Merkwürdigkeiten bei der Auslegung von DBA durch die Finanzverwaltung, IStR 1995, S. 49 ff.

ders.: Die Beurteilung der Abkommensberechtigung ausländischer Personengesellschaften durch Deutschland als dem Nichtansässigkeitsstaat der Personengesellschaft, IStR 1998, S. 489 ff.

ders.: Neuere Entwicklungen in der Rechtsprechung zu den Doppelbesteuerungsabkommen, in Steuerplanung zwischen Abkommens- und nationalem Außensteuerrecht, hrsg. von Lutz Fischer, Köln 1998, S. 19 ff. (zitiert: *Wassermeyer*, Neuere Entwicklungen in der Rechtsprechung zu den Doppelbesteuerungsabkommen).

ders.: Duplik, IStR 1999, 8 f.

ders.: Soll Deutschland die Abkommensberechtigung von Personengesellschaften in seinen DBA verankern?, IStR 1999, S. 481 ff.

ders.: Anmerkung zum Urteil des Österreichischen VwGH v. 25.9.2001, IStR 2001, S. 755 f.

ders.: Die Betriebstätte – ein in vieler Hinsicht unbekanntes Wesen, in: Festschrift für Heinrich Wilhelm Kruse zum 70. Geburtstag, hrsg. von Walter Drenseck u. a., Köln 2001, S. 589 ff. (zitiert: *Wassermeyer* in: FS Kruse).

ders.: Dealing-at-arm's-length-Prinzip, in: Internationale Betriebsstättenbesteuerung, hrsg. von Detlev J. Piltz, Harald Schaumburg, Köln 2001, S. 25 ff.

Weggenmann, Hans R.: Einordnungskonflikte bei Personengesellschaften im Recht der deutschen Doppelbesteuerungsabkommen unter besonderer Berücksichtigung des OECD-Partnership-Reports 1999, Nürnberg 2002 (zitiert: *Weggenmann*, Einordnungskonflikte).

ders.: Sondervergütungen unbeschränkt steuerpflichtiger Mitunternehmer einer ausländischen Personengesellschaft in der Rechtsprechung des BFH und aus Sicht der OECD, IStR 2002, S. 1 ff.

Wiedemann, Herbert: Gesellschaftsrecht I – Grundlagen –, München 1980.

Woerner, Lothar: Die Besteuerung der Mitunternehmer – Bestandsaufnahme und Perspektiven –, DStZ 1980, S. 203 ff.

Wright, Stephen / *Holland*, Eva: Neue Wege im Gesellschaftsrecht der USA: Die Limited Liability Company (LLC) am Beispiel des Bundesstaates Georgia, NJW 1996, S. 95 ff.

Wurster, Hans-Jürgen: Die Qualifikation ausländischer Kapitalgesellschaften nach deutschem Steuerrecht, RIW/AWD 1981, S. 679 ff.

Zehetner, Ulf: Arbeitgebereigenschaft von Personengesellschaften nach Art. 15 Abs. 2 OECD-MA, in: Personengesellschaften im Recht der Doppelbesteuerungsabkommen: Die Auswirkungen des OECD-Reports auf die Abkommenspraxis, hrsg. von Wolfgang Gassner u. a., Wien 2000, S. 153 ff.

Ziegenhain, Hans-Jörg: Vereinfachtes Verfahren zur steuerlichen Klassifizierung von Personen- und Kapitalgesellschaften in den USA, RIW 1995, S. 671 ff.

Zschiegner, Hans: Besteuerung einer US Limited Liability Company und ihrer Gesellschafter, IWB 1997, Fach 8, Gruppe 2, S. 895 ff.

Züger, Mario: Die Definition der Betriebstätte durch die Generalklausel und deren beispielhafte Erläuterung (Art. 5 Abs 1 und 2 OECD-Musterabkommen), in: Die Betriebstätte im Recht der Doppelbesteuerungsabkommen, hrsg. von Wolfgang Gassner u. a., Wien 1998, S. 31 ff. (zitiert: *Züger*, Definition der Betriebstätte).

Kommentare

Baumbach, Adolf / *Hopt*, Klaus J.: Handelsgesetzbuch mit GmbH & Co., Handelsklauseln, Bank- und Börsenrecht, Transportrecht (ohne Seerecht), 31. neubearb. und erw. Aufl., München 2003 (zitiert: *Baumbach/Hopt*, HGB).

Baumbach, Adolf / *Hueck*, Alfred: GmbH-Gesetz, 17. erw. und völlig überarb. Aufl., München 2000 (zitiert: *Verfasser* in: Baumbach/Hueck, GmbHG).

Becker, Helmut / *Höppner,* Horst-Dieter / *Grotherr*, Siegfried / *Kroppen*, Heinz-Klaus: DBA-Kommentar, hrsg. von Helmut Becker u. a., unter Mitarb. von Karl-Heinz Baranowski u. a., Herne/Berlin 1997, Loseblattwerk (zitiert: *Verfasser* in: Becker/Höppner/Grotherr/Kroppen).

Blümich: Einkommensteuer, Körperschaftsteuer, Gewerbesteuer: Kommentar, hrsg. von Klaus Ebling, München, Loseblattwerk Stand August 2004 (zitiert: Blümich/*Verfasser*, EStG).

Debatin, Helmut / *Wassermeyer*, Franz: Doppelbesteuerungsabkommen – Kommentar Band I: Kommentierung des OECD-MA, hrsg. von

Helmut Debatin und Franz Wassermeyer, München, Stand März 2003 (zitiert: *Verfasser* in Debatin/Wassermeyer, DBA, MA).

Flick, Hans / *Wassermeyer*, Franz / *Baumhoff*, Hubertus: Außensteuerrecht – Kommentar, hrsg. von Franz Wassermeyer u. a., Köln Loseblattwerk Stand November 2004 (zitiert: *Verfasser* in: Flick/Wassermeyer/Baumhoff, Außensteuerrecht).

Flick, Hans / *Wassermeyer*, Franz / *Wingert*, Karl-Dieter / *Kempermann*, Michael, Doppelbesteuerungsabkommen Deutschland-Schweiz – Kommentar, Loseblatt, Köln 1981, Stand Dezember 2001.

Herrmann, Carl / *Heuer*, Gerhard / *Raupach*, Arndt: Einkommensteuergesetz und Körperschaftsteuergesetz – Kommentar, Köln, Loseblattwerk Stand September 2004 (zitiert: *Verfasser* in: Herrmann/Heuer/Raupach, EStG).

Hübschmann / Hepp / Spitaler: Abgabenordnung – Finanzgerichtsordnung: Kommentarvon Hartmut Söhn, Köln Loseblattwerk Stand Dezember 2004 (zitiert: *Verfasser* in: Hübschmann/Hepp/Spitaler, AO).

Hüffer, Uwe: Aktiengesetz, 4. Aufl., München 1999 (zitiert: *Hüffer*, AktG).

Klein, Franz: Abgabenordnung – Kommentar – bearb. von Hans Bernhard Brockmeyer u. a., 8., völlig neubearb. Aufl., München 2003 (zitiert: *Klein/Verfasser*, AO).

Kirchhof, Paul / *Söhn*, Hartmut / *Mellinghoff*, Rudolf: Einkommensteuergesetz – Kommentar, Heidelberg, Loseblattwerk Stand November 2004 (zitiert: *Verfasser* in: Kirchhof/Söhn/Mellinghoff, EStG).

Kirchhof, Paul: EStG – Kommpaktkommentar – Einkommensteuergesetz, 4., neu bearb. Aufl., Heidelberg 2004, (zitiert: *Verfasser* in: Kirchhof, EStG).

Kölner Kommentar zum Aktienrecht Band 5/1, 2., neubearb. und erw. Aufl., hrsg. von Wolfgang Zöllner, Köln 1995 (zitiert: Kölner KommentarAktG/*Bearbeiter*).

Littmann, Eberhardt / *Bitz*, Horst / *Pust*, Hartmut: Das Einkommensteuerrecht: Kommentar zum Einkommensteuerrecht, Stuttgart, Loseblattwerk Stand November 2004 (zitiert: *Verfasser* in: Littmann/Bitz/Pust, EStG).

Münchner Handbuch des Gesellschaftsrechts Band I: BGB-Gesellschaft, OHG, PartG, EWIV, hrsg. von Bodo Riegger, Lutz Weipert, München 1995 (zitiert: MünchHdb. GesR I / *Bearbeiter)*.

Münchner Handbuch des Gesellschaftsrechts Band II: Kommanditgesellschaft, Stille Gesellschaft, hrsg. von Bodo Riegger, Lutz Weipert, München 1991 (zitiert: MünchHdb. GesR II / *Bearbeiter*).

Münchner Handbuch des Gesellschaftsrechts Band III: Gesellschaft mit beschränkter Haftung, hrsg. von Hans-Joachim Priester, Dieter Mayer, München 1996 (zitiert: MünchHdb. GesR III / *Bearbeiter*).

Münchner Handbuch des Gesellschaftsrechts Band IV: Aktiengesellschaft, hrsg. von Michael Hoffmann-Becking, 2., neubearb. Und erw. Aufl., München 1999 (zitiert: MünchHdb. GesR IV / *Bearbeiter*).

Münchner Kommentar zum Aktienrecht Band 7, hrsg. von Bruno Kropff u. a., 2., Aufl. München 2001 (zitiert: MünchKomm(AktG) / *Bearbeiter*).

Münchner Kommentar zum Bürgerlichen Gesetzbuch Band 9, hrsg. von Kurt Rebmann, 3., Aufl., München 1997 (zitiert: MünchKomm(BGB) / *Bearbeiter*).

Palandt, Otto: Bürgerliches Gesetzbuch – Kommentar, 64. Aufl., München 2005 (zitiert: Palandt / *Verfasser*, BGB).

Rowedder, Heinz: Gesetz betreffend die Gesellschaften mit beschränkter Haftung (GmbHG): Kommentar, 3., neubearb. Aufl., München 1997.

Schmidt, Ludwig: Einkommensteuergesetz: Kommentar, hrsg. von Ludwig Schmidt, 22. Aufl., München 2004 (zitiert: Schmidt / *Verfasser*, EStG).

Tipke, Klaus / *Kruse*, Heinrich Wilhelm: Kommentar zur Abgabenordnung und Finanzgerichtsordnung, Köln Loseblattwerk Stand November 2004 (zitiert: *Verfasser* in: Tipke / Kruse, AO).

Vogel, Klaus: DBA – Doppelbesteuerungsabkommen, Kommentar auf der Grundlage der Musterabkommen, 3., völlig neubearb. Aufl., München 1996 (zitiert: *Vogel*, DBA 3. Aufl.).

Vogel, Klaus / *Lehner*, Moris: DBA – Doppelbesteuerungsabkommen, Kommentar auf der Grundlage der Musterabkommen, 4., völlig neubearb. Aufl., München 2003 (zitiert: *Verfasser* in: Vogel/Lehner, DBA).

Abkürzungsverzeichnis

a. A.	andere(r) Ansicht
Abs.	Absatz
Abschn.	Abschnitt
a. F.	alte(r) Fassung
AG	Aktiengesellschaft
AktG	Aktiengesetz
Alt.	Alternative
Anh.	Anhang
Anm.	Anmerkung
AO	Abgabenordnung
Art.	Artikel
Aufl.	Auflage
AWD	Außenwirtschaftsdienst des Betriebsberaters
BB	Der Betriebsberater (Zeitschrift)
Bd.	Band
bearb.	bearbeitet
Begr.	Begründung
BFH	Bundesfinanzhof
BFHE	Sammlung der Entscheidungen des Bundesfinanzhofs
BFH/NV	Sammlung amtlich nicht veröffentlichter Entscheidungen des Bundesfinanzhofs
BGB	Bürgerliches Gesetzbuch
BGBl.	Bundesgesetzblatt
BGH	Bundesgerichtshof
BGHZ	Entscheidungen des Bundesgerichtshofs in Zivilsachen
BMF	Bundesministerium der Finanzen
BR-Drucks.	Bundesrats-Drucksache
Bsp.	Beispiel
bspw.	beispielsweise
BStBl.	Bundessteuerblatt
BT-Drucks.	Bundestags-Drucksache
Buchst.	Buchstabe

BVerfG	Bundesverfassungsgericht
bzgl.	bezüglich
bzw.	beziehungsweise
DB	Der Betrieb (Zeitschrift)
DBA	Doppelbesteuerungsabkommen
ders.	derselbe
d. h.	das heißt
dies.	dieselbe(n)
DStJG	Deutsche Steuerjuristische Gesellschaft e.V.
DStR	Deutsches Steuerrecht (Zeitschrift)
DStRE	DStR Entscheidungsdienst
DStZ	Deutsche Steuerzeitung (Zeitschrift)
EFG	Entscheidungen der Finanzgerichte (Zeitschrift)
EG	Europäische Gemeinschaft
EGBGB	Einführungsgesetz zum bürgerlichen Gesetzbuch
EGV	EG-Vertrag
Einl.	Einleitung
erw.	erweiterte
EStG	Einkommensteuergesetz
etc.	et cetera
EU	Europäische Union
EuGH	Europäischer Gerichtshof
EuGHE	Entscheidungssammlung des Europäischen Gerichtshofs
f.	folgende
F.	Fach
ff.	fortfolgende
FG	Finanzgericht
FinMin	Finanzministerium
Fn.	Fußnote
FR	Finanzrundschau
FS	Festschrift
GbR	Gesellschaft bürgerlichen Rechts
gem.	gemäß
GesR	Gesellschaftsrecht
GG	Grundgesetz
ggf.	gegebenenfalls
GmbH	Gesellschaft mit beschränkter Haftung

GmbHG	Gesetz betreffend die Gesellschaften mit beschränkter Haftung
Gr.	Gruppe
GrS	Großer Senat
Hdb.	Handbuch
HGB	Handelsgesetzbuch
h. M.	herrschende Meinung
hrsg.	herausgegeben
Hrsg.	Herausgeber
HS	Halbsatz
IRC	Internal Revenue Code
i. d. F.	in der Fassung
i. d. R.	in der Regel
i. S.	im Sinne
i. S. d.	im Sinne des (der)
IStR	Internationales Steuerrecht (Zeitschrift)
i. V. m.	in Verbindung mit
IWB	Internationale Wirtschaftsbriefe (Zeitschrift)
JbFfSt	Jahrbuch der Fachanwälte für Steuerrecht
KG	Kommanditgesellschaft
KStG	Körperschaftsteuergesetz
LLC	Limited Liability Company
MA	Musterabkommen der OECD zur Vermeidung der Doppelbesteuerung auf dem Gebiete der Steuern vom Einkommen und vom Vermögen
m. E.	meines Erachtens
MK	Musterkommentar
m. w. N.	mit weiteren Nachweisen
MünchKomm	Münchner Kommentar
n. F.	neue(r) Fassung
NJW	Neue Juristische Wochenschrift
Nr.	Nummer
Nrn.	Nummern
OECD	Organisation for Economic Cooperation and Development
OFD	Oberfinanzdirektion
OHG	Offene Handelsgesellschaft
öVwGH	österreichischer Verwaltungsgerichtshof

RFH	Reichsfinanzhof
RFHE	Amtliche Sammlung der Entscheidungen des Reichsfinanzhofs
RG	Reichsgericht
RGZ	Entscheidungen des Reichsgerichts in Zivilsachen
RIW	Recht der Internationalen Wirtschaft (Zeitschrift)
Rn.	Randnummer
RStBl.	Reichssteuerblatt
Rz.	Randziffer
Rzn.	Randziffern
s.	siehe
S.	Satz, Seite
Sec.	Section
s. o.	siehe oben
sog.	sogenannte(r)
Stbg	Die Steuerberatung (Zeitschrift)
StbJb	Steuerberater-Jahrbuch
StBp	Die steuerliche Betriebsprüfung (Zeitschrift)
SWI	Steuer und Wirtschaft International
Tz.	Textziffer
Tzn.	Textziffern
u. a.	und andere
überarb.	überarbeitet
usw.	und so weiter
u. U.	unter Umständen
v.	vom, von
Verf.	Verfasser
Vfg.	Verfügung
vgl.	vergleiche
v. H.	vom Hundert
WÜRV	Wiener Übereinkommen über das Recht der Verträge vom 23.5.1969
z. B.	zum Beispiel
ZHR	Zeitschrift für das gesamte Handelsrecht und Wirtschaftsrecht

§1 Einführung

I. Gegenstand der Arbeit

Die vorliegende Arbeit befasst sich mit der ertragsteuerrechtlichen Behandlung ausländischer Personengesellschaften im internationalen Steuerrecht. Als „ausländische Personengesellschaft" wird im Folgenden eine Personengesellschaft verstanden, die ihren Sitz und ihre Geschäftsleitung in demselben ausländischen Staat hat und deren gesellschaftsrechtliche Struktur der einer Personengesellschaft deutschen Rechts vergleichbar ist.

Die Anwendung von Normen des internationalen Steuerrechts setzt grenzüberschreitende Sachverhalte voraus. Im Verhältnis zu Deutschland sind bei ausländischen Personengesellschaften zwei Konstellationen zu unterscheiden: Zum einen kann die Personengesellschaft ihre Geschäftstätigkeit über die Grenze hinweg in Deutschland ausüben, so dass Deutschland der Quellenstaat der Einkünfte ist. Zum anderen ist es möglich, dass die Personengesellschaft einen internationalen Gesellschafterkreis aufweist, d. h. die Gesellschafter der ausländischen Personengesellschaft sind ganz oder teilweise in Deutschland ansässig und beziehen Einkünfte aus ihrer Beteiligung an der ausländischen Personengesellschaft. In beiden Fällen werden mit dem Inland und dem Ausland mindestens zwei souveräne Steuerhoheiten berührt, so dass es zu Doppelbesteuerungen kommen kann. Derartige Doppelbelastungen stellen ein Hemmnis für den internationalen Wirtschafts- und Kapitalverkehr dar und sind zudem mit dem Prinzip der Besteuerung nach der Leistungsfähigkeit nicht vereinbar. Das nationale Außensteuerrecht Deutschlands sowie der meisten anderen Staaten enthält daher Normen, die derartige Doppelbesteuerungen vermeiden bzw. mildern sollen. Neben diesen unilateralen Normen unterhält Deutschland mit einer Vielzahl von Staaten bilaterale Verträge zur Vermeidung von Doppelbesteuerungen (sog. „Doppelbesteuerungsabkommen").

Im Gegensatz zu Kapitalgesellschaften, die international sowohl in zivilrechtlicher als auch in steuerrechtlicher Hinsicht weitgehend übereinstimmend behandelt werden, weicht sowohl die zivilrechtliche als auch die steuerrechtliche Behandlung von Personengesellschaften im Ausland häufig erheblich von der deutschen Rechtslage ab. So wird die Personengesellschaft in einigen Ländern – anders als in Deutschland – zivilrechtlich als juristische Person qualifiziert und daran anknüpfend steuerrechtlich als Steuersubjekt behandelt.[1] Teilweise werden Personengesellschaften jedoch auch ohne zivilrechtliche Selbständigkeit als Steuersubjekt anerkannt.[2] Andere Steuerrechtsordnungen räumen der Gesellschaft bzw. ihren Gesellschaftern unabhängig von der zivilrechtlichen Wertung ein Wahlrecht bezüglich der Besteuerungskonzeption ein.[3] Neben dieser unterschiedlichen Steuersubjektqualifikation im In- und Ausland bestehen auch Unterschiede in der Qualifikation der Vergütungen, die der Gesellschafter von der Gesellschaft für seine Tätigkeit im Dienst der Gesellschaft, für die Hingabe von Darlehen oder für die Überlassung von Wirtschaftsgütern (sog. „Sondervergütungen") bezieht.

Besteht zwischen Deutschland und dem Sitzstaat der ausländischen Personengesellschaft kein Doppelbesteuerungsabkommen (DBA), ist zu klären, ob und inwieweit die unilateralen Maßnahmen zur Vermeidung von Doppelbesteuerungen trotz bestehender Qualifikationskonflikte hinreichend sind. Besteht zwischen Deutschland und dem Sitzstaat der Personengesellschaft ein DBA, verhält es sich in den meisten Fällen so, dass das DBA selbst keine Regelung zur Lösung der genannten Qualifikationskonflikte enthält. Dies hat oftmals eine abweichende Abkommensauslegung und -anwendung durch die beiden Vertragstaaten zur Folge, weshalb der Vertragszweck, Doppelbesteuerungen zu vermeiden, zumeist nicht erreicht wird. Diese Problematik ist im Schrifttum vielfach diskutiert worden, und es wurden verschiedene Lösungsansätze für eine konfliktfreie Anwendung der Doppelbesteuerungsabkommen entwickelt. Auch der Fiskalausschuss der OECD hat

1 Z. B. Spanien, *Kluge*, Das internationale Steuerrecht, N 303; *Lüdemann/Hruschka*, IStR 2000, S. 25 ff.

2 Z. B. Ungarn, *Schmidt, Ch.*, Steuerliche Probleme, S. 58 f.

3 Z. B. USA, *Mittermaier*, Besteuerung von Personengesellschaften im Verhältnis USA-Deutschland.

im Jahre 1999 einen Bericht vorgelegt, der allgemeine Ausführungen zur Abkommensauslegung im Zusammenhang mit Personengesellschaften sowie eine Reihe von Einzelfällen, anhand derer die Vorgehensweise zur Abkommensauslegung verdeutlicht werden soll, enthält. Die Vorschläge des Fiskalausschusses der OECD haben zu wesentlichen Änderungen und Ergänzungen des OECD-Musterkommentars geführt. Diese verschiedenen Lösungsansätze werden im Rahmen dieser Arbeit dargestellt und bewertet.

II. Gang der Untersuchung

Die im Zusammenhang mit ausländischen Personengesellschaften auftretenden Qualifikationskonflikte resultieren vor allem aus den unterschiedlichen Besteuerungssystemen im In- und Ausland. Daher setzt die Erörterung und die Lösung der im Zusammenhang mit ausländischen Personengesellschaften auftretenden Qualifikationskonflikte die Darstellung der ertragsteuerrechtlichen Behandlung von Personengesellschaften nach dem nationalen Recht sowohl des In- als auch des Auslandes voraus. Die ertragsteuerrechtliche Behandlung ausländischer Gesellschaften in Deutschland richtet sich maßgeblich danach, ob die gesellschaftsrechtliche Struktur der ausländischen Gesellschaft eher mit der gesellschaftsrechtlichen Struktur einer Personengesellschaft deutschen Rechts oder mit der gesellschaftsrechtlichen Struktur einer Kapitalgesellschaft deutschen Rechts vergleichbar ist. Daher werden in § 2 der Arbeit zunächst die gesellschaftsrechtlichen Strukturunterschiede zwischen den verschiedenen Rechtsformen deutschen Rechts herausgearbeitet. Sodann wird das in Deutschland für die Besteuerung von Personengesellschaften geltende Mitunternehmerkonzept erläutert. Im Anschluss werden in § 3 die unterschiedlichen im Ausland existierenden Systeme zur Besteuerung von Personengesellschaften aufgezeigt.

Im Mittelpunkt der Arbeit stehen die steuerlichen Probleme im Zusammenhang mit der Beteiligung an einer ausländischen Personengesellschaft. Somit ist in Kapitel § 4 zunächst zu klären, welche Rechtsordnung und welche Kriterien im Rahmen des Rechtstypenvergleichs für die Qualifikation einer ausländischen Gesellschaft als Personengesellschaft bzw. als Kapitalgesellschaft entscheidend sind. Führt der Typenvergleich zur Qualifikation der ausländischen Gesellschaft als Personengesellschaft, ist festzustellen, wie die Einkünfte eines inländischen Gesellschafters aus seiner Beteiligung an der ausländischen Personengesellschaft steuerrechtlich einzuordnen sind.

Kapitel § 4 II befasst sich mit der steuerrechtlichen Behandlung der Einkünfte des inländischen Gesellschafters für den Fall, dass zwischen Deutschland und dem Sitzstaat der Gesellschaft kein DBA besteht. Hierbei werden drei Fallkonstellationen unterschieden. Zunächst wird der Fall betrachtet, dass beide Staaten die Personengesellschaft steuerrechtlich als Mitunternehmerschaft behandeln und auch die Sondervergütungen übereinstimmend qualifizieren, so dass weder ein Qualifikationskonflikt hinsichtlich des Steuersubjekts noch hinsichtlich des Steuerobjekts vorliegt. Bei der zweiten Fallvariante verhält es sich dergestalt, dass zwar beide Staaten das Mitunternehmerkonzept anwenden, die Sondervergütungen jedoch steuerrechtlich unterschiedlich qualifiziert werden. Die dritte Fallkonstellation zeichnet sich dadurch aus, dass der ausländische Staat im Gegensatz zu Deutschland die Personengesellschaft als Steuersubjekt anerkennt. Damit liegt ein Qualifikationskonflikt hinsichtlich des Steuersubjekts vor. Für alle drei Konstellationen wird untersucht, ob und inwieweit durch die Regelungen des nationalen deutschen Außensteuerrechts eine Doppelbesteuerung der Einkünfte des inländischen Gesellschafters vermieden werden kann.

In Kapitel § 5 werden die gleichen Fallkonstellationen unter Anwendung von Abkommensrecht erörtert. Dies erfordert zunächst einige grundlegenden Ausführungen über die Rechtsnatur, den Regelungsmechanismus und die Auslegung von Doppelbesteuerungsabkommen. Des Weitern ist die Frage zu klären, welche Person abkommensberechtigt ist, d. h. wem das Recht zusteht sich auf die Abkommensnormen zu berufen und den durch diese festgelegten Abkommensschutz in Anspruch zu nehmen. Im Mittelpunkt des letzten Kapitels steht die abkommensrechtliche Behandlung der Einkünfte des inländischen Gesellschafters einer ausländischen Personengesellschaft. Es ist zu klären, wie sich das Besteuerungsrecht für die Gewinne der Personengesellschaft sowie für die Sondervergütungen auf den Gesellschafterstaat und den Gesellschaftsstaat abkommensrechtlich aufteilt. Dies hängt entscheidend davon ab, ob und inwieweit die angesprochenen Qualifikationskonflikte auf die Abkommensebene durchschlagen und wie sie gegebenenfalls zu lösen sind. Die hierzu vertretenen Meinungen werden dargestellt und bewertet. Abschließend wird gezeigt, dass durch eine abkommensautonome Auslegung der Verteilungsnormen bzw. durch eine Auslegung der Normen aus dem Abkommenszusammenhang die Qualifikationskonflikte, die aus Unterschieden im innerstaatlichen Recht der Vertragsstaaten resultieren, abkommensrechtlich nicht zum tragen kommen, so dass auch in diesen Fällen Doppelbesteuerungen weitgehend vermieden werden.

§2 Ertragsteuerrechtliche Behandlung der gewerblichen Personengesellschaft im Inland

I. Abgrenzung einkommensteuerpflichtiger Steuersubjekte von körperschaftsteuerpflichtigen Steuersubjekten

1. Personenvereinigungen als Steuersubjekte

Das Personenrecht des Zivilrechts unterscheidet zwischen natürlichen Personen, juristischen Personen und den gesamthänderisch verfassten Personengesellschaften. Dagegen differenziert das Steuerrecht zwischen Körperschaften als Subjekte der Körperschaftsteuer (KSt) und natürlichen Personen als Subjekte der Einkommensteuer (ESt). Personengesellschaften (OHG[1], KG[2], GbR[3], stille Gesellschaft[4], Reederei[5]) sind weder juristische noch natürliche Personen, so dass die Personengesellschaft als solche weder als Steuersubjekt nach dem KStG noch nach dem EStG qualifiziert. Steuersubjekte sind vielmehr die Personengesellschafter.[6] Handelt es sich bei diesen um natürliche Personen, so unterliegen diese mit ihren Einkünften aus der Personengesellschaft der Einkommensteuer; sind die Gesellschafter hingegen juristische Personen so unterliegen die Einkünfte aus der Personengesellschaft der Körperschaftsteuer. Ertragsteuerrechtlich wird demnach unterschieden zwischen solchen Personenvereinigungen, die selbst – neben ihren

1 §§ 105 ff. HGB.
2 §§ 161 ff. HGB.
3 §§ 705 ff. BGB.
4 §§ 230 ff. HGB.
5 §§ 489 ff. HGB.
6 *Bitz* in Littmann/Bitz/Pust, EStG, § 15 Rn. 7; Blümich/*Stuhrmann*, EStG, § 15 Rz. 221; *Schmidt*, EStG, § 15 Rz. 160.

Gesellschaftern – Steuersubjekt sind, und solchen, bei denen ausschließlich die Gesellschafter steuerpflichtig sind.

2. *Gesellschaftsrechtliche Strukturunterschiede zwischen körperschaftsteuerpflichtigen Rechtsformen und Personengesellschaften*

Im Folgenden wird aufgezeigt, was den körperschaftsteuerpflichtigen Rechtsformen in ihrer gesellschaftsrechtlichen Struktur gemeinsam ist und was sie von den Personengesellschaften unterscheidet. Diese grundlegende Abgrenzung ist im Rahmen dieser Arbeit für das Verständnis des Typenvergleichs,[7] den es für die steuerrechtliche Qualifikation einer ausländischen Gesellschaft durchzuführen gilt, notwendig.

Als Abgrenzungskriterium zwischen Körperschaftsteuersubjekten und Personengesellschaften kann es nicht allein auf die zivilrechtliche Rechtsfähigkeit ankommen, da einerseits auch der nichtrechtsfähige Verein[8] sowie die Vorgesellschaft der Kapitalgesellschaft[9] zu den Körperschaftsteuersubjekten gehören, und andererseits auch Personengesellschaften mit einer gewissen rechtlichen Selbstständigkeit ausgestattet sind.[10] Vielmehr lässt sich die Abgrenzung auf die grundsätzliche

7 Vgl. hierzu § 4 I 1 b).

8 § 1 Abs. 1 Nr. 5 KStG. Nach § 54 S. 1 BGB finden die Vorschriften über die Gesellschaft – §§ 706 ff. BGB – auf den nichtrechtsfähigen Verein Anwendung. Der Begriff „nichtrechtsfähig“ besagt jedoch nur, dass der Verein keine juristische Person darstellt. Er impliziert dagegen nicht, dass der Verein nicht Träger von Rechten und Pflichten sein kann. Der nichtrechtsfähige Verein ist vielmehr ein „selbstständiges körperschaftsähnliches Gebilde“, RGZ 113, 169, 170. Demnach sind einige Vorschriften über die BGB-Gesellschaft im Fall des nichtrechtsfähigen Vereins „unpassend“, *Schmidt*, Gesellschaftsrecht, § 25 II 2 b). Daher wird deren Anwendung von der h. M. abgelehnt und es werden auf nichtrechtsfähige Vereine die Vorschriften der §§ 21 ff. BGB angewandt, mit Ausnahmen derjenigen, die die Rechtsfähigkeit voraussetzen (BGH v. 11.7.1968, BGHZ 50, 328; ausführlich *Schmidt*, Gesellschaftsrecht, § 25 II). Die gesetzliche Qualifikation des nichtrechtsfähigen Vereins als Körperschaftsteuersubjekt ist demnach folgerichtig.

9 BFH v. 8.11.1989, BStBl. II 1990, 91; BFH v.13.12.1989, BStBl. II 1990, 468; BFH v. 14.10.1992, BStBl. II 1993, 352.

10 Nach § 124 Abs. 1 HGB, kann die OHG selbst Trägerin vom Rechten und Pflichten sein. § 124 Abs. 1 HGB gilt über § 161 Abs. 2 HGB auch für die KG. Für

Unterscheidung des deutschen Gesellschaftsrechts zwischen Gesellschaften (Personengesellschaften) und Körperschaften (körperschaftlich organisierte Verbände) – unter denen als eine besondere Gruppe die Kapitalgesellschaften zu nennen wären – zurückführen.

Das Gesellschaftsrecht ist von der Idee geprägt, dass sich der Zusammenhalt und die Aktionsfähigkeit der Personengesellschaft auf die persönliche Verbundenheit der Gesellschafter des Gesellschaftskreises in seiner jeweiligen Zusammensetzung gründen. Dagegen zeichnen sich Körperschaften durch eine überindividuelle Verselbstständigung aus, so dass das Schicksal der Körperschaft vom Schicksal seiner Mitglieder weitestgehend unabhängig ist.[11] [12]

a) Dauer der Gesellschaft

Diese grundsätzliche Abhängigkeit der Personengesellschaft vom ursprünglichen Gesellschafterkreis wird durch die Regelung des § 727 BGB verdeutlicht, wonach der Tod eines Gesellschafters zur Auflösung der Gesellschaft führt. Gleiches galt gem. §§ 131 Nr. 4 HGB a. F., 161 Abs. 2 HGB im Fall des Todes eines persönlich haftenden Gesellschafters einer Personenhandelsgesellschaft. Durch das sog. Handelsrechtsreformgesetz vom 22. Juni 1998[13] ist für diese Fälle nun die Fortsetzung der Personengesellschaft sichergestellt, denn nach § 131 Abs. 3 Nr. 1 HGB n. F. führt der Tod eines OHG-Gesellschafters bzw. eines KG-Komplementärs nicht mehr zur Auflösung der Gesellschaft, sondern zum Ausscheiden des Gesellschafters aus der Gesellschaft, soweit keine anderweitige gesellschaftsvertragliche Bestimmung getroffen wurde. Diese Gesetzesänderung ist jedoch

---

die „Teilrechtsfähigkeit" einer GbR siehe BGH v. 29.1.2001 II ZR 331/00, BGHZ 146, 341.

11 *Flume*, Die Personengesellschaft, § 7 II, III 1; *Schmidt*, Gesellschaftsrecht, § 3 I 2.

12 Bei der im Folgenden vorgenommenen Darstellung der strukturellen Unterschiede zwischen Personengesellschaften und Körperschaften wird nur auf die Kapitalgesellschaften eingegangen, insbesondere auf die GmbH und die AG, da diese die für den Typenvergleich wichtigsten Rechtsformen sind.

13 Handelsrechtsreformgesetz v. 22.6.1998, BGBl. I 1998, 1474.

nicht als Abkehr von der Idee der Personenbezogenheit der Personengesellschaft zu verstehen. Vielmehr spiegelt die neue Gesetzeslage die in der Praxis bis dato vorherrschende Situation wieder: So war § 131 HGB a. F. dispositives Recht, und in den meisten Fällen wurde die Auflösung der Gesellschaft im Interesse der Unternehmenskontinuität durch gesellschaftsvertraglich vereinbarte Fortsetzungsklauseln vermieden.[14]

Bei der AG und der GmbH ergibt sich eine prinzipiell andere Rechtslage, die dadurch gekennzeichnet ist, dass die Existenz der juristischen Person als solche durch den Tod eines Gesellschafters unberührt bleibt und sowohl die Aktie als auch der GmbH-Anteil ohne weiteres vererblich sind. Die freie Vererblichkeit der Aktie gilt sowohl für Inhaber- als auch für Namensaktien und kann durch die Satzung der AG nicht ausgeschlossen werden,[15] jedoch besteht die Möglichkeit, dass die Satzung der AG die Zwangseinziehung der Aktien für den Fall des Todes eines Gesellschafters vorsieht (§ 237 Abs. 1 AktG).[16] Für GmbH-Anteile ergibt sich die freie Vererblichkeit aus § 15 Abs. 1 GmbHG. Sie kann weder durch den Gesellschaftsvertrag ausgeschlossen werden, noch kann die Satzung eine sich mit dem Erbfall automatisch vollziehende Einziehung vorsehen.[17] Jedoch bestehen kautelarjuristische Möglichkeiten, auf den GmbH-Anteil nach dem Erbfall durch Einziehungs- oder Abtretungsklauseln einzuwirken, so dass der Kreis der Gesellschafter gesteuert werden kann.[18]

14 *Crezelius*, Unternehmenserbrecht, § 3 Rn. 38.

15 MünchKomm(BGB)/*Leipold* § 1922 Rn. 31; Palandt/*Edenhofer*, BGB, § 1922 Rn. 23.

16 *Crezelius*, Unternehmenserbrecht, § 3 Rn. 137, § 10 Rn. 380; Kölner KommentarAktG/*Lutter* § 237 Rn. 37; MünchKomm(AktG)/*Ochsler* § 237 Rn. 29.

17 *Crezelius*, Unternehmenserbrecht, § 8 Rn. 320; *Hueck/Fastrich* in Baumbach/Hueck, GmbHG § 15 Rn. 9, 12; *Rowedder*, GmbHG § 15 Rn. 62.

18 *Crezelius*, Unternehmenserbrecht, § 3 Rn. 137, § 8 Rn. 324 ff; *Hueck/Fastrich* in Baumbach/Hueck, GmbHG § 15 Rn. 13; *Rowedder*, GmbHG § 15 Rn. 63.

b) *Zulässigkeit der Anteilsübertragung*

Die Personenbezogenheit der Personengesellschaft verdeutlicht sich ebenso im Fall der Anteilsübertragung. So ist diese zwar möglich, jedoch bedarf sie der Zustimmung aller Gesellschafter oder der Zulassung im Gesellschaftsvertrag.[19]

Aktien und GmbH-Anteile (§ 15 Abs. 1 GmbHG) hingegen sind ohne weiteres frei übertragbar.[20] Jedoch kann gem. § 68 Abs. 2 AktG die Übertragung von Namensaktien an die Zustimmung der AG gebunden werden; es handelt sich dann um sog. vinkulierte Namensaktien. Gleiches gilt gem. § 15 Abs. 5 GmbHG für GmbH-Anteile. Durch derartige Vinkulierungsklauseln können vor allem Familiengesellschaften vor Überfremdung geschützt werden.[21] Die Rechtslage im Aktien-Recht und vor allem im GmbH-Recht ist somit spiegelbildlich zu der im Personengesellschaftsrecht: GmbH-Geschäftsanteile sind im Grundsatz frei übertragbar, können aber durch den Gesellschaftsvertrag vinkuliert werden; die Beteiligung an einer Personengesellschaft ist im Grundsatz vinkuliert, kann aber durch den Gesellschaftsvertrag frei verfügbar gestellt werden.[22]

c) *Finanz- und Haftungsverfassung*

Weitere rechtsformspezifische Unterschiede kommen in den gesetzlichen Regelungen über die Finanz- und Haftungsverfassung zum Ausdruck. Für die Verbindlichkeiten der AG bzw. der GmbH haftet den Gläubigern nur das Gesellschaftsvermögen der jeweiligen Gesellschaft (§ 1 Abs. 1 S. 2 AktG, § 13 Abs. 2 GmbHG).[23]

19 MünchHdb. GesR I/*Piehler* § 66 Rn. 2; MünchHdb. GesR II/*Piehler* § 33 Rn. 2 f.; *Schmidt*, Gesellschaftsrecht, § 45 III 2 b.

20 *Hueck/Fastrich* in Baumbach/Hueck, GmbHG § 15 Rn. 1 f.; *Hüffer*, AktG § 68 Rn. 10; MünchHdb. GesR III/*U. Jasper* § 24 Rn. 1; MünchHdb. GesR IV/*Wiesner* § 14 Rn. 16.

21 *Crezelius*, Unternehmenserbrecht, § 8 Rn. 331.

22 *Schmidt*, Gesellschaftsrecht, § 45 III 2 c.

23 Bei der Kommanditgesellschaft auf Aktien (KGaA) ist die Haftung hingegen nicht auf das Gesellschaftsvermögen beschränkt. Gem. § 278 AktG ist die KGaA eine

Korrespondierend mit der Haftungsbeschränkung auf das Gesellschaftsvermögen haben die Gesellschafter ein entsprechendes Eigenkapital als Beitrag zur Unternehmenserhaltung in die Gesellschaft zu leisten.[24] Sowohl bei der AG als auch bei der GmbH kann die Aufbringung des Kapitals durch Bareinlagen oder Sacheinlagen stattfinden (§§ 27, 54 AktG, § 5 GmbHG). Die Kapitalaufbringung wird durch eine Reihe von Schutzmechanismen gewährleistet, so kann weder der Aktionär (§ 66 Abs. 1 S. 1 AktG) noch der GmbH-Gesellschafter (§ 19 Abs. 2 GmbHG) von der Einlagepflicht befreit werden.

Das Grundkapital der AG muss mindestens 50.000 Euro betragen (§ 7 AktG). Die Erfüllung von Bareinlagen richtet sich bei der AG nach den §§ 54 Abs. 2 und 3, 63 bis 66 AktG sowie ergänzend nach den §§ 36 Abs. 2, 36a Abs. 1 AktG, nach denen bestimmte Mindestbeträge der Bareinlage bereits vor der Eintragung der Gesellschaft zu leisten sind. Da die Aktionäre der AG in Erfüllung ihrer Einlagepflicht effektiv verwertbare Mittel zuzuführen haben, müssen die Sacheinlagen zum Zeitpunkt der Handelsregisteranmeldung eingebracht und vollwertig sein (§ 36a Abs. 2 AktG). Daher verlangt § 27 Abs. 1 AktG bei Sachgründungen über die Erfordernisse des § 23 AktG hinaus zusätzliche Feststellungen in der Satzung. Darüber hinaus bedarf es bei einer Sachgründung einer Gründungsprüfung gem. § 33 Abs. 2 Nr. 4 AktG.

Bei der GmbH muss das Stammkapital gem. § 5 Abs. 1 GmbHG mindestens 25.000 Euro, die Stammeinlage jedes Gesellschafters mindestens 100 Euro betragen. Die §§ 7 Abs. 2, 8 Abs. 2 GmbHG be-

---

Gesellschaft mit eigener Rechtspersönlichkeit, bei der mindestens ein Gesellschafter den Gesellschaftsgläubigern unbeschränkt haftet (persönlich haftender Gesellschafter), und die übrigen an dem in Aktien zerlegten Grundkapital beteiligt sind, ohne persönlich für die Verbindlichkeiten der Gesellschaft zu haften (Kommanditaktionäre). Die KGaA ist somit eine juristische Person, die ihrer rechtlichen Struktur nach eine vom AktG zugelassene Typenvermischung von AG einerseits und KG andererseits darstellt. Sie verbindet die persönliche Haftung und die Selbstorganschaft der Personengesellschaft mit der Kapitalausstattung der Aktiengesellschaft und der Börsengängigkeit ihrer Anteile, *Hüffer*, AktG § 278 Rn. 1, 3; *Schmidt*, Gesellschaftsrecht, § 32 I 1. Zu Einzelheiten bezüglich der rechtlichen Struktur der KGaA siehe *Hüffer*, AktG § 278 Rn. 1 ff.; *Schmidt*, Gesellschaftsrecht, § 32; MünchHdb. GesR IV/*Herfs* §§ 74 ff.

24 MünchHdb. GesR III/*Gummert* § 51 Rn. 6; MünchHdb. GesR IV/*Wiesner* § 16 Rn. 1 ff.

stimmen, dass vor der Anmeldung der Gesellschaft zum Handelsregister eine Mindesteinlage einzuzahlen ist. Für Sachgründungen ist wie bei der AG ein Sachgründungsverfahren vorgesehen (§§ 5 Abs. 4, 19 Abs. 5 GmbHG). Weitere Einzelheiten bezüglich der Kapitalaufbringung bei der GmbH ergeben sich aus § 19 GmbHG. Ergänzt wird diese Vorschrift durch die §§ 20 bis 25 GmbHG, die sich mit den Konsequenzen der Nichterfüllung der Verpflichtung zur Erbringung der Stammeinlage befassen. Insgesamt lässt sich den §§ 19 bis 25 GmbHG der Grundsatz der realen Kapitalaufbringung entnehmen.[25]

Die Vorschriften über die Kapitalaufbringung für Rechtsformen, bei denen die Gesellschafter nur beschränkt mit ihrer Einlage haften, wären, im Hinblick auf ein gesichertes Haftungssubstrat für die Gläubiger dieser Rechtsformen, weitestgehend zwecklos, wenn die dadurch erfolgte finanzielle Mittelausstattung der Gesellschaft nachträglich wieder entzogen werden könnte. Daher enthalten sowohl das AktG als auch das GmbHG Regelungen der Kapitalerhaltung. § 57 Abs. 1 S. 1 AktG verbietet die Einlagenrückgewähr an die Aktionäre. Dieses Verbot ist zwingend und kann weder durch vertragliche Vereinbarungen noch durch Satzungsbestimmungen abbedungen oder eingeschränkt werden. Entgegen dem missverständlichen Wortlaut des § 57 Abs. 1 S. 1 AktG kommt es nicht darauf an, ob das Zurückgewährte die Einlage des § 54 AktG ist. Daher ist jede Zuwendung der Aktiengesellschaft an einen Aktionär nach § 57 Abs. 1 S. 1 AktG unzulässig, soweit es sich nicht um die ordnungsgemäße Verteilung des Bilanzgewinns handelt.[26] Gem. § 30 GmbHG darf das zur Erhaltung des Stammkapitals erforderliche Vermögen nicht an die Gesellschafter ausgezahlt werden. Im Unterschied zu § 57 AktG unterwirft § 30 GmbHG also nur das zur Erhaltung des Stammkapitals notwendige Vermögen einer Ausschüttungssperre.[27]

Die Gesellschafter einer OHG haften gem. § 128 HGB zwingend unbeschränkt gegenüber den Gläubigern der Gesellschaft. Haftungsbeschränkende Regelungen der Gesellschafter sind gem. § 128 S. 2 HGB Dritten gegenüber unwirksam. Dies gilt gem. § 161 Abs. 2 HGB auch

25 MünchHdb. GesR III/*Gummert* § 51 Rn. 3.

26 *Hüffer*, AktG § 57 Rn. 1 ff.; MünchHdb. GesR IV/*Wiesner* § 16 Rn. 42.

27 *Hueck/Fastrich* in Baumbach/Hueck, GmbHG § 30 Rn. 3.

für die Komplementäre einer KG. Nach der jüngsten Rechtsprechung des BGH haften auch die Gesellschafter einer GbR kraft Gesetz persönlich für die Verbindlichkeiten der Gesellschaft.[28] Insoweit entspricht das Verhältnis zwischen Gesellschafts- und Gesellschafterhaftung bei der GbR der akzessorischen Gesellschafterhaftung gem. §§ 128 f. HGB bei der OHG.[29] Die unbegrenzt haftenden Gesellschafter sind gem. § 105 Abs. 3 HGB i. V. m. § 705 BGB lediglich zur Erbringung eines wie auch immer gearteten Beitrags zur Förderung des Gesellschaftszwecks verpflichtet. Der Umfang und die Art des zu erbringenden Beitrags ergeben sich aus dem Gesellschaftsvertrag.[30] So kann bspw. die Verpflichtung zur Erbringung einer Kapitaleinlage, einer Sacheinlage oder einer Dienstleistung vereinbart sein.[31]

Korrespondierend mit der unbeschränkten Haftung der Gesellschafter einer OHG bzw. der Komplementäre einer KG sieht das Gesetz kein festes haftendes Kapital, d. h. keine zwingende Kapitalaufbringung und keine Kapitalerhaltung, vor. Anders ist die Rechtslage für den Kommanditisten einer KG. Dieser haftet den Gläubigern der Gesellschaft grundsätzlich beschränkt nach Maßgabe der in das Handelsregister eingetragenen Haftsumme (§ 171 Abs. 1 HS 1 HGB). Für den beschränkt haftenden Gesellschafter entfällt die Haftung, soweit er seine Einlage, die eine tatsächliche Wertzuführung darstellen muss, geleistet hat (§ 171 Abs. 1 HS 2 HGB), denn die im Gesellschaftsvermögen vorhandene Einlage steht der KG als Eigenkapital zur Verfügung und ersetzt seine Haftung. Dieser Kapitalaufbringungsgrundsatz wird durch die Vorschrift des § 172 Abs. 4 HGB ergänzt, wonach eine Einlagenrückgewähr zur Wiederauflebung der Haftung des Kommanditisten gegenüber den Gläubigern führt. Die Norm dient somit der Kapitalerhaltung. Jedoch muss berücksichtigt werden, dass weder für die OHG noch für die KG ein gesetzlich vorgeschriebenes Mindestkapital besteht.[32] Der persönlichen Haftung bei Personengesellschaften kommt demnach eine Kapitalersatzfunktion zu, denn sie kompensiert das Fehlen jeglicher Schutzbestimmungen zur Kapitalaufbringung und Kapital-

28 BGH v. 27.9.1999, BGHZ 142, 315, 318.

29 BGH v. 29.1.2001, BGHZ 146, 341.

30 MünchHdb. GesR I/*v. Falkenhausen* § 54 Rn. 10, 32.

31 MünchHdb. GesR I/*v. Falkenhausen* § 54 Rn. 10 ff.

32 *Schmidt*, Gesellschaftsrecht, § 18 IV 2 c.

erhaltung.[33] Sie dient den Gläubigern als Sicherheit, denn diese können gegebenenfalls auf das Privatvermögen der Gesellschafter zurückgreifen.[34] Die persönliche Haftung hält darüber hinaus die Gesellschafter zu einer sorgfältigen Unternehmensführung an und dient demnach auch einer Verhaltenskontrolle.[35]

d) *Vertretungs- und Geschäftsführungsbefugnis*

Ein weiteres Strukturmerkmal, in dessen Ausprägung sich Personengesellschaften und juristische Personen unterscheiden, ist die Organisation der jeweiligen Rechtsform. Die Personengesellschaft ist ebenso wie die juristische Person selbst nicht handlungsfähig, vielmehr erfolgt die Willensbildung und Leitungstätigkeit einer Gesellschaft durch ihre Handlungsorgane.[36] Die Handlungsorgane einer Gesellschaft sind die natürlichen Personen, die die organschaftliche Geschäftsführung und Vertretung der Gesellschaft wahrnehmen und für die Erfüllung ihrer Pflichten sorgen.[37] Die organschaftliche Geschäftsführung ist die auf Verwirklichung des Gesellschaftszwecks im Innenverhältnis gerichtete Tätigkeit und umfasst damit Handlungen tatsächlicher und rechtsgeschäftlicher Natur, wohingegen die organschaftliche Vertretung sich auf das rechtsgeschäftliche Handeln der Gesellschaft nach außen, d. h. die Beziehung zu Dritten (Außenverhältnis), bezieht.[38] Es handelt sich bei der Geschäftsführung und der Vertretung demnach nicht zwingend um voneinander unabhängige, nebeneinander stehende Tätigkeiten, sondern die Vertretung betrifft einen Teilbereich der Geschäftsführungshandlungen, nämlich die Außenwirkung rechtsgeschäftlicher Ge-

33 *Schmidt*, Gesellschaftsrecht, § 18 IV 2 a; *Wiedemann*, Gesellschaftsrecht I, § 10 III 1 a, b.

34 BGHZ, 73, 217, 224.

35 *Schmidt*, Gesellschaftsrecht, § 18 IV 2 c; *Wiedemann*, Gesellschaftsrecht I, § 10 III 1 a.

36 *Flume*, Die Personengesellschaft, § 10 I; *Schmidt*, Gesellschaftsrecht, § 10 I 1 b; *Wiedemann*, Gesellschaftsrecht I, §§ 4 II 3, 5 II 3.

37 *Wiedemann*, Gesellschaftsrecht I, §§ 4 II 3, 5 II 3.

38 MünchHdb. GesR I/*v. Ditfurth* § 7 Rn. 3, 7; MünchHdb. GesR III/*Heinrich* § 6 Rn. 3.

schäftsführungshandlungen, so dass Geschäftsführung und Vertretung immer dann zusammenfallen, wenn eine Handlung auf die Förderung des Gesellschaftszweck gerichtet ist und ein Rechtsgeschäft mit Dritten darstellt.[39]

Bei Personengesellschaften obliegt die organschaftliche Geschäftsführungs- und Vertretungsbefugnis nach §§ 709, 714 BGB, 114, 125, 161 Abs. 2 HGB ausschließlich den Gesellschaftern selbst, und zwar, wie sich aus §§ 164, 170 HGB ergibt, nur den unbeschränkt haftenden Gesellschaftern. Sowohl die organschaftliche Geschäftsführung als auch die organschaftliche Vertretung sind an die Mitgliedschaft gebunden und demnach nicht auf einen Dritten übertragbar[40] (Prinzip der Selbstorganschaft).

Nach der gesetzgeberischen Grundkonzeption ist jeder Gesellschafter einer GbR und einer OHG geschäftsführungsbefugt.[41] In der KG hingegen ist der Kommanditist grundsätzlich von der Geschäftsführung ausgeschlossen (§ 164 S. 1 HGB).[42] Den Gesellschaftern steht es jedoch in beschränktem Maße frei, abweichende Gestaltungen im Gesellschaftsvertrag zu vereinbaren. So ist es möglich, die Geschäftsführung im Gesellschaftsvertrag nur einem oder einigen Gesellschaftern zu übertragen und die übrigen Gesellschafter von der Geschäftsführung auszuschließen (§§ 710 BGB, 114 Abs. 2, 161 Abs. 2 HGB).[43]

39 MünchHdb. GesR I/*v. Ditfurth* § 7 Rn. 7; *Schmidt*, Gesellschaftsrecht, § 47 V 1.

40 BGH v. 22.1.1962, BGHZ 36, 293.

41 §§ 709 Abs. 1 BGB, 114 Abs. 1, 161 Abs. 2 HGB. Hierbei sieht § 709 BGB für die GbR die Gesamtgeschäftsführung als gesetzlichen Regelfall vor, wohingegen § 115 Abs. 1 HGB für die OHG und die KG die Einzelgeschäftsführung als gesetzlichen Regelfall bestimmt.

42 Der Ausschluss des Kommanditisten von der Geschäftsführung ist jedoch dispositiv, d. h. auch diesem kann im Gesellschaftsvertrag das Recht zur Geschäftsführung eingeräumt werden (BGH v. 9.12.1968, BGHZ 51, 198).

43 Nach Auffassung des BGH ist es mit dem Prinzip der Selbstorganschaft sogar vereinbar, einem oder mehreren Kommanditisten unter Ausschluss aller Komplementäre das alleinige Recht zur Geschäftsführung zu übertragen (BGH v. 9.12.1968, BGHZ 51, 198). Davon zu unterscheiden ist jedoch der Fall der Übertragung der organschaftlichen Geschäftsführungsbefugnis an einen Dritten: Auf einen Kommanditisten als Mitgesellschafter können die Geschäftsführungsrechte übertragen werden, die Übertragung gesellschaftsrechtlicher Leitungsbefugnisse auf einen Nichtgesellschafter, also auf einen Dritten, ist hingegen unzulässig. Jedoch besteht

Die Vertretungsmacht der Gesellschafter einer GbR richtet sich gem. § 714 BGB im Zweifel nach der Geschäftsführungsbefugnis, abweichende Regelungen im Gesellschaftsvertrag sind jedoch möglich.[44] In der OHG und der KG ist jeder persönlich haftende Gesellschafter ohne Mitwirkung der anderen Gesellschafter zur Vertretung der Gesellschaft ermächtigt, soweit er nicht durch den Gesellschaftsvertrag von der Vertretung ausgeschlossen ist (§§ 125 Abs. 1, 161 Abs. 2 HGB) oder dort eine Gesamtvertretung bestimmt ist (§ 125 Abs. 2 S. 1 HGB). Da der Kommanditist gem. § 170 HGB zwingend von der organschaftlichen Vertretung der Gesellschaft ausgeschlossen ist, und diese auch nicht an einen Dritten übertragen werden kann, kann jedoch dem einzigen persönlich haftenden Gesellschafter einer KG die Vertretungsbefugnis nicht entzogen werden.[45]

Das Leitungsorgan der AG ist der Vorstand, diesem obliegt die Geschäftsführungsbefugnis und die Vertretungsmacht (§§ 76 ff. AktG).[46] Mitglied des Vorstandes kann gem. § 76 Abs. 3 S. 1 AktG nur eine natürliche, unbeschränkt geschäftsfähige Person sein, die jedoch nicht

---

für die Gesellschafter die Möglichkeit, die Geschäftsführung an einen Dritten zu delegieren, d. h. durch Dienst- oder Betriebsführungsvertrag einen Dritten mit entsprechenden, auch umfassenden Geschäftsführungsaufgaben zu betrauen. Der Dritte erhält dadurch jedoch nicht die organschaftliche Geschäftsführungsbefugnis, denn diese verbleibt nach wie vor bei den geschäftsführenden Gesellschaftern. Das Geschäftsführungsrecht des Dritten ergibt sich aus einem schuldrechtlichen Vertrag und ist lediglich ein von den Rechten des Gesellschafters abgeleiteteS. Vgl. BGH v. 5.10.1981, WM 1982, 394; BGH v. 20.9.1993, WM 1994, 237; *Schmidt*, Gesellschaftsrecht, § 14 II 2 b; *Baumbach/Hopt*, HGB § 114 Rn. 24 f.

44 MünchHdb. GesR I/*v. Ditfurth* § 7 Rn. 80.

45 BGH v. 9.12.1968, BGHZ 51, 198. Aufgrund der zwingenden Vorschrift des § 170 HGB ist eine Übertragung der organschaftlichen Vertretungsmacht an einen Kommanditisten – im Gegensatz zur Geschäftsführungsbefugnis – nicht möglich (BGH v. 9.12.1968, BGHZ 51, 198). Jedoch kann ein Kommanditist ebenso wie ein Dritter rechtsgeschäftlich zur Vertretung der KG bevollmächtigt werden, bspw. durch Prokuraerteilung gem. §§ 48 ff. HGB.

46 Gem. §§ 77 Abs. 1 S. 1, 78 Abs. 2 S. 1 AktG gilt der Grundsatz der Gesamtgeschäftsführung und der Gesamtvertretungsmacht. Hiervon kann gem. § 77 Abs. 1 S. 2 AktG durch die Satzung oder die Geschäftsordnung bspw. gem. § 78 Abs. 2 S. 1, Abs. 3 S. 2 AktG durch die Satzung oder – kraft satzungsmäßiger Ermächtigung – durch den Aufsichtsrat abgewichen werden.

Aktionär der AG sein muss.[47] Die GmbH muss gem. § 6 Abs. 1 GmbHG zwingend einen oder mehrere Geschäftsführer haben; diese bilden das Handlungsorgan der GmbH.[48] Gem. § 35 Abs. 1 GmbHG obliegt ihnen die Geschäftsführung und die Vertretung der Gesellschaft,[49] jedoch kann die Geschäftsführungsbefugnis der Geschäftsführer gem. § 37 Abs. 1 GmbHG durch die Gesellschafter im Gesellschaftsvertrag oder durch Beschluss beschränkt werden.[50] Die Vertretungsbefugnis ist hingegen gem. § 37 Abs. 2 GmbHG zwingend und darf nicht durch den Gesellschaftsvertrag eingeschränkt werden.[51] Geschäftsführer einer GmbH kann – wie der Vorstand der AG – gem. § 6 Abs. 3 GmbHG ein Dritter sein. Hieraus ergibt sich, dass im Gegensatz zu dem für Personengesellschaften geltenden Prinzip der Selbstorganschaft, wonach die organschaftliche Geschäftsführungs- und Vertretungsbefugnis ausschließlich den persönlich haftenden Gesellschaftern selbst zusteht, sowohl bei der AG als auch bei der GmbH eine Fremdorganschaft zulässig ist.[52]

Das Prinzip der Selbstorganschaft bei der Personengesellschaft führt zu einem Organschaftsmonopol der unbeschränkt haftenden Gesellschafter.[53] Dies gilt nach Auffassung des BGH nicht für die Geschäftsführungsbefugnis, wohl aber für die organschaftliche Vertre-

47 MünchHdb. GesR IV/*Wiesner* § 20 Rn. 1; *Schmidt*, Gesellschaftsrecht, § 28 II 2 b.

48 *Schmidt*, Gesellschaftsrecht, § 33 V 2 a.

49 Gem. § 35 Abs. 2 S. 2 GmbHG gilt der Grundsatz der Gesamtvertretung durch alle Geschäftsführer, wobei abweichende Regelungen durch eine diesbezügliche Ermächtigung in der Satzung möglich sind. *Baumbach/Hueck*, GmbHG § 35 Rn. 54 ff.; MünchHdb. GesR III/*Marsch-Barner/Diekmann* § 44 Rn. 13, 16ff. Gleiches gilt wohl auch für die GeschäftsführungsbefugniS. *Baumbach/Hueck*, GmbHG § 37 Rn. 16, 19; MünchHdb. GesR III/*Marsch-Barner/Diekmann* § 44 Rn. 75 ff.

50 *Baumbach/Hueck*, GmbHG § 37 Rn. 1, 7 ff., 10 ff.

51 *Baumbach/Hueck*, GmbHG § 37 Rn. 1, 20 ff.

52 Hingegen gilt für die KGaA das Prinzip der Selbstorganschaft. Bei der KGaA handelt es sich zwar um eine Kapitalgesellschaft mit eigener Rechtspersönlichkeit, jedoch stehen die organschaftlichen Geschäftsführungs- und Vertretungsbefugnisse ausschließlich dem persönlich haftenden Gesellschafter zu. MünchHdb. GesR IV/*Herfs* § 77 Rn. 3 ff, 23 ff.

53 *Schmidt*, Gesellschaftsrecht, § 14 II 2 b.

tung.[54] Da Geschäftsführung und Vertretung jedoch nicht voneinander unabhängige, nebeneinander stehende Tätigkeiten sind, vielmehr Vertretungshandlungen auch Teilbereiche der Geschäftsführungstätigkeit betreffen, gilt das Prinzip der Selbstorganschaft im Grundsatz uneingeschränkt. Das Organschaftsmonopol der persönlich haftenden Gesellschafter stellt eine Beschränkung des Prinzips der gesellschaftsrechtlichen Gestaltungsfreiheit dar, die ihre Rechtfertigung in Schutzinteressen findet.[55] So soll die Unternehmensleitung bei den persönlich haftenden Gesellschaftern verbleiben, damit diese nicht die volle persönliche Verantwortung in Form der Haftung für die Tätigkeit eines Dritten – der selbst nicht mitgliedschaftlich beteiligt ist – übernehmen müssen.[56] Darüber hinaus trägt das Zusammentreffen von Unternehmensleitung und Haftungsrisiko zu einer ordnungsgemäßen und sorgfältigen Tätigkeit der Geschäftsführer bei und dient somit auch dem Schutz der Mitgesellschafter und des Rechtsverkehrs vor deren möglichen Fehlentscheidungen.[57]

e) *Zusammenfassung*

Wie sich aus dem Vorstehenden ergibt, liegt der dogmatische Unterschied zwischen Personengesellschaften und Körperschaften einerseits in ihrer Personenbezogenheit und andererseits in ihrer Unabhängigkeit vom Gesellschafterkreis.

Dieser grundsätzliche Unterschied schlägt sich in den gesetzlichen Nachfolgeregelungen im Falle des Todes eines Gesellschafters bzw. in

54 BGH v. 9.12.1968, BGHZ 51, 198.

55 *Schmidt*, Gesellschaftsrecht, § 14 II 2 e.

56 *Schmidt*, Gesellschaftsrecht, § 14 II 2 e; *Wiedemann*, Gesellschaftsrecht I, § 6 IV 1 a. Hingegen sieht *Flume* die Rechtfertigung des Prinzips der Selbstorganschaft in dem strukturellen Unterschied zwischen der Gesellschaft als Personengruppe und der juristischen Person, *Flume*, Die Personengesellschaft, § 14 VIII. Da die persönliche Haftung bei den Personengesellschaften einerseits und die auf das Gesellschaftsvermögen beschränkte Haftung bei der AG und der GmbH andererseits Ausfluss dieses strukturellen Unterschiedes sind, führt diese Auffassung im Grundsatz zu demselben Ergebnis.

57 *Schmidt*, Gesellschaftsrecht, § 14 II 2 e; *Wiedemann*, Gesellschaftsrecht I, § 6 IV 1 a.

den die Anteilsübertragung betreffenden gesetzlichen Regelungen nieder. Diese gesetzlichen Regelungen sind jedoch sowohl bei Personengesellschaften als auch bei den Kapitalgesellschaften weitestgehend dispositiver Natur, so dass sie als Kriterium im Sinne einer klaren Abgrenzung der Rechtsformen nur bedingt dienen können. Anders verhält es sich mit den gesetzlichen Regelungen bezüglich der Finanz- und Haftungsverfassung. Während das Gesetz für Personengesellschaften keine zwingende Kapitalaufbringung vorsieht, und damit korrespondierend die persönliche Haftung der Gesellschafter bzw. der Komplementäre zwingend vorschreibt (§ 128 S. 2 HGB), ist bei der AG und der GmbH korrespondierend mit den zwingenden gesetzlichen Regelungen der Kapitalaufbringung und Kapitalerhaltung die Haftung auf das Gesellschaftsvermögen beschränkt (§§ 1 Abs. 1 S. 2 AktG, 13 Abs. 2 GmbHG). Des Weiteren gilt für Personengesellschaften im Gegensatz zur AG und zur GmbH zwingend das Prinzip der Selbstorganschaft. Dieses Prinzip ist auf die persönliche Haftung der Gesellschafter zurückzuführen. Die zwingende Selbstorganschaft bei Personengesellschaften ist demnach Ausfluss der für diese geltenden Finanz- und Haftungsverfassung, so dass sie kein eigenständiges, neben der Finanz- und Haftungsverfassung stehendes, Unterscheidungskriterium darstellt, sondern mit dieser einhergeht.

Das klarste Unterscheidungskriterium der Personengesellschaften gegenüber der AG und GmbH ist somit die Finanz- und Haftungsverfassung. Demzufolge liegt zivilrechtlich immer dann eine Personengesellschaft vor, wenn das Gesetz für eine bestimmte Rechtsform keine Kapitalaufbringungs- und Kapitalerhaltungsvorschriften fixiert und damit korrespondierend die persönliche Haftung mindestens eines Gesellschafter zwingend vorschreibt. Im Gegensatz dazu begründet das Vorliegen von Kapitalaufbringungs- und Kapitalerhaltungsvorschriften verbunden mit einer Haftungsbeschränkung[58] auf das Gesellschaftsvermögen stets das Vorliegen einer GmbH oder einer AG.

58 Eine Ausnahme von der Haftungsbeschränkung auf das Gesellschaftsvermögen bei Kapitalgesellschaften stellt die KGaA dar. Gem. § 278 Abs. 1 AktG ist die KGaA eine juristische Person und Kapitalgesellschaft, bei der jedoch mindestens ein Gesellschafter unbeschränkt haftet. Dies steht jedoch der dargestellten Abgrenzung von Personengesellschaften und Kapitalgesellschaften anhand des Kriteriums der Kapitalaufbringungs- und Kapitalerhaltungsvorschriften und einer damit im

Da die vorgenommene Darstellung der gesellschaftsrechtlichen Strukturunterschiede sich ausschließlich auf Personenvereinigungen deutschen Rechts bezog, wird noch zu prüfen sein, ob der dargelegte

---

Grundsatz einhergehenden Haftungsbeschränkung nicht entgegen, denn bei der KGaA handelt es sich um eine vom AktG zugelassene Typenvermischung, die historisch begründet ist. So ist die KGaA entstanden, um das aktienrechtliche Konzessionssystem zu umgehen, indem man das Kapital der Kommanditgesellschaft in Aktien zerlegte, es aber im Übrigen bei den Vorschriften über die Gesellschaft beließ. In den im preußischen Aktiengesetz von 1843 für die Aktiengesellschaft vorgeschriebenen Kapitalaufbringungs- und Kapitalerhaltungsvorschriften sah man den Unterschied zur Kommanditgesellschaft und damit zur KGaA, bei denen man derartige Vorschriften wegen der persönlichen Haftung des oder der Gesellschafter als entbehrlich betrachtete. Erstmals kodifiziert wurde die KGaA in Deutschland im ADHGB (Allgemeines Deutsches Handelsgesetzbuch). Nach der Vorstellung des Gesetzgebers war die KGaA als eine besondere Ausgestaltung der KG und nicht als eine Abart der AG zu verstehen. So kam die besondere persönliche Verbundenheit der Kommanditaktionäre unter anderem dadurch zum Ausdruck, dass nur Namensaktien zugelassen waren. Die Aktienrechtsnovelle von 1884 ließ dann auch Inhaberaktien zu, was eine größere Anonymität der Kommanditaktionäre und damit eine gewisse Annäherung an die AG nach sich zog. In der Denkschrift zum Handelsgesetzbuch 1897 wurde die KGaA erstmals nicht mehr als eine besondere Ausgestaltung der Kommanditgesellschaft, sondern als eine der Aktiengesellschaft wesensähnliche Gesellschaft bezeichnet. Die daraufhin geführte wissenschaftliche Diskussion über die Wesenart bzw. eine eigene Rechtspersönlichkeit der KGaA wurde durch das neue Aktienrecht von 1937 beendet, das die KGaA zu einer juristischen Person erklärte und damit ihren Wandel von einer Abart der KG hin zu einer Abart der AG als juristische Person kodifikatorisch vollzog. Es bleibt festzuhalten, dass die Verweisung des § 278 Abs. 2 AktG auf die Vorschriften der §§ 128 ff. HGB aus einer Zeit stammt, als die KGaA noch eine Abart der KG war. Durch die Einbeziehung der aktienrechtlichen Kapitalaufbringungs- und Kapitalerhaltungsvorschriften wurde die Funktion der persönlichen Haftung auf eine Funktion der Verhaltenskontrolle der persönlich haftenden Gesellschafter reduziert. *Wiesner*, ZHR 148, 64 ff. m. w. N. Im Gegensatz zur AG und der GmbH ist bei der KGaA eine Fremdorganschaft unzulässig (§ 278 Abs. 2 AktG i. V. m. §§ 114ff, 161 Abs. 1 HGB). Das sich daraus ergebende, dem Aktienrecht allgemein unbekannte, Sonderrecht des Komplementärs auf Leitung des Unternehmens, und die damit verbundenen Schwächung des Aufsichtsrats (keine Personalkompetenz i. S. d. § 84 AktG), findet seine Rechtfertigung in der disziplinierenden Wirkung des Haftungsrisikos des persönlich haftenden Gesellschafters. *Schmidt*, ZHR 160, 278; *ders.*, Gesellschaftsrecht, § 32 III 2a.

Grundsatz auch bezüglich Rechtsgebilden ausländischen Rechts Geltung beanspruchen kann.

3. *Zivilrechtliche Rechtsform als steuerrechtlich entscheidender Anknüpfungspunkt*

Die soeben dargestellten Ausgestaltungen der einzelnen Strukturmerkmale stellen die vom Gesetz unterstellte Idealstruktur von Personengesellschaften bzw. Kapitalgesellschaften dar. Die Gestaltungsfreiheit im Gesellschaftsrecht, insbesondere bezüglich der Nachfolgeregelungen im Fall des Todes eines Gesellschafters und bezüglich der die Anteilsübertragung betreffenden Regelungen, hat jedoch zur Entstehung von kapitalistischen Personengesellschaften und personalistischen Kapitalgesellschaften geführt, so dass die tatsächlich vorgefundene Realstruktur nicht mit der Idealstruktur übereinstimmen muss.[59]

Juritische Personen sind gem. § 1 KStG Steuersubjekte der Körperschaftsteuer; Personengesellschaften werden hingegen weder nach dem KStG noch nach dem EStG als Steuersubjekte qualifiziert. Steuersubjekte sind vielmehr ausschließlich die Personengesellschafter. Demnach erfolgt die steuerrechtliche Unterscheidung zwischen solchen Personenvereinigungen, die selbst – neben ihren Gesellschaftern – Steuersubjekte sind, und solchen, bei denen ausschließlich die Gesellschafter steuerpflichtig sind, rein rechtsformabhängig, unabhängig von der tatsächlichen Realstruktur der Personenvereinigung. Diese strikt an die zivilrechtliche Rechtsform anknüpfende Besteuerung hat der Große Senat des BFH in seinem Beschluss vom 25.6.1984 ausdrücklich bestätigt.[60] In der Vergangenheit fanden sich immer wieder Tendenzen, bestimmte GmbH & Co.-Formen, v. a. die Publikums-GmbH & Co. KG, aufgrund ihrer kapitalistischen Struktur als Körperschaft zu besteuern.[61] Diesen Bestrebungen erteilte der BFH eine Absage, indem er klarstellte, dass es für die Körperschaftsteuerpflicht allein auf die zivilrechtliche Rechtsform ankommt. In § 1 Abs. 1 Nr. 1 KStG ist der Begriff der

59 *Schmidt*, Gesellschaftsrecht, § 3 I 2.

60 BStBl. II 1984, 751.

61 *Uelner*, JbFfSt 1980/1981, S. 366 ff.; *ders.*, DStZ 1980, S. 363 ff.; *Walz*, Steuergerechtigkeit und Rechtsanwendung, S. 407 ff.

Kapitalgesellschaft für den Bereich des Körperschaftsteuergesetzes abschließend bestimmt. Danach ist die GmbH & Co. KG keine Kapitalgesellschaft und damit keine juristische Person, sondern sie wird zivilrechtlich als KG und damit als Personengesellschaft angesehen.[62] Die gleichen Erwägungen schließen sowohl eine Körperschaftsteuerpflicht der GmbH & Co. KG als nichtrechtsfähiger Verein i. S. d. § 1 Abs. 1 Nr. 5 KStG als auch als nichtrechtsfähige Personenvereinigung nach § 3 Abs. 1 KStG aus.[63] [64] Diese ausschließliche Anknüpfung der Einkommen- respektive Körperschaftsteuerpflicht an die zivilrechtliche Rechtsform zeigt sich auch bei der KGaA. Die KGaA ist eine vom AktG zugelassene Typenvermischung zwischen AG einerseits und KG andererseits. Sie ist gem. § 278 Abs. 1 AktG eine Gesellschaft mit eigener Rechtspersönlichkeit und somit juristische Person und Kapitalgesellschaft und daher gem. § 1 Abs. 1 Nr. 1 KStG Körperschaftsteuersubjekt.

Es bleibt somit festzuhalten, dass die deutsche Steuerrechtsordnung bezüglich Personenvereinigungen deutschen Rechts ausschließlich an deren zivilrechtliche Rechtsform anknüpft. Da ausländische Gesellschaftsformen in deutschen Steuergesetzen nicht benannt sind, wird noch zu klären sein, ob die rein rechtsformabhängige Abgrenzung von Körperschaftsteuer- und Einkommensteuerpflicht auch für diese gilt.[65]

Im Folgenden gilt es die Besteuerung des Gesellschafters einer Personengesellschaft deutschen Rechts im Einzelnen darzustellen.

62 BFH (GrS) v. 25.6.1984, BStBl. II 1984, 758.

63 BFH (GrS) v. 25.6.1984, BStBl. II 1984, 759.

64 In anderen Ländern hingegen wird die Kapitalgesellschaft & Co. bei Erfüllung bestimmter Kriterien der Körperschaftsteuer unterworfen. So unterliegt die niederländische open bv/cv der Körperschaftsteuer, die „Gesellschafter“ beziehen aus den „Dividenden“ Einkünfte aus Vermögen. Auch die englische Ltd & Co. unterliegt der Körperschaftsteuer. Für die Us-amerikanische Corp. & Co. besteht aufgrund des sog. check-the-box-Verfahrens ein Wahlrecht zwischen der Besteuerung als Kapitalgesellschaft oder als Personengesellschaft. Siehe ausführlich: *Kowallik*, Kapitalgesellschaft und Co. KG, S. 110 ff.

65 Siehe hierzu unten § 4 I 1.

II. Mitunternehmerkonzept

Für die Besteuerung von Einkünften aus Personengesellschaften gilt das Transparenzprinzip,[66] d. h. steuerpflichtig sind ausschließlich die Gesellschafter der Personengesellschaft, nicht die Gesellschaft.

Allerdings ist die Personengesellschaft nach Aufgabe der Bilanzbündeltheorie[67] durch den BFH[68] insoweit Steuersubjekt, als sie in der Einheit der Gesellschafter den Tatbestand einer Einkunftsart verwirklicht und Gewinn oder Überschuss im Rahmen dieser Einkunftsart erzielt. Sie ist partielles Steuerrechtssubjekt für Fragen der Einkünftequalifikation, der Gewinnerzielung und der Gewinnermittlung.[69] [70]

Ausgehend von diesem Grundsatz hat sich für gewerbliche Personengesellschaften (Mitunternehmerschaften) eine Besteuerungssystematik herausgebildet, die sich auf § 15 Abs. 1 S. 1 Nr. 2 EStG stützt, der die Besteuerung der Gesellschafter einer Mitunternehmerschaft gesetzlich rudimentär regelt. Dort wird bestimmt, dass zu den Einkünften aus Gewerbebetrieb „die Gewinnanteile der Gesellschafter einer offenen Handelsgesellschaft, einer Kommanditgesellschaft und einer anderen Gesellschaft, bei der der Gesellschafter als Unternehmer (Mitunternehmer) des Betriebes anzusehen ist“ gehören sowie „die Vergütungen, die der Gesellschafter von der Gesellschaft für seine Tätigkeit im Dienst

66 Zur Intensität des Transparenzprinzips bei der Einkommensbesteuerung ausführlich *Groh*, ZIP 1998, S. 89 ff.

67 Ausführlich zur Entwicklung und Entstehung der Bilanzbündeltheorie *Kurth*, in: Die Besteuerung des Mitunternehmers; *Meßmer*, StbJb 1972/1973, S. 127 ff.

68 BFH v. 8.1.1975, BStBl. II 1975, 437.

69 BFH (GrS) v. 25.6.1984, BStBl. II 1984, 751; BFH (GrS) v. 25.2.1991, BStBl. II 1991, 691; BFH (GrS) v. 3.7.1995, BStBl. II 1995, 617.

70 Wie *Groh* zutreffend ausführt, folgt das deutsche Steuerrecht jedoch auch nach Abkehr von der Bilanzbündeltheorie dem Konzept einer erweiterten Transparenz, denn diese beschränkt sich nicht auf die Zurechnung der durch die Gesellschaft erwirtschafteten Einkünfte auf die Gesellschafter. Vielmehr liegt es so, dass Vorgänge auf der Gesellschaftsebene in vielfältiger Weise den Gesellschaftern zugerechnet werden, damit Besteuerungsfolgen beim Gesellschafter in der gleichen Weise wie bei einem Einzelunternehmer wirksam werden. Ausführlich hierzu *Groh*, ZIP 1998, S. 89 ff.

der Gesellschaft oder für die Hingabe von Darlehen oder für die Überlassung von Wirtschaftsgütern bezogen hat".[71]

Nachfolgend werden die Voraussetzungen einer Mitunternehmerschaft, der Mitunternehmerbegriff sowie die Grundlagen der Einkünfteermittlung bei gewerblichen Mitunternehmerschaften dargestellt, da dies für die Einordnung und Behandlung von ausländischen Personengesellschaften von Bedeutung ist.

1. Gemeinsamer Gewerbebetrieb als allgemeine Voraussetzung einer Mitunternehmerschaft

Nach § 15 Abs. 1 S. 1 Nr. 2 EStG ist die erste Voraussetzung für das Vorliegen einer Mitunternehmerschaft, dass im Rahmen der Personengesellschaft Einkünfte aus gewerblicher Betätigung erwirtschaftet werden.[72] Da für die Einkünftequalifikation auf die Personengesellschaft als Steuerrechtssubjekt abzustellen ist, kommt es darauf an, dass die Personengesellschaft ein gewerbliches Unternehmen i. S. d. § 15 Abs. 2 EStG betreibt.[73] Die Tätigkeit der Gesellschafter und deren Rechtsform ist darüber hinaus grundsätzlich nicht von Bedeutung.[74]

Nach der Legaldefinition des § 15 Abs. 2 EStG ist ein Gewerbebetrieb eine selbstständige nachhaltige Betätigung, die mit der Absicht, Gewinn zu erzielen, unternommen wird und sich als Beteiligung am allgemeinen wirtschaftlichen Verkehr darstellt, wenn die Betätigung weder als Ausübung von Land- und Forstwirtschaft noch als selbstständige Tätigkeit anzusehen ist. Neben den gesetzlich formulierten Tatbestandsmerkmalen muss für das Vorliegen eines Gewerbebetriebs

71 § 15 Abs. 1 S. 1 Nr. 2 EStG.

72 *Reiß* in Kirchhof, EStG, § 15 Rn. 208.

73 *Reiß* in Kirchhof, EStG, § 15 Rn. 208; *Schmidt*, EStG, § 15 Rzn. 167, 180. Eine Ausnahme hiervon stellt die gewerblich geprägte Personengesellschaft i. S. d. § 15 Abs. 3 Nr. 2 EStG dar.

74 BFH v. 25.6.1984, BStBl. II 1984, 751.

hinzukommen, dass die Tätigkeit den Rahmen der privaten Vermögensverwaltung überschreitet.[75] [76]

Selbstständigkeit setzt voraus, dass die Tätigkeit auf eigene Rechnung und Gefahr unternommen wird und somit Unternehmerrisiko getragen und Unternehmerinitiative entfaltet wird.[77] Hierbei ist auf das Gesamtbild der Verhältnisse abzustellen.[78] Die selbstständige Beteiligung am allgemeinen wirtschaftlichen Verkehr muss darüber hinaus nachhaltig erfolgen, d. h. es muss zumindest Wiederholungsabsicht vorliegen.[79] Beteiligung am allgemeinen wirtschaftlichen Verkehr bedeutet, dass der Steuerpflichtige für Dritte erkennbar als Anbieter von Gütern und Leistungen gegen Entgelt am Markt auftritt.[80] Das Tatbestandsmerkmal der Gewinnerzielungsabsicht dient zur Abgrenzung von einkommensteuerrechtlich irrelevanten Tätigkeiten, insbesondere der sog. Liebhaberei.[81] Die Gewinnerzielungsabsicht ist nach ständiger Rechtsprechung eine innere Tatsache, auf die ausschließlich anhand von äußeren Umständen geschlossen werden kann.[82] Sie ist gegeben,

75 *Crezelius*, Steuerrecht II, S. 57; *Reiß* in Kirchhof, EStG, § 15 Rn. 52; Schmidt/*Weber-Grellet*, EStG, § 15 Rz. 8; BFH (GrS) v. 25.6.1984, BStBl. II 1984, 751 m. w. N.

76 Ausführlich zur vermögensverwaltenden Personengesellschaft *Engel*, Vermögensverwaltende Personengesellschaft und ertragsteuerrechtliche Selbständigkeit.

77 BFH v. 29.11.1978, BStBl. II 1979, 82; BFH v. 13.2.1980, BStBl. II 1980, 303; BFH v. 31.7.1990, BStBl. II 1991, 66; *Reiß* in Kirchhof, EStG, § 15 Rn. 17 ff.; Schmidt/*Weber-Grellet*, EStG, § 15 Rz. 11.

78 BFH v. 11.9.1976, BStBl. II 1977, 178; BFH v. 14.12.1978, BStBl. II 1979, 188; BFH v. 20.2.1979, BStBl. II 1979, 414; BFH v. 14.6.1985, BStBl. II 1985, 661; *Reiß* in Kirchhof, EStG, § 15 Rn. 19; Schmidt/*Weber-Grellet*, EStG, § 15 Rz. 13.

79 BFH v. 26.4.1962, BStBl. III 1962, 264; BFH v. 13.12.1995, BStBl. II 1996, 232; BFH v. 7.3.1996, BStBl. II 1996, 369; BFH v. 10.12.1998, BStBl. II 1999, 390; *Reiß* in Kirchhof, EStG, § 15 Rn. 23; Schmidt/*Weber-Grellet*, EStG, § 15 Rz. 17.

80 BFH v. 9.7.1986, BStBl. II 1986, 851; BFH v. 12.7.1991, BStBl. II 1992, 143; BFH v. 28.10.1993, BStBl. II 1994, 463; BFH v. 13.12.1995, BStBl. II 1996, 232; BFH v. 10.12.1998, BStBl. II 1999, 390. Ausführlich *Reiß* in Kirchhof, EStG, § 15 Rn. 27 ff.

81 BFH (GrS) v. 25.6.1984, BStBl. II 1984, 751, 766; BFH v. 19.7.1990, BStBl. II 1991, 333.

82 BFH (GrS) v. 25.6.1984, BStBl. II 1984, 751; BFH v. 28.8.1987, BStBl. II 1988, 10; BFH v. 22.4.1998, BStBl. II 1998, 663.

wenn eine Betriebsvermögensmehrung i. S. eines sog. Totalgewinns bezogen auf die Lebensdauer des Betriebs angestrebt wird.[83] Eine Personengesellschaft verfolgt nach Ansicht des BFH eine Tätigkeit mit Gewinnerzielungsabsicht, wenn eine durch einen Betriebsvermögensvergleich erfassbare Mehrung des Betriebsvermögens der Gesellschaft einschließlich des Sonderbetriebsvermögens der Gesellschafter angestrebt wird.[84] Das gesetzlich nicht kodifizierte Tatbestandsmerkmal der privaten Vermögensverwaltung liegt nicht vor, wenn sich die Tätigkeit des Steuerpflichtigen nicht mehr als Fruchtziehung aus zu erhaltender Substanz darstellt, sondern die Ausnutzung substanzieller Vermögenswerte durch Umschichtung in den Vordergrund tritt.[85]

Übt eine Personengesellschaft, neben einer nicht gewerblichen von Einkünfteerzielungsabsicht getragenen Tätigkeit, auch eine gewerbliche Tätigkeit i. S. d. § 15 Abs. 1 S. 1 Nr. 1 i. V. m. Abs. 2 EStG aus, erzielen die Gesellschafter der Personengesellschaft gem. § 15 Abs. 3 Nr. 1 EStG in vollem Umfang gewerbliche Einkünfte.[86] [87] Als Gewerbebetrieb gilt auch die mit Einkünfteerzielungsabsicht unternommene Tätigkeit einer Personengesellschaft, wenn die Personengesellschaft gewerblich geprägt i. S. d. § 15 Abs. 3 Nr. 2 EStG ist. Eine gewerblich geprägte Personengesellschaft ist dadurch gekennzeichnet, dass sie keine gewerbliche Tätigkeit i. S. d. § 15 Abs. 1 S. 1 Nr. 1 EStG ausübt und bei ihr ausschließlich eine oder mehrere Kapitalgesellschaften persönlich haftende Gesellschafter sind. Darüber hinaus dürfen nur die persönlich haftende(n) Kapitalgesellschaft(en) oder Personen, die nicht

83 BFH (GrS) v. 25.6.1984, BStBl. II 1984, 751, 766; BFH v. 25.5.1985, BStBl. II 1985, 515 m. w. N.; hierzu auch *Reiß* in Kirchhof, EStG, § 15 Rn. 38 ff.; Schmidt/*Weber-Grellet,* EStG, § 15 Rzn. 27 ff.

84 BFH (GrS) v. 25.6.1984, BStBl. II 1984, 751, 765 f.; BFH v. 23.5.1991, BStBl. II 1991, 800; BFH v. 25.6.1996, BStBl. II 1997, 202. Kritisch *Bitz* in Littmann/Bitz/Pust, EStG, § 15 Rn. 126; *Best*, DStR 1991, S. 1547; *Jakob/Hörmann*, FR 1990, S. 33 ff.

85 BFH (GrS) v. 25.6.1984, BStBl. II 1984, 751; BFH (GrS) v. 3.7.1995, BStBl. II 1995, 617.

86 *Schmidt*, EStG, § 15 Rz. 186.

87 Bei einem besonders geringen Anteil der originär gewerblichen Tätigkeit verneint der BFH hingegen die umqualifizierende Wirkung des § 15 Abs. 3 Nr. 1 EStG, BFH v. 11.8.1999, BStBl. II 2000, 229.

Gesellschafter der Personengesellschaft sind, zur Geschäftsführung befugt sein.

2. *Begriff des Mitunternehmers*

Gewerbliche Einkünfte erzielen gem. § 15 Abs. 1 S. 1 Nr. 2 EStG nur diejenigen Gesellschafter einer gewerblich tätigen oder gewerblich geprägten Personengesellschaft, die auch als Mitunternehmer des Betriebes anzusehen sind. Der Begriff des Mitunternehmers ist gesetzlich nicht definiert, vielmehr handelt es sich um einen offenen Typusbegriff,[88] der dadurch gekennzeichnet ist, dass er durch eine unbestimmte Zahl von Merkmalen beschrieben werden kann.[89]

Mitunternehmer kann grundsätzlich nur sein, wer zivilrechtlicher Gesellschafter einer Personengesellschaft ist.[90] Zudem muss der Gesellschafter die von der Rechtsprechung[91] entwickelten Kriterien der Mitunternehmerinitiative und des Mitunternehmerrisikos erfüllen.[92] Unter Mitunternehmerinitiative versteht man die gesellschaftsrechtliche Teilhabe an unternehmerischen Entscheidungen.[93] Zur Erfüllung dieses Kriteriums reicht es nach Ansicht der Rechtsprechung aus, wenn die Möglichkeit zur Ausübung von Rechten besteht, die denjenigen, die einem Kommanditisten nach dem Regelstatut des HBG zustehen, zu-

88 BFH v. 21.2.1974, BStBl. II 1974, 404. Zum Typusbegriff siehe *Larenz*, Methodenlehre der Rechtswissenschaft, S. 460 ff.

89 BFH (GrS) v. 25.6.1984, BStBl. II 1984, 751. Ausführlich zum Mitunternehmerbegriff *Meßmer* in FS Döllerer, S. 429 ff.; *Schreiber*, Wer ist Mitunternehmer?, S. 108 ff.; *Bitz* in Littmann/Bitz/Pust, EStG, § 15 Rn. 23 ff; *Richter/Markl* in Lademann, EStG, § 15 Anm. 195 ff.

90 BFH (GrS) v. 25.6.1984, BStBl. II 1984, 751, 766; BFH v. 22.1.1985, BStBl. II 1985, 363. Jedoch kann auch nach Aufgabe der sog. faktischen Mitunternehmerschaft in Einzelfällen das Vorliegen eines zivilrechtlichen Gesellschaftsverhältnisses entbehrlich sein; dazu *Bitz* in Littmann/Bitz/Pust, EStG, § 15 Rn. 23 b f.; *Reiß* in Kirchhof, EStG, § 15 Rn. 252 ff.; *Schmidt*, EStG, § 15 Rzn. 257 ff..

91 BFH (GrS) v. 25.6.1984, BStBl. II 1984, 751 m. w. N; BFH (GrS) v. 3.5.1993, BStBl. II 1993, 616.

92 Dazu *Haep* in Herrmann/Heuer/Raupach, EStG, § 15 Anm. 308 ff.; *Reiß* in Kirchhof, EStG, § 15 Rn. 246 ff.; *Schmidt*, EStG, § 15 Rzn. 259, 263 f.

93 *Bitz* in Littmann/Bitz/Pust, EStG, § 15 Rn. 23d; *Reiß* in Kirchhof, EStG, § 15 Rn. 250; Schmidt, EStG, § 15 Rz. 263.

mindest angenähert sind.[94] Mitunternehmerrisiko trägt nach ständiger Rechtsprechung[95] derjenige, der am Erfolg und Misserfolg eines Gewerbebetriebs teilhat. Eine solche Teilhabe kommt i. d. R. durch eine Beteiligung am Gewinn und Verlust sowie an den stillen Reserven einschließlich eines Geschäftswertes zum Ausdruck.[96]

Mitunternehmer können somit grundsätzlich nur natürliche oder juristische Personen sein, die zivilrechtlich Gesellschafter der Personengesellschaft sind und die die von der Rechtsprechung geforderten Mindestkriterien des Mitunternehmerbegriffs erfüllen.[97] Es muss sowohl das Merkmal der Mitunternehmerinitiative als auch das Merkmal des Mitunternehmerrisikos – wenn auch nicht zwingend gleichwertig – vorliegen. Die beiden Merkmale können einander begrenzt kompensieren, so dass auch ein Gesellschafter, der ein geringes Unternehmerrisiko trägt, aber eine ausgeprägte Unternehmerinitiative entfaltet, Mitunternehmer sein kann, und umgekehrt. Hierbei kommt es auf das Gesamtbild der Verhältnisse an.[98]

3. *Ermittlung der Einkünfte des Mitunternehmers*

Nachfolgend werden die Grundlagen der Einkünfteermittlung von gewerblich tätigen oder gewerblich geprägten Personengesellschaften dargestellt. Diese Darstellung ist notwendig, um Abweichungen bei Auslandssachverhalten herausarbeiten zu können. Ausgangspunkt ist die vom BFH vertretene, zweistufige additive Gewinnermittlung mit

94 BFH (GrS) v. 25.6.1984, BStBl. II 1984, 751, 769 m. w. N.; BFH v. 27.1.1994, BStBl. II 1994, 635; BFH v. 1.8.1996, BStBl. II 1997, 272.

95 BFH (GrS) v. 25.6.1984, BStBl. II 1984, 751; BFH v. 11.12.1986; BStBl. II 1987, 553; BFH v. 13.7.1993, BStBl. II 1994, 282; BFH v. 16.12.1997, BStBl. II 1998, 480; BFH v. 28.10.1999, BStBl. II 2000, 183; BFH v. 18.4.2000, BFH/NV 2000, 1417.

96 Dazu *Bitz* in Littmann/Bitz/Pust, EStG, § 15 Rn. 23e; *Reiß* in Kirchhof, EStG, § 15 Rn. 246 ff.; *Schmidt*, EStG, § 15 Rz. 264.

97 *Bitz* in Littmann/Bitz/Pust, EStG, § 15 Rn. 23.

98 BFH v. 11.12.1990, BFHE 163, 346; BFH v. 16.12.1997, BStBl. II 1998, 480 m. w. N.; BFH v. 15.10.1998, BStBl. II 1999, 286; kritisch hierzu *Heap* in Herrmann/Heuer/Raupach, EStG, Anm. 305.

korrespondierender Bilanzierung.[99] Auf der ersten Stufe ist unter Berücksichtigung der Ergebnisse aus den sog. Ergänzungsbilanzen der Gewinnanteil i. S. d. § 15 Abs. 1 S. 1 Nr. 2 HS 1 EStG zu ermitteln, während auf der zweiten Stufe der Gewinnermittlung das Ergebnis sog. Sonderbilanzen der einzelnen Gesellschafter festzustellen ist.[100]

a) Die erste Gewinnermittlungsstufe

Auf der ersten Stufe der Gewinnermittlung ist der gem. § 15 Abs. 1 S. 1 Nr. 2 HS 1 EStG maßgebliche Gewinnanteil des Gesellschafters zu ermitteln. Hierfür bedarf es zunächst der Ermittlung des *Gewinns der Gesellschaft*, den diese als Subjekt der Gewinnerzielung mit dem von ihr geführten Gewerbebetrieb erzielt. Grundlage für den Betriebsvermögensvergleich gem. §§ 4, 5 EStG ist die aus der Handelsbilanz abgeleitete Steuerbilanz der Gesellschaft, welche nur das Gesamthandsvermögen der Gesellschaft umfasst.[101]

Zivilrechtlich wird den Personenhandelsgesellschaften eine gewisse rechtliche Selbstständigkeit zuerkannt,[102] und schuldrechtliche Verträge zwischen der Personengesellschaft und ihren Gesellschaftern werden zivilrechtlich anerkannt. Die aus solchen Verträgen resultierenden Forderungen und Verbindlichkeiten sind daher in der Handelsbilanz der Personengesellschaft auszuweisen. Die Erträge und Aufwendungen fließen in die Gewinn- und Verlustrechnung der Personengesellschaft ein. Wegen des Grundsatzes der Maßgeblichkeit der Handelsbilanz für die Steuerbilanz folgt das Steuerrecht für die *Gewinnermittlung der Gesellschaft* dieser Behandlung. Somit sind in der Steuerbilanz der

99 BFH (GrS) v. 10.11.1980, BStBl. II 1981, 164; BFH (GrS) v. 25.2.1991, BStBl. II 1991, 691; BFH v. 23.5.1979, BStBl. II 1979, 763; BFH v. 13.10.1998, BStBl. II 1999, 163.

100 *Crezelius*, Steuerrecht II, S. 67 f.; *Bitz* in Littmann/Bitz/Pust, EStG, § 15 Rn. 61; *Köster* in Herrmann/Heuer/Raupach, EStG, § 15 Anm. 451; *Reiß* in Kirchhof, EStG, § 15 Rn. 300 ff.; *Schmidt*, EStG, § 15 Rz. 401.

101 *Reiß* in Kirchhof, EStG, § 15 Rn. 301; *Schmidt*, EStG, § 15 Rzn. 401, 407; Blümich/*Stuhrmann*, EStG, § 15 Rz. 489 f.

102 § 124 Abs. 1 HGB, der über § 161 Abs. 2 HGB auch für die KG Anwendung findet. Für die GbR siehe BGH v. 29.1.2001, BGHZ 146, 341.

Personengesellschaft Forderungen und Verbindlichkeiten aus allgemein-schuldrechtlichen Verträgen zwischen Gesellschaft und Gesellschafter zu berücksichtigen, soweit sie wie zwischen fremden Dritten abgewickelt werden.[103] Demnach mindern an den Gesellschafter gezahlte Vergütungen, die dem Gesellschafter wegen Tätigkeiten für die Gesellschaft, der Überlassung von Wirtschaftsgütern oder der Hingabe von Darlehen gewährt werden, als Aufwand den Gewinn der Gesellschaft, sofern oder soweit sie nicht als Anschaffungs- oder Herstellungskosten zu aktivieren sind.[104] Der Gewinnanteil i. S. d. § 15 Abs. 1 S. 1 Nr. 2 S. 1 HS 1 EStG ist dann der Teil des steuerrechtlichen Gewinns der Gesellschaft, der dem Gesellschafter nach Maßgabe des gesellschaftsvertraglichen Gewinnverteilungsschlüssels zugewiesen wird.[105]

Um den Gewinnanteil des einzelnen Gesellschafters i. S. d. § 15 Abs. 1 S. 1 Nr. 2 HS 1 EStG zutreffend zu ermitteln, kann es notwendig sein, auf der ersten Stufe der Gewinnermittlung Ergänzungsbilanzen aufzustellen. Sie sind erforderlich, wenn vom Gesellschafter getragene Mehr- oder Minderaufwendungen keinen Eingang in seinen in der Steuerbilanz der Gesellschaft ausgewiesenen Kapitalanteil finden und sie auch nicht dem Sonderbetriebsbereich des Gesellschafters zuordenbar sind.[106] So sind Ergänzungsbilanzen insbesondere dann notwendig, wenn bei Erwerb eines Mitunternehmeranteils der Kaufpreis nicht mit dem Buchwert des Kapitalkontos in der Gesamthandbilanz übereinstimmt.[107] Mehraufwendungen des Erwerbers gegenüber dem Kapital-

103 *Knobbe-Keuk*, Bilanz- und Unternehmenssteuerrecht, S. 422 f.; *Reiß* in Kirchhof, EStG, § 15 Rn. 301 f.

104 BFH (GrS) v. 10.11.1980, BStBl. II 1981, 164; BFH (GrS) v. 25.2.1991, BStBl. II 1991, 691; BFH v. 23.5.1979, BStBl. II 1979, 763; *Reiß* in Kirchhof, EStG, § 15 Rn. 302; *Schmidt*, EStG, § 15 Rz. 560.

105 BFH (GrS) v. 25.6.1984, BStBl. II 1984, 751; BFH (GrS) v. 25.2.1991, BStBl. II 1991, 691; BFH v. 23.5.1979, BStBl. II 1979, 757; BFH v. 21.4.1988, BStBl. II 1988, 883. *Knobbe-Keuk*, Bilanz- und Unternehmenssteuerrecht, S. 427; *Schmidt*, EStG, § 15 Rz. 441 ff.

106 *Köster* in Herrmann/Heuer/Raupach, EStG, § 15 Anm. 466; *Reiß* in Kirchhof/Söhn/Mellinghoff, EStG, § 15 Rndr. E 19; *ders.*, in Kirchhof, EStG, § 15 Rn. 316 ff.; *Schmidt*, EStG, § 15 Rzn. 460 ff.

107 Darüber hinaus können Ergänzungsbilanzen in Einbringungsfällen des § 24 UmwStG sowie bei der Inanspruchnahme persönlicher Steuervergünstigungen

konto sind in einer sog. positiven Ergänzungsbilanz wie zusätzliche Anschaffungskosten für seine Anteile an den stillen Reserven in den Wirtschaftsgütern der Gesellschaftsbilanz zu erfassen. Entsprechend ist auf der Aktivseite die Wertdifferenz verteilt auf die Wirtschaftsgüter der Gesellschaftsbilanz auszuweisen und auf der Passivseite in gleicher Höhe ein Mehreigenkapital zu passivieren.[108] Für den umgekehrten Fall von Minderaufwendungen ist eine negative Ergänzungsbilanz aufzustellen, in der auf der Aktivseite das Mindereigenkapital ausgewiesen wird und auf der Passivseite die Wertdifferenz durch „Abstockung" anteilig den Wirtschaftsgütern des Gesellschaftsvermögens zugeordnet wird.[109] Sowohl die positiven als auch die negativen Ergänzungsbilanzen sind periodisch fortzuführen.[110]

b) Die zweite Gewinnermittlungsstufe

Abweichend von der zivilrechtlichen Rechtslage, nach der allgemeinschuldrechtliche Beziehungen zwischen Personengesellschaft und Gesellschafter anerkannt werden, qualifiziert § 15 Abs. 1 S. 1 Nr. 2 2 HS EStG neben dem auf den Gesellschafter entfallenden gesellschaftsrechtlichen Gewinnanteil auch solche Vergütungen als gewerbliche Einkünfte, die der Mitunternehmer von der Gesellschaft für seine Tätigkeit im Dienst der Gesellschaft oder für die Hingabe von Darlehen oder die Überlassung von Wirtschaftsgütern bezogen hat. Zwar mindern diese Vergütungen auf der ersten Stufe der Gewinnermittlung als Betriebsausgaben den Steuerbilanzgewinn der Gesellschaft, jedoch werden sie auf der zweiten gesellschafterbezogenen Stufe als Sonder-

---

durch einzelne Gesellschafter erforderlich sein. Ausführlich zu Ergänzungsbilanzen *Dreissig*, StbJb 1990/1991, S. 221 ff.; *Regniet*, Ergänzungsbilanz bei der Personengesellschaft; *Reiß* in Kirchhof, EStG, § 15 Rn. 316 ff.

108 *Köster* in Herrmann/Heuer/Raupach, EStG, § 15 Anm. 467; *Reiß,* in Kirchhof, EStG, § 15 Rn. 321; *Schmidt*, EStG, § 15 Rz. 462.

109 *Köster* in Herrmann/Heuer/Raupach, EStG, § 15 Anm. 467; *Reiß,* in Kirchhof, EStG, § 15 Rn. 322; *Schmidt*, EStG, § 15 Rz. 463.

110 Wie die Fortschreibung im Einzelnen zu erfolgen hat, ist umstritten, zum Meinungsstand siehe *Köster* in Herrmann/Heuer/Raupach, EStG, § 15 Anm. 475; *Reiß* in Kirchhof/Söhn/Mellinghoff, EStG, § 15 Rdnr. E 250 ff.; *ders.*, in Kirchhof, EStG, § 15 Rn. 325; *Schmidt*, EStG, § 15 Rzn. 464 ff. m. w. N.

vergütungen des empfangenden Gesellschafters erfasst und als gewerbliche Einkünfte qualifiziert.[111]

Zu diesen Sondervergütungen i. S. d. § 15 Abs. 1 S. 1 Nr. 2 S. 1 HS 2 EStG gehören sowohl Leistungen, die bereits im Gesellschaftsvertrag vereinbart worden sind, als auch Leistungen, die auf schuldrechtlichen Drittverhältnissen beruhen, sofern es sich bei dem Entgelt nicht um einen gesellschaftsrechtlich vereinbarten Gewinnvorab handelt.[112] Voraussetzung für die Qualifikation solcher Leistungen als Sondervergütungen ist jedoch, dass zwischen der Tätigkeit des Gesellschafters und der Betätigung der Gesellschaft ein gewisser Zusammenhang besteht.[113]

Mit der Erfassung der Sondervergütungen durch § 15 Abs. 1 S. 1 Nr. 2 HS 2 EStG werden Einkünfte, die nach der Systematik des Gesetzes eigentlich als Einkünfte i. S. d. §§ 19, 20 oder 21 EStG zu erfassen wären, in gewerbliche Einkünfte umqualifiziert. Die schuldrechtlich vereinbarten Sondervergütungen wurden bereits 1934 aus gewerbesteuerrechtlichen Erwägungen ins Einkommensteuergesetz aufgenommen.[114] Auch wurde bezogen auf allgemein-schuldrechtliche

111 *Köster* in Herrmann/Heuer/Raupach, EStG, § 15 Anm. 500; *Schmidt*, EStG, § 15 Rz. 560.

112 BFH (GrS) v. 3.5.1993, BStBl. II 1993, 616; BFH v. 23.5.1979, BStBl. II 1979, 757; BFH v. 27.5.1981, BStBl. II 1982, 192; BFH v. 14.11.1985, BStBl. II 1986, 58; BFH v. 13.10.1998, BStBl. II 1999, 284. *Reiß* in Kirchhof, EStG, § 15 Rn. 383; *Schmidt*, EStG, § 15 Rz. 560.

113 BFH v. 11.12.1986, BStBl. II 1987, 553. Die Leistungen müssen zur Verwirklichung des Gesellschaftszwecks beitragen und somit durch das Gesellschaftsverhältnis veranlasst sein (positive Formel) BFH v. 23.5.1979, BStBl. II 1979, 757, 763, 767; BFH v. 8.12.1982, BStBl. II 1983, 570 m. w. N; BFH v. 6.7.1999, BStBl. II 1999, 720. Ausgenommen hiervon sind demnach Vergütungen für Leistungen, bei denen keinerlei wirtschaftlicher Zusammenhang zwischen der seitens des Gesellschafters erbrachten Leistung und dessen Mitunternehmereigenschaft besteht, sondern beide vielmehr nur zufällig zusammentreffen (negative Formel) BFH v. 24.1.1980, BStBl. II 1980, 269; BFH v. 25.1.1980, BStBl. II 1980, 275; BFH v. 1.2.2001, BStBl. II 2001, 520. Siehe auch *Reiß* in Kirchhof, EStG, § 15 Rn. 385; *Schmidt*, EStG, § 15 Rz. 562 m. w. N.

114 Vgl. Begründung EStG 1934, RStBl. 1935, 33, 42 f.

Beziehungen die nach der Bilanzbündeltheorie beabsichtigte Gleichstellung des Mitunternehmers mit dem Einzelunternehmer erreicht.[115]

Die Umqualifizierung von Vergütungen in gewerbliche Einkünfte ist auf die im Gesetz genannten Tatbestände beschränkt. Veräußerungsgeschäfte zwischen der Gesellschaft und einem Gesellschafter sowie schuldrechtliche Beziehungen der einzelnen Mitunternehmer untereinander werden nicht von § 15 Abs. 1 S. 1 Nr. 2 HS 2 EStG erfasst.[116] Auch Vergütungen, die die Gesellschaft für von ihr erbrachte Leistungen vom Gesellschafter erhält, sind nicht unter diese Norm subsumierbar.[117] Diese schuldrechtlichen Beziehungen werden steuerrechtlich anerkannt und die Vergütungen als Einkünfte der entsprechenden Einkunftsart erfasst.

Die steuerrechtliche Umqualifizierung von Einkünften des Gesellschafters, die durch allgemein-schuldrechtlichen Leistungsbeziehungen zur Gesellschaft begründet werden, in gewerbliche Einkünfte gem. § 15 Abs. 1 S. 1 Nr. 2 S. 1 HS 2 EStG führt neben der Gewerbesteuerpflicht zu Konsequenzen bezüglich des steuerverstrickten Betriebsvermögens. Dieses soll neben dem Gesamthandsvermögen der Personengesellschaft auch das sog. Sonderbetriebsvermögen der Gesellschafter umfassen.[118] Hierzu gehören all jene Wirtschaftsgüter, die zwar zivil-

115 *Bitz* in Littmann/Bitz/Pust, EStG, § 15 Rn. 12a f.; *Köster* in Herrmann/Heuer/Raupach, EStG, § 15 Anm. 500; *Schmidt*, EStG, § 15 Rz. 561.

116 BFH (GrS) v. 3.5.1993, BStBl. II 1993, 616; BFH v. 28.10.1999, BStBl. II 2000, 339; *Bitz* in Littmann/Bitz/Pust, EStG, § 15 Rn. 12a f., 13, 81; *Köster* in Herrmann/Heuer/Raupach, EStG, § 15 Anm. 506; *Reiß* in Kirchhof, EStG, § 15 Rn. 382; *Schmidt*, EStG, § 15 Rz. 660.

117 BFH v. 24.3.1983, BStBl. II 1983, 598; BFH v. 9.5.1996, BStBl. II 1996, 642; *Bitz* in Littmann/Bitz/Pust, EStG, § 15 Rn. 13; *Köster* in Herrmann/Heuer/Raupach, EStG, § 15 Anm. 507; *Reiß* in Kirchhof, EStG, § 15 Rn. 375, 382.

118 Die rechtliche Grundlage für das Sonderbetriebsvermögen (hierzu ausführlich *Schneider*, Sonderbetriebsvermögen – Rechtsgrundlage und Umfang, S. 111 ff.) wird häufig in § 15 Abs. 1 S. 1 Nr. 2 HS 2 EStG gesehen. Da eine unterschiedliche steuerliche Qualifikation von Einkünften und der diesen zugrunde liegenden Einkunftsquelle nicht möglich ist, müsse die Qualifizierung der Vergütungen als Einkünfte aus Gewerbebetrieb gem. § 15 Abs. 1 S. 1 Nr. 2 S. 1 HS 2 EStG auch das Vermögen erfassen. BFH v. 6.7.1978, BStBl. II 1978, 647; BFH v. 18.7.1979, BStBl. II 1979, 750; BFH v. 25.4.1985, BStBl. II 1985, 622; BFH v. 1.3.1994, BStBl. II 1995, 241; *Raupach*, DStZ 1992, S. 696. Jedoch kann § 15 Abs. 1 S. 1 Nr. 2 S. 1 HS 2 EStG nicht als Rechtsgrundlage des Sonderbetriebsvermögen II

rechtlich im Eigentum des Gesellschafters stehen, die dieser jedoch der Personengesellschaft zur Nutzung überlässt und die somit unmittelbar dem Betrieb der Personengesellschaft dienen (Sonderbetriebsvermögen I).[119] Neben den der Personengesellschaft zur Nutzung überlassenen Wirtschaftsgüter zählen zum Sonderbetriebsvermögen auch Wirtschaftsgüter im Eigentum eines Gesellschafters, die der Beteiligung des Mitunternehmers an der Personengesellschaft dienen, indem sie unmittelbar zur Begründung oder zur Stärkung dieser Beteiligung beitragen (Sonderbetriebsvermögen II).[120] Entsprechend sind Schulden eines Mitunternehmers, die in unmittelbarem wirtschaftlichen Zusammenhang mit den in der Sonderbilanz aktivierten Wirtschaftsgütern stehen, passives Sonderbetriebsvermögen.[121]

Die Qualifikation von Wirtschaftsgütern als Sonderbetriebsvermögen I bzw. Sonderbetriebsvermögen II hat zur Konsequenz, dass diese

---

herangezogen werden, da es im Bereich des Sonderbetriebsvermögens II an unmittelbaren Leistungsbeziehungen zwischen Gesellschaft und Gesellschafter und daraus resultierenden Vergütungen fehlt *Bitz* in Littmann/Bitz/Pust, EStG, § 15 Rn. 73; *Beisse*, JbFfSt 1976/1977, S. 251 f.; *Jakob*, DB 1980, S. 2359; *Knobbe-Keuk*, Bilanz- und Unternehmenssteuerrecht, S. 444; *Tipke/Lang*, Steuerrecht, § 9 Rz. 542; *Söffing*, Besteuerung der Mitunternehmer, S. 99 ff.; *Woerner*, DStZ 1980, S. 207. Eine andere Auffassung sieht die gesetzliche Grundlage des Sonderbetriebsvermögens in den §§ 4, 5 EStG, da Wirtschaftsgüter, die der Gesellschafter als Steuerpflichtiger zur Erzielung gewerblicher Einkünfte aus dem Betrieb einsetze, grundsätzlich Betriebsvermögen i. S. d. dieser Normen seien. BFH (GrS) v. 3.5.1993, BStBl. II 1993, 616; BFH v. 2.12.1982, BStBl. II 1983, 215; BFH v. 23.5.1991, BStBl. II 1991, 800; BFH v. 25.11.1997, BStBl. II 1998, 461; *Reiß* in Kirchhof/Söhn/Mellinghoff, EStG, § 15 Rdnrn. E 44 ff., E 57 f.; *Schmidt*, EStG, § 15 Rz. 506, dagegen *Schön*, DStR 1993, S. 188.

119 BFH v. 6.10.1987, BStBl. II 1988, 679; BFH v. 11.12.1990, BFHE 162, 346; BFH v. 23.5.1991, BStBl. II 1991, 800; BFH v. 26.1.1994, BStBl. II 1994, 458; *Bitz* in Littmann/Bitz/Pust, EStG, § 15 Rn. 74 ff; *Reiß* in Kirchhof/Söhn/Mellinghoff, EStG, § 15 Rdnr. E 17; *Schmidt*, EStG, § 15 Rzn. 506, 513 ff.

120 BFH v. 6.5.1986, BStBl. II 1986, 838; BFH v. 30.3.1993, BStBl. II 1993, 864; BFH v. 13.10.1998, BStBl. II 1999, 357; BFH v. 19.10.2000, BStBl. II 2001, 335. Zum Sonderbetriebsvermögen II gehören Z. B. Anteile des Kommanditisten an der Komplementär-GmbH bei einer GmbH & Co. KG *Reiß* in Kirchhof, EStG, § 15 Rn. 406 ff. mit weiteren Bsp.; *Schmidt*, EStG, § 15 Rzn. 506, 517 ff. mit weiteren Bsp.

121 *Bitz* in Littmann/Bitz/Pust, EStG, § 15 Rn. 74d; *Reiß* in Kirchhof, EStG, § 15 Rn. 412; *Schmidt*, EStG, § 15 Rzn. 521 f.

– im Gegensatz zu Wirtschaftsgütern des Privatvermögens – steuerverstrickt sind, so dass die darin enthaltenen stillen Reserven bei der Realisierung durch Veräußerung oder Entnahme der Wirtschaftsgüter sowohl der Einkommen- als auch der Gewerbesteuerpflicht unterliegen.

Neben den Sondervergütungen und den Wertveränderungen des Sonderbetriebsvermögen werden auf der zweiten Stufe der Gewinnermittlung der Mitunternehmerschaft in den Sondergewinn- und -verlustrechnungen der Mitunternehmer auch sog. Sonderbetriebseinnahmen und -ausgaben erfasst, die ihre Ursache in der mitunternehmerischen Beteiligung oder im Sonderbetriebsvermögen haben.[122]

Die Einkünfte aus Gewerbebetrieb sind nach Maßgabe der §§ 4 ff. EStG als Gewinn zu ermitteln (§ 2 Abs. 2 Nr. 1 EStG). Der Gewinn gilt gem. § 4a Abs. 2 Nr. 2 EStG als in dem Kalenderjahr bezogen, in dem das Wirtschaftsjahr endet. Da nicht die Personengesellschaft selbst sondern ihre Gesellschafter Steuersubjekte sind, ist das von der Gesellschaft erwirtschaftete Ergebnis steuerlich in Gestalt der Gewinnanteile bei den Gesellschaftern zu erfassen, und zwar bereits in dem Jahr, in dem der Gewinn auf der Gesellschaftsebene entstanden ist; auf einen tatsächlichen Zufluss des Gewinnanteils beim Gesellschafter kommt es nicht an. Unerheblich für die Zurechnung des Gewinnanteils ist demnach auch, ob der Gewinnanteil entnahmefähig ist und ob und wann die Personengesellschaft eine Gewinnausschüttung beschließt.[123] Als Rechtsgrundlage für die Zurechnung des Gewinnanteils an den Mitunternehmer wird § 15 Abs. 1 S. 1 Nr. 2 HS 1 EStG angesehen.[124] Das Wort „bezogen" in § 15 Abs. 1 S. 1 Nr. 2 EStG meint damit keinen tatsächlich erfolgten Vorgang, sondern ist im Sinne einer zeitlichen Zuordnung zu verstehen.[125] Gleiches gilt für die Vergütungen i. S. des § 15 Abs. 1 S. 1 Nr. 2 S. 1 HS 2 EStG. Sie sind als Einkünfte aus Gewerbe-

122 *Köster* in Herrmann/Heuer/Raupach, EStG, § 15 Anm. 545 ff.; *Reiß* in Kirchhof, EStG, § 15 Rn. 303 ff.; *Schmidt*, EStG, § 15 Rzn. 401, 640 ff.

123 BFH (GrS) v. 10.11.1980, BStBl. II 1981, 164; BFH v. 24.8.1988, BStBl. II 1988, 663, *Schmidt*, EStG, § 15 Rz. 441; Blümich / *Stuhrmann*, EStG, § 15 Rz. 493.

124 *Reiß* in Kirchhof/Söhn/Mellinghoff, EStG, § 15 Rdnr. E 54.

125 BFH v. 23.5.1979, BStBl. II 1979, 763; *Gosch*, DStZ 1994, S. 193 ff..

betrieb – wie die Gewinnanteile – nicht erst mit ihrem Zufluss beim Gesellschafter, sondern im Jahr ihrer Entstehung bei der Gesellschaft zu erfassen.[126]

126 BFH v. 23.5.1979, BStBl. II 1979, 763; BFH v. 11.12.1986, BStBl. II 1987, 553; *Köster* in Herrmann/Heuer/Raupach, EStG, § 15 Anm. 592; *Reiß* in Kirchhof, EStG, § 15 Rn. 313; Blümich/*Stuhrmann*, EStG, § 15 Rz. 499; *Schmidt*, EStG, § 15 Rzn. 576 ff.

§3 Ertragsteuerrechtliche Behandlung der Personengesellschaft im Ausland

Die steuerrechtliche Behandlung der Personengesellschaft im Ausland weist vielfältige Varianten auf, die sich vom deutschen Steuerrecht nicht nur in Details, sondern oftmals auch der Struktur nach unterscheiden. Hieraus resultiert das Kernproblem der Besteuerung ausländischer Personengesellschaften mit inländischem Gesellschafterkreis, denn die Steuerwirkungen hängen entscheidend von der Behandlung der Personengesellschaft sowohl im Sitzstaat der Gesellschaft als auch im Ansässigkeitsstaat der Gesellschafter ab.

Wie unter § 2 I 3 dargestellt, erfolgt nach der deutschen Steuerrechtsordnung die Unterscheidung zwischen solchen Personenvereinigungen, die selbst – neben ihren Gesellschaftern – Steuersubjekte sind, und solchen, bei denen ausschließlich die Gesellschafter steuerpflichtig sind, rein rechtsformabhängig.

Daher unterliegen Personengesellschaften als solche nicht der Steuerpflicht, sondern Steuersubjekte sind ausschließlich ihre Gesellschafter. Da im Rahmen der Besteuerung nicht auf die Gesellschaft, sondern auf ihre Gesellschafter zurückgegriffen wird, so dass die Gesellschaft diesbezüglich als transparent angesehen werden kann, wird diese Konzeption der Besteuerung von Personenvereinigungen im Folgenden als Besteuerung nach dem sog. Transparenzprinzip[1] bzw. – der deutschen Terminologie folgend – als Besteuerung nach dem Mitunternehmerkonzept[2] bezeichnet.

Hingegen unterliegen juristische Personen, insbesondere Kapitalgesellschaften, als Körperschaften mit dem von ihnen erzielten Gewinn der Körperschaftsteuer, sie sind demnach selbst Steuersubjekte. Darüber hinaus erfolgt im Fall der Ausschüttung des Gewinns an die Gesellschafter eine (zusätzliche) Einkommensbesteuerung bei diesen.

1 *Jacobs*, Internationale Unternehmensbesteuerung, S. 557.

2 § 2 II.

Handelt es sich bei den Gesellschaftern um natürliche Personen, so unterliegen sie mit den ihnen zugeflossenen Ausschüttungen der Einkommenssteuer; soweit die Gesellschafter juristische Personen sind, unterliegen sie der Körperschaftssteuer. In Anlehnung an diese nach dem deutschen Steuerrecht für Kapitalgesellschaften geltende Besteuerungskonzeption wird daher im Folgenden eine Besteuerung von Personenvereinigungen, die selbst – neben ihren Gesellschaftern – als Steuersubjekte anerkannt werden, als eine Besteuerung nach dem Kapitalgesellschaftskonzept[3] bezeichnet.

Rechtsordnungen anderer Staaten unterscheiden ebenso wie das deutsche Recht zwischen Personengesellschaften und Kapitalgesellschaften. Jedoch folgen die ausländischen Steuerrechtsordnungen oftmals nicht der Qualifikation des deutschen Steuerrechts, in Abhängigkeit von der Rechtsform nur Kapitalgesellschaften, nicht aber Personengesellschaften als Steuersubjekt zu behandeln.[4] Vielmehr erfolgt die Besteuerung von Personengesellschaften in ausländischen Steuerrechtsordnungen ohne Beachtung der Rechtsform entweder nach dem Mitunternehmer- oder nach dem Kapitalgesellschaftskonzept.

In Abhängigkeit von dem angewandten Besteuerungskonzept ergeben sich unterschiedliche steuerrechtliche Konsequenzen: Besteuert der Sitzstaat der Personengesellschaft diese nach dem Kapitalgesellschaftskonzept, so unterliegt die Personengesellschaft dort als Rechtssubjekt der unbeschränkten Steuerpflicht, da ein persönlicher Anknüpfungspunkt für die Besteuerung besteht. Folgt der Sitzstaat der Personengesellschaft hingegen dem Mitunternehmerkonzept, so verfügt er aufgrund der fehlenden Steuersubjektivität der Personengesellschaft über kein persönliches Steueranknüpfungsmerkmal. In diesen Fällen ergibt sich ein Besteuerungsrecht des Sitzstaates der Personengesellschaft nur im Rahmen einer beschränkten Steuerpflicht der in Deutschland ansässigen Gesellschafter.[5]

Im Folgenden werden die in ausländischen Rechtsordnungen vorliegenden Besteuerungskonzeptionen dargestellt. Soweit im Rahmen der folgenden Ausführungen von Personen- bzw. Kapitalgesellschaften

3 *Jacobs*, Internationale Unternehmensbesteuerung, S. 557.
4 *Piltz*, Personengesellschaften, S. 52.
5 *Jacobs*, Internationale Unternehmensbesteuerung, S. 580.

gesprochen wird, sind hiermit Personenvereinigungen gemeint, die aufgrund eines Typenvergleichs[6] mit einer Personengesellschaft bzw. mit einer Kapitalgesellschaft deutschen Rechts vergleichbar sind.

I. Staaten mit Mitunternehmerkonzept

Es existieren Rechtsordnungen, in denen die Personengesellschaft weder als juristische Person noch als Steuersubjekt qualifiziert. Steuersubjekte sind hier nur die Gesellschafter. Die steuerrechtliche Behandlung der Personengesellschaft erfolgt in diesen Staaten ebenso wie in Deutschland nach dem Mitunternehmerkonzept (z. B. Österreich[7]).

Nach der Rechtsordnung anderer Länder wird die Personengesellschaft zwar zivilrechtlich als juristische Person eingestuft, dennoch wird ihr keine Steuersubjektivität zuerkannt. Steuersubjekte sind somit, wie nach dem deutschem Steuerrecht, ausschließlich die Gesellschafter, d. h. die Besteuerung erfolgt auch hier nach dem Mitunternehmerkonzept (Frankreich[8]).

Es existiert auch die umgekehrte Konstellation. Dabei geht es um Fälle, in denen eine ausländische Kapitalgesellschaft, die zivilrechtlich juristische Person ist, steuerrechtlich nicht als Steuersubjekt eingestuft wird. Die Besteuerung erfolgt nach dem Mitunternehmerkonzept, so dass die von der Gesellschaft erzielten Gewinne zum Zwecke der Besteuerung anteilig bei ihren Gesellschaftern erfasst werden (z. B. „sociedad de responsabilidad limitada" argentinischen Rechts[9]).

Andere Rechtsordnungen unterscheiden hinsichtlich der steuerlichen Behandlung einer Personengesellschaft zwischen unbeschränkt und beschränkt haftenden Gesellschaftern. Die Personengesellschaft wird hier bezüglich des Gewinnanteils des Vollhafters als transparent

6 § 4 I 1 b).
7 *Ostendorf*, Behandlung von Sondervergütungen, S. 45.
8 *Sonneberger*, Französisches Handels- und Wirtschaftsrecht, S. 125.
9 *Kluge*, Das internationale Steuerrecht, N 303; Erlass HesS. FinMin. v. 26.9.1994, S 1301 A – 92 – II B 31, IStR 1994, S. 549.

angesehen, wohingegen die Besteuerung der Gewinnanteile der Kommanditisten nach dem Kapitalgesellschaftskonzept erfolgt (z. B. Tschechische und Slowakische Republik[10]).

Auch wenn eine Steuerrechtsordnung bei der Besteuerung von Personengesellschaften grundsätzlich dem Mitunternehmerkonzept folgt, differiert die konkrete Ausgestaltung dieses Prinzips in den einzelnen Staaten. So wird z. B. in den Niederlanden für die Besteuerung der Personengesellschaft ausschließlich auf den einzelnen Gesellschafter abgestellt, wohingegen andere Länder der Personengesellschaft im Rahmen der Besteuerung eine gewisse Steuerpersönlichkeit zuerkennen. Teilweise wird[11] – der deutschen Auffassung entsprechend – die Personengesellschaft als Subjekt der Gewinnermittlung eingestuft. In Norwegen wird die Personengesellschaft sogar insoweit als Steuerpflichtige fingiert, als sie auf ihrer Ebene das Ergebnis ermittelt und deklariert. Dem Gesellschafter kommt hingegen nur die Zahlung der Steuer der Personengesellschaft zu.[12]

Darüber hinaus weist die inhaltliche Ausgestaltung des Mitunternehmerkonzepts in den unterschiedlichen Staaten erhebliche Unterschiede auf. Dies gilt insbesondere bezüglich der Qualifikation der Vergütungen, die der Gesellschafter von der Gesellschaft aufgrund schuldrechtlicher Verträge erhält. Das deutsche Einkommensteuerrecht ordnet diese sog. Sondervergütungen gem. § 15 Abs. 1 S. 1 Nr. 2 EStG den gewerblichen Einkünften des Mitunternehmers aus der Personengesellschaft zu. Dieser Sichtweise folgen die meisten ausländischen Steuerrechtsordnungen jedoch nicht. So werden Sondervergütungen in den meisten Ländern wie Zahlungen an einen außenstehenden Dritten behandelt und damit im Rahmen der Gewinnermittlung der Gesellschaft als abzugsfähige Betriebsausgaben anerkannt. Die Vergütungen werden beim Gesellschafter dann entsprechend der zugrunde liegenden Einkunftsart behandelt.[13] Dabei bestehen im Einzelnen wiederum Unterschiede. Während einige Staaten sämtliche Sondervergütungen einer Personengesellschaft an ihre Gesellschafter wie Vergü-

10 *Schmidt, Ch.*, Steuerliche Probleme, S. 45.

11 Bspw. in Österreich, Frankreich, Italien, Schweden, Schweiz, USA, Kanada, Südafrika.

12 *Groh,* ZIP 1998, S. 90; *Jacobs*, Internationale Unternehmensbesteuerung, S. 581.

13 *Lüdicke*, Die Besteuerung von international tätigen Personengesellschaften, S. 4.

tungen an einen Dritten, als Gewinn mindernde Betriebsausgaben behandeln (z. B. Südafrika[14]), differenzieren andere Staaten[15] nach der Art der zugrunde liegenden schuldrechtlichen Verträge.[16] So erkennen bspw. die Schweiz und Großbritannien steuerrechtlich alle schuldrechtlichen Verträge zwischen Gesellschafter und Gesellschaft mit Ausnahme von Arbeitsverträgen an, so dass die Gehälter als gewerblicher Gewinn der Mitunternehmerschaft behandelt werden, wohingegen andere an die Gesellschafter gezahlte Sondervergütungen abzugsfähige Betriebsausgaben der Personengesellschaft darstellen.[17] Eine generelle steuerrechtliche Nichtanerkennung schuldrechtlicher Verträge, wie sie der Wertung des deutschen Steuerrechts entspricht, erfolgt bspw. in Luxemburg, den Niederlanden und Österreich. In diesen Ländern wird die steuerliche Abzugsfähigkeit für sämtliche Sondervergütungen bei der Feststellung des Gesamtgewinns der Mitunternehmerschaft versagt.[18]

II. Staaten mit Kapitalgesellschaftskonzept

In einigen Ländern wird der Personengesellschaft zwar zivilrechtlich keine Rechtsfähigkeit zuerkannt, dennoch wird sie als Steuersubjekt qualifiziert (z. B. Ungarn[19]). Für Besteuerungszwecke kommt demnach das Kapitalgesellschaftskonzept zur Anwendung.

14 *Storck/Selent*, RIW/AWD 1980, S. 337.

15 Australien, Frankreich, Großbritannien, Irland, Israel, Schweden, Schweiz, Türkei.

16 *Riemenschneider*, Abkommensberechtigung, S. 17; *Storck/Selent*, RIW/AWD 1980, S. 337.

17 *Ostendorf*, Behandlung von Sondervergütungen, S. 57 ff.; *Storck/Selent*, RIW/AWD 1980, S. 337.

18 *Philipp*, Die Personengesellschaft im Ertragsteuerrecht anderer OECD-Staaten, S. 255; *Storck/Selent*, RIW/AWD 1980, S. 337. Wobei es eine rein technische Frage ist, ob die Vergütung bei der Gewinnermittlung der Gesellschaft nicht abzugsfähig ist oder ob diese später zum Gewinnanteil des Gesellschafters wieder zugerechnet wird, *Piltz*, Personengesellschaften, S. 54.

19 *Schmidt, Ch.*, Steuerliche Probleme, S. 58 f.

Darüber hinaus existieren Rechtsordnungen, in denen die Personengesellschaft zivilrechtlich als juristische Person qualifiziert und daran anknüpfend steuerrechtlich als Steuersubjekt behandelt (z. B. Spanien[20]) wird, so dass auch hier eine Besteuerung nach dem Kapitalgesellschaftskonzept erfolgt.

III. Staaten mit Optionsmodell

Andere Steuerrechtsordnungen wiederum räumen der Gesellschaft bzw. ihren Gesellschaftern unabhängig von der zivilrechtlichen Wertung ein Wahlrecht bezüglich der Besteuerungskonzeption ein. So sehen einige Staaten die Möglichkeit vor, dass eine grundsätzlich nach dem Mitunternehmerkonzept zu besteuernde Personengesellschaft für eine Besteuerung nach dem Körperschaftsteuerrecht optieren kann (z. B. Frankreich[21]). Umgekehrt existieren Rechtsordnungen, die einer Gesellschaft, die grundsätzlich als Steuersubjekt qualifiziert wird, die Möglichkeit einer Besteuerung nach dem Mitunternehmerkonzept einräumen (z. B. Belgien[22]).

Die USA kennen seit 1997[23] ein als „Check-the-box"-Verfahren bezeichnetes Optionsmodell.[24] Hiernach haben sowohl bestimmte US-

20 *Kluge*, Das internationale Steuerrecht, N 303; *Lüdemann/Hruschka*, IStR 2000, S. 25 ff.

21 *Kussmaul/Schäfer*, IStR 2000, S. 161 ff.

22 So konnten in Belgien bis einschließlich 1986 kleinere Personenhandelsgesellschaften, obwohl sie privatrechtlich juristische Personen sind, für die steuerliche Behandlung als Mitunternehmerschaft optieren, *Krabbe*, RIW/AWD 1981, S. 535 f.; *Storck/Selent*, RIW/AWD 1980, S. 332, 336.

23 Die amerikanische Finanzverwaltung (Internal Revenue Service (IRS)) entwickelte diese „Check-the-box" Richtlinien zur Klassifizierung von inländischen und ausländischen Gesellschaftsformen. Sie sind in den neuen Regulation Sections 301.7701–1, –2, –3 verankert und traten mit Wirkung zum 1.1.1997 in Kraft, wodurch die bis dahin geltenden Regulations Sections 301.7701–1, –2, –3 ersetzt wurden.

24 Ausführlich *Mittermaier*, Besteuerung von Personengesellschaften im Verhältnis USA-Deutschland, S. 124 ff.; *Möbus*, US-Limited Liability Company, S. 53 ff.

Gesellschaften als auch bestimmte ausländische Gesellschaften das Recht zwischen einer Besteuerung als Personengesellschaft *(partnership)* und einer Besteuerung als Kapitalgesellschaft *(corporation)* zu wählen.[25] An diese Wahl ist der Steuerzahler dann für die folgenden fünf Jahre gebunden.[26] Jedoch werden bestimmte Gesellschaftsformen für steuerliche Zwecke zwingend als Kapitalgesellschaft (sog. „per se *corporation*") klassifiziert. Zu diesen „Muß-Kapitalgesellschaften"[27] zählen unter anderem die nach dem Recht der USA oder eines US-Bundesstaates gegründeten *corporations* sowie die nach dem Recht eines Bundesstaates gegründeten joint stock companies, joint stock associations, Versicherungsgesellschaften, unter bestimmten Voraussetzungen auch einzelstaatlich konzessionierte Bankgesellschaften und börsengängige Personengesellschaften.[28] Darüber hinaus gelten auch bestimmte ausländische Gesellschaftsformen für US-steuerliche Zwecke zwingend als Kapitalgesellschaften. Hierunter fällt die deutsche AG, nicht hingegen die deutsche GmbH.[29] Für alle anderen nicht per se als Kapitalgesellschaft klassifizierten in- und ausländischen Gesellschaftsformen besteht für Zwecke der Besteuerung ein Klassifizierungswahlrecht.[30]

Eine Gesellschaft mit mindestens zwei Gesellschaftern kann nach dem „Check-the-box"-Verfahren wählen, ob sie steuerlich als *partnership* eingestuft werden will oder als *association*, d. h. als Gesellschaft, die einer *corporation* stark ähnelt und daher auch wie eine solche besteuert wird.[31] Einmanngesellschaften können wählen, ob sie als *association* eingestuft werden oder als nicht vom Gesellschafter bzw. Eigentümer getrenntes Rechtssubjekt, d. h. als Einzelunternehmen *(sole proprietorship)*.[32]

25 Sec. 301.7701–3(a).
26 Sec. 301.7701–3(c)(1)(iv).
27 *Ziegenhain*, RIW 1995, S. 674.
28 Sec. 301.7701–2(b)(1), (3), (4) (5) (7).
29 Sec. 301.7701–2(b)(8)(i).
30 Sec. 301. 7701–3(a).
31 Sec. 301.7701–3(a).
32 Sec. 301.7701–3(a).

Übt eine Gesellschaft das Wahlrecht nicht aus, so bestimmt Sec. 301. 7701–3(b) in Abhängigkeit von der Anzahl der Gesellschafter eine bestimmte Klassifizierung und damit einhergehend eine bestimmte Besteuerung dieser Gesellschaft (sog. *default classification*). Gleiches gilt für ausländische Gesellschaften, wobei bei diesen für die Klassifizierung zusätzlich auf den Haftungsumfang der Gesellschafter abgestellt wird.

Nach der *default classification* werden US-Gesellschaften mit zwei oder mehr Gesellschaftern wie ein *partnership* besteuert.[33] Ausländische Gesellschaften werden bei Nichtausübung des Wahlrechtes wie ein *partnership* besteuert, wenn mindestens zwei Gesellschafter beteiligt sind und mindestens einer von ihnen einer unbeschränkten Haftung unterliegt,[34] haftet hingegen keiner der Gesellschafter unbeschränkt, so wird die Gesellschaft wie eine *corporation* besteuert.[35] Ein wahlberechtigtes inländisches Wirtschaftsgebilde mit nur einem Mitglied, welches sein Wahlrecht nicht ausübt, wird wie ein Einzelunternehmen behandelt.[36] Bei ausländischen Einmanngesellschaften hängt die Behandlung wiederum vom Haftungsumfang des Inhabers ab. Haftet dieser unbeschränkt, so erfolgt eine Behandlung als Einzelunternehmer, ist die Haftung hingegen beschränkt, so erfolgt eine Einstufung als *corporation*.[37]

Sowohl US-Gesellschaften als auch ausländische Gesellschaften können durch eine Erklärung gegenüber dem Finanzamt ihren gemäß der *default classification* festgelegten Besteuerungsstatus ändern, also ihr Wahlrecht ausüben.

Zusammenfassend ist festzuhalten, dass die Besteuerung der Personengesellschaft im Ausland vielfältige Varianten aufweist, die sich vom deutschen Steuerrecht in einigen Fällen nur in Einzelheiten, häufig aber auch der Struktur nach unterscheiden.

Allerdings lässt sich eine Einteilung in zwei Grundkonzeptionen vornehmen. So wird die Personengesellschaft in ihrem Sitzstaat ent-

33 Sec. 301.7701–3(b)(1)(i).
34 Sec. 301.7701–3(b)(2)(i)(A).
35 Sec. 301.7701–3(b)(2)(i)(B).
36 Sec. 301.7701–3(b)(1)(ii).
37 Sec. 301.7702–3(b)(2)(C).

weder (mit oder ohne Option) nach dem Mitunternehmerkonzept oder (mit oder ohne Option) nach dem Kapitalgesellschaftskonzept besteuert.

§4 Ertragsteuerliche Behandlung ausländischer Personengesellschaften nach nationalem Recht

I. Qualifikationsproblematik bei ausländischen Personengesellschaften

Die ertragsteuerrechtlichen Folgen der Beteiligung eines inländischen Gesellschafters an einer ausländischen Personengesellschaft hängen davon ab, wie das deutsche Steuerrecht eine Beteiligung an ausländischen Rechtsgebilden qualifiziert. Zunächst ist somit zu klären, unter welchen Voraussetzungen das deutsche Steuerrecht eine Beteiligung eines inländischen Gesellschafters an einer ausländischen Personengesellschaft annimmt.

Viele Normen des deutschen Steuerrechts knüpfen die steuerrechtlichen Rechtsfolgen an die zivilrechtliche Existenz einer Personen- bzw. einer Kapitalgesellschaft. So geht bspw. § 15 Abs. 1 S. 1 Nr. 2 EStG vom Vorliegen einer Personengesellschaft aus, demgegenüber setzt § 1 Abs. 1 Nr. 1 KStG das Bestehen einer Kapitalgesellschaft voraus. Darüber hinaus erstrecken sich einige Normen des deutschen Steuerrechts sowohl auf inländische als auch auf ausländische Gesellschaften, so bspw. § 15 Abs. 1 S. 1 Nr. 2 EStG[1] und § 20 Abs. 1 Nr. 1 EStG[2]. Da ausländische Organisationsformen – im Gegensatz zu inländischen[3] – in den deutschen Steuerrechtsnormen nicht explizit benannt sind, stellt sich hier die Frage, auf welche ausländischen Rechtsgebilde die Normen anzuwenden sind, die die Beteiligung an einer Personen- bzw. Kapitalgesellschaft voraussetzen. Die für die Anwendung einer

1 Zu den „anderen Gesellschaften“ i. S. d. § 15 Abs. 1 Nr. 2 EStG gehören auch Personengesellschaften ausländischen Rechts, *Schmidt*, EStG, § 15 Rz. 169.

2 Schmidt/*Heinicke*, EStG, § 20 Rz. 50.

3 Die Besteuerung deutscher Gesellschaften erfolgt, wie unter § 2 I 3 dargelegt, rein rechtsformabhängig.

Norm des deutschen Steuerrechts notwendige Prüfung, ob ein ausländisches Zivilrechtsgebilde, an dem in der Bundesrepublik Deutschland ansässige Gesellschafter beteiligt sind, ein eigenständiges Steuersubjekt darstellt oder nicht, wird als Qualifikation des Rechtsgebildes beziehungsweise als Steuersubjektqualifikation bezeichnet.[4]

Die Beantwortung dieser Frage ist für die steuerrechtliche Behandlung der Gesellschafter maßgeblich. Wird das ausländische Rechtsgebilde aufgrund der Qualifikation als eigenständiges Steuersubjekt anerkannt, so hat der inländische Gesellschafter grundsätzlich die Stellung eines Teilhabers einer Kapitalgesellschaft. Wird das ausländische Rechtsgebilde dagegen als Personengesellschaft qualifiziert, so ist der Gesellschafter steuerrechtlich – sofern er nach inländischem Recht die Kriterien des Mitunternehmerbegriffs erfüllt – als Mitunternehmer einer ausländischen Personengesellschaft zu behandeln.[5]

Der Begriff der Qualifikation stammt aus dem Internationalen Privatrecht (IPR). Gleichwohl ist die im IPR vorzunehmende Qualifikation mit dem „Qualifikations"-Begriff des internationalen Steuerrechts nicht identisch. Das IPR ist Rechtsanwendungsrecht. Es weist bei Sachverhalten, die in Beziehungen zu mehreren Rechtsordnungen stehen, die einzelne Rechtsfrage durch Kollisionsnormen einer bestimmten Rechtsordnung zu, um so eine einheitliche Sachentscheidung zu gewährleisten.[6] Die deutschen Kollisionsnormen verwenden Rechtsbegriffe, die dem deutschen Privatrecht entlehnt sind. Gilt es, ausländische Rechtsinstitute zu beurteilen, so sind diese unter einen der in den deutschen Kollisionsnormen enthaltenen Rechtsbegriffe einzuordnen, um so zu ermitteln, welche Rechtsordnung im Einzelfall zur Anwendung gelangt. Zu diesem Zweck müssen ausländische Rechtsinstitute qualifiziert werden. Nach der h. M. im Schrifttum und nach Auffassung der Rechtsprechung hat die Qualifikation nach der lex fori zu erfolgen.[7] Das deutsche Verständnis eines Rechtsbegriffes bestimmt also über die Anwendung in- oder ausländischen Rechts.

4 *Jacobs*, Internationale Unternehmensbesteuerung, S. 557.
5 *Jacobs*, Internationale Unternehmensbesteuerung, S. 557.
6 Palandt/*Heldrich*, BGB, Einl v EGBGB Art. 3 Rn. 1.
7 Palandt/*Heldrich*, BGB, Einl v EGBGB Art. 3 Rn. 27.

Im internationalen Steuerrecht steht dagegen das anzuwendende Recht bereits fest, wenn sich die Qualifikationsfrage stellt. In den hier interessierenden Fällen ist es das deutsche Steuerrecht. So sind Zivilrechtsgebilde, die nach ausländischem Recht errichtet worden sind, in die von inländischen Steuerrechtsnormen verwendeten Privatrechtsbegriffe einzuordnen. Im Falle der Beteiligung eines inländischen Gesellschafters an einem ausländischen Zivilrechtsgebilde ist demnach zu prüfen, ob das ausländische Rechtsgebilde einer Personengesellschaft oder eine Kapitalgesellschaft entspricht, um die steuerrechtliche Behandlung der Gesellschafter festzustellen. Bei ausländischen Gesellschaften liegt die Besonderheit darin, dass sie unter einer fremden Privatrechtsordnung existieren und folglich die deutschen Privatrechtsbegriffe der Steuergesetze auf sie nicht zutreffen. Es handelt sich bei der Qualifikation des ausländischen Zivilrechtsgebildes somit um eine Spezialfrage der Gesetzesauslegung.[8]

Gemeinsam ist der Qualifikation nach dem IPR und derjenigen nach dem internationalen Steuerrecht, dass es in beiden Fällen um die Auslegung von Normen geht: Im IPR um die Auslegung einer Norm, die erst das anzuwendende Recht bestimmt, im IStR um die Auslegung einer Norm des anzuwendenden Rechts.

1. Steuersubjektqualifikation

Theoretisch bestehen drei Möglichkeiten, die Frage nach der Qualifikation des ausländischen Zivilrechtsgebildes für die Anwendung deutscher Steuerrechtsnormen zu beantworten:[9]

(1) Die steuerliche Qualifikation der ausländischen Organisationsform könnte nach Maßgabe des ausländischen Zivilrechtes erfolgen. Dies hätte zur Konsequenz, dass eine ausländische Gesellschaft, die nach der Wertung des ausländischen Zivilrechts Rechtspersönlichkeit besitzt, auch im Rahmen des deutschen Steuerrechts als juristische Person und damit als eigenes Steuersubjekt zu qualifizieren wäre.

8 *Piltz*, Personengesellschaften, S. 60.
9 *Piltz*, Personengesellschaften, S. 61 ff.

(2) Ebenso könnte die steuerliche Qualifikation der ausländischen Gesellschaft im Inland ihrer steuerlichen Behandlung im Ausland folgen, so dass eine ausländische Gesellschaft, die nach der Wertung des Steuerrechts ihres Gründungsstaates als transparent angesehen wird, auch nach deutschem Steuerrecht nicht als Steuersubjekt anerkannt werden würde – und umgekehrt.

(3) Die steuerliche Qualifikation der ausländischen Gesellschaft könnte jedoch auch an die Wertungen des deutschen Zivil- und Steuerrechts anknüpfen. Dies hätte zur Konsequenz, dass ausschließlich nach deutschem Steuerrecht bestimmt würde, ob die ausländische Gesellschaft selbst Steuersubjekt ist oder nur die an ihr beteiligten Gesellschafter.

a) Qualifikation nach der lex fori

Seit der grundlegenden „Venezuela-Entscheidung" des RFH vom 12.2.1930[10] lehnen Rechtsprechung,[11] Finanzverwaltung[12] sowie die h. M. im Schrifttum[13] im Rahmen der steuerlichen Qualifikation einer ausländischen Gesellschaft eine Bindung sowohl an die zivilrechtliche als auch an die steuerrechtliche Behandlung dieser Gesellschaft im Staat ihrer Errichtung ab. Vielmehr hat nach h. M. die steuerliche Qualifikation der ausländischen Gesellschaft ausschließlich nach den Wertungen des deutschen Steuerrechts zu erfolgen. Für eine solche Qualifikation nach der lex fori spricht insbesondere der verfassungsrechtliche Grundsatz der Gleichmäßigkeit der Besteuerung,[14] wonach wirtschaftlich gleiche Sachverhalte – gleich, ob im Inland oder im Ausland verwirklicht – auch steuerlich gleich zu behandeln sind. Eine Bindung

10 RFH v. 12.2.1930, RFHE 27, 73.

11 RFH v. 18.12.1930, RStBl. 1931, 200; BFH v. 17.7.1968, BStBl. II 1968, 695; BFH v. 3.2.1988, BStBl. II 1988, 588.

12 BdF v. 19.3.1976, IV C 6-S 1301 – Spanien – 20/75, RIW 1976, S. 305 f.; BMF v. 1.12.1980, IV B 7 – S 2741 – 20/80, DB 1981, S. 139; BMF v. 24.12.1999 – IV B 4 – 1300 – 111/99, BStBl. I 1999, 1076, Tz. 1.1.5.2.

13 Statt vieler *Riemenschneider*, Abkommensberechtigung, S. 47 ff. m. w. N., S. 51 Fn. 160.

14 Dazu *Tipke/Lang*, Steuerrecht, § 4 Rzn. 70 ff.

des deutschen Steuerrechts an die zivilrechtliche Behandlung im Ausland würde angesichts der Verschiedenheit der ausländischen Zivilrechte, insbesondere der Kriterien nach denen sich die Verleihung der Rechtsfähigkeit richtet, zu einer Ungleichbehandlung wirtschaftlich gleicher Tatbestände führen und somit einen Verstoß gegen den Grundsatz der Gleichmäßigkeit der Besteuerung darstellen.[15] Bspw. seien hier die Personengesellschaften des romanischen Rechtskreises genannt, denen das Zivilrecht ihres jeweiligen Gründungsstaates regelmäßig Rechtsfähigkeit verleiht.[16] Würde im Rahmen der steuerrechtlichen Qualifikation an diese Wertung angeknüpft, so wäre die jeweilige Gesellschaft als Steuersubjekt zu behandeln, obwohl sie ihrer rechtlichen Struktur nach einer deutschen Personengesellschaft vergleichbar ist, welche nach der Wertung des deutschen Steuerrechts als transparent anzusehen ist. Bereits der RFH führte daher aus, dass „bei dieser Sachlage [...] davon auszugehen [ist], dass grundsätzlich die Entscheidung über die einkommensteuerrechtliche Behandlung einer ausländischen juristischen Person bzw. ihrer Gesellschafter im Einzelfall nach den leitenden Gedanken des Einkommensteuer- und Körperschaftsteuergesetzes zu treffen ist."[17] Gegen die Bindung des deutschen Steuerrechts an das ausländische Zivilrecht spricht auch, dass gem. § 1 Abs. 1 Nr. 5 KStG nichtrechtsfähige Vereine, Stiftungen und andere Zweckvermögen des privaten Rechts der Körperschaftsteuer unterliegen. Somit ist auch für deutsche Zivilrechtsgebilde die Begründung der Körperschaftsteuerpflicht nicht an die zivilrechtliche Rechtsfähigkeit gebunden. Vielmehr ist – wie unter § 2 I 2 dargelegt – die körperschaftliche Struktur einer Organisationsform der entscheidende Grund für die Anerkennung als Körperschaftsteuersubjekt. Demnach kann die ihr durch das ausländische Zivilrecht des Gründungsstaates verliehene Rechtsfähigkeit bei der steuerlichen Qualifikation einer ausländischen Gesellschaft nicht allein entscheidend sein.[18]

15 *Kluge*, Das internationale Steuerrecht, N 124; *Piltz*, Personengesellschaften, S. 65; *Riemenschneider*, Abkommensberechtigung, S. 53 f.; *Vogel*, Verwaltungsrechtsnorm, S. 331.

16 Bspw. Spanien, Portugal.

17 RFH v. 12.2.1930, RFHE 27, 73, 78.

18 *Möbus*, US-Limited Liability Company, S. 94.

Im Ergebnis ist festzuhalten, dass weder Rechtspersönlichkeit nach dem ausländischen Zivilrecht noch die Steuerrechtsubjektivität nach dem ausländischen Steuerrecht das deutsche Steuerrecht binden. Dies hat zur Folge, dass dieselbe Gesellschaft bei Berührung mit zwei Steuerrechtsordnungen unterschiedlichen Behandlungen ausgesetzt sein kann.[19] So kann je nach Gestaltung des konkreten Falls die ausländische Rechtsform im deutschen Steuerrecht anerkannt werden oder eine ausländische juristische Person wegen ihrer rechtlichen Struktur aus dem Kreise der körperschaftsteuerpflichtigen Gebilde ausscheiden[20] oder aber eine ausländische Personengesellschaft aus den oben genannten Gründen der Körperschaftsteuerpflicht unterliegen[21]. Wegen der Qualifikation nach der lex fori ist es für die steuerliche Qualifikation des ausländischen Gebildes auch unerheblich, wenn dieses von Besteuerungsoptionen Gebrauch macht, die das ausländische Steuerrecht einräumt.[22]

b) Rechtstypenvergleich

Die Steuerrechtfähigkeit einer deutschen Personenvereinigung richtet sich nach der Wertung des deutschen Steuerrechts ausschließlich nach der zivilrechtlichen Rechtsform dieser Personenvereinigung.[23] Da ausländische Personenvereinigungen in den deutschen Steuergesetzen nicht benannt sind, ist im Rahmen ihrer steuerrechtlichen Qualifikation darauf abzustellen, ob sie in ihrer Organisationsform einer deutschen Kapitalgesellschaft oder einer deutschen Personengesellschaft entsprechen. Somit ist die zu qualifizierende ausländische Gesellschaftsform auf ihre Vergleichbarkeit mit den Organisationsformen des inländischen Zivilrechts zu überprüfen, d. h. es ist „der Grad der Übereinstimmung zwischen der jeweiligen ausländischen Rechtsform und denen des deutschen Rechts" festzustellen.[24] Die Organisationsform eines

19 *Pott*, Kollision, S. 66.
20 RFH v. 12.2.1930, RFHE 27, 73; BFH v. 03.02.1988, BStBl. II 1988, 588.
21 RFH v. 18.12.1930, RStBl. 1931, 200.
22 *Kluge*, Das internationale Steuerrecht, N 303.
23 § 2 I 3.
24 *Jacobs*, Internationale Unternehmensbesteuerung, S. 501.

ausländischen Rechtsgebildes wird jedoch nie völlig mit der einer Gesellschaft inländischen Rechts übereinstimmen. Versteht man „Begriff" im Sinne der juristischen Methodenlehre als abstrakte Beschreibung von Sachverhalten mit notwendigem Vorliegen eines jeden Merkmals, so ist ein Begriffsvergleich zwischen ausländischem und deutschem Recht nicht möglich.[25] Reicht der „Begriff" für sich allein nicht aus, um einen Sachverhalt in der Fülle seiner Ausprägungen zu erfassen, so ist die Denkform des „Typus" heranzuziehen.[26] Der „Typus" im Sinne der juristischen Methodenlehre wird durch eine unbestimmte Anzahl von Merkmalen beschrieben, die in unterschiedlichem Maße „mehr" oder „weniger" gegeben sein können, und von denen das eine oder andere fehlen kann, ohne dass dies eine Zuordnung zu diesem Typus ausschließt.[27]

Für die Qualifikation ausländischer Gesellschaften ist daher nach Auffassung des RFH[28] und des BFH[29] sowie der Finanzverwaltung[30] ein Typenvergleich geeignet.[31] Bei diesem ist insbesondere darauf abzu-

25 *Larenz*, Methodelehre der Rechtswissenschaft, S. 216, 220 f., 440.

26 *Larenz*, Methodelehre der Rechtswissenschaft, S. 461.

27 *Larenz*, Methodelehre der Rechtswissenschaft, S. 221, 303.

28 RFH v. 12.2.1930, RFHE 27, 73.

29 BFH v. 17.7.1968, BStBl. II 1968, 695; BFH v. 6.11.1980, BStBl. II 1981, 220; BFH v. 3.2.1988, BStBl. II 1988, 588; BFH v. 23.6.1992, BStBl. II 1992, 972; BFH v. 16.12.1992, BStBl. II 1993, 399; BFH v. 26.8.1993, BFH/NV 1994, 318.

30 BMF-Schreiben v. 24.12.1999, BStBl. I 1999, 1076 Tz. 1.1.5.2.

31 Fraglich könnte jedoch die Vereinbarkeit des Typenvergleichs mit dem Gemeinschaftsrecht sein. Spätestens nach der Rechtsprechung des EuGH im Fall Überseering (EuGH v. 5.11.2002, EuGHE 2002, I-9919 ff.) kann Deutschland nicht mehr uneingeschränkt an der bisher nach den Grundsätzen des deutschen Internationalen Privatrechts geltenden Sitztheorie festhalten, wonach sich die Rechtsfähigkeit einer Gesellschaft nach dem Recht des Staates bestimmt, in dem sich ihr effektiver Verwaltungssitz befindet, da dies zu Beschränkungen der Niederlassungsfreiheit führt. Folgt der Gründungsstaat einer Gesellschaft der Gründungstheorie, so hat Deutschland die zivilrechtliche Rechtsfähigkeit dieser Gesellschaft nunmehr auch dann anzuerkennen, wenn diese ihren effektiven Verwaltungssitz in das Inland verlegt, d. h. eine identitätswahrende Verlegung des Verwaltungssitzes ist möglich. Die steuerrechtliche Qualifikation einer solchen ausländischen Gesellschaft mit inländischem Verwaltungssitz hat nach hier vertretener Ansicht weiterhin – unabhängig von der Verpflichtung zu Anerkennung der zivilrechtlichen Rechtsfähigkeit – nach dem Typenvergleich zu erfolgen, denn wie gezeigt, ist nicht die

stellen, „ob sich die ausländische Gesellschaft mehr dem Typus der Personengesellschaft oder der Kapitalgesellschaft nähert"[32]. Aus der Anwendung der Typenlehre folgt, dass die Vergleichbarkeit der ausländi-

---

Rechtsfähigkeit sondern die körperschaftliche Struktur einer Organisationsform der entscheidende Grund für die Anerkennung als Körperschaftsteuersubjekt. Ergibt der Typenvergleich, dass die ausländische Gesellschaft einer deutschen Kapitalgesellschaft vergleichbar ist, so war bisher umstritten, ob die unbeschränkte Körperschaftsteuerpflicht der ausländischen Gesellschaft auf § 1 Abs. 1 Nr. 1 KStG (so m.E. zu Recht *Riemenschneider*, Abkommensberechtigung, S. 62) oder auf § 1 Abs. 1 Nr. 4 KStG beruht oder aufgrund fehlender Rechtsfähigkeit ausschließlich aus §§ 1 Abs. 1 Nr. 5, 3 KStG abzuleiten ist (so der IX. Senat des BFH in seiner Entscheidung v. 23.6.1992, BStBl. II 1992, 972). Infolge der EuGH-Rechtsprechung kommt eine Qualifikation der zugezogenen ausländischen Gesellschaft als nichtrechtsfähige Personenvereinigung nicht mehr in Betracht. Fraglich ist lediglich noch, ob die ausländische juristische Person mit Verwaltungssitz im Inland als Kapitalgesellschaft i.S. von § 1 Abs. 1 Nr. 1 KStG oder als „sonstige juristische Person des privaten Rechts" i. S. von § 1 Abs. 1 Nr. 4 KStG einzuordnen ist. Dafür kommt es aus Sicht des deutschen Rechts darauf an, ob der Klammerzusatz in § 1 Abs. 1 Nr. 1 KStG (AG, KGaA, GmbH) abschließenden Charakter besitzt. Das wurde in der Rechtsprechung bisher bejaht (BFH v. 25.6.1984, BStBl. II 1984, 751 ff.; BFH v. 23.6.1992, BStBl. II 1992, 972 ff.), dürfte m. E. aber bei „gemeinschaftsrechtskonformer Auslegung" des deutschen Steuerrechts keinen Bestand haben, so dass nunmehr von einer unbeschränkten Körperschaftsteuerpflicht nach § 1 Abs. 1 Nr. 1 KStG auszugehen ist. Sollte der Typenvergleich ergeben, dass die ausländische Gesellschaft mit inländischem Verwaltungssitz einer Personengesellschaft entspricht, so hat m. E. trotz der Verpflichtung zur Anerkennung der zivilrechtlichen Rechtsfähigkeit weiterhin eine Besteuerung nach dem Mitunternehmerkonzept zu erfolgen. Wird die Gesellschaft in ihrem Gründungsstaat nach dem Kapitalgesellschaftskonzept besteuert, hat eine Verlegung des Verwaltungssitzes vom Gründungssstaat ins Inland in diesem Fall zur Folge, dass sich die steuerrechtliche Behandlung eines im Gründungsstaat ansässigen Gesellschafters ändert. Vor der Sitzverlegung wurde er als Gesellschafter einer Kapitalgesellschaft erst im Fall einer Dividendenausschüttung steuerpflichtig, wohingegen er aufgrund der Sitzverlegung nunmehr als Mitunernehmer bereits im Jahr der Gewinnentstehung mit dem ihm zuzurechnenden Gewinnanteil steuerpflichtig wird. Durch diese unterschiedliche steuerrechtliche Behandlung in Abhängigkeit davon, wo die ausländische Gesellschaft ihren Verwaltungssitz unterhält, könnte sich der Gesellschafter in seiner Niederlassungsfreiheit beschränkt sehen. Daher ist denkbar, dass zukünftig eine Diskussion über die Vereinbarkeit des die steuerrechtliche Behandlung einer ausländischen Gesellschaft bestimmenden Typenvergleichs mit dem Gemeinschaftsrecht geführt werden wird.

32 RFH v. 12.2.1930, RFHE 27, 73, 80.

schen Gesellschaft mit dem Typ der Personengesellschaft bzw. mit dem Typ der Kapitalgesellschaft gegeben ist, wenn diese die für den jeweiligen Typ wesentlichen Zügen in mehr oder minder starker Ausprägung aufweist, wobei einzelne dieser Züge auch gänzlich fehlen können.[33]

Zur Durchführung des Typenvergleichs hat sich eine zweistufige Vorgehensweise entwickelt.[34] Auf der ersten Stufe ist die gesellschaftsrechtliche Struktur des ausländischen Rechtsgebildes zu ermitteln, welche entscheidend vom Zivilrecht des ausländischen Gründungstaats des Rechtsgebildes geprägt wird. Somit wird im Rahmen der steuerlichen Qualifikation des ausländischen Rechtsgebildes nach der lex fori das ausländische Zivilrecht an dieser Stelle des Typenvergleichs berücksichtigt.[35] Bereits der RFH hat in seiner „Venezuela-Entscheidung“ darauf hingewiesen, dass eine ausländische Gesellschaft in ihrer Gesamtheit „unter Beachtung ihrer wirtschaftlichen Stellung und ihres rechtlichen Aufbaus“ zu beurteilen ist.[36] Auf der nachfolgenden zweiten Stufe ist das ausländischen Rechtsgebilde einer der Organisationsformen des deutschen Steuerrechts zuzuordnen, also entweder den inländischen Körperschaften, Personenvereinigungen oder Vermögensmassen i. S. d. § 1 Abs. 1 KStG oder den Personengesellschaften (§§ 13 Abs. 5, 15 Abs. 1 Nr. 2, 18 Abs. 4, 21 EStG) bzw. den Einzelunternehmen (§§ 13 Abs. 1, 15 Abs. 1 Nr. 1, 18 Abs. 1 EStG).[37] Hierbei ist darauf zu achten, dass die miteinander zu vergleichenden Wirt-

33 *Larenz*, Methodelehre der Rechtswissenschaft, S. 467 f.; *Piltz*, Personengesellschaften, S. 71; *Raupach*, Durchgriff, S. 141.

34 BFH v. 12.2.1930, RFHE 27, 73, 80; *Jacobs*, Internationale Unternehmensbesteuerung, S. 501; *Möbus*, US-Limited Liability Company, S. 94; *Riemenschneider*, Abkommensberechtigung, S. 55; *Schlütter*, Personengesellschaft oder Körperschaft, S. 215, 222; *Selent*, Ausländische Personengesellschaften im Ertrag- und Vermögensteuerrecht, S. 92; *Storck*, Ausländische Betriebsstätten im Ertrag- und Vermögensteuerrecht, S. 43; Wurster, RIW/AWD 1981, S. 679.

35 *Piltz*, Personengesellschaften, S. 68; *Riemenschneider*, Abkommensberechtigung, S. 55 f.

36 RFH v. 12.2.1930, RFHE 27, 73, 79.

37 *Debatin*, BB 1988, S. 1158; *Jacobs*, Internationale Unternehmensbesteuerung, S. 558; *Piltz*, Personengesellschaften, S. 68 f.; *Riemenschneider*, Abkommensberechtigung, S. 56 f.

schaftsgebilde eine ähnliche wirtschaftliche Funktion ausüben,[38] d. h. ausländische Erwerbsgesellschaften sind nur mit inländischen Erwerbsgesellschaften (Personengesellschaften oder Kapitalgesellschaften) zu vergleichen, hingegen nicht mit nichtrechtsfähigen Vereinen oder Stiftungen.[39]

aa) Abgrenzungskriterien im Rahmen des Rechtstypenvergleichs

Auf der ersten Stufe des Rechtstypenvergleichs ist die gesellschaftsrechtliche Struktur des in Frage stehenden ausländischen Rechtsgebildes zu ermitteln. Da die Ermittlung der gesellschaftsrechtlichen Struktur allein der Vergleichbarkeit mit inländischen Rechtsformen dienen soll, ist hierbei auf diejenigen Strukturmerkmale abzustellen, in deren Ausprägungen sich Personengesellschaften und Kapitalgesellschaften deutschen Rechts am deutlichsten voneinander unterscheiden und die somit charakteristisch für den jeweiligen Typus sind. Nur so ist eine Grenzziehung zwischen Personengesellschaften und Kapitalgesellschaften möglich.

Rechtsprechung und Schrifttum bieten hinsichtlich der für den Typenvergleich maßgeblichen Strukturmerkmale kein klares Bild. Zwar wird bei der Frage der Qualifizierung einer ausländischen Personenvereinigung stets die Notwendigkeit der Durchführung eines Typenvergleichs betont, allerdings unterbleibt regelmäßig eine Erörterung bzw. inhaltliche Konkretisierung der strukturbildenden Merkmale. In den meisten Fällen wird nur sehr allgemein gehalten formuliert, dass „durch eine Gesamtwürdigung der maßgebenden ausländischen Bestimmungen über die Organisation und die Struktur“[40] der ausländischen Gesellschaft zu ermitteln sei, ob diese nach ihrem rechtlichen Aufbau und ihrer wirtschaftlichen Struktur eher dem Typus einer deut-

38 *Hey*, RIW 1992, S. 916, 921.

39 Im Rahmen dieser Arbeit wird der Typenvergleich nur in Bezug auf Personen- und Kapitalgesellschaften unternommen.

40 BFH v. 23.6.1992, BStBl. II 1992, 972.

schen Kapitalgesellschaft oder eher dem Typus einer deutschen Personengesellschaft entspricht.[41]

Im Folgenden werden die von Rechtsprechung und Schrifttum für eine Abgrenzung von Personengesellschaften und Kapitalgesellschaften als maßgeblich erachteten Strukturmerkmale dargestellt und im Hinblick auf ihre Geeignetheit für eine Abgrenzung einer kritischen Würdigung unterzogen.

(1) Kriterienkatalog gem. RFH/BFH

Anhaltspunkte für grenzziehende Strukturmerkmale zwischen Personen- und Kapitalgesellschaften ergeben sich bereits aus der „Venezuela-Entscheidung" des RFH vom 12.2.1930. Dort heißt es: „Bei der erstgenannten Gesellschaftsart steht die Person der Gesellschafter im Vordergrunde. Die Gesellschafter führen in der Regel die Geschäfte, haften persönlich und können ihre Gesellschaftsanteile nicht auf Dritte übertragen. Bei der Kapitalgesellschaft dagegen stehen die Gesellschafter der Gesellschaft mehr unpersönlich gegenüber. Sie haften dem Gläubiger nicht persönlich, ihre Anteile sind übertragbar, an der eigentlichen Geschäftsführung sind sie auf Grund ihrer Stellung als Gesellschafter in der Regel nicht beteiligt."[42]

Die vom RFH für eine Abgrenzung zwischen Personen- und Kapitalgesellschaft herangezogenen Strukturmerkmale sind hiernach die Geschäftsführungs- und Vertretungsbefugnis, die Haftungsverfassung und die Zulässigkeit der Anteilsübertragung. Die jeweilige Ausprägung dieser Merkmale bei der Personengesellschaft bzw. bei der Kapitalgesellschaft sieht der RFH als Folge daraus, dass zwischen den Gesellschafter einer Personengesellschaft „eine innere Verbundenheit [...] in Hinsicht auf die gemeinsame Arbeit zur Förderung des Unternehmens"

41 BFH v. 17.7.1968, BStBl. II 1968, 695; BFH v. 23.6.1992, BStBl. II 1992, 972; so allgemein formuliert auch *Krabbe*, StbJb 2000/2001, S. 184; *Piltz*, Personengesellschaften, S. 68; *Prinz/Breuninger*, IWB 1997, F. 10, Gr. 2, S. 1293, 1296; *Riemenschneider*, Abkommensberechtigung, S. 56; *Storck/Selent*, RIW/AWD 1980, S. 332 f.

42 RFH v. 12.2.1930, RFHE 27, 73, 80; ebenso RFH v. 18.12.1930, RStBl. 1931, 200.

besteht, wohingegen bei Gesellschaftern einer Kapitalgesellschaft „das Bestreben, ihr Kapital nutzbringend anzulegen" im Vordergrund steht, so dass die Gesellschafter der Gesellschaft eher unpersönlich gegenüber stehen.[43] Der BFH[44] verwendet im Grundsatz dieselben Kriterien. Darüber hinaus stellt er in späteren Urteilen für die Qualifizierung als Kapitalgesellschaft darauf ab, dass im ausländischen Recht für das betreffende Rechtsgebilde ein in bestimmter Höhe festgesetztes und in Teilsummen (Aktien) zerlegtes Grundkapital vorgesehen ist,[45] so dass der Kriterienkatalog um das Merkmal der Kapitalaufbringung ergänzt wird. Des Weiteren wurde zwischenzeitlich vom BFH die zivilrechtliche Rechtsfähigkeit des ausländischen Rechtsgebildes als ein Indiz für die Zuerkennung der Steuersubjektfähigkeit gewertet.[46] Hiervon ist der BFH in späteren Urteilen jedoch wieder abgerückt und somit zu der vom RFH in der „Venezuela-Entscheidung" vertretenen Auffassung zurückgekehrt.[47]

(2) Finanzverwaltung

Ein durch die Finanzverwaltung festgelegter abschließender Katalog der maßgeblichen Abgrenzungskriterien[48] existiert nicht. Die Finanzverwaltung folgt grundsätzlich der Einordnung ausländischer Gesellschaften durch die Rechtsprechung. So führt das BMF in einem Schreiben vom 1.12.1980 aus, dass die wesentlichen Unterschiede der Kapitalgesellschaften zu den Personengesellschaften in der Haftungs-

43 RFH v. 18.12.1930, RStBl. 1931, 200.

44 BFH v. 17.7.1968, BStBl. II 1968, 695, ein liechtensteinisches Treuunternehmen betreffend; BFH v. 6.11.1980, BStBl. II 1981, 220, eine liechtensteinische Anstalt betreffend; BFH v. 3.2.1988, BStBl. II 1988, 588, eine thailändische Kommanditgesellschaft betreffend.

45 BFH v. 23.6.1992, BStBl. II 1992, 972, eine liechtensteinische AG betreffend; BFH v. 16.12.1992, BStBl. II 1993, 399, eine schweizerische AG betreffend; BFH v. 26.8.1993, BFH/NV 1994, 318, eine schweizerische AG betreffend.

46 BFH v. 6.11.1980, BStBl. II 1981, 220.

47 BFH v. 3.2.1988, BStBl. II 1988, 588; BFH v. 16.12.1992, BStBl. II 1993, 399; BFH v. 26.8.1993, BFH/NV 1994, 318.

48 Ein solcher war bspw. in den USA bis zur Einführung des „Check-the-box"-Verfahrens in den Verwaltungsrichtlinien enthalten.

beschränkung aller Gesellschafter, der Verselbstständigung zur juristischen Person, der körperschaftlichen Struktur, der Drittorganschaft sowie der Aufbringung und Erhaltung eines Stammkapitals zu sehen sind.[49] In einem BMF-Schreiben zur steuerlichen Einordnung der nach dem Recht der Bundesstaaten der USA gegründeten LLC[50] werden mehrere, für den Rechtstypenvergleich maßgebliche Kriterien genannt und erläutert.[51] Hiernach gilt als körperschaftliches Merkmal die Zentralisierung von Geschäftsführung und Vertretung im Fall der Fremdorganschaft. Weitere wesentliche Merkmale der Körperschaft sind die Haftungsbeschränkung und die freie Übertragbarkeit der Anteile an der Gesellschaft auf Nichtgesellschafter. Letztere sieht das BMF als gegeben, wenn nach gesetzlichen Bestimmungen oder aufgrund des Gesellschaftsvertrags die Vermögens- und Mitgliedschaftsrechte aus der Beteiligung ohne Zustimmung der anderen Gesellschafter auf Dritte übertragen werden können, so dass der Erwerber in vollem Umfang in die Gesellschafterstellung des Veräußerers eintritt. Des Weiteren soll es für das Vorliegen einer Kapitalgesellschaft sprechen, wenn die Zuteilung eines Gewinnanteils an die Gesellschafter von einem jährlich zu fassenden Beschluss der Gesellschafterversammlung abhängt. Hingegen bedarf es bei Personengesellschaften grundsätzlich keines Ausschüttungsbeschlusses, damit der Gesellschafter über seinen Gewinnanteil verfügen kann. Als weitere wesentliche Eigenschaft einer Körperschaft sieht die Finanzverwaltung] Verpflichtung der Gesellschafter, das Gesellschaftskapital durch Einlage aufzubringen. Wird im Gesellschaftsvertrag auf Einlagen verzichtet oder dürfen ihm zufolge diese in Form von Dienstleistungen erbracht werden, so spricht das für eine Personengesellschaft. Auch die unbegrenzte, – d. h. vom Gesellschafterbestand unabhängige – Lebensdauer der Gesellschaft wird als ein Wesensmerkmal der Körperschaft angesehen. Da seit dem Inkrafttreten des Handelsrechtsreformgesetzes der Tod, die Kündigung oder die Insolvenz eines Gesellschafters auch bei Personenhandelsgesellschaften nicht mehr zu Auflösung der Gesellschaft führt, hält die Finanzverwaltung diese Kriterien zur Einordnung jedoch nur noch für begrenzt anwendbar,

49 BMF v. 1.12.1980 – IV B 7 – S 2741 – 20/80, RIW/AWD 1981, S. 70.

50 BMF v. 19.3.2004, BStBl. I 2004, 411.

51 Kritisch zu den einzelnen Kriterien *Fahrenberg/Henke* IStR 2004, S. 485 ff.

nämlich dann, wenn die Lebensdauer nach ausländischem Recht oder nach dem Gesellschaftsvertrag begrenzt ist oder es sich bei der Gesellschaft nicht um eine Personenhandelsgesellschaft handelt. Die Annahme einer begrenzten Lebensdauer setzt voraus, dass die Gesellschaft bei Eintritt bestimmter Ereignisse ohne weiteres Zutun der Gesellschafter aufgelöst wird. Nach Auffassung der Finanzverwaltung stellen auch die Gewinnverteilung und die formalen Gründungsvoraussetzungen Kriterien für den Rechtstypenvergleich dar, wohingegen die Rechtsfähigkeit einer Gesellschaft und die Anzahl der Gesellschafter als Merkmal für die Unterscheidung zwischen Körperschaft und Personengesellschaft abgelehnt wird.

(3) Literatur

In der Literatur haben sich unter Heranzierung der Rechtsprechung des RFH und des BFH folgende Strukturmerkmale herauskristallisiert:

- Haftung der Gesellschafter[52]
- Geschäftsführungs- und Vertretungsbefugnis[53]
- Übertragbarkeit der Anteile[54]
- Kapitalaufbringung und Kapitalerhaltung[55]

52 *Breyer*, Die Einkommen- oder Körperschaftsteuerpflicht ausländischer Rechtsgebilde, S. 355, 372; *Henke/Lang*, IStR 2001, S. 514, 516; *Hey*, RIW 1992, S. 916, 920; *ders.*, in FS Debatin, S. 121, 137; *Mittermaier*, Besteuerung von Personengesellschaften im Verhältnis USA-Deutschland, S. 144; *Möbus*, US-Limited Liability Company, S. 96; *Mössner*, Steuerrecht international tätiger Unternehmen, B 46.

53 *Breyer*, Die Einkommen- oder Körperschaftsteuerpflicht ausländischer Rechtsgebilde, S. 355, 372; *Henke/Lang*, IStR 2001, S. 514, 516; *Hey*, RIW 1992, S. 916, 920; *ders.*, in FS Debatin, S. 121, 137; *Mittermaier*, Besteuerung von Personengesellschaften im Verhältnis USA-Deutschland, S. 144; *Möbus*, US-Limited Liability Company, S. 96; *Mössner*, Steuerrecht international tätiger Unternehmen, B 46.

54 *Breyer*, Die Einkommen- oder Körperschaftsteuerpflicht ausländischer Rechtsgebilde, S. 355, 372; *Henke/Lang*, IStR 2001, S. 514, 516; *Hey*, RIW 1992, S. 916, 920; *ders.*, in FS Debatin, S. 121, 137; *Mittermaier*, Besteuerung von Personengesellschaften im Verhältnis USA-Deutschland, S. 144; *Möbus*, US-Limited Liability Company, S. 97; *Mössner*, Steuerrecht international tätiger Unternehmen, B 46.

55 *Breyer*, Die Einkommen- oder Körperschaftsteuerpflicht ausländischer Rechtsgebilde, S. 355, 372; *Großfeld*, Basisgesellschaften, S. 69; *Henke/Lang*, IStR 2001, S. 514, 516; *Hey*, RIW 1992, S. 916, 922; *ders.*, in FS Debatin, S. 121, 141; *Jacobs*,

- Lebensdauer der Gesellschaft bzw. Abhängigkeit des Fortbestandes der Gesellschaft von Umständen, die in der Person des Gesellschafters eintreten[56]
- Rechtsfähigkeit der ausländischen Gesellschaft nach ausländischem Recht bzw. internationalem Privatrechts[57]
- Anzahl der Gesellschafter[58].

Diese Aufzählung ist jedoch nicht abschließend. Vielmehr handelt es sich hierbei um die in der Literatur am häufigsten genannten und erörterten Kriterien. Diese sollen im Folgenden einer kritischen Würdigung hinsichtlich ihrer Eignung im Rahmen des Typenvergleichs unterzogen werden.

(4) Eignung von Kriterien im Rahmen des Typenvergleichs

Unter § 2 I 2 dieser Arbeit wurde dargestellt, dass der wesentliche Unterschied zwischen Personengesellschaften und Kapitalgesellschaften in ihrer Personenbezogenheit einerseits und ihrer Unabhängigkeit vom Gesellschafterkreis andererseits besteht.

Aufgrund ihres personalen Charakters ist die Personengesellschaft daher auch eher für kleinere Gesellschafterkreise bestimmt, wohingegen Kapitalgesellschaften, insbesondere die AG, auf eine große Gesellschafterzahl angelegt sind. Andererseits existieren jedoch auch Publikumskommanditgesellschaften, die trotz ihrer hohen Gesellschafterzahl als Personengesellschaft einzustufen sind. Weiter kennt das deutsche

---

Internationale Unternehmensbesteuerung, S. 503; *Möbus*, US-Limited Liability Company, S. 97; *Schlütter*, Personengesellschaft oder Körperschaft?, S. 215, 223; *Wright/Holland*, NJW 1996, S. 95, 98.

56 *Breyer*, Die Einkommen- oder Körperschaftsteuerpflicht ausländischer Rechtsgebilde, S. 355, 372; *Henke/Lang*, IStR 2001, S. 514, 516; *Hey*, RIW 1992, S. 916, 920; *ders.*, in FS Debatin, S. 121, 140; *Mittermaier*, Besteuerung von Personengesellschaften im Verhältnis USA-Deutschland, S. 147; *Möbus*, US-Limited Liability Company, S. 97.

57 *Henke/Lang*, IStR 2001, S. 514, 516; *Hey* in FS Debatin, S. 121, 136; *Möbus*, US-Limited Liability Company, S. 98; *Mössner*, Steuerrecht international tätiger Unternehmen, B 46.

58 *Henke/Lang*, IStR 2001, S. 514, 516; *Hey*, RIW 1992, S. 916, 921; *Möbus*, US-Limited Liability Company, S. 98.

Recht auch die Möglichkeit der Einpersonen-GmbH (§ 1 GmbHG) und die Einmann-AG. Somit indiziert eine bestimmte Anzahl von Gesellschaftern weder das Vorliegen einer Kapitalgesellschaft noch das Vorliegen einer Personengesellschaft. Auch nach Auffassung des BFH kann eine klare Abgrenzung zwischen einer „normalen KG" und einer Publikumskommanditgesellschaft für Zwecke einer Einordnung als Körperschaftsteuersubjekt nicht anhand der Gesellschafterzahl erfolgen.[59] Für die Qualifikation eines ausländischen Rechtsgebildes stellt die Gesellschafteranzahl demnach kein aussagekräftiges Kriterium dar.

Gleiches gilt für das Kriterium der Rechtfähigkeit. Führt man sich vor Augen, dass im Rahmen der Qualifikation eines ausländischen Rechtsgebildes gerade deshalb auf den Rechtstypenvergleich zurückgegriffen wird, weil die Qualifikation ausschließlich nach der lex fori, d. h. unabhängig von der zivilrechtlichen Behandlung der Gesellschaft im Ausland, erfolgen soll, wäre es inkonsistent, die Rechtsfähigkeit nunmehr als Kriterium in die Vergleichsbetrachtung einzubeziehen. Im Übrigen stellt die Rechtsfähigkeit auch in Bezug auf Personenvereinigungen deutschen Rechts kein Abgrenzungskriterium dar. Einerseits zählen auch nichtrechtsfähige Personenvereinigungen zu den Körperschaftsteuersubjekten und andererseits sind auch Personengesellschaften mit einer gewissen rechtlichen Selbstständigkeit ausgestattet.[60] Eine nach ausländischem Recht bestehende Rechtsfähigkeit kann somit weder als Indiz für das Vorliegen einer Kapitalgesellschaft,[61] noch als hilfsweises Abgrenzungskriterium[62] angesehen werden.

Bezüglich der Lebensdauer der Gesellschaft und der Zulässigkeit der Anteilsübertragung bestehen zwischen Kapital- und Personengesellschaften grundsätzliche gesellschaftsrechtliche Unterschiede.[63]

Kapitalgesellschaften deutschen Rechts sind im Grundsatz auf Dauer angelegt, und ihre Existenz ist vom Schicksal ihrer Gesellschafter unabhängig. Demgegenüber besteht bei Personengesellschaften deutschen Rechts eine grundsätzliche Abhängigkeit vom ursprünglichen Gesellschafterkreis. Sowohl die Kündigung, der Tod als auch die

59 BFH v. 25.6.1984, BStBl. II 1984, 751, 760.
60 Vgl. oben unter § 2 I 2.
61 So aber *Möbus*, US-Limited Liability Company, S. 98.
62 So aber *Piltz*, Personengesellschaften, S. 71.
63 § 2 I 2 a), b).

Insolvenz eines Gesellschafters führen bei einer GbR gem. den §§ 723, 727, 728 BGB zur Auflösung der Gesellschaft. Gleiches galt bis zum Handelsrechtsreformgesetz auch für Personenhandelsgesellschaften (§ 131 HGB a. F.).

Anteilsübertragungen sind sowohl bei der AG als auch bei der GmbH ohne weiteres möglich. Die Übertragung eines Anteils an einer Personengesellschaft ist hingegen nur mit der Zustimmung aller Gesellschafter oder mit der Zulassung durch den Gesellschaftsvertrag möglich. Die betreffenden gesetzlichen Regelungen sind jedoch weitgehend dispositiver Natur, so dass keine eindeutigen Schlüsse dergestalt gezogen werden können, dass z. B. immer dann, wenn die Übertragbarkeit der Anteile an die Zustimmung der Gesellschafter gebunden ist, eine Personengesellschaft vorliegt, denn auch GmbH-Anteile können durch den Gesellschaftsvertrag vinkuliert werden. Somit sind die Kriterien der Lebensdauer der Gesellschaft und der Zulässigkeit der Anteilsübertragung im Sinne einer klaren Grenzziehung zwischen Kapitalgesellschaften und Personengesellschaften nur bedingt geeignet.

Ein klareres Abgrenzungskriterium stellt hingegen die Haftungsverfassung dar, denn bei Kapitalgesellschaften ist die Haftung gegenüber den Gläubigern grundsätzlich auf das Vermögen der Gesellschaft beschränkt, wohingegen bei Personengesellschaften mindestens ein Gesellschafter zwingend unbeschränkt haftet.[64] Die persönliche Haftung bzw. das Fehlen derselben ist somit als ein wesentliches Abgrenzungsmerkmal einzustufen, denn es steht im deutschen Recht nicht zur gesellschaftsvertraglichen Disposition. Jedoch kommt dem Kriterium der Haftungsverfassung keine allein ausschlaggebende Bedeutung im Sinne eines „Super-Kriteriums" zu.[65] Denn zum einen haftet bei der KGaA, die gleichwohl Kapitalgesellschaft und Körperschaftsteuersubjekt ist, stets mindestens ein Gesellschafter unbeschränkt gegenüber den Gesellschaftsgläubigern. Zum anderen kann die Haftung gegenüber den Gläubigeren einer Personengesellschaft nur formal unbeschränkt sein, falls der/die persönlich haftende(n) Gesellschafter dieser Gesellschaft eine Kapitalgesellschaft(en) ist/sind (z. B. GmbH & Co. KG). Im Falle der KGaA muss jedoch berücksichtigt werden, dass diese

64 § 2 I 2 c).
65 *Hey* in FS Debatin, S. 121, 136.

historisch aus der KG hervorgegangen ist und daher stark personalistische Züge aufweist, die u. a. in der unbeschränkten Haftung mindestens eines Gesellschafters zum Ausdruck kommen. Sie wurde daher ursprünglich auch als eine besondere Ausgestaltung der KG und damit als Personengesellschaft eingestuft. Als juristische Person wurde sie erst durch das Aktienrecht von 1937 anerkannt. Bei der KGaA handelt es sich also um eine vom Gesetz zugelassene Typenvermischung, die sowohl personen- als auch kapitalgesellschaftsrechtliche Elemente aufweist.[66] Somit steht die Tatsache, dass die KGaA nunmehr als Kapitalgesellschaft qualifiziert wird, nicht dem Grundsatz entgegen, dass die unbeschränkte Haftung mindestens eines Gesellschafters ein wesentliches Merkmal der Personengesellschaft ist. Auch die Rechtsform der Kapitalgesellschaft & Co., durch die eine persönliche Haftung der Gesellschafter im Ergebnis ausgeschlossen werden kann, spricht nicht dagegen, denn hierbei handelt es sich lediglich de facto jedoch nicht de jure um eine Haftungsbeschränkung. Somit kann die Haftungsverfassung zwar nicht als „Super-Kriterium" deklariert werden, jedoch stellt sie „einen Wesenskern der deutschen Rechtsordnung"[67] dar, wodurch sie als ein wesentliches Abgrenzungskriterium im Rahmen des Typenvergleichs dienen kann.[68]

Der Existenz von Kapitalaufbringungs- und Kapitalerhaltungsvorschriften kommt im Rahmen des Typenvergleichs ebenfalls Bedeutung zu. Für die AG und GmbH bestehen korrespondierend zur Haftungsbeschränkung auf das Gesellschaftsvermögen ein gesetzlich vorgeschriebenes Mindestkapital sowie strenge Kapitalaufbringungs- und Kapitalerhaltungsvorschriften.[69] Auch das von den Kommanditaktionären aufgebrachte Grundkapital unterliegt denselben strengen Regeln über die Kapitalerhaltung, wie sie für die AG gelten (§278 III AktG). Im Gegensatz dazu bestimmt das Gesetz für die OHG und die KG kein Mindestkapital. Für die Gesellschafter einer OHG und die Komplementäre einer KG ist korrespondierend zu ihrer unbeschränkten Haftung gesetzlich keine zwingende Kapitalaufbringung vorgeschrieben.

66 § 2 I 2 c).

67 *Hey*, RIW 1992, S. 916, 921.

68 *Hey*, RIW 1992, S. 916, 921; *ders.,* in FS Debatin, S. 121, 136; *Möbus*, US-Limited Liability Company, S. 96.

69 § 2 I 2 c).

Lediglich die in das Handelsregister eingetragene Haftsumme der Kommanditisten stellt fest haftendes Kapital dar, da eine Haftungsbefreiung i. S. d. § 171 Abs. 1 HS 2 HGB eine objektive Wertdeckung der Einlageleistung voraussetzt. Jedoch besteht keine gesetzliche Regelung über eine Mindesthaftsumme. Der Grundsatz der Kapitalaufbringung und Kapitalerhaltung gehört somit zu den Fundamentalprinzipien des deutschen Kapitalgesellschaftsrechts. Daher kommt diesem Merkmal bei der Grenzziehung eine wesentliche Bedeutung dergestalt zu, dass die Existenz von Mindestkapital-, Kapitalaufbringungs- und Kapitalerhaltungsvorschriften für das Vorliegen einer Kapitalgesellschaft spricht.

Das Kriterium der Geschäftsführungs- und Vertretungsbefugnis kann gleichfalls für eine Abgrenzung von Personengesellschaften und Kapitalgesellschaften herangezogen werden.[70] So gilt für Personengesellschaften zwingend das Prinzip der Selbstorganschaft, wonach die organschaftliche Vertretungs- sowie die organschaftliche Geschäftsführungsbefugnis ausschließlich den unbeschränkt haftenden Gesellschaftern zustehen. Demgegenüber ist bei Kapitalgesellschaften auch eine Fremdorganschaft zulässig. Das Prinzip der Selbstorganschaft dient dem Schutz der persönlich haftenden Gesellschafter, und geht daher immer mit dem Kriterium der Haftungsverfassung konform und steht ebenfalls nicht zur gesellschaftsvertraglichen Disposition. Diesen Gleichgang von unbeschränkter Haftung und Selbstorganschaft verdeutlicht auch die Lage bei der KGaA, bei der ebenfalls ausschließlich der/die unbeschränkt haftende(n) Gesellschafter zur Geschäftsführung und Vertretung befugt ist/sind.

Als Zwischenergebnis lässt sich festhalten, dass die Lebensdauer der Gesellschaft, die Zulässigkeit der Anteilsübertragung, die Haftungsverfassung, die Kapitalaufbringung und -erhaltung und die Geschäftsführungs- und Vertretungsbefugnis zur Grenzziehung zwischen Kapitalgesellschaften und Personengesellschaften geeignet sind.

Für die beiden erstgenannten Kriterien gilt dies aufgrund ihrer dispositiven Natur jedoch nur bedingt. Zwischen den anderen genannten Kriterien bestehen im deutschen Gesellschaftsrecht Abhängigkeitsverhältnisse. Zum einen hat die persönliche Haftung Kapitalersatzfunk-

70 § 2 I 2 d).

tion, so dass immer dann, wenn gesetzlich keine Kapitalaufbringung vorgeschrieben ist, das Gesetz die unbeschränkte Haftung mindestens eines Gesellschafters fordert. Zum anderen geht die Selbstorganschaft, aufgrund ihrer Schutzfunktion in bezug auf den persönlich haftenden Gesellschafter, immer mit der unbeschränkten Haftung eines Gesellschafters einher. Es kann daher der Schluss gezogen werden, dass es sich immer dann, wenn das Gesetz für eine Gesellschaft deutschen Rechts kein Mindestkapital sowie keine zwingenden Kapitalaufbringungs- und Kapitalerhaltungsvorschriften fixiert, zivilrechtlich um eine Personengesellschaft handelt.[71]

Könnte man diesen Schluss auf die Qualifikation eines ausländischen Rechtsgebildes übertragen und somit die Qualifikation ausschließlich an Hand des Kriteriums der Finanzverfassung vornehmen, würde es einer Gesamtwürdigung des rechtlichen Aufbaus und der wirtschaftlichen Struktur des ausländischen Rechtsgebildes nicht bedürfen. Immer dann, wenn das ausländische Recht zwingende Kapitalaufbringungs- und Kapitalerhaltungsvorschriften vorsieht, wäre das ausländische Rechtsgebilde als Kapitalgesellschaft einzuordnen. Eine solche Vorgehensweise bei der steuerrechtlichen Qualifikation eines ausländischen Rechtsgebildes würde jedoch voraussetzen, dass der für das deutsche Gesellschaftsrecht identifizierte Gleichgang bestimmter Merkmalsausprägungen auch im ausländischen Recht uneingeschränkt Geltung hätte. Dem ist jedoch nicht so. Als Beispiel sei hier nur auf die US-Limited Liability Company (LLC) verwiesen, bei der einerseits gesetzlich kein fest haftendes Kapital und anderseits auch keine unbeschränkte Haftung vorgeschrieben sind, und bei der darüber hinaus eine Fremdorganschaft zulässig ist.[72] Eine isolierte Betrachtung der Kapitalaufbringungs- und Kapitalerhaltungsvorschriften würde somit zu einer dem Grundsatz der Gleichmäßigkeit der Besteuerung, nach dem wirtschaftlich gleiche Sachverhalte auch steuerrechtlich gleich zu behandeln sind, zuwiderlaufenden Qualifikation führen. Ein einzelnes, für

71 Ein Sonderfall im deutschen Recht stellt die KGaA dar, bei der es sich um eine gesetzlich zulässige Typenvermischung handelt.

72 *Hey* in FS Debatin, S. 127 f.

die Qualifikation ausländischer Gesellschaftsformen allein ausschlaggebendes Kriterium kann es daher nicht geben.[73]

Die auf der ersten Stufe des Typenvergleichs durchzuführende Ermittlung der gesellschaftsrechtlichen Struktur der ausländischen Gesellschaft hat vielmehr anhand aller hierfür als maßgeblich erachteten o. a. Strukturmerkmale zu erfolgen.

bb) Generell-abstrakte versus individuell-konkrete Beurteilung

Einige der maßgeblichen Strukturmerkmale im deutschen Gesellschaftsrecht sind dispositiver Natur. Auch das Gesellschaftsrecht anderer Staaten kann dispositive Normen vorsehen, häufig ist das Gesellschaftsrecht anderer Staaten sogar erheblich liberaler ausgestaltet als das deutsche Gesellschaftsrecht. Diese Tatsache wirft die Frage auf, ob bei der Ermittlung der gesellschaftsrechtlichen Struktur der ausländischen Gesellschaft allein auf die ausländische Gesetzeslage (generell-abstrakte Betrachtungsweise) oder aber auch auf eine – gesetzlich zulässige – abweichende gesellschaftsvertragliche Ausgestaltung der ausländischen Rechtsform (individuell-konkrete Betrachtungsweise) abzustellen ist. Für Gesellschaften deutschen Rechts stellt sich diese Frage hingegen nicht, denn die einschlägigen steuerrechtlichen Vorschriften knüpfen unabhängig von der tatsächlichen Realstruktur einer deutschen Personenvereinigung ausschließlich an die gewählte Rechtsform an.[74] Ausländische Gesellschaften sind hingegen in den betreffenden inländischen steuerrechtlichen Vorschriften nicht explizit benannt, so dass in diesen Fällen der Wortlaut der jeweiligen Vorschrift einer Berücksichtigung der tatsächlichen Realstruktur nicht entgegensteht.

Der BFH hält die Gestaltung der Verhältnisse der Gesellschaft im Einzelfall, etwa die Anzahl der Gesellschafter oder Anteilsinhaber und deren tatsächliches Verhalten, solange sie nur als Vertreter der Gesellschaft auftreten,[75] und tendiert somit zu einer abstrakten Betrachtungsweise. Dies erscheint insofern konsequent, als auch bei inländischen

73 *Hey* in FS Debatin, S. 136.

74 § 2 I 3.

75 BFH v. 26.6.1992, BStBl. II 1992, 972.

Personenvereinigungen allein auf die gewählte Rechtsform und somit auf die gesetzliche Formalstruktur abgestellt wird, obwohl die Realstruktur hiervon abweichen kann. Im Übrigen bietet diese Vorgehensweise die Vorteile einer einfachen Handhabung und Planbarkeit sowie einer erhöhten Rechtssicherheit.[76]

Andererseits muss berücksichtigt werden, dass der deutsche Steuergesetzgeber in § 1 KStG vor allem deshalb an die Rechtsform anknüpfen konnte, weil „ihm der rechtliche und wirtschaftliche Aufbau der juristischen Personen deutschen Rechts genau bekannt war",[77] während die gleiche Vorgehensweise bezüglich ausländischer Wirtschaftgebilde „im Hinblick auf die Mannigfaltigkeit"[78] derselben unterblieben ist. Insbesondere dann, wenn das ausländische Gesellschaftsrecht sehr liberal ausgestaltet ist, und die tatsächliche Erscheinungsform des ausländischen Rechtsgebildes somit stark von ihrem gesetzlichen Leitbild abweichen kann, erscheint ein Abstellen auf den – eventuell in der Praxis völlig ungebräuchlichen – gesetzlichen Normaltypus als nicht sachgerecht. Es könnte sich dadurch eine Rechtslage ergeben, die dem Grundsatz der Gleichmäßigkeit der Besteuerung zuwiderläuft. Somit sprechen die gleichen Erwägungen, die bereits für eine Qualifikation des ausländischen Rechtsgebildes nach der lex fori gesprochen haben, dafür, bei der Ermittlung der gesellschaftsrechtlichen Struktur der ausländischen Gesellschaft ihre konkrete Ausgestaltung zu berücksichtigen. *Piltz*[79] hat in diesem Zusammenhang zutreffend ausgeführt, dass die Qualifikation nach der lex fori grade deswegen erfolge, weil die „wahre Natur" des ausländischen Rechtsgebildes erfasst werden solle. Die „wahre Natur" des ausländischen Rechtsgebildes zeigt sich aber nicht ausschließlich in der ausländischen Gesetzeslage, sondern hängt auch – u. U. sogar überwiegend – vom Gesellschaftsvertrag ab. Im Rahmen des Typenvergleichs ist somit für die Ermittlung der gesellschaftsrechtlichen Struktur des in Frage stehenden ausländischen Rechtsgebildes auch die konkrete Ausgestaltung des Gesellschaftsver-

76 *Möbus*, US-Limited Liability Company, S. 100.
77 RFH v. 12.2.1930, RFHE 27, 78.
78 RFH v. 12.2.1930, RFHE 27, 78.
79 *Piltz*, Personengesellschaften, S. 71.

trages zu berücksichtigen.[80] Praktische Konsequenz dieser Ansicht ist es, dass für die steuerrechtliche Qualifikation einer ausländischen Gesellschaft in jedem Einzelfall der Gesellschaftsvertrag zu prüfen ist.

cc) Vergleich mit inländischen Organisationsformen

Nachdem auf der ersten Stufe unter Berücksichtigung der konkreten Ausgestaltung des Gesellschaftsvertrages die gesellschaftsrechtlichen Struktur des ausländischen Rechtsgebildes ermittelt wurde, ist in einem zweiten Schritt zu prüfen, ob das ausländische Rechtsgebilde eher dem Typ einer deutschen Kapitalgesellschaft oder eher dem Typ einer deutschen Personengesellschaft entspricht.

Der so vorzunehmende typologische Vergleich gestaltet sich i. d. R. unproblematisch, wenn im deutschen Zivilrecht eine dem ausländischen Rechtsgebilde entsprechende Organisationsform existiert.[81] Auch für Personenvereinigungen ausländischen Rechts, die nach dem Recht ihres Gründungsstaates (mit oder ohne Option) zwar zu den juristischen Personen zählen, jedoch die wesentlichen Merkmale einer Personengesellschaft aufweisen, ist eine Vergleichbarkeit mit dem Typ der Personengesellschaft unschwer festzustellen.[82]

80 BMF v. 19.3.2004, BStBl. I 2004, 411; *Hey*, RIW 1992, S. 916, 920 f.; *ders.*, in FS Debatin, S. 121, 138 f.; *Lüdicke*, StbJb 1997/98, S. 449, 453; *Möbus*, US-Limited Liability Company, S. 100; *Piltz*, Personengesellschaften, S. 71; *Riemenschneider*, Abkommensberechtigung, S. 56; *Schlütter*, Personengesellschaft oder Körperschaft?, S. 215, 222.

81 Siehe hierzu z. B. die Aufzählung bei *Jacobs*, Internationale Unternehmensbesteuerung, S. 560.

82 Die praktisch wichtigsten Beispiele sind hier die Personengesellschaften des romanischen Rechts, welche auch das RFH-Urteil v. 12.2.1930, RFHE 27, 73 betraf. Für die Personengesellschaften spanischen Rechts BMF-Schreiben v. 28.5.1998, BStBl. I 1998, 557; für die Personengesellschaften des tunesischen Rechts BMF-Schreiben v. 25.8.1997, BStBl. I 1997, 796.

(1) Quantitative Betrachtung

Schwieriger ist der typologische Vergleich, wenn eine ausländische Personengesellschaft auch stark kapitalistische Züge aufweist.[83] Da im Rahmen des Typenvergleichs auf die konkrete Ausgestaltung des ausländischen Rechtsgebildes abzustellen ist, folgert *Piltz*, dass eine ausländische kapitalistisch strukturierte KG, insbesondere eine ausländische GmbH & Co. KG, als Körperschaftsteuersubjekt zu qualifizieren sei, da für den Fall, dass eine ausländische Gesellschaft sowohl typische Merkmale einer deutschen Personengesellschaft als auch typische Merkmale einer deutschen Kapitalgesellschaft aufweise, die Qualifikation nach den überwiegenden Merkmalen zu erfolgen habe.[84] Eine solche Einordnung anhand überwiegender Merkmale gestaltet sich insbesondere dann schwierig, wenn es hybride ausländische Gesellschaftsformen zu qualifizieren gilt, die in den Organisationsformen des inländischen Zivilrechts keine Parallele finden besitzen, wie dies u. a. für die Limited Liability Company (LLC) zutrifft.[85] Das US-Steuerrecht nahm bis zur Einführung des „Check-the-box"-Verfahrens die steuerliche Qualifikation bestimmter Gesellschaften anhand eines Vier-Faktoren-Tests vor.[86] Hiernach war eine Gesellschaft dann körperschaftlich strukturiert und für Besteuerungszwecke wie eine corporation zu behandeln, wenn sie mindestens drei der folgenden vier Merkmale aufwies: (1) beschränkte Haftung, (2) unbegrenzte Lebensdauer, (3) zentralisierte Geschäftsführung, und (4) freie Übertragbarkeit der Anteile.[87]

Diese rein quantitative Betrachtungsweise führt jedoch nicht immer zu einer sachgerechten Qualifikation. So ist zum einen fraglich, wie zu verfahren ist, wenn eine hybride ausländische Gesellschaftsform

83 Für eine derartige typologische Ausgestaltung siehe das Beispiel bei *Selent*, Ausländische Personengesellschaften im Ertrag- und Vermögensteuerrecht, S. 105.

84 *Piltz*, Personengesellschaften, S. 71 f.

85 *Möbus*, US-Limited Liability Company, S. 24.

86 Ausführlich hierzu *Mittermaier*, Besteuerung von Personengesellschaften im Verhältnis USA-Deutschland, S. 61 ff.

87 *Möbus*, US-Limited Liability Company, S. 48.

ebenso viele typische Merkmale einer Personengesellschaft wie einer Kapitalgesellschaft aufweist. Nach *Piltz* soll in einem solchen Fall hilfsweise das Kriterium der Rechtsfähigkeit herangezogen werden.[88] Da die Qualifikation eines ausländischen Rechtsgebilde ausschließlich nach der lex fori zu erfolgen hat, ist dieses Kriterium nicht in die Vergleichsbetrachtung einzubeziehen.[89] Es wäre inkonsistent dem Merkmal der Rechtsfähigkeit zwar einerseits die grundsätzliche Eignung als Abgrenzungskriterium abzusprechen, ihm dann aber anderseits in derartigen „Zweifelsfällen" entscheidende Bedeutung zukommen zu lassen.

Zudem kann eine auf einer rein quantitativen Betrachtungsweise basierende Qualifikation eines ausländischen Rechtsgebildes zu einem Verstoß gegen den Grundsatz der Gleichmäßigkeit der Besteuerung führen. So ist eine GmbH & Co. KG deutschen Rechts aufgrund der für inländische Rechtsgebilde ausschließlich rechtsformabhängig erfolgenden Steuereinordnung stets als Personengesellschaft zu behandeln, so dass die von *Piltz* geforderte Qualifikation einer ausländischen GmbH & Co. KG als Körperschaftsteuersubjekt eine steuerliche Ungleichbehandlung wirtschaftlich gleicher Sachverhalte zur Folge hätte. Eine dem Grundsatz der Gleichmäßigkeit der Besteuerung gerecht werdende Qualifikation verlangt jedoch, dass ein ausländisches Rechtsgebilde nur dann als Kapitalgesellschaft bzw. Personengesellschaft qualifiziert wird, wenn diese Rechtsgestaltung, würde sie im Inland praktiziert, als Kapitalgesellschaft bzw. Personengesellschaft anzusehen wäre.[90]

(2) Gewichtung der Kriterien

Diese Restriktion der Gleichmäßigkeit der Besteuerung ist im Rahmen des Typenvergleichs zu berücksichtigen. Da die steuerliche Einordnung deutscher Personenvereinigungen ausschließlich rechtsformabhängig

88 *Piltz*, Personengesellschaften, S. 71.

89 § 4 I 1 a).

90 *Jacobs*, Internationale Unternehmensbesteuerung, S. 502; *Selent*, Ausländische Personengesellschaften im Ertrag- und Vermögensteuerrecht, S. 96.

erfolgt, kann eine der o. a. Restriktion entsprechende Einordnung ausländischer Rechtsgebilde nur dadurch erreicht werden, dass den Strukturmerkmalen, deren zugrunde liegende gesetzliche Regelungen dispositiver Natur sind, im Rahmen des Rechtstypenvergleichs ein geringeres Gewicht zugemessen wird, als den Strukturmerkmalen, die für den jeweiligen Rechtsformtyp gesetzlich zwingend vorgeschrieben sind. Auch die Rechtsprechung[91] geht davon aus, dass das ausländische Rechtsgebilde in seiner Gesamtheit zu betrachten ist, und lehnt daher eine rein quantitative Betrachtungsweise ab. Die einzelnen Strukturmerkmale sind vielmehr – in Abhängigkeit von ihrer Bedeutung für das Gesamtbild – unterschiedlich zu gewichten.[92]

Dies bedeutet, dass den Kriterien der Kapitalaufbringung und -erhaltung, der Haftungsverfassung sowie der Geschäftsführungs- und Vertretungsbefugnis bei der Qualifizierung eines ausländischen Rechtsgebildes ein höheres Gewicht zukommen muss, als dem Kriterium der Lebensdauer der Gesellschaft und dem Kriterium der Zulässigkeit von Anteilsübertragungen.

Hierbei spricht die Existenz von Kapitalaufbringungs- und Kapitalerhaltungsvorschriften für das Vorliegen einer Kapitalgesellschaft und das Nichtvorliegen solcher Vorschriften im gleichen Maße für den Typ der Personengesellschaft.

Ist die Haftung gegenüber Dritten auf das Gesellschaftsvermögen beschränkt, so ist dies im Rahmen des Typenvergleichs als typisches Merkmal einer Kapitalgesellschaft zu werten, wohingegen die (auch nur formale) persönliche Haftung mindestens eines Gesellschafters in gleichem Maße als typisches Merkmal einer Personengesellschaft zu werten ist. Da das deutsche Recht in Form der GmbH & CO. KG eine faktische Umgehung der unbeschränkten Haftung bei Persongesellschaften kennt, und bei der KGaA eine gesetzlich zugelassene Typen-

91 RFH v. 12.2.1930 RFHE 27, 73, 79; BFH v. 23.6.1992, BStBl. II 1992, 972.

92 *Henke/Lang*, IStR 2001, S. 514, 518 f.; *Hey*, RIW 1992, S. 916, 922. *Schlütter* schlägt hingegen vor, den Gesellschaftern einer hybriden ausländischen Gesellschaftsform im Hinblick auf die steuerliche Qualifikation dieser Gesellschaft ein gemeinsam auszuübendes Optionsrecht einzuräumen, *Schlütter*, Personengesellschaft oder Körperschaft?, S. 224 ff. So wohl auch *Mittermaier* in Anlehnung an das „Check-the-box"-Verfahren, *Mittermaier*, Besteuerung von Personengesellschaften im Verhältnis USA-Deutschland, S. 160.

vermischung derart besteht, dass auch bei einer Kapitalgesellschaft eine unbeschränkte Haftung gesetzlich unabdingbar vorgeschrieben sein kann, muss dem Kriterium der Haftungsverfassung innerhalb der Gesamtwürdigung ein etwas geringeres Gewicht zukommen als den Kapitalaufbringungs- und Kapitalerhaltungsvorschriften.

Wird die Geschäftsführung und die Vertretung des zu qualifizierenden ausländischen Rechtsgebildes ausschließlich durch die Gesellschafter wahrgenommen, so ist dies als typisches Merkmal einer Personengesellschaft zu werten. Eine Konstellation in der Form, dass die Geschäftsführung und Vertretung der Gesellschaft von fremden Dritten wahrgenommen wird, entspricht hingegen dem Typ der Kapitalgesellschaft. Es treffen jedoch die bereits für das Kriterium der Haftungsverfassung aufgezeigten „Ausnahmen“ der GmbH & Co. KG und der KGaA in gleicher Weise auf das Kriterium der Geschäftsführungs- und Vertretungsbefugnis zu, so dass dieses Kriterium im Rahmen des Typenvergleichs mit dem gleichen Maße zu gewichten ist wie das Kriterium der Haftungsverfassung.

Die beiden Kriterien der Lebensdauer der Gesellschaft und der Zulässigkeit der Anteilsübertragung sind indes in der Weise zu bewerten, dass eine konkrete Ausgestaltung entsprechend dem deutschen gesetzlichen Normaltypus, als Indiz für das Vorliegen dieses Typus anzusehen ist, wohingegen eine atypische Ausgestaltung nicht im gleichen Maße gegen das Vorliegen dieses Normaltypus spricht. Den beiden Kriterien kommt im Rahmen des Typenvergleichs somit eine ergänzende Funktion für den Fall zu, dass anhand der anderen Kriterien eine eindeutige Typenzuordnung des ausländischen Rechtsgebildes nicht möglich ist.

(3) Anwendung auf die LLC

Die Eignung einer solchen Gewichtung der einzelnen Strukturmerkmale im Rahmen des Typenvergleichs zeigt sich anschaulich am Beispiel der LLC. Diese Gesellschaftsform erfreut sich grade aufgrund ihrer zwitterhaften Ausgestaltung in jüngster Zeit zunehmender Beliebtheit.[93]

93 Ausführlich *Möbus*, US-Limited Liability Company.

Ihre steuerliche Qualifikation bereitet jedoch insofern Schwierigkeiten, als für diese Gesellschaftsform in den Organisationsformen des inländischen Zivilrechts keine Parallele existiert.

Bei der LLC[94] können die Einlagen der Gesellschafter in Form von Kapital- oder Sacheinlagen geleistet werden. Auch erbrachte oder zukünftig noch zu erbringende Dienstleistungen sind einlagefähig. Jedoch bestehen keine gesetzlichen Vorschriften über ein zu erbringendes Mindestkapital, und es existieren auch keine Vorschriften bzgl. einer Kapitalaufbringung und -erhaltung. Dies entspricht somit im Wesentlichen der Sachlage bei einer deutschen OHG oder KG.

Andererseits ist bei der LLC die Haftung gegenüber Dritten auf das Gesellschaftsvermögen beschränkt. Da der Gesellschafter selbst nur der Gesellschaft gegenüber auf die Erbringung der zugesagten Einlage haftet, ist sein Risiko auf diesen Betrag beschränkt. Diese Eigenschaft der LLC ist ein typisches Merkmal einer deutschen GmbH oder AG.

Die Geschäftsführung der LLC wird grundsätzlich von allen Gesellschaftern gemeinsam wahrgenommen, jedoch ist diese Regelung dispositiver Natur. So können die Befugnisse auch nur von einem Teil der Gesellschafter wahrgenommen werden, und es ist zulässig, die Geschäftsführungsbefugnisse auf ein gesellschaftsfremdes Management zu übertragen. Des Weiteren ist jeder Gesellschafter grundsätzlich alleinvertretungsberechtigt. Für den Fall, dass die Geschäftsführung durch ein externes Management wahrgenommen wird, besitzt jeder Manager Alleinvertretungsmacht.

Eine Übertragung des Mitgliedschaftsrechts auf einen Dritten ist grundsätzlich nur mit der Zustimmung aller anderen Gesellschafter möglich, wobei jedoch abweichende Vereinbarungen im Gesellschaftsvertrag möglich sind.

Die LLC endet automatisch durch Zeitablauf, d. h. durch Erreichung der gesetzlich vorgeschriebenen Höchstdauer von regelmäßig 30 Jahren oder einer hiervon abweichenden, im Gesellschaftsvertrag fest gelegten Dauer. Zudem tritt die Auflösung einer LLC bei schriftlicher Einigung

94 Ausführlich *Möbus*, US-Limited Liability Company, S. 30 ff.; *Zschiegner*, Besteuerung einer US Limited Liability Company und ihrer Gesellschafter, IWB 1997, F. 8, Gr. 2, S. 895 ff.

aller Gesellschafter sowie bei Ausscheiden eines Gesellschafters durch Tod, Austritt, Ausschluss oder Konkurs ein, wenn nicht die verbleibenden Gesellschafter binnen 90 Tagen die Fortsetzung der Gesellschaft beschießen. Es handelt sich um dispositive Regelungen, welche im Gesellschaftsvertrag abbedungen werden können.

Der hybride Charakter der LLC hat in den letzten Jahren in der Literatur eine Diskussion über die steuerliche Qualifikation der LLC ausgelöst,[95] wobei sich die Tendenz abzeichnet, der LLC eher eine Vergleichbarkeit mit dem Typ der Personengesellschaft zuzusprechen.[96]

Die Finanzverwaltung hat in ihrem Schreiben v. 19. März 2004 zur steuerlichen Einordnung der LLC Stellung genommen.[97] Aufgrund der weitreichenden Wahlmöglichkeiten für die Ausgestaltung einer LLC nach dem Recht der US-Bundesstaaten sei keine generelle Aussage über ihre Einordnung für deutsche Besteuerungszwecke möglich. Der Beurteilung sei die konkrete Gestaltung nach den Gesetzesbestimmungen und den Vereinbarungen im Gesellschaftsvertrag im Einzelfall zugrunde zu legen. Da für die Einordnung entscheidend sei, ob die bei einer LLC vorhandenen Merkmale in ihrem Gesamtbild eher für eine Körperschaft oder für eine Personengesellschaft typisch sind, müssten die Einzelmerkmale bei der Beurteilung gewichtet werden. Dabei könne keinem der Merkmale eine allein ausschlaggebende Bedeutung zukommen, weshalb bspw. die beschränkte Haftung oder eine unbegrenzte Lebensdauer der LLC als körperschaftliche Merkmale für sich allein nicht zur Einstufung der LLC als Körperschaft führten. Soweit die Prüfung im Einzelfall zu keinem eindeutigen Gesamtbild führe, sei die Gesellschaft als Körperschaft einzustufen, wenn die Kriterien Geschäftsführung und Vertretung, Haftungsverfassung, Übertragbarkeit der Anteile, Gewinnzuteilung und Kapitalaufbringung mehrheitlich körperschaftlich ausgeprägt seien. Dem Kriterium der Lebensdauer der Gesellschaft käme nur eine eingeschränkte Bedeutung zu. Die Finanz-

95 *Henke/Lang*, IStR 2001, S. 514 ff.; *Hey*, RIW 1992, S. 916 ff.; *ders.*, in FS Debatin, S. 121 ff.; *Mittermaier*, Besteuerung von Personengesellschaften im Verhältnis USA-Deutschland, S. 70 ff.; *Möbus*, US-Limited Liability Company, S. 24; *Wright/Holland*, NJW 1996, S. 95 ff.

96 *Hey*, RIW 1992, S. 916, 922; *ders.*, in FS Debatin, S. 151; *Wright/Holland*, NJW 1996, S. 95, 99.

97 BStBl. I 2004, 411.

verwaltung befürwortet somit eine Gewichtung der Merkmale, soweit diese jedoch zu keinem eindeutigen Ergebnis führt, soll eine quantitative Betrachtung erfolgen.[98]

Nach hier vertretener Ansicht hat die Qualifizierung ausländischer Rechtsgebilde anhand der individuellen Gegebenheiten, d. h. nach Maßgabe des Gesellschaftsvertrags, zu erfolgen, wobei die maßgeblichen Kriterien mit unterschiedlicher Gewichtung zu berücksichtigen sind. Dies hat zur Konsequenz, dass eine allgemeingültige Aussage bezüglich der Qualifikation einer LLC nicht möglich ist.[99] Vielmehr kann diese je nach gesellschaftsvertraglicher Ausgestaltung als Personengesellschaft oder als Kapitalgesellschaft zu qualifizieren sein.[100] So spricht das Nichtvorliegen von Kapitalaufbringungs- und Kapitalerhaltungsvorschriften für den Typ einer Personengesellschaft, wohingegen die beschränkte Haftung typisches Merkmal einer Kapitalgesellschaft ist. Verhält es sich bspw. so, dass der Gesellschaftsvertrag eine zwingende Selbstorganschaft fordert, die Übertragbarkeit der Anteile an die Zustimmung aller übrigen Gesellschafter bindet sowie eine Auflösung der Gesellschaft im Falle des Todes, Austritts, Ausschlusses oder der Insolvenz eines Gesellschafters vorsieht, so ist eine solche LLC als Personengesellschaft zu qualifizieren. Dieses gilt selbst dann, wenn gesellschaftsvertraglich eine freie Übertragbarkeit der Anteile ermöglicht wird und die Auflösung der LLC aufgrund von in der Person eines Gesellschafters begründeten Umständen soweit wie möglich ausgeschlossen wird. Zwar überwiegen hier rein quantitativ die für eine Kapitalgesellschaft als typisch erachteten Merkmale, jedoch kommt den Kriterien der Zulässigkeit der Anteilsübertragung und der Lebensdauer der Gesellschaft nach hier vertretener Auffassung ein geringeres Gewicht innerhalb der Gesamtwürdigung zu, so dass die Gesellschaft dennoch als Personengesellschaft zu qualifizieren ist. Liegt es hingegen so, dass darüber hinaus auch die Geschäftsführungs- und Vertretungsbefugnis vollständig auf ein externes Management übertragen ist, welches ausschließlich aus Nichtgesellschaftern besteht, so entspricht das Gesamtbild der Verhältnisse dem Typ einer Kapitalgesellschaft. Dies

98 Kritisch hierzu *Fahrenberg/Henke* IStR 2004, S. 488 f.

99 *Hey*, RIW 1992, S. 916, 922.

100 *Möbus*, US-Limited Liability Company, S. 105.

wäre selbst dann der Fall, wenn die Übertragung der Anteile wiederum an die Zustimmung aller übrigen Gesellschafter gebunden wäre.

2. *Steuerobjektqualifikation*

a) *Folgen aus der Steuersubjektqualifikation*

Führt der Rechtstypenvergleich zu dem Ergebnis, dass die ausländische Personenvereinigung einer deutschen Kapitalgesellschaft entspricht, so sind diejenigen Normen des deutschen Steuerrechts anwendbar, die die Existenz einer Kapitalgesellschaft voraussetzen. Nicht ausgeschüttete Gewinne unterliegen nicht der deutschen Steuer. Ausgeschüttete Gewinne sind beim inländischen Gesellschafter als Einkünfte aus Kapitalvermögen zu erfassen.

Wird das ausländische Rechtsgebilde aufgrund des Rechtstypenvergleichs hingegen als Personengesellschaft eingestuft, so ist hierdurch noch nichts über die steuerliche Einordnung dieser Gesellschaft entschieden, denn im Rahmen des Typenvergleichs findet zunächst nur ein Vergleich der zivilrechtlichen Strukturen der ausländischen mit inländischen Gesellschaften statt. Ebenso wenig wie bei einem rein nationalen Sachverhalt die Feststellung, dass eine deutsche Personengesellschaft vorliegt, etwas über die steuerliche Behandlung dieser Gesellschaft aussagt, ist dies bei der Einordnung der ausländischen Gesellschaft als Personengesellschaft der Fall. Diese Einordnung schließt zunächst nur die Behandlung der ausländischen Gesellschaft als Körperschaftsteuersubjekt aus. Im Anschluss hieran ist zu prüfen, ob es sich bei dem Auslandsunternehmen um eine gewerbliche oder um eine nicht gewerbliche Personengesellschaft handelt. § 15 Abs. 1 S. 1 Nr. 2 EStG erfasst neben der OHG und der KG auch andere Gesellschaften, bei denen der Gesellschafter als Mitunternehmer des Betriebes anzusehen ist. Andere Gesellschaften i. S. d. § 15 Abs. 1 S. 1 Nr. 2 EStG sind Gesellschaften ausländischen Rechts, die nach dem Typenvergleich einer deutschen Personengesellschaft entsprechen.[101] Somit

101 BFH v. 27.2.1991, BStBl. II 1991, 444; BFH v. 31.5.1995, BStBl. II 1995, 683; *Schmidt*, EStG, § 15 Rz. 169.

erzielt der inländische Gesellschafter einer ausländischen Personengesellschaft gewerbliche Einkünfte i. S. d. § 15 Abs. 1 S. 1 Nr. 2 EStG, wenn die ausländische Personengesellschaft ein gewerbliches Unternehmen i. S. d. § 15 Abs. 1 S. 1 Nr. 1 i. V. m. § 15 Abs. 2 EStG betreibt[102] und der Gesellschafter als Mitunternehmer der Personengesellschaft anzusehen ist, also Mitunternehmerinitiative entfaltet und Mitunternehmerrisiko trägt.[103] § 15 Abs. 2 EStG definiert einen Gewerbebetrieb als eine selbstständige nachhaltige Betätigung, die mit der Absicht, Gewinn zu erzielen, unternommen wird und sich als Beteiligung am allgemeinen wirtschaftlichen Verkehr darstellt,[104] wenn die Betätigung weder als Ausübung von Land- und Forstwirtschaft, noch als freiberufliche Tätigkeit anzusehen ist. Des Weiteren darf es sich nicht um eine rein vermögensverwaltende Tätigkeit handeln. Die Abgrenzung zwischen gewerblichen und freiberuflichen Einkünften oder Einkünften aus Land- und Forstwirtschaft, bzw. zwischen Gewerblichkeit und Vermögensverwaltung, erfolgt hierbei nach deutschen Abgrenzungsregeln.[105] Auch Gewerbefiktionen wie die Infektions-[106] (§ 15 Abs. 3 Nr. 1 EStG) oder Geprägetheorie (§ 15 Abs. 3 Nr. 2 EStG)[107] finden auf ausländische Personengesellschaften entsprechende Anwendung.

102 BFH v. 17.1.1973, BStBl. II 1973, 260.

103 *Bitz* in Littmann/Bitz/Pust, EStG, § 15 Rn. 18.

104 § 2 II 1.

105 *Jacobs*, Internationale Unternehmensbesteuerung, S. 559.

106 *Schmidt*, EStG, § 15 Rz. 186.

107 BFH v. 17.12.1997, BStBl. II 1998, 296; *Schmidt*, EStG, § 15 Rz. 215; *Kowallik*, Kapitalgesellschaften und Co. KG, S. 119; a. A. *Selent*, Ausländische Personengesellschaften im Ertrag- und Vermögensteuerrecht, S. 118, 219. Kommt hingegen DBA-Recht zur Anwendung, so gelten vorrangig die Begriffsbestimmungen des jeweiligen DBA (zum Vorrang des DBA-Recht vor nationalem Steuerrecht siehe § 5 I 1), so dass die Anwendung des § 15 Abs. 3 Nr. 2 EStG ausgeschlossen sein kann, BFH v. 17.12.1997, BStBl. II 1998, 296. So auch *Hemmelrath*, IStR 1995, S. 570, 573; *Schaumburg*, Internationales Steuerrecht, Rz. 18.57.

b) Beteiligungen an Personengesellschaften und Betriebstättenbegriff

Mit der Einkunftsart Gewerbebetrieb ist im Rahmen des internationalen Steuerrechts der Begriff der Betriebstätte eng verknüpft. Gem. § 1 Abs. 4 EStG sind natürliche Personen, die im Inland weder einen Wohnsitz, noch einen gewöhnlichen Aufenthalt haben, beschränkt einkommensteuerpflichtig, wenn sie inländische Einkünfte im Sinne des § 49 EStG haben. Hierzu zählen u. a. gem. § 49 Abs. 1 Nr. 2a EStG Einkünfte aus Gewerbebetrieb (§§ 15–17 EStG), für den im Inland eine Betriebstätte unterhalten wird oder ein ständiger Vertreter bestellt ist. Zu den ausländischen Einkünften im Sinne des § 34c EStG eines im Inland unbeschränkt Steuerpflichtigen gehören gem. § 34d Nr. 2a EStG Einkünfte aus Gewerbebetrieb, die durch eine in einem ausländischen Staat belegene Betriebstätte oder durch einen in einem ausländischen Staat tätigen ständigen Vertreter erzielt werden.

Es stellt sich somit die Frage, ob und inwieweit die Beteiligung eines inländischen Gesellschafters an einer ausländischen Personengesellschaft diesem ausländische Einkünfte i. S. d. § 34d Nr. 2a EStG vermittelt. Hierbei kommt es entscheidend auf das Verhältnis zwischen der Beteiligung an einer ausländischen Personengesellschaft und dem Innehaben einer ausländischen Betriebstätte an. Dies gilt es in gleicher Weise für die umgekehrte Situation der Beteiligung eines ausländischen Gesellschafters an einer inländischen Personengesellschaft an, da auch § 49 Abs. 1 Nr. 2a EStG auf das Vorhandensein einer inländischen Betriebstätte abstellt. Ob die Beteiligung eines inländischen Gesellschafters an einer ausländischen Personengesellschaft eine Betriebstätte i. S. d. § 34d Nr. 2a EStG begründet und somit die Anrechnung ausländischer Steuer gem. § 34c EStG möglich ist bzw. ob die Beteiligung eines ausländischen Gesellschafters an einer inländischen Personengesellschaft eine inländische Betriebstätte begründet, und folglich zu gewerblichen Einkünften im Rahmen der beschränkten Steuerpflicht i. S. d. § 49 Abs. 1 Nr. 2a EStG führt, ist daher nach den gleichen Grundsätzen zu beurteilen.[108]

Insbesondere im älteren Schrifttum findet sich die Aussage, dass die Beteiligung an einer Personengesellschaft einer Betriebstätte gleich-

108 *Piltz*, Personengesellschaften, S. 79.

zusetzen sei bzw. dass die Beteiligung an einer Personengesellschaft stets eine Betriebstätte im Sitzstaat der Gesellschaft vermittle.[109] Für diese Auffassung spricht die vom RFH[110] und vom BFH[111] in seiner älteren Rechtsprechung unter dem Schlagwort „Bilanzbündeltheorie" bekannt gewordenen Sichtweise. Hiernach führt in steuerlicher Hinsicht jeder Gesellschafter einer Personengesellschaft einen eigenen Betrieb, für den er eine eigene Bilanz zu erstellen hat, so dass die Gesellschaftsbilanz lediglich ein Bündel von Einzelbilanzen darstellt. Der BFH gab diese Rechtsprechung jedoch mit Urteil vom 8.1.1975[112] auf. Nunmehr wir die Personengesellschaft als partielles Steuerrechtsubjekt für Fragen der Einkünftequalifikation, der Gewinnerzielung und der Gewinnermittlung angesehen.[113]

Jedoch folgt das deutsche Steuerrecht, wie *Groh*[114] zutreffend ausführt, auch nach Abkehr von der Bilanzbündeltheorie dem Konzept einer erweiterten Transparenz. So beschränkt sich die Transparenz der Gesellschaft nicht auf die Zurechnung der durch die Gesellschaft erwirtschafteten Einkünfte auf die Gesellschafter. Vielmehr liegt es so, dass Vorgänge auf der Gesellschaftsebene in vielfältiger Weise den Gesellschaftern zugerechnet werden, damit Besteuerungsfolgen beim Gesellschafter in der gleichen Weise wie bei einem Einzelunternehmer wirksam werden.[115] So führt der Große Senat des BFH in einem Urteil aus dem Jahre 1993[116] zum gewerbesteuerlichen Verlustabzug aus, dass „die Gesellschafter, nicht die Gesellschaft als solche, die Träger des Unternehmens und des Gesellschaftsvermögens sind". Dies gelte sowohl in einkommen- als auch in gewerbesteuerrechtlicher Hinsicht. Auch der Beschluss des Großen Senats, der sich mit dem gewerblichen Grundstückshandel beschäftigt, betont die Transparenz der Personenge-

109 Dazu *Piltz,* Personengesellschaften, S. 79 f. m. w. N.
110 Z. B. RFH v. 14.7.1937, RStBl. 1937, 937.
111 Z. B. BFH (GrS) v. 19.10.1970, BStBl. II 1971, 177.
112 BStBl. II 1975, 437.
113 BFH (GrS) v. 25.6.1984, BStBl. II 1984, 751; BFH (GrS) v. 25.2.1991, BStBl. II 1991, 691; BFH (GrS) v. 3.7.1995, BStBl. II 1995, 617.
114 ZIP 1998, S. 89 ff.
115 *Groh*, ZIP 1998, S. 95.
116 BFH (GrS) v. 3.5.1993, BStBl. II 1993, 616.

sellschaft. So sollen die einzelnen Grundstücksverkäufe einer Personengesellschaft dem Gesellschafter unmittelbar zugerechnet werden.[117]

Dennoch ist es mittlerweile h. M.,[118] dass die bloße Beteiligung eines Gesellschafters an einer Personengesellschaft für diesen per se noch keine Betriebstätte begründet. Dieser Auffassung ist zuzustimmen. Aus der steuerrechtlichen Transparenz der Personengesellschaft, die in einkommensteuerrechtlicher Hinsicht ihren gesetzlichen Ausdruck in § 15 Abs. 1 S. 1 Nr. 2 EStG findet, ist nicht ableitbar, dass die Beteiligung an einer Personengesellschaft per se eine Betriebstätte begründet.

Der Betriebstättenbegriff ist in § 12 AO definiert. Er wird relevant, wenn es um die räumliche Zuordnung von Einkünften und Vermögen geht.[119] So kommt es bei der Frage, welche Gemeinde hebeberechtigt ist, darauf an, ob der Gewerbebetrieb eine Betriebstätte in der betreffenden Gemeinde unterhält (§ 4 GewStG). Bei der Frage, ob inländische gewerbliche Einkünfte i. S. d. beschränkten Einkommensteuerpflicht gem. § 1 Abs. 4 EStG gegeben sind, kommt es darauf an, ob für den Gewerbebetrieb im Inland eine Betriebstätte unterhalten wird oder ein ständiger Vertreter bestellt ist (§ 49 Abs. 1 Nr. 2a EStG). Die Funktion des § 15 EStG besteht hingegen darin, gewerbliche Einkünfte zu definieren und diese im Fall von Mitunternehmerschaften den Mitunternehmern als den Steuersubjekten zuzurechnen. § 15 EStG regelt also *wer* die Einkünfte zu versteuern hat, er enthält jedoch keine Aussage darüber, *wo* diese Einkünfte zu versteuern sind. Die steuerrechtliche Transparenz der Gesellschaft kann lediglich dazu führen, dass für den Fall, dass die Personengesellschaft eine Betriebstätte unterhält, diese auch eine Betriebstätte der Gesellschafter ist. Ob die Personengesellschaft jedoch eine Betriebstätte unterhält, richtet sich allein danach, ob die Voraussetzungen des § 12 AO erfüllt sind, d. h. die Personen-

117 BFH (GrS) v. 3.7.1995, BStBl. II 1995, 617.

118 *Jacobs*, Internationale Unternehmensbesteuerung, S. 446; *Kluge*, Das internationale Steuerrecht, N 305; *Krabbe*, IWB 2000, F. 3, Gr. 2, S. 863; *Kroppen*, StbJb 1999/2000, S. 137, 140; *Piltz*, Personengesellschaften, S. 80; *ders.*, in Mössner, Steuerrecht international tätiger Unternehmen, F 14; *Selent*, Ausländische Personengesellschaften im Ertrag- und Vermögensteuerrecht, S. 210.

119 *Birk* in Hübschmann/Hepp/Spitaler, AO, § 12 Rn. 5.

gesellschaft eine feste Geschäftseinrichtung oder Anlage unterhält, die der Tätigkeit des Unternehmens dient.

Dass die Beteiligung an einer Personengesellschaft nicht zwangsläufig eine Betriebstätte begründet, zeigt auch das Beispiel einer vermögensverwaltenden Personengesellschaft. So setzt die Annahme einer Betriebstätte gem. § 12 AO eine unternehmerische Tätigkeit voraus und erfasst damit nur Gewerbebetriebe, land- und forstwirtschaftliche Betriebe und Freiberufler.[120] Aber auch eine gewerbliche Personengesellschaft begründet nicht zwangsläufig eine Betriebstätte in ihrem Sitzstaat, bspw. dann nicht, wenn sie dort lediglich ihren Handelsregistersitz und ihre Adresse unterhält.[121]

Es ist somit zwischen der Beteiligung an einer Personengesellschaft und dem Vorhandensein einer Betriebstätte zu trennen.[122] Eine Betriebstätte liegt nur vor, wenn die Voraussetzungen des § 12 AO erfüllt sind; hierbei ist die Betriebstättendefinition des § 12 AO für im Ausland belegene Betriebstätten in gleicher Weise maßgeblich wie für im Inland belegene Betriebstätten.[123] Die Beteiligung an einer Personengesellschaft kann für den Gesellschafter also allenfalls dann eine Betriebstätte begründen, wenn die Personengesellschaft selbst eine Betriebstätte im Sinne des § 12 AO unterhält.[124] Ob diese Betriebstätte dann auch als eine solche der Gesellschafters anzusehnen ist, ist jedoch eine Folgefrage, die von der grundsätzliche Frage des Vorhanden-

120 *Birk* in Hübschmann/Hepp/Spitaler, AO, § 12 Rn. 3; Klein/*Gersch*, AO, § 12 Rn. 5; *Kruse* in Tipke/Kruse, AO, § 12 Tz. 2. Hierzu merkt *Wassermeyer* jedoch zutreffend an, dass der in den Kommentierungen zu § 12 AO häufig zu findende Hinweis, bezüglich der unternehmerischen Tätigkeit würde Übereinstimmung mit dem Unternehmensbegriff des § 2 Abs. 1 UStG bestehen, insoweit irreführend sei, als dass der Unternehmensbegriff i. S. d. § 2 Abs. 1 UStG auch Vermieter und Verpächter umfasse, welche jedoch keine Betriebsstätte i. S. d. § 12 AO unterhalten können, da diese keine unternehmerische Tätigkeit im ertragsteuerrechtlichen Sinne ausüben. *Wassermeyer* in FS Kruse, S. 589, 596.

121 *Piltz* in Mössner, Steuerrecht international tätiger Unternehmen, F 14.

122 BFH v. 29.1.1964, BStBl. III 1964, 165.

123 *Schaumburg*, Internationales Steuerrecht, Rz. 15.38.

124 Ob eine von der Personengesellschaft begründete Betriebsstätte zwangsläufig auch als eine solche der Gesellschafter anzusehnen ist, ist eine Folgefrage, die unter § 4 I 2 b) cc) erörtert wird.

seins einer Betriebstätte der Personengesellschaft zu trennen ist und die noch erörtert werden wird.

aa) Betriebstättenbegriff

Nach der Generalklausel des § 12 AO ist „jede feste Geschäftseinrichtung oder Anlage, die der Tätigkeit eines Unternehmens dient", eine Betriebstätte. Der Begriff der festen Geschäftseinrichtung oder Anlage beinhaltet sowohl eine räumliche als auch eine zeitliche Komponente.[125] Nach Ansicht des BFH setzt das Vorliegen einer Betriebstätte eine Geschäftseinrichtung oder Anlage mit einer festen Beziehung zur Erdoberfläche voraus, die von einer gewissen Dauer ist, der Tätigkeit des Unternehmens dient und über die der Steuerpflichtige nicht nur vorübergehende Verfügungsmacht besitzt.[126] Als Geschäftseinrichtung kann hierbei jeder körperliche Gegenstand oder jede Zusammenfassung körperlicher Gegenstände angesehen werden, die als Grundlage einer Unternehmenstätigkeit geeignet ist.[127] Das Merkmal „fest" verlangt eine Beziehung zu einem bestimmten Punkt der Erdoberfläche, wobei die örtliche Fixierung sich aus einer mechanischen Verankerung oder bereits aus einer bloßen Belegenheit an ein und derselben Stelle ergeben kann.[128] Welche Mindestzeitspanne das Erfordernis der „gewissen Dauer" erfüllt, ist in Rechtsprechung und Schrifttum bisher weitgehend ungeklärt.[129] Wegen des analog anzuwendenden Rechtsgedanken der §§ 9 und 12 S. 2 Nr. 8 AO soll nach Auffassung des BFH eine maßgebliche Zeitspanne von mindestens sechs Monaten erforderlich sein.[130] Die Finanzverwaltung sieht das Merkmal der gewissen Dauer bei einer

125 *Birk* in Hübschmann/Hepp/Spitaler, AO, § 12 Rn. 10; Klein/*Gersch*, AO, § 12 Rn. 2.

126 BFH v. 3.2.1993, BStBl. II 1993, 462.

127 BFH v. 3.2.1993, BStBl. II 1993, 462 unter Hinweis auf *Tipke/Kruse*, AO, § 12 Rn. 1a.

128 BFH v. 30.10.1996, BStBl. II 1997, 12; *Kruse* in Tipke/Kruse, AO, § 12 Tzn. 6 ff.

129 BFH v. 3.2.1993, BStBl. II 1993, 462 unter Hinweis auf weitere Urteile des BFH und das diesbezügliche Schrifttum.

130 BFH v. 19.5.1993, BStBl. II 1993, 655; ebenso FG Köln v. 17.12.2001, EFG 2002, 485; zustimmend *Wassermeyer* in FS Kruse, S. 589, 598.

Zeitspanne von mehr als sechs Monaten stets als gegeben an.[131] Demgegenüber werden in der Literatur überwiegend längere Mindestzeiträume von neun bis zwölf Monaten gefordert.[132]

Erforderlich für die Annahme einer festen Geschäftseinrichtung ist weiter, dass das Unternehmen eine gewisse Verfügungsmacht über die Geschäftseinrichtung innehat.[133] Diese ist bereits dann gegeben, wenn eine nicht nur vorübergehende, tatsächliche unternehmerische Dispositionsbefugnis besteht.[134] Hierfür ist weder rechtliches noch wirtschaftliches Eigentum des Unternehmens über die Geschäftseinrichtung erforderlich, jedoch muss der Nutzende eine wie auch immer geartete Rechtsposition innehaben, die ihm ohne seine Mitwirkung nicht mehr ohne weiteres entzogen oder die ohne seine Mitwirkung nicht ohne weiteres verändert werden kann.[135] Bei Personengesellschaften ist es bezüglich der erforderlichen Verfügungsmacht über die feste Geschäftseinrichtung unerheblich, ob diese bei der Personengesellschaft selbst oder bei einem ihrer Gesellschafter liegt.[136] Durch die Verfügungsmacht eines Gesellschafters über eine feste Geschäftseinrichtung wird gleichfalls die Verfügungsmacht der übrigen Gesellschafter repräsentiert, so dass die Personengesellschaft Verfügungsmacht innehat.[137]

Der geforderte Bezug zur Tätigkeit des Unternehmens verlangt, dass die Geschäftseinrichtungen oder Anlagen „dem Gewerbebetrieb unmittelbar dienen". Dies erfordert, dass dort eine „eigene gewerbliche

131 BMF v. 24.12.1999, BStBl. I 1999, 1076, Tz. 1.1.1.1; ebenso *Haiß*, Gewinnabgrenzung, S. 17.

132 *Birk* in Hübschmann/Hepp/Spitaler, AO, § 12 Rn. 4; *Jacobs*, Internationale Unternehmensbesteuerung, S. 373 m. w. N.

133 Klein/*Gersch*, AO, § 12 Rn. 4; *Kruse* in Tipke/Kruse, AO, § 12 Tzn. 11 ff. Zur grundsätzlichen Frage nach der Rechtsgrundlage des Tatbestandsmerkmals der „gewissen Verfügungsmacht" siehe *Wassermeyer* in FS Kruse, S. 589, 594 ff.

134 BFH v. 11.10.1989, BStBl. II 1990, 166; BFH v. 3.2.1993, BStBl. II 1993, 462; BFH v. 10.11.1998, BFH/NV 1999, 665.

135 *Birk* in Hübschmann/Hepp/Spitaler, AO, § 12 Rn. 16; *Kruse* in Tipke/Kruse, AO, § 12 Tz. 12; *Jacobs*, Internationale Unternehmensbesteuerung, S. 373; *Wassermeyer* in FS Kruse, S. 589, 594; BFH v. 11.10.1989, BStBl. II 1990, 166; BFH v. 3.2.1993, BStBl. II 1993, 462.

136 BFH v. 26.2.1992, BStBl. II 1992, 937.

137 *Buciek*, Grundsatzfragen der Betriebsstättenbesteuerung, S. 68.

Tätigkeit ausgeübt wird"[138]. Hierbei ist jedoch unerheblich, ob es sich bei den in oder mit der Geschäftseinrichtung ausgeübten Tätigkeiten um Haupt- oder Nebentätigkeiten, um wesentliche oder unwesentliche Tätigkeiten handelt.[139] Auch muss es sich bei den in der Geschäftseinrichtung tätigen Personen nicht zwingend um unternehmenseigenes Personal handeln. Vielmehr kann die unternehmerische Tätigkeit in der Betriebstätte auch durch fremde weisungsgebundene Personen oder allein durch fremde Subunternehmer, soweit diese vom Generalunternehmer überwacht und beaufsichtigt werden, ausgeübt werden.[140] Darüber hinaus ist die Annahme einer Betriebstätte auch ohne jeglichen Personaleinsatz in oder an der Geschäftseinrichtung möglich, denn eine feste Geschäftseinrichtung oder Anlage kann auch dann der Tätigkeit eines Unternehmens dienen, wenn es sich um rein mechanische, vollautomatisierte Einrichtungen oder Anlagen handelt.[141] Bezogen auf Personengesellschaften bedeutet dies, dass für die Annahme einer Betriebstätte der Personengesellschaft in oder mit der festen Geschäftseinrichtung oder Anlage eine gewerbliche Tätigkeit der Personengesellschaft ausgeübt werden muss. Da eine Betriebstätte auch ohne jeden Personaleinsatz begründet werden kann, kommt es hierfür nicht auf das persönliche Tätigwerden eines/der Gesellschafter(s) der Personengesellschaft in der Betriebstätte an.[142]

138 BFH v. 10.2.1988, BStBl. II 1988, 653.

139 *Birk* in Hübschmann/Hepp/Spitaler, AO, § 12 Rn. 22; *Kruse* in Tipke/Kruse, AO, § 12 Tz. 19.

140 *Birk* in Hübschmann/Hepp/Spitaler, AO, § 12 Rn. 22; *Kruse* in Tipke/Kruse, AO, § 12 Tz. 20.

141 BFH v. 30.10.1996, BStBl. II 1997, 12; Schleswig-Holsteinisches FG v. 6.9.2001, EFG 2001, 1535. Im Revisionsverfahren musste der BFH über die Frage, ob ein in der Schweiz installierter Rechner eine Betriebsstätte der Klägerin darstellt, nicht abschließend befinden, da auch wenn dies zu bejahen gewesen wäre, die von der Klägerin ausgeübte Tätigkeit nicht dem Katalog der abkommensrechtlich begünstigten Tätigkeiten unterfallen wäre. (BFH v. 5.6.2002, BStBl. II 2002, 683). Siehe in diesem Zusammenhang zum Problemfeld Electronic commerce und Betriebsstättenbesteuerung auch *Jacobs*, Internationale Unternehmensbesteuerung, S. 404 ff.

142 *Jungreithmeir*, Beteiligung an einer Personengesellschaft, S. 315, 327.

In Anschluss an die Generalklausel des § 12 S. 1 AO folgt in § 12 S. 2 AO ein nicht abschließender[143] Katalog verschiedener Betriebstättensachverhalte. Der Wortlaut der Vorschrift legt den Schluss nahe, dass es sich bei der Aufzählung lediglich um Beispiele zu § 12 S. 1 AO handelt, so dass zur Bejahung der Betriebstätteneigenschaft auch in diesen Fällen die Tatbestandsmerkmale der allgemeinen Betriebstättendefinition erfüllt seien müssen.[144] Nach der BFH-Rechtsprechung enthält § 12 S. 2 AO jedoch eine Definitionserweiterung, die „nicht notwendigerweise eine feste Geschäftseinrichtung oder Anlage voraussetzt“,[145] so dass die in § 12 S. 2 AO genannten „Betriebstätten solche qua definitione“[146] sind. Die Finanzverwaltung hat sich dieser Auffassung angeschlossen.[147] Konsequenzen ergeben sich aus der BFH-Rechtsprechung insbesondere für die Geschäftsleitungsbetriebstätte i. S. d. § 12 S. 2 Nr. 1 AO, da die anderen aufgezählten Betriebstättenbeispiele i. d. R. ohnehin die allgemeinen Tatbestandsmerkmale des Satzes 1 erfüllen.[148] So ist nunmehr der Ort der Geschäftsleitung i. S. d. § 12 S. 2 Nr. 1 AO stets als Betriebstätte anzusehen, unabhängig davon, ob die Tatbestandsmerkmale des § 12 S. 1 AO erfüllt sind.[149] Da die Geschäftsleitung notwendiger Bestandteil einer jeden gewerblichen Tätigkeit ist, muss jedes Unternehmen einen Ort der Geschäftsleitung i. S. d. § 12 S. 2 Nr. 1 AO haben,[150] so dass zwangsläufig jede gewerbliche Personengesellschaft zumindest eine Betriebstätte – nämlich am

143 *Birk* in Hübschmann/Hepp/Spitaler, AO, § 12 Rn. 25; *Kruse* in Tipke/Kruse, AO, § 12 Tz. 23.

144 *Jacobs*, Internationale Unternehmensbesteuerung, S. 376; *Mössner*, Steuerrecht international tätiger Unternehmen, B 90; a. A. *Birk* in Hübschmann/Hepp/Spitaler, AO, § 12 Rn. 25.

145 BFH v. 28.7.1993, BStBl. II 1994, 148.

146 *Wassermeyer*, IStR 1994, S. 28; zustimmend *Haiß*, Gewinnabgrenzung, S. 19; a. A. *Lüdicke*, der für die weiteren Fälle des § 12 S. 2 Nr. 2 – 6 AO weiterhin das Vorliegen einer festen Geschäftseinrichtung oder Anlage fordert *Lüdicke*, Aktuelle Besteuerungsfragen, S. 35, 40.

147 BMF v. 24.12.1999, BStBl. I 1999, 1076, Tz. 1.1.1.1.

148 *Jacobs*, Internationale Unternehmensbesteuerung, S. 376.

149 BFH v. 28.7.1993, BStBl. II 1994, 148; BFH v. 16.12.1998, BStBl. II 1999, 437; FG Köln v. 22.3.2001, EFG 2001, 1287.

150 BFH v. 28.7.1993, BStBl. II 1994, 148; BFH v. 15.10.1997, BFH/NV 1998, 434; BFH v. 16.12.1998, BStBl. II 1999, 437.

Ort der Geschäftsleitung – unterhält. Neben dieser Geschäftsleitungsbetriebstätte, die regelmäßig die Hauptbetriebstätte der Personengesellschaft ist, kann die Personengesellschaft weitere (Unter-) Betriebstätten i. S. d. § 12 AO im In- und Ausland unterhalten.

bb) Ort der Geschäftsleitung

Nach § 10 AO ist unter Geschäftsleitung der Mittelpunkt der geschäftlichen Oberleitung zu verstehen. Dieser ist dort, wo der für die Geschäftsleitung maßgebliche Wille gebildet wird. Demnach ist entscheidend, an welchem Ort alle für die Geschäftsführung nötigen Maßnahmen von einiger Wichtigkeit angeordnet werden. Hierbei sind die tatsächlichen Umstände des Einzelfalls maßgebend.[151]

In Bezug auf Körperschaften vertritt der BFH in ständiger Rechtsprechung die Auffassung, dass der Ort der geschäftlichen Oberleitung regelmäßig der Ort ist, an dem die zur Vertretung befugten Personen die ihnen obliegenden laufenden Geschäftsführungstätigkeiten entfalten. Die laufende Geschäftsführung umfasst die tatsächlichen und rechtsgeschäftlichen Handlungen, die der gewöhnliche Betrieb der Gesellschaft mit sich bringt, und solche organisatorischen Maßnahmen, die zur gewöhnlichen Verwaltung der Gesellschaft gehören, also das sog. Tagesgeschäft.[152] Hierzu gehört weder die Feststellung der Grundsätze der Unternehmenspolitik noch die Mitwirkung der Gesellschafter an ungewöhnlichen Entscheidungen von besonderer wirtschaftlicher Bedeutung. Auch genügen nur beobachtende, kontrollierende und fallweise beeinflussende Tätigkeiten für die Annahme einer Geschäftsleitung nicht, soweit die Gesellschafter nicht alle gewichtigen Geschäftsführungsentscheidungen selbst treffen.[153]

Der Mittelpunkt der geschäftliche Oberleitung wird sich somit regelmäßig in den Büroräumen der Gesellschaft, insbesondere denen des Vorstandes bzw. des Geschäftsführers befinden, da diese in der Regel

151 BFH v. 23.1.1991, BStBl. II 1991, 554; BFH v. 7.12.1994, BStBl. II 1995, 175; BFH v. 3.7.1997, BStBl. II 1998, 86; BFH v. 16.12.1998, BStBl. II 1999, 437; *Kruse* in Tipke/Kruse, AO, § 10 Tz. 1.

152 BFH v. 23.1.1991, BStBl. II 1991, 554; BFH v. 3.7.1997, BStBl. II 1998, 86; BFH v. 15.10.1997, BFH/NV 1998, 434; BFH v. 16.12.1998, BStBl. II 1999, 437.

153 BFH v. 7.12.1994, BStBl. II 1995, 175.

als Oberleiter einer AG bzw. einer GmbH anzusehen sind.[154] Werden keine Büroräume unterhalten, so kommt als Ort der geschäftlichen Oberleitung die Wohnung des Geschäftsführers oder Inhabers in Betracht.[155] Es besteht jedoch keine Vermutung dahingehend, dass die de-jure-Vertretung tatsächlich die Geschäfte leitet, sondern es sind die tatsächlichen Umstände des Einzelfalls maßgebend. Falls im Einzelfall de-jure-Vertretung und de-facto-Vertretung sich nicht entsprechen, kommt es für den Ort der geschäftlichen Oberleitung allein darauf an, wer die Geschäftsführung faktisch ausübt.[156]

Diese für Kapitalgesellschaften geltenden Grundsätze sind grundsätzlich auch auf Personengesellschaften anzuwenden.[157] Danach befindet sich der Ort der geschäftlichen Oberleitung einer Personengesellschaft dort, wo die zur Vertretung befugten Personen die ihnen obliegenden Geschäftsführungstätigkeiten entfalten. So kommt es beispielsweise bei einer GmbH & Co. KG darauf an, wo der Geschäftsführer der zur Geschäftsführung berufenen Komplementär-GmbH überwiegend die maßgebenden Entscheidungen für die KG trifft.[158]

Übt ein im Inland ansässiger Mitunternehmer einer Personengesellschaft mit Sitz im Ausland die ihm aufgrund seine gesellschaftsrechtlichen Stellung als Komplementär zustehende Geschäftsführungsbefugnis effektiv im Inland aus, indem er alle die laufende Geschäftsführung betreffenden Maßnahmen von dort aus veranlasst, die Geschäftsverhandlungen von dort aus führt sowie die wesentlichen Geschäftsführungsentscheidungen dort trifft, so befindet sich der Ort der Geschäftsleitung im Inland. Somit unterhält die Personengesellschaft im Inland ihre Stätte der Geschäftsleitung i. S. d. § 12 S. 2 Nr. 1 AO, also ihre Hauptbetriebstätte und ggf. im Ausland weitere (Unter-)Betriebstätten.[159] Steuerlich hat dies zur Konsequenz, dass die Personengesellschaft inländische

154 *Mössner*, Steuerrecht international tätiger Unternehmen, B 62.

155 BFH v. 23.1.1991, BStBl. II 1991, 554; BFH v. 28.7.1993, BStBl. II 1994, 148.

156 BFH v. 7.12.1994, BStBl. II 1995, 175; Hessisches FG v. 20.10.1997, EFG 1998, 518; *Kluge*, Das Internationale Steuerrecht, M 10; *Lechner* in FS Stoll, S. 395, 398 f.; *Mössner*, Steuerrecht international tätiger Unternehmen, B 62.

157 BFH v. 3.7.1997, BStBl. II 1998, 86.

158 BFH v. 3.7.1997, BStBl. II 1998, 86.

159 *Selent*, Ausländische Personengesellschaften im Ertrag- und Vermögensteuerrecht, S. 217.

gewerbliche Einkünfte erzielt, soweit der Gesamtgewinn auf die inländische Betriebstätte entfällt.

Auch bei Personengesellschaften sind jedoch letztlich die tatsächlichen Gegebenheiten entscheidend. Es kommt demnach nicht auf die juristische Berechtigung zur Geschäftsführung an, sondern darauf, welche Person die tatsächliche Leitung ausübt. So kann sich der Mittelpunkt der geschäftlichen Oberleitung einer inländischen GmbH & Co. KG in den Büroräumen eines gesellschaftsfremden Managers befinden, wenn dieser die laufende Geschäftsführung der Gesellschaft tatsächlich ausübt und die Gesellschafter nicht durch ständige Weisungen in diese eingreifen.[160]

Schwierigkeiten, den Mittelpunkt der geschäftlichen Oberleitung i. S. d. § 10 AO zu bestimmen, ergeben sich, wenn eine Gesellschaft mehrere die laufende Geschäftsführung ausübende, geschäftsleitungsbefugte Gesellschafter oder Geschäftsführer hat, welche nicht alle am selben Ort ansässig sind. Nach Ansicht des IV. Senats des BFH kann sich der „Mittelpunkt" der geschäftlichen Oberleitung „naturgemäß" nur an einem Ort befinden.[161] Falls die laufenden Geschäfte von mehreren Personen ausgeführt würden, sei deshalb nach dem Bedeutungsgrad der getroffenen Geschäftsführungsentscheidungen zu gewichten.[162]

160 BFH v. 3.7.1997, BStBl. II 1998, 86; BFH v. 25.8.1999, BFH/NV 2000, 300. Das Prinzip der Selbstorganschaft steht dem – nach zutreffender Auffassung des BFH – nicht entgegen.

161 BFH v. 3.7.1997, BStBl. II 1998, 86; zustimmend *Birk* in Hübschmann/Hepp/Spitaler, AO, § 10 Rn. 41 m. w. N.

162 BFH v. 7.12.1994, BStBl. II 1995, 175; BFH v. 3.7.1997, BStBl. II 1998, 86; BFH v. 16.12.1998, BStBl. II 1999, 437; BFH v. 25.8.1999, BFH/NV 2000, 300. Der I. Senat des BFH vertritt allerdings in zwei Urteilen die Auffassung, dass es mehrere Orte der geschäftlichen Oberleitung geben kann, BFH v. 15.10.1997, BFH/NV 1998, 434; BFH v. 30.1.2002, BFH/NV 2002, 1128. Hierbei ist jedoch zu berücksichtigen, dass beide Urteile zu § 21 Abs. 2 BerlinFG ergangen sind, welcher fordert, dass die Geschäftsleitung sich ausschließlich in Berlin (West) befindet. In diesem Zusammenhang führte der BFH daher aus, dass es nicht ausgeschlossen sei, dass einzelne Geschäftsleitungstätigkeiten verschiedenen Mittelpunkten (Betriebsstätten) zuzuordnen sind. In derartigen Fällen sei die Gewährung der Steuerermäßigung nach § 21 Abs. 2 BerlinFG ausgeschlossen, da das Ausschließlichkeitserfordernis des § 21 Abs. 2 BerlinFG nicht erfüllt sei. Diese Ausführungen des I. Senat des BFH stehen somit nicht der in den o. a. Urteilen

Entscheidend für den Ort der geschäftlichen Oberleitung ist also, welche Person die Geschäfte der Personengesellschaft maßgeblich leitet.

Die Stätte der Geschäftsleitung i. S. d. § 12 S. 2 Nr. 1 AO wird stets mit der Geschäftsleitung i. S. d. § 10 AO gleichgesetzt.[163] Folgt man der Auffassung, dass es nur einen Ort der Geschäftsleitung geben kann, hat dies zur Konsequenz, dass eine Personengesellschaft stets nur eine Geschäftsleitungsbetriebstätte i. S. d. § 12 S. 2 Nr. 1 AO unterhalten kann. In bestimmten Fällen würde dies zu unrichtigen Besteuerungsfolgen führen, denn es sind Fälle denkbar, in denen die Geschäftsführungsaufgaben eines Unternehmens gleichgewichtig von mehreren an verschiedenen Orten ansässigen Geschäftsführern ausgeübt werden.[164]

Dies sei exemplarisch an einem Sachverhalt, der auch dem Urteil des FG Köln v. 22.03.2001[165] zugrunde lag, dargestellt:

Zwei natürlichen Personen führen in Form einer GbR den An- und Verkauf von Bildern gemeinsam durch. Die GbR unterhält keine eigenen Geschäftsräume, sondern sämtliche Entscheidungen, bspw. welche Bildern zu welchem Preis an- und verkauft werden sollen, werden von beiden Gesellschaftern gemeinschaftlich von ihrem jeweiligen Wohnsitz aus getroffen, wobei einer der Gesellschafter im Inland, und der andere im Ausland ansässig ist.

Folgt man der Ansicht, dass nur ein Ort der Geschäftsleitung existieren kann, so ergeben sich in Abhängigkeit davon, wo der Ort der Ge-

---

vertretenen Auffassung entgegen, dass der Mittelpunkt der geschäftlichen Oberleitung i. S. d. § 10 AO in den Fällen, in denen die Geschäftsführungstätigkeiten an verschiedenen Orten ausgeübt werden, durch Gewichtung dieser zu bestimmen ist. So wohl auch BFH v. 25.8.1999, BFH/NV 2000, 300 mit Hinweis auf *Kempermann*, FR 1999, S. 758.

163 *Birk* in Hübschmann/Hepp/Spitaler, AO, § 12 Rn. 26; Klein/*Gersch*, AO, § 12 Rn. 10; *Kruse* in Tipke/Kruse, AO, § 12 Tz. 24.

164 *Kempermann*, FR 1999, S. 758; *Wassermeyer* in Debatin/Wassermeyer, DBA, MA Art. 4 Rz. 98. Ob in solchen Fällen nicht doch die Annahme mehrerer Geschäftsleitungsorte möglich oder geboten ist, ist umstritten, wobei sich die Diskussion – soweit ersichtlich – ausschließlich auf Kapitalgesellschaften bezieht (*Breuninger/Krüger* in FS Rädler, S. 79, 100 ff; *Gosch*, StBp 1998, S. 106, 107 f.; *Lechner* in FS Stoll, S. 395 ff.; *Mössner*, Steuerrecht international tätiger Unternehmen, B 62 f.).

165 FG Köln v. 22.3.2001, EFG 2001, 1287.

schäftsleitung angenommen wird, völlig unterschiedliche Besteuerungsfolgen.

Wird eine inländische Geschäftsleitungsbetriebstätte angenommen, so wäre der inländische Mitunternehmer im Rahmen seiner unbeschränkten Steuerpflicht auch mit seinem Gewinnanteil aus der GbR gem. § 15 Abs. 1 Nr. 2 EStG im Inland steuerpflichtig. Der im Ausland ansässig Gesellschafter wäre mit seinem Gewinnanteil beschränkt steuerpflichtig gem. § 1 Abs. 4 i. V. m. § 49 Abs. 1 Nr. 2a EStG. Wird hingegen eine ausländische Geschäftsleitungsbetriesstätte angenommen, so wäre – unterstellt, es gäbe kein DBA zwischen der Bundesrepublik Deutschland und dem ausländischen Staat – der inländische Gesellschafter im Inland im gleichen Umfang unbeschränkt steuerpflichtig. Darüber hinaus wäre er mit seinen aus der ausländischen Betriebstätte stammenden Einkünften im Ausland beschränkt steuerpflichtig. Zur Vermeidung der Doppelbesteuerung würde die auf die ausländischen gewerblichen Einkünfte i. S. d. § 34d Nr. 2a EStG im Ausland gezahlte Steuer gem. § 34c EStG auf die deutsche Einkommensteuer angerechnet. Der im Ausland ansässige Mitunternehmer wäre hingegen mangels einer Betriebstätte im Inland mit seinem Gewinnanteil nicht beschränkt steuerpflichtig. Der Umfang des Besteuerungsrechts der Bundesrepublik Deutschland sowie des ausländischen Staates würde somit von der – rein willkürlichen – Entscheidung darüber, wo der Ort der Geschäftsleitung anzunehmen ist, abhängen, obwohl die gewerbliche Tätigkeit der Personengesellschaft durch die jeweilige Tätigkeit der Gesellschafter in beiden Staaten gleichermaßen ausgeübt wird.

Das FG Köln hat daher entschieden, dass an den verschiedenen Orten, von denen aus die Gesellschafter tätig werden, jeweils eine Betriebstätte vorliegt. Allerdings musste der erkennende Senat nicht darüber befinden, ob eine Personengesellschaft mehrere Stätten der Geschäftsleitung i. S. d. § 12 S. 2 Nr. 1 AO haben kann, da für den zu beurteilenden Sachverhalt das DBA Deutschland-Schweiz anzuwenden war. Gem. Art. 5 Abs. 2 lit. a DBA-Schweiz umfasst der Begriff „Betriebstätte" insbesondere „einen Ort der Leitung". Die Formulierung „Ort der Leitung" ist umfassender als der die Ansässigkeit einer juristischen Person bestimmende „Ort der tatsächlichen Geschäftleitung" i. S. d. Art. 4 Abs. 3 OECD- MA, welcher der Geschäftsleitung i. S. d. § 10 AO entspricht. Somit ist DBA-rechtlich unstreitig, dass ein Unternehmen mehrere Orte der Leitung haben kann, welche jeweils eine Betriebstätte begründen können.[166]

Fraglich ist, ob, auch wenn kein DBA bestehen würde, im vorliegenden Sachverhalt mehrere Betriebstätten angenommen werden könnten. Dies hängt entscheidend davon ab, ob man der h. M.[167] folgt, wonach die „Stätte der Geschäftsleitung“ i. S. d. § 12 S. 2 Nr. 1 AO der Geschäftsleitung i. S. d. § 10 AO entspricht. Nach hier vertretener Auffassung ist der in § 10 AO verwendete Begriff der „Geschäftsleitung“ inhaltlich nicht mit dem in § 12 S. 2 Nr. 1 AO verwendeten Begriff der „Stätte der Geschäftsleitung“ deckungsgleich. Dies ergibt sich aus einer am Sinn und Zweck der beiden Regelungen orientierten Auslegung des Begriffes „Geschäftsleitung“. Der Begriff „Geschäftsleitung“ wird in den Steuergesetzen gewöhnlich dann verwendet, wenn aus mehreren Orten, an denen ein Unternehmen betrieben wird, ein Ort bestimmt werden muss, damit an ihn Rechtsfolgen geknüpft werden können, die für das Unternehmen nur einheitlich bestimmt werden können, wie z. B. die unbeschränkte Steuerpflicht. Der Sinn und Zweck des § 10 AO spricht somit dafür, dass als Ort der Geschäftsleitung eines Unternehmens nur ein einziger Ort in Betracht kommt.[168]

Betriebstätten i. S. d. § 12 AO stellen einen rechtlich unselbständigen Teil des Gesamtunternehmens dar und sind als solche grundsätzlich kein selbständiges Steuersubjekt. Wenn das Steuerrecht dennoch an die Betriebstätte als Besteuerungsmerkmal anknüpft,[169] dann deswegen, weil die Unternehmensteile steuerlich getrennt erfasst werden sollen. Im Rahmen des internationalen Steuerrechts dient die Betriebstätte der Zuordnung eines Unternehmensteils zu staatlichen Steuerhoheiten.[170] So entscheidet das Vorliegen einer Betriebstätte im Quellenstaat darüber, ob eine beschränkte Steuerpflicht eines in einem anderen

166 *Wassermeyer* in Debatin/Wassermeyer, DBA, MA Art. 5 Rn. 63; *Birk* in Hübschmann/Hepp/Spitaler, AO, § 10 Rn. 47 f.

167 *Birk* in Hübschmann/Hepp/Spitaler, AO, § 12 Rn. 26; Klein/*Gersch*, AO, § 12 Rn. 10; *Kruse* in Tipke/Kruse, AO, § 12 Tz. 24.

168 *Birk* in Hübschmann/Hepp/Spitaler, AO, § 10 Rn. 41.

169 Bei Personengesellschaften knüpfen einzelne Normen des Ertragsteuerrechts im Rahmen der Besteuerung der Gesellschafter an das Vorliegen einer Betriebsstätte an, Z. B. §§ 34d Nr. 2a, 49 Abs. 1 Nr. 2a EStG.

170 *Birk* in Hübschmann/Hepp/Spitaler, AO, § 12 Rn. 4.

Staat ansässigen Steuerpflichtigen entsteht. Im Wohnsitzstaat eines Steuerpflichtigen entscheidet das Vorliegen einer Betriebstätte im Quellenstaat darüber, ob unilaterale Maßnahmen des Wohnsitzstaates zur Vermeidung der Doppelbesteuerung (§ 34c EStG) zur Anwendung kommen. Das Vorhandensein einer Betriebstätte führt also zu einer Aufteilung des Besteuerungssubstrats zwischen Sitz- und Quellenstaat. Sinn und Zweck des § 12 AO ist es somit, festzulegen, welche wirtschaftlichen Sachverhalte im Einzelfall als Betriebstätte anzusehen sind.[171] Stellt ein Unternehmensteil eine Betriebstätte i. S. d. § 12 S. 2 Nr. 1 AO dar, so muss jeder andere, diesem vergleichbare Unternehmensteil auch als Betriebstätte i. S. d. § 12 S. 2 Nr. 1 AO qualifiziert werden. Nach der Zwecksetzung des § 12 AO ist es somit geboten, dass es mehrere Orte der Geschäftsleitung i. S. d. § 12 S. 2 Nr. 1 AO geben kann. Der Begriff der Geschäftsleitung i. S. d. § 12 S. 2 Nr. 1 AO ist somit weiter auszulegen als derjenige i. S. d. § 10 AO. Es besteht sodann insoweit Übereinstimmung mit der abkommensrechtlichen Lage. Werden bei einer Personengesellschaft die Geschäftleitungsaufgaben von zwei Gesellschaftern gemeinschaftlich jedoch von verschiedenen Orten aus wahrgenommen, so ist daher an diesen Orten jeweils eine Stätte der Geschäftsleitung i. S. d. § 12 S. 2 Nr. 1 AO anzunehmen, da nur so eine sachgerechte Besteuerung des Gewinns der Personengesellschaft erfolgen kann.[172] Die Personengesellschaft unterhält in einem solchen Fall demnach zwei Betriebstätten.

171 *Jacobs*, Internationale Unternehmensbesteuerung, S. 370.

172 *Selent* vertritt hingegen die Auffassung, dass es auch im Falle einer gleichrangigen Kollegialleitung der Personengesellschaft durch mehrere Gesellschafter nur eine Geschäftsleitungsbetriebsstätte i. S. d. § 12 S. 2 Nr. 1 AO gibt, da es auch in einem solchen Fall nur einen Ort der geschäftlichen Oberleitung geben kann. Jedoch sollen nach seiner Auffassung durch die Tätigkeit der anderen Gesellschafter an ihren jeweiligen Wohnsitzen „Geschäftsstellen" i. S. d. § 12 S. 2 Nr. 3 AO der Personengesellschaft begründet werden. *Selent*, Ausländische Personengesellschaften im Ertrag- und Vermögensteuerrecht, S. 217 f. Diese Auffassung ist jedoch abzulehnen, da sich Geschäftsstellen i. S. d. § 12 S. 2 Nr. 3 AO grade dadurch auszeichnen, dass keine Leitungsaufgaben im engeren Sinne durchgeführt werden, so dass in derartigen Fällen eben kein Ort der Leitung vorliegt. *Storck*, Ausländische Betriebsstätten im Ertrag- und Vermögensteuerrecht, S. 158 f.

cc) Zurechnung der Betriebstätte

Die bloße Beteiligung eines Gesellschafters an einer Personengesellschaft begründet für diesen per se noch keine Betriebstätte, da gedanklich zwischen der Beteiligung an einer Personengesellschaft und dem Vorhandensein einer Betriebstätte zu trennen ist. Es ist daher zu fragen, ob und inwieweit eine für den Gewerbebetrieb der Personengesellschaft unterhaltene Betriebstätte auch eine Betriebstätte für die Gesellschafter der Personengesellschaft begründet.

Bis zur Abkehr von der Bilanzbündeltheorie wurde die mitunternehmerische Beteiligung an einer Personengesellschaft als Gewerbebetrieb jedes einzelnen Gesellschafters angesehen. Es wurde angenommen, dass nicht die Gesellschaft den Gewerbebetrieb führt, sondern jeder Gesellschafter seinen eigenen Gewerbebetrieb unter Benutzung der Betriebstätte des Gesamtunternehmens. Somit wurde die Betriebstätte der Personengesellschaft zugleich als eine solche der Mitunternehmer angesehen und diesen zugerechnet.[173] Nach der Abkehr von der Bilanzbündeltheorie kann diese nicht mehr als Begründung für die Zurechnung der Betriebstätte zu den Mitunternehmern herangezogen werden. Doch auch die neuere Auffassung der Besteuerungssystematik von Personengesellschaften führt zu keinem anderen Ergebnis als die Bilanzbündeltheorie.[174] So ist es zwar die Personengesellschaft, die das gewerbliche Unternehmen, für welches die Betriebstätte unterhalten wird, betreibt. Steuerrechtsubjekte der Einkommenssteuer bzw. Körperschaftsteuer sind bei Personengesellschaften aber ausschließlich deren Gesellschafter, so dass die Betriebstätteneinkünfte anteilig den Mitunternehmern gem. § 15 Abs. 1 S. 1 Nr. 2 EStG zuzurechnen sind.[175] Dementsprechend vermittelt eine Personengesellschaft mit einer gewerblichen Betriebstätte jedem ihrer Mitunternehmer über dessen Beteiligung an der Gesellschaft eine Betriebstätte, so dass die Betriebstätte den Mitunternehmern als eigene Betriebstätte zuzurechen ist.[176] Hierfür

173 BFH v. 29.1.1964, BStBl. III 1964, 165.

174 *Piltz*, Personengesellschaften, S. 81.

175 BFH v. 26.2.1992, BStBl. II 1992, 937.

176 *Kluge*, Das Internationale Steuerrecht, N 305; *Piltz*, Personengesellschaften, S. 81; *Schaumburg*, Internationales Steuerrecht, Rzn. 5.170, 18.53; *ders.*, Stbg 1999, S. 104.

ist weder erforderlich, dass jeder Mitunternehmer selbst Verfügungsmacht über die Betriebstätte hat, noch kommt es auf das persönliche Tätigwerden eines Gesellschafters in der Betriebstätte an, denn die Merkmale einer Betriebstätte müssen nicht in Bezug auf jeden Gesellschafter, sondern lediglich in Bezug auf die Personengesellschaft verwirklicht sein.[177]

Somit vermittelt die Personengesellschaft ihren Gesellschaftern so viele in- und ausländische Betriebstätten, wie sie selbst Betriebstätten unterhält. Da jede Personengesellschaft mindestens eine Betriebstätte am Ort der Geschäftsleitung unterhält, begründet eine Personengesellschaft somit für alle an ihr beteiligten Gesellschafter am Ort ihrer Geschäftsleitung stets eine Betriebstätte.[178]

Für den bereits erörterten Beispielfall hat dies zur Konsequenz, dass vier Betriebstätten vorliegen. So liegt an den zwei Orten, von denen aus die beiden Gesellschafter der GbR jeweils tätig werden, jeweils eine Betriebstätte der Personengesellschaft vor. Da jede Betriebstätte der Gesellschaft auch für jeden der Gesellschafter eine Betriebstätte begründet, sind jedem Steuersubjekt zwei Betriebstätten – eine im Inland und eine in Ausland – zuzurechnen. Ist der Gesamtgewinn der Mitunternehmerschaft jeweils zur Hälfte den beiden Betriebstätten zuzurechen, so ist der im Inland ansässige Gesellschafter – unterstellt, es besteht kein DBA mit dem ausländischen Staat – mit seinem sowohl aus der inländischen als auch aus der ausländischen Betriebstätte stammenden Gewinnanteil in Deutschland unbeschränkt steuerpflichtig. Für die aus der ausländischen Betriebstätte stammenden Einkünfte i. S. d. § 34d Nr. 2a EStG kommt eine Anrechnung der im Ausland auf diese gezahlten Einkommensteuer i. S. d. § 34c EStG in Betracht. Der im Ausland ansässige Gesellschafter ist mit seinen inländischen gewerblichen Einkünften im Inland beschränkt steuerpflichtig gem. §§ 1 Abs. 4, 49 Abs. 1 Nr. 2a EStG, wohingegen er mit seinem aus der ausländischen Betriebstätte stammenden Gewinnanteil –

177 § 4 I 2 b) aa).

178 *Jacobs*, Internationale Unternehmensbesteuerung, S. 446.

mangels Anknüpfungspunkt im Inland – ausschließlich im Ausland der unbeschränkten Steuerpflicht unterliegt.[179]

Für die folgende Untersuchung wird davon ausgegangen, dass sich der Ort der Geschäftsleitung stets am Sitz der Personengesellschaft befindet. Damit befindet sich die Geschäftsleitungsbetriebstätte am Sitz der ausländischen Personengesellschaft, so dass jeder inländische Mitunternehmer eine ausländische Betriebstätte unterhält und demnach ausländische Einkünfte i. S. d. § 34d Nr. 2a EStG erzielt.

II. Besteuerung der Einkünfte des inländischen Gesellschafters

1. Besteuerung bei einheitlicher Qualifikation hinsichtlich des Steuersubjekts und hinsichtlich des Steuerobjekts

Einheitliche Qualifikation des Steuersubjekts bedeutet im Folgenden, dass der ausländische Sitzstaat der Personengesellschaft diese steuerrechtlich in gleicher Weise behandelt wie die Bundesrepublik Deutschland, d. h. auch im ausländischen Staat erfolgt eine Besteuerung nach dem Transparenzprinzip. Mit der einheitlichen Qualifikation des Steuerobjekts ist im Rahmen dieser Arbeit eine übereinstimmende Qualifikation der Einkünfte insbesondere auch der Sondervergütungen gemeint.

179 Im Grundsatz so auch das FG Köln, das jedoch aufgrund des für den Urteilsfall einschlägigen DBA zwischen der Bundesrepublik Deutschland und der Schweiz materiell zu einem anderen Ergebnis kommt, FG Köln v. 22.3.2001, EFG 2001, 1287.

a) *Besteuerung des inländischen Gesellschafters im Inland*

aa) *Steuerpflicht Welteinkommensprinzip*

Personengesellschaften als solche sind keine Subjekte der Einkommen- oder Körperschaftsteuer; Steuersubjekte sind die dahinter stehenden Gesellschafter. Ist der Gesellschafter eine natürliche Person, unterliegt dieser der unbeschränkten Steuerpflicht gem. § 1 Abs. 1 S. 1 EStG, wenn er seinen Wohnsitz oder gewöhnlichen Aufenthalt im Inland hat. Handelt es sich bei dem Gesellschafter um eine Körperschaft, so ist diese gem. § 1 Abs. 1 KStG unbeschränkt körperschaftsteuerpflichtig, wenn sie ihre Geschäftsleitung oder ihren Sitz im Inland hat. Die Einkommensteuerpflicht der natürlichen Personen ist in dem Sinne unbeschränkt, dass sämtliche Einkünfte i. S. d. § 2 Abs. 1 S. 1 Nr. 1–7 EStG, die weltweit erzielt werden, in der Bundesrepublik Deutschland der Besteuerung unterliegen. Für Körperschaften ergibt sich das Welteinkommensprinzip aus § 1 Abs. 2 KStG. Für die im Inland unbeschränkt steuerpflichtigen Gesellschafter einer ausländischen gewerblichen Personengesellschaft bedeutet dies, dass sie mit den Einkünften aus dieser Gesellschaft in gleicher Weise der deutschen Einkommensteuer bzw. Körperschaftsteuer unterliegen, wie mit den Einkünften aus einer deutschen gewerblichen Personengesellschaft, wenn zwischen der Bundesrepublik und dem ausländischen Sitzstaat der Gesellschaft kein Doppelbesteuerungsabkommen (DBA) besteht. Die steuerbaren ausländischen Einkünfte sind nach deutschen Einkünfteermittlungsnormen zu ermitteln, denn nur insoweit besteht eine sachliche Steuerpflicht.[180]

Verluste aus der Beteiligung an einer Personengesellschaft werden im Feststellungszeitpunkt in die steuerliche Bemessungsgrundlage des Gesellschafters einbezogen. Dies gilt wegen des Welteinkommensprinzips auch für Verluste aus der Beteiligung an einer ausländischen Personengesellschaft. Daher können Verlustanteile des Gesellschafter

180 BFH v. 22.5.1991, BStBl. II 1992, 94.

grundsätzlich[181] mit anderen positiven Einkünften verrechnet werden und, sofern sich hieraus ein negativer Überhang ergibt, nach § 10d EStG ein Jahr zurück oder zeitmäßig unbegrenzt vorgetragen werden. Die im Grundsatz gleiche Behandlung in- und ausländischer Verluste wird durch § 2a EStG eingeschränkt.[182] § 2a Abs. 1 S. 1 Nr. 2 EStG ordnet an, dass Verluste aus einer in einem ausländischen Staat belegenen gewerblichen Betriebstätte nur mit aus demselben Staat stammenden, positiven gewerblichen Einkünften verrechnet werden dürfen. Zwar sind Beteiligungen an ausländischen Personengesellschaften in § 2a EStG nicht ausdrücklich genannt, doch ist dem inländischen Gesellschafter die von der ausländischen Personengesellschaft im Ausland unterhaltene Betriebstätte zuzurechen, so dass der Gesellschafter Einkünfte aus einer in einem ausländischen Staat belegenen gewerblichen Betriebstätte i. S. d. § 2a Abs. 1 S. 1 Nr. 2 EStG erzielt.[183] Die Verlustausgleichsbeschränkung des § 2a EStG gilt nicht für negative Einkünfte, die durch eine qualifizierte aktive Tätigkeit i. S.v. § 2a Abs. 2 S. 1 EStG erzielt werden.

181 Für Kommanditisten ist allerdings die in § 15a Abs. 1 S. 1 EStG normierte Verlustausgleichsbeschränkung zu berücksichtigen. Diese gilt gem. § 15a Abs. 5 Nr. 3 EStG auch für Gesellschafter einer ausländischen Personengesellschaft, die als Mitunternehmer anzusehen sind und nur beschränkt haften.

182 Die beschränkenden Wirkung von § 2a Abs. 1 EStG wird von Teilen des Schrifttums für unvereinbar mit den Grundfreiheiten des EG-Vertrages gehalten. *Dautzenberg*, FR 2001, S. 809 ff.; *Gosch* in Kirchhof, EStG, § 2a Rn. 2; *Kluge*, Das Internationale Steuerrecht, N 18; *Mössner* in Kirchhof/Söhn/Mellinghoff, EStG, § 2a Rdnr. A 45; *Probst* in Herrmann/Heuer/Raupach, EStG, § 2a Anm. 12; *Rädler/Lausterer* in FS Müller, S. 339 ff.; *Schaumburg*, Besteuerung von Kapitalerträgen, S. 242 f. Die zwischen der Bundesrepublik und den EU-Staaten bestehenden DBA sehen für Betriebsstättengewinne die Freistellungsmethode vor, woraus sich nach h. M. eine Nichtberücksichtigung von Betriebsstättenverlusten ergibt. In diesem Fall wird durch die Regelung des § 2a Abs. 1 EStG jedoch die Berücksichtigung der ausländischen Verluste im Rahmen des negativen Progressionsvorbehalts ausgeschlossen. Schmidt/*Heinicke*, EStG, § 32b Rz. 22.

183 BFH v. 17.11.1999, BStBl. II 00, 605; Schmidt/*Heinicke*, EStG, § 2a Rz. 25; *Gosch* in Kirchhof, EStG, § 2a Rn. 25.

bb) Gewinnermittlung und Buchführungspflichten

Der Unfang und die Ermittlung der Einkünfte des Mitunternehmers einer inländischen Personengesellschaft wurde bereits unter § 2 II 3 dargestellt. Im Folgenden wird nur auf die sich bei einer Beteiligung an einer ausländischen Mitunternehmerschaft ergebenen Besonderheiten eingegangen.

Unbeschränkt Steuerpflichtige haben eine Beteiligung an einer ausländischen Personengesellschaft gem. § 138 Abs. 2 Nr. 2 AO dem zuständigen Finanzamt mitzuteilen. Ob es sich bei einer ausländischen Gesellschaft um eine Personengesellschaft handelt, entscheidet sich ausschließlich nach deutschem Steuerrecht, wobei sich die Qualifikation nach dem sog. Rechtstypenvergleich richtet.[184]

Die gewerblichen Einkünfte eines Mitunternehmers umfassen gem. § 15 Abs. 1 S. 1 Nr. 2 EStG den auf ihn entfallenden gesellschaftsrechtlichen Gewinnanteil sowie die Sondervergütungen, die er von der Personengesellschaft bezogen hat. Die Vorschrift enthält keine Beschränkung auf Einkünfte aus inländischen Mitunternehmerschaften, so dass § 15 Abs. 1 S. 1 Nr. 2 EStG auch auf die Beteiligung an ausländischen Personengesellschaften anzuwenden ist.[185]

Für deutsche Steuerzwecke hat die Ermittlung der Einkünfte auch im Falle einer Beteiligung an einer ausländischen Personengesellschaft nach deutschem Steuerrecht zu erfolgen.[186] Bei einer Beteiligung unbeschränkt steuerpflichtiger Mitunternehmer an einer ausländischen Personengesellschaft, die im Inland keine Betriebstätte unterhält, sind die Gewinnanteile der Gesellschafter aus dem gem. § 4 Abs. 1 EStG zu ermittelnden Gewinn der Gesellschaft abzuleiten. § 5 Abs. 1 EStG ist nach wohl h. M. bei der Ermittlung des Gewinns nicht anwendbar, da es an einer originären deutschen Rechnungslegungspflicht fehlt und die Regelung des § 5 Abs. 1 EStG sich in ihren beiden Alternativen nur auf einen Jahresabschluss bezieht, der dem deutschen Handels- oder

184 Vgl. dazu oben unter § 4 I 1 a), b).

185 BFH v. 13.9.1989, BStBl. II 1990, 57; BFH v. 27.2.1991, BStBl. II 1991, 444.

186 BFH v. 22.5.1991, BStBl. II 1992, 94; BFH v. 16.2.1996, BStBl. II 1997, 128; BFH v. 24.3.1999, BStBl. II 2000, 399; *Baranowski*, Besteuerung von Auslandsbeziehungen, S. 161; *Jacobs*, Internationale Unternehmensbesteuerung, S. 569.

Steuerrecht entsprechend aufgestellt wurde; dies ergibt sich aus der Verweisung auf die handelsrechtlichen Grundsätze ordnungsmäßiger Buchführung.[187] Grundlage für die Gewinnermittlung nach § 4 Abs. 1 EStG ist nach Ansicht des BFH die ausländische Gewinnermittlung, die unter Beachtung der materiellen Grundsätze ordnungsmäßiger Bilanzierung an das deutsche Steuerrecht anzupassen ist.[188] Eine Rechtsgrundlage für diese Anpassung wird vom BFH nicht genannt; die Literatur[189] sieht die Rechtsgrundlage in § 146 Abs. 2 AO. Da § 146 Abs. 2 S. 3 AO das Bestehen einer inländischen Buchführung voraussetzt, ist eine solche Sichtweise nicht zweifelsfrei.

Zutreffend ist, dass § 5 Abs. 1 EStG an originäre deutsche Rechnungslegungspflichten anknüpft und für ausländische Personengesellschaften gem. § 140 AO keine Buchführungspflicht besteht, da eine Verpflichtung zur Buchführung und Bilanzierung nach deutschem Handelsrecht nur insoweit besteht, als eine inländische Betriebstätte unterhalten wird. Die Gesellschaft ist zwar i. d. R. zur Buchführung im Ausland verpflichtet, doch begründet dies keine Buchführungspflicht im Sinne des § 140 AO.[190] [191]

Fraglich ist, ob eine Buchführungspflicht gem. § 141 AO besteht. Nach Auffassung von *Kruse/Düren*[192] ist Unternehmer i. S. d. § 141 AO die Personengesellschaft. Ausländische Unternehmer sind zur Buchführung gem. § 141 AO jedoch nur dann verpflichtet, wenn sie im Inland

187 BFH v. 13.9.1989, BStBl. II 1990, 57; BFH v. 22.5.1991, BStBl. II 1992, 94; *Baranowski*, Besteuerung von Auslandsbeziehungen, S. 161 f.; *Jacobs*, Internationale Unternehmensbesteuerung, S. 569; *Kluge*, Das internationale Steuerrecht, N 309; *Prinz/Breuninger*, IWB 1997, F. 10, Gr. 2, S. 1293, 1299; a. A. *Mathiak*, DStR 1990, S. 255, 256 f.

188 BFH v. 9.8.1989, BStBl. II 1990, 175; BFH v. 13.9.1989, BStBl. II 1990, 57.

189 *Jacobs*, Internationale Unternehmensbesteuerung, S. 569; *Kluge*, Das internationale Steuerrecht, N 309; *Krabbe*, IWB 2000, F. 3 Gr. 2, S. 868; *Mathiak*, DStR 1990, S. 255, 257.

190 BFH v. 9.8.1989, BStBl. II 1990, 175; BFH v. 13.9.1989, BStBl. II 1990, 57; *Crezelius* in Kirchhof, EStG, § 5 Rn. 7; *Stobbe* in Herrmann/Heuer/Raupach, EStG, § 5 Anm. 12; *Trzaskalik* in Hübschmann/Hepp/Spitaler, AO, § 140 Rn. 6 f.; a. A. *Kruse/Drüen* in Tipke/Kruse, AO, § 140 Tz. 7.

191 *Piltz* sieht jedoch eine handelsrechtliche Buchführungspflicht der persönlich haftenden inländischen Gesellschafter, *Piltz*, Personengesellschaften, S. 86 f.

192 *Kruse/Drüen* in Tipke/Kruse, AO, § 141 Tz. 3.

eine Betriebstätte unterhalten.[193] Auch für die Gesellschafter besteht nach Auffassung von *Jacobs*[194] und *Kluge*[195] keine inländische Buchführungspflicht, da die Gesellschaft bereits im Ausland zur Buchführung und Bilanzierung verpflichtet ist. Ohne jegliche Begründung wird jedoch für den Fall einer fehlenden Buchführungsverpflichtung im Ausland eine subsidiäre Rechnungslegungsverpflichtung des inländischen Gesellschafters gem. § 141 Abs. 1 AO angenommen.

Hingegen vertritt *Reiß*[196] die Auffassung, dass bei einer Personengesellschaft, die ein gewerbliches Unternehmen i. S. d. § 15 Abs. 1 S. 1 Nr. 1 i. V. m. § 15 Abs. 2 EStG betreibt, in der Terminologie des § 141 AO mehrere Unternehmer gemeinsam einen Betrieb betreiben, so dass im Anwendungsbereich des § 141 AO die Gesellschafter Adressaten der Buchführungspflicht sind. Folgt man dieser Ansicht, so besteht für im Inland ansässige Gesellschafter einer ausländischen Personengesellschaft Buchführungspflicht gem. § 141 AO, wenn die dort genannten Grenzen überschritten werden.[197] Die Buchführungspflicht erstreckt sich sowohl auf das Gesamthandsvermögen als auch auf das Sonderbetriebsvermögen.[198] Aufgrund einer originären deutschen Rechnungslegungspflicht hat dann die Gewinnermittlung nach den §§ 5 Abs. 1, 4 Abs. 1 EStG zu erfolgen. § 146 Abs. 2 AO sieht eine Erleichterung vor, falls für ausländische Betriebstätten nach dortigem Recht eine Buchführungspflicht besteht und diese Verpflichtung erfüllt wird. In diesem Fall können die Ergebnisse der ausländischen Buchführung in die inländische Buchführung übernommen werden, wobei Anpassungen an die innerstaatlichen steuerrechtlichen Vorschriften vorzunehmen sind. Diese Erleichterung muss auch für die dem Gesell-

193 *Trzaskalik* in Hübschmann/Hepp/Spitaler, AO, § 141 Rz. 9; *Piltz*, Personengesellschaften, S. 86.

194 *Jacobs*, Internationale Unternehmensbesteuerung, S. 568 f.

195 *Kluge*, Das internationale Steuerrecht, N 308.

196 *Reiß* in Kirchhof/Söhn/Mellinghoff, EStG, § 15 Rndr. E 95; so auch wohl auch *Trzaskalik* in Hübschmann/Hepp/Spitaler, AO, Vor § 140 Rz. 19.

197 Ein Buchführungspflicht nach § 141 AO hält wohl auch der BFH grundsätzlich für möglich, denn sowohl in seinem Urteil v. 9.8.1989, BStBl. II 1990, 175 als auch in seinem Urteil v. 13.9.1989, BStBl. II 1990, 57 lässt er die Frage nur mangels Überschreiten der Grenzen des § 141 AO offen.

198 *Reiß* in Kirchhof/Söhn/Mellinghoff, EStG, § 15 Rndr. E 94.

schafter einer ausländischen Personengesellschaft anteilig zuzurechnende Betriebstätte gelten. Da der Sitzstaat der Personengesellschaft dem Transparenzprinzip folgt, kann eine weitgehende Übernahme der nach ausländischem Recht erstellten Gesamthands- und Sonderbilanzen erfolgen.

Für die Bestimmung des Betriebsvermögensumfangs gelten für ausländische Personengesellschaften die gleichen Grundsätze wie für inländische Personengesellschaften.[199] Der steuerrechtliche Betriebsvermögensbegriff erfasst neben dem Gesamthandsvermögen der Personengesellschaft auch das sog. Sonderbetriebsvermögen, also Wirtschaftsgüter, die zivilrechtlich im Eigentum des Gesellschafters stehen, die jedoch der Beteiligung an der Personengesellschaft im weitesten Sinne dienen.[200] Wirtschaftsgüter des Gesamthandsvermögen, die in keiner Beziehung zum Betrieb der Gesellschaft stehen und demnach nur der privaten Lebensführung eines oder mehrerer Gesellschafter dienen, sind kein Betriebsvermögen, sondern notwendiges Privatvermögen.[201]

Sind an der ausländischen Personengesellschaft mehrere Steuerinländer beteiligt, dann werden die Einkünfte aus Gewerbebetrieb gesondert (§ 180 Abs. 1 Nr. 2a AO) und einheitlich (§ 179 Abs. 2 S. 2 AO) festgestellt; dem Rechtsgedanken des § 180 Abs. 3 AO folgend findet keine gesonderte Feststellung der Einkünfte statt, wenn an der ausländischen Personengesellschaft neben den Steuerausländern nur ein Steuerinländer beteiligt ist.

b) Besteuerung des inländischen Gesellschafters im Ausland

Folgt der Sitzstaat der Gesellschaft dem Transparenzprinzip, wird die Gesellschaft in ihrem Sitzstaat nicht als Steuersubjekt anerkannt. Mangels eines persönlichen Anknüpfungsmerkmals der Gesellschafter im Sitzstaat der Gesellschaft, können diese dort allenfalls beschränkt steuer-

199 *Greif* in Mössner, Steuerrecht international tätiger Unternehmen, E 75; *ders.*, Steuergestaltung, S. 105.

200 § 2 II 3 b).

201 Schmidt/*Heinicke*, EStG, § 4 Rz. 175 ff.; *Crezelius* in Kirchhof, EStG, § 4 Rn. 63.

pflichtig sein, was einen sachlichen Anknüpfungspunkt im Sitzstaat der Gesellschaft voraussetzt. Das Vorliegen einer Betriebstätte stellt regelmäßig einen solchen sachlichen Anknüpfungspunkt für die beschränkte Steuerpflicht dar. In einigen Ländern begründet bereits die Beteiligung an einer Personengesellschaft die beschränkte Steuerpflicht eines nichtansässigen Gesellschafters.[202] Befindet sich der Ort der Geschäftsleitung im Sitzstaat der Personengesellschaft, unterhält die Personengesellschaft eine Betriebstätte im Sitzstaat, so dass ein sachlicher Anknüpfungsmoment angenommen werden kann. Die im Inland ansässigen Gesellschafter unterliegen in diesen Fällen mit ihren Gewinnanteilen aus der ausländischen Personengesellschaft im Ausland der beschränkten Steuerpflicht. Gleiches gilt aufgrund der einheitlichen Qualifikation der Sondervergütungen im In- und Ausland auch für diese.

c) Unilaterale Maßnahmen zur Vermeidung der Doppelbesteuerung

Das Nebeneinander von unbeschränkter Steuerpflicht im Inland und beschränkter Steuerpflicht im Ausland führt zu einer Doppelbesteuerung des Gesellschafters hinsichtlich der aus der ausländischen Personengesellschaft stammenden Einkünfte. Zur Vermeidung dieser Doppelbesteuerung werden verschiedene Methoden angewendet, wobei zwischen unilateralen und bilateralen Maßnahmen zu unterscheiden ist. Besteht – wie in diesem Teil der Arbeit (§ 4) unterstellt – mit dem Sitzstaat der Personengesellschaft kein Doppelbesteuerungsabkommen, kommen ausschließlich die in den Steuergesetzen bestehenden unilateralen Maßnahmen zur Vermeidung der Doppelbesteuerung zur Anwendung. Zentrale Norm im Bereich der deutschen Ertragsbesteuerung ist § 34c EStG.

202 *Jacobs*, Internationale Unternehmensbesteuerung, S. 581.

aa) Anrechnungsmethode

Gem. § 34c Abs. 1 S. 1 EStG ist bei unbeschränkt Steuerpflichtigen, die mit ausländischen Einkünften in dem Staat, aus dem die Einkünfte stammen, zu einer der deutschen Steuer entsprechenden Steuer herangezogen werden, die festgesetzte und gezahlte und keinem Ermäßigungsanspruch mehr unterliegende ausländische Steuer auf die deutsche Einkommensteuer anzurechen, die auf die Einkünfte aus diesem Staat entfällt. Zur Vermeidung der Doppelbesteuerung wird die im Ausland gezahlte Steuer auf die deutsche Einkommensteuer angerechnet. Da eine Personengesellschaft nach deutschem Steuerrecht selbst nicht Steuersubjekt ist, sondern nur ihre Gesellschafter, ist die entrichtete ausländische Steuer den Gesellschaftern entsprechend ihrer Beteiligung am Gewinn zuzurechnen. Diese können sofern sie unbeschränkt steuerpflichtig sind, die auf sie entfallende ausländische Steuer auf ihre Einkommen- oder Körperschaftsteuer gem. § 34c Abs. 1 EStG bzw. gem. § 26 KStG anrechnen.[203] Die Steueranrechnung ist an gewisse Voraussetzungen geknüpft.

(1) Steuersubjektidentität

Der unbeschränkt Steuerpflichtige muss selbst mit den aus einem ausländischen Staat stammenden Einkünften dort zu einer Steuer herangezogen worden sein, d. h. es muss Steuersubjektidentität vorliegen.[204] Wird die ausländische Personengesellschaft im Sitzstaat ebenfalls nach dem Transparenzprinzip besteuert, so sind im Sitzstaat nur die Gesellschafter mit ihrem Gewinnanteil und ihren Sondervergütungen steuerpflichtig, so dass Subjektidentität für die inländischen Gesellschafter gegeben ist.

203 *Flick/Wassermeyer/Lüdicke* in Flick/Wassermeyer/Baumhoff, Außensteuerrecht, § 34c EStG, Rn. 36.

204 *Flick/Wassermeyer/Lüdicke* in Flick/Wassermeyer/Baumhoff, Außensteuerrecht, § 34c EStG, Rn. 40; *Kluge*, Das Internationale Steuerrecht, N 24.

(2) Ausländische Einkünfte im Sinne des § 34d EStG

Des Weiteren können ausländische Steuern gem. § 34c Abs. 1 EStG nur dann angerechnet werden, wenn sie auf ausländische Einkünfte erhoben wurden. Was ausländische Einkünfte i. S. d. § 34c Abs. 1 EStG sind, bestimmt abschließend[205] § 34d EStG. Soweit im Ausland Steuern auf Einkünfte erhoben wurden, bei denen es sich nicht um ausländische Einkünfte i. S. d. § 34d EStG handelt, sieht § 34c Abs. 3 EStG den Abzug dieser Steuern bei der Ermittlung des Gesamtbetrages der Einkünfte vor.

Einkünfte aus Gewerbebetrieb sind gem. § 34d Nr. 2a EStG ausländische Einkünfte i. S. d. § 34c Abs. 1 EStG, wenn sie durch eine in einem ausländischen Staat belegene Betriebstätte oder durch einen in einem ausländischen Staat tätigen ständigen Vertreter erzielt wurden. Sofern die Personengesellschaft den Ort ihrer Geschäftsleitung im Sitzstaat hat, und somit dort eine Betriebstätte i. S. d. § 12 AO unterhält, welche den Mitunternehmern anteilig zuzurechnen ist, stellen Gewinnanteil sowie Sondervergütungen für den jeweiligen Gesellschafter ausländische Einkünfte i. S. d. § 34d Nr. 2a EStG dar.

(3) Ursprungsland

Gem. § 34c Abs. 1 S. 1 EStG sind nur solche ausländischen Steuern anrechenbar, die in dem Staat erhoben wurden, aus dem die ausländischen Einkünfte stammen. Das Gesetz stellt für die Anrechnung der Steuer auf das Ursprungsland der Einkünfte ab. Dieses ist nach den in § 34d EStG festgelegten Anknüpfungspunkten zu bestimmen.[206] Demnach stammen Einkünfte aus Gewerbebetrieb aus dem Staat, in dem die Betriebstätte belegen ist, durch die die Einkünfte erzielt worden

205 *Flick/Wassermeyer/Lüdicke* in Flick/Wassermeyer/Baumhoff, Außensteuerrecht, § 34c EStG, Rn. 54, § 34d EStG, Rn. 13; Blümich/*Wied*, EStG, § 34d Rz. 2; *Handzik* in Littmann/Bitz/Pust, EStG, § 34d Rn. 1.

206 *Flick/Wassermeyer/Lüdicke* in Flick/Wassermeyer/Baumhoff, Außensteuerrecht, § 34c EStG, Rn. 55 f., § 34d EStG, Rn. 16; Blümich/*Wied*, EStG, § 34d Rz. 2.

sind.[207] Für die Ergebniszuordnung ist auf einen wirtschaftlichen Veranlassungszusammenhang abzustellen. Der Betriebstätte sind somit diejenigen Erträge und Aufwendungen zuzuordnen, die durch die Tätigkeit der Betriebstätte veranlasst werden.[208] Soweit die ausländische Personengesellschaft nur eine Betriebstätte am Ort der Geschäftsleitung unterhält bzw. weitere Betriebstätten ausschließlich im Sitzstaat der Personengesellschaft belegen sind, stammen somit die Gewinnanteile der inländischen Gesellschafter sowie die Sondervergütungen bzw. Sonderbetriebseinnahmen aus dem Sitzstaat der Personengesellschaft.

Auch Zinsen, Dividenden etc., die die ausländische Personengesellschaft aus einem Drittstaat erzielt, in dem sie keine Betriebstätte unterhält, stammen aus dem Sitzstaat der Personengesellschaft, da diese in dem dem Mitunternehmer zuzurechnenden Anteil am Gesamtgewinn der Personengesellschaft enthalten sind, und somit aus deutscher Sicht als Einkünfte i. S. d. § 34d Nr. 2a EStG behandelt werden.[209] Im Drittstaat aufgrund der Verknüpfung des Steuergutes mit diesem Staat auf Teile des Personengesellschaftsgewinns erhobene Steuern sind nicht gem. § 34c Abs. 1 EStG auf die Einkommensteuer bzw. Körperschaftsteuer des Mitunternehmers anrechenbar. Die Dreifachbesteuerung dieser Drittstaateneinkünfte wird durch die Anrechnung der im Sitzstaat der Personengesellschaft auf die Betriebstättengewinne – einschließlich der darin enthaltenen Drittstaateneinkünfte – erhobene Steuer somit lediglich zu einer Doppelbesteuerung abgeschwächt. Die im Drittstaat erhobene Steuer kann jedoch gem. § 34c Abs. 3 EStG bei der Ermittlung der Einkünfte abgezogen werden, soweit sie festgesetzt und gezahlt ist und keinem Ermäßigungsanspruch mehr unterliegt, so dass die Doppelbesteuerung im Ergebnis vermieden bzw. vermindert wird.[210]

207 *Flick/Wassermeyer/Lüdicke* in Flick/Wassermeyer/Baumhoff, Außensteuerrecht, § 34c EStG, Rn. 58.

208 BFH v. 20.7.1988, BStBl. II 1989, 140; *Flick/Wassermeyer/Lüdicke* in Flick/Wassermeyer/Baumhoff, Außensteuerrecht, § 34d EStG, Rn. 52.

209 *Burmester*, Anrechnungsmethode, S. 241, 249; *Helde*, Dreiecksverhältnisse im internationalen Steuerrecht, S. 50; *Jacobs*, Internationale Unternehmensbesteuerung, S. 589.

210 Blümich/*Wied*, EStG, § 34c Rz. 79.

In der Literatur wird allerdings die Auffassung vertreten, dass ein Abzug der Quellensteuer gem. § 34c Abs. 3 EStG dann nicht vorzunehmen ist, wenn die Quellensteuer bereits im Betriebstättenstaat aufgrund unilateraler[211] oder bilateraler[212] Vorschriften angerechnet bzw. abgezogen wurde.[213] Dem ist jedoch nicht zu folgen, denn die Anrechnung bzw. der Abzug der Quellensteuer im Betriebstättenstaat bewirkt keine vollständige Vermeidung der Mehrfachbesteuerung. So verringert sich durch Berücksichtigung der Quellensteuer im Sitzstaat der Personengesellschaft zwar die dort erhobene Steuer, aber zugleich auch die im Inland gem. § 34c Abs. 1 EStG anrechenbare Steuer, so dass bei Nichtanwendung des § 34c Abs. 3 EStG insgesamt eine Doppelbesteuerung verbleiben würde.[214] Die im Drittstaat erhobene Quellensteuer ist somit auch in den Fällen gem. § 34c Abs. 3 EStG abzuziehen, in denen eine Anrechnung oder ein Abzug der Quellensteuer im Sitzstaat der Personengesellschaft erfolgt.[215]

(4) Gleichartige Auslandssteuer

Die ausländische Steuer muss der deutschen Einkommensteuer entsprechen.[216] Aufgrund der Unterschiedlichkeit der Steuersysteme genügt bereits eine Gleichartigkeit der ausländischen Steuer. Hierbei kommt es nicht auf eine Gleichartigkeit hinsichtlich des Steuersatzes, der Bemessungsgrundlage oder der Erhebungsform an und ebenso wenig auf die Bezeichnung der ausländischen Steuer und deren gesetzestechnische Ausgestaltung.[217] Für die Gleichartigkeit der ausländischen Steuer ist vielmehr die Identität des Besteuerungsgegenstandes ent-

211 Für das deutsche Steuerrecht ist eine solche Regelung in § 50 Abs. 6 EStG enthalten.

212 Abkommensrechtlich ist eine solche Regelung in Art. 24 Abs. 3 MA enthalten.

213 Blümich/*Wied*, EStG, § 34c Rz. 79.

214 *Helde*, Dreiecksverhältnisse im internationalen Steuerrecht, S. 51 f.

215 *Helde*, Dreiecksverhältnisse im internationalen Steuerrecht, S. 52; *Probst* in Herrmann/Heuer/Raupach, EStG, § 34c Anm. 120.

216 Die Finanzverwaltung gibt ein Verzeichnis ausländischer Steuern heraus, die der deutschen ESt/KSt entsprechen, Anlage 6 zu H 212a EStH.

217 *Flick/Wassermeyer/Lüdicke* in Flick/Wassermeyer/Baumhoff, Außensteuerrecht, § 34c EStG, Rn. 67, 69 ff.; Blümich/*Wied*, EStG, § 34c Rz. 21.

scheidend.[218] Dementsprechend ist von einer Gleichartigkeit der ausländischen Steuer und der deutschen Einkommen- bzw. Körperschaftsteuer auszugehen, wenn die ausländische Steuer vom Gesamteinkommen, von Teilen des Einkommens oder von Veräußerungsgewinnen erhoben wird.[219] Daher sind auch ausländische Länder-, Provinz-, oder Gemeindesteuern nach § 34c Abs. 1 EStG berücksichtigungsfähig, wenn sie vom Einkommen erhoben werden.[220] Keine der deutschen Einkommensteuer entsprechende Steuer sind hingegen ausländische Verbrauch-, Verkehr-, und Realsteuern, Zölle oder sonstige Export- und Importabgaben.[221] Für sie kommt ein Abzug bei der Ermittlung der Einkünfte gem. § 34c Abs. 3 EStG in Betracht. Die im Sitzstaat der Personengesellschaft von den Gesellschaftern auf ihren Gewinnanteil und auf ihre Sondervergütungen erhobene Steuer erfüllt nach Vorstehendem somit die Voraussetzung der Gleichartigkeit.

(5) Identität des Steuerobjekts

Gem. § 34c Abs. 1 S. 1 EStG ist die im Ursprungsland auf die ausländischen Einkünfte erhobene Steuer auf die deutsche Einkommensteuer anzurechnen, die auf die Einkünfte aus diesem Staat entfällt. Damit verlangt § 34c Abs. 1 S. 1 EStG eine Gleichheit des Abgabengegenstands in dem Sinne, dass sowohl im Inland als auch im Ursprungsland Einkünfte i. S. d. § 34d EStG aus diesem Staat besteuert werden. Die Identität des Abgabengegenstandes bezieht sich somit auf die ausländischen Einkünfte i. S. d. § 34d EStG insgesamt, d. h. alle aus einem Ursprungsland stammenden Einkünfte i. S. d. § 34d werden für Zwecke der Steueranrechnung zusammengefasst, so dass nur eine „pro-

218 BFH v. 27.3.1996, BStBl. II 1997, 91.

219 *Flick/Wassermeyer/Lüdicke* in Flick/Wassermeyer/Baumhoff, Außensteuerrecht, § 34c EStG, Rn. 67.

220 *Flick/Wassermeyer/Lüdicke* in Flick/Wassermeyer/Baumhoff, Außensteuerrecht, § 34c EStG, Rn. 68, 68a; Blümich/*Wied*, EStG, § 34c Rz. 21.

221 *Flick/Wassermeyer/Lüdicke* in Flick/Wassermeyer/Baumhoff, Außensteuerrecht, § 34c EStG, Rn. 72; Blümich/*Wied*, EStG, § 34c Rz. 21.

Land-Identität" erforderlich ist, jedoch keine „Einkünfte-Identität".[222] Daher ist es möglich, dass ein nicht ausgenutzter Anrechnungshöchstbetrag für aus einem ausländischen Staat stammende Einkünfte zum Ausgleich bestehender Anrechnungsüberhänge für andere aus demselben Staat stammende ausländische Einkünfte genutzt wird. Damit ist bspw. für den Fall, dass bestimmte Einkünfte nach ausländischem Steuerrecht positiv, nach inländischem Steuerrecht hingegen negativ sind, die auf diese positiven ausländischen Einkünfte im Ausland erhobene Steuer auf die deutsche Einkommensteuer anrechenbar, die auf andere Einkünfte aus diesem Staat entfällt.[223] Die Identität des Abgabengegenstandes ist auch gegeben, wenn wegen unterschiedlicher Ermittlungsvorschriften im In- und Ausland die Bemessungsgrundlagen voneinander abweichen. Die ausländische Steuer ist daher nicht im Verhältnis der beiden Bemessungsgrundlagen herabzusetzen, falls die inländische Bemessungsgrundlage der ausländischen Einkünfte niedriger ist als die ausländische Bemessungsgrundlage dieser Einkünfte.[224] Eine Verrechnung von Steuerüberhängen aus einem Staat mit nicht ausgenutzten Anrechnungshöchstbeträgen anderer Staaten ist hingegen wegen der „pro-Land-Identität" nicht möglich.[225]

(6) Anrechenbare Steuer

Nur eine in einem ausländischen Staat festgesetzte, gezahlte und keinem Ermäßigungsanspruch mehr unterliegende Steuer kann auf die deutsche Steuer angerechnet werden. Soweit im Ausland noch eine Steuerermäßigung durch Antrag oder Rechtsbehelf herbeigeführt werden kann, soll der Steuerpflichtige dieses nicht zu Lasten des deut-

222 *Flick/Wassermeyer/Lüdicke* in Flick/Wassermeyer/Baumhoff, Außensteuerrecht, § 34c EStG, Rn. 76; *Schaumburg*, Internationales Steuerrecht, Rz. 15.62.

223 *Flick/Wassermeyer/Lüdicke* in Flick/Wassermeyer/Baumhoff, Außensteuerrecht, § 34c EStG, Rn. 76 f.

224 BFH v. 2.2.1994, BStBl. II 1994, 727; Blümich/*Wied*, EStG, § 34c Rz. 36.

225 *Jacobs*, Internationale Unternehmensbesteuerung, S. 51; *Kluge*, Das Internationale Steuerrecht, N 42.

schen Fiskus unterlassen können.[226] Sind hingegen die einschlägigen Rechtsmittelfristen abgelaufen, so entsteht im Inland auch eine Anrechnungsberechtigung hinsichtlich des bis zum Ablauf der Fristen erstattungsfähigen Anteils der ausländischen Steuer; dies ergibt sich aus dem Wortlaut des § 34c Abs. 1 S. 1 EStG, wonach eine Anrechnung möglich ist, soweit ein Ermäßigungsanspruch nicht mehr besteht.[227]

Anders liegt es, wenn zwischen dem Ansässigkeitsstaat des unbeschränkt Steuerpflichtigen und dem Quellenstaat ein DBA besteht, das für die betreffenden Einkünfte die Anrechnungsmethode vorsieht. Der Verweis in § 34c Abs. 6 S. 2 EStG führt nicht zur Anwendung des § 34c Abs. 1 S. 1 EStG, so dass eine Anrechnung ausländischer Steuer, die nur aufgrund verjährter Erstattungsansprüche zu zahlen wäre, ausgeschlossen ist.[228]

(7) Identität des Abgabezeitraums

Nach § 34c Abs. 1 S. 5 EStG sind die ausländischen Steuern nur insoweit anzurechen, als sie auf die im Veranlagungszeitraum bezogenen Einkünfte entfallen. Bezogen werden die Einkünfte in dem Jahr, in dem sie nach deutschem Steuerrecht erzielt werden. Hingegen kommt es nicht darauf an, für welchen Zeitraum die ausländische Steuer festgesetzt und gezahlt wird; die Anrechenbarkeit setzt somit keine Identität des Abgabezeitraums voraus.[229] Anzurechnen ist die ausländische Steuer des/der Veranlagungszeitraums/Veranlagungszeiträume, in dem/denen die ausländischen Einkünfte nach ausländischem Steuerrecht im formellen Sinne erzielt werden.[230] Falls eine ausländische Steuer, die auf in einem bestimmten Veranlagungszeitraum bezogene Einkünfte

226 *Flick/Wassermeyer/Lüdicke* in Flick/Wassermeyer/Baumhoff, Außensteuerrecht, § 34c EStG Rn. 83a; *Schaumburg*, Internationales Steuerrecht, Rz. 15.64.

227 BFH v. 15.3.1995, BStBl. II 1995, 580; *Flick/Wassermeyer/Lüdicke* in Flick/Wassermeyer/Baumhoff, Außensteuerrecht, § 34c EStG, Rn. 83a.

228 BFH v. 15.3.1995, BStBl. II 1995, 580.

229 *Jacobs*, Internationale Unternehmensbesteuerung, S. 41; Blümich/*Wied*, EStG, § 34c Rz. 40; *Schaumburg*, Internationales Steuerrecht, Rz. 15.63.

230 BFH v. 31.7.1991, BStBl. II 1991, 922; so auch *Flick/Wassermeyer/Lüdicke* in Flick/Wassermeyer/Baumhoff, Außensteuerrecht, § 34c EStG, Rn. 125a.

entfällt, erst nach bestandskräftiger Festsetzung der inländischen Einkommensteuer erstmalig festgesetzt oder nachträglich erhöht oder erstattet wird, findet gem. § 175 Abs. 1 S. 1 Nr. 2 AO von Amts wegen eine Änderung der Steuerfestsetzung statt. Wird eine bereits angerechnete ausländische Steuer erstattet, so hat der Steuerpflichtige dies dem zuständigen Finanzamt gem. § 153 Abs. 2 AO mitzuteilen.[231]

(8) Anrechnungshöchstbetrag

Die Anrechnung der ausländischen Steuer ist gem. § 34c Abs. 1 S. 1 EStG der Höhe nach begrenzt. Die ausländische Steuer kann nur insoweit auf die deutsche Einkommensteuer angerechnet werden, als diese auf Einkünfte aus dem betreffenden ausländischen Staat entfällt. Da sich der Anrechnungshöchstbetrag somit aus der inländischen Steuer ergibt, die auf sämtliche Einkünfte i. S. d. § 34d EStG aus dem jeweiligen ausländischen Staat entfällt, spricht man von „pro-Land-Identität", d. h. der Anrechnungshöchstbetrag ist für die gesamten Einkünfte eines jeden ausländischen Staat einzeln und getrennt zu ermitteln.[232]

Die „anteilige" inländische tarifliche Einkommensteuer, d. h. der Höchstbetrag bis zu dem die ausländische Steuer auf die deutsche Einkommensteuer angerechnet werden kann, errechnet sich gem. § 34c Abs. 1 S. 2 EStG in der Weise, dass die sich bei der Veranlagung des zu versteuernden Einkommens ergebende deutsche Einkommensteuer im Verhältnis der ausländischen Einkünfte zur Summe der Einkünfte aufgeteilt wird.

Die deutsche Einkommensteuer ist die sich bei der Veranlagung des zu versteuernden Einkommens einschließlich der ausländischen Einkünfte nach den § 32a, § 32b, § 34 und § 34b EStG ergebende Steuer. Die ausländische Steuer ist somit nach der Berücksichtigung des Progressionsvorbehaltes und nach Gewährung der Steuerermäßigungen nach §§ 34, 34b EStG anzurechen. Mit dieser Methode wird

231 Blümich/*Wied*, EStG, § 34c Rz. 60.
232 *Jacobs*, Internationale Unternehmensbesteuerung, S. 45 ff.

im Ergebnis unterstellt, dass alle Einkünfte, einschließlich der ausländischen, gleichmäßig mit inländischer Steuer belastet sind.

(i) Ausländische Einkünfte

Entgegen der früheren Gesetzeslage sind nach § 34c Abs. 1 S. 3 EStG n. F.[233] bei der Ermittlung der ausländischen Einkünfte diejenigen ausländischen Einkünfte nicht zu berücksichtigen, die in dem Staat, aus dem sie stammen, nach dessen Recht nicht besteuert werden. Dies soll gem. § 34c Abs. 6 S. 3 EStG n. F. auch dann gelten, wenn die Nichtbesteuerung nicht auf innerstaatlichem Steuerrecht des ausländischen Staates, sondern auf einem DBA beruht. Begründet wird dies vom Gesetzgeber damit, dass in diesem Fall eine Doppelbesteuerung dieser Einkünfte nicht gegeben sei.[234] Zwar ist eine Doppelbesteuerung nicht gegeben, doch führt die durch die Gesetzesänderung angeordnete Nichtberücksichtigung der im Ausland nicht besteuerten Einkünfte zu einer „per-item-limitation" und damit zu einer Verletzung des in § 34c Abs. 1 S. 1 EStG verankerten Prinzips der „per-country-limitation".[235] Durch die Regelung des § 34c Abs. 1 S. 3 EStG n. F. kommt es im Vergleich zur alten Gesetzeslage zu einer Minderung der ausländischen Einkünfte i. S. d. § 34c Abs. 1 S. 2 EStG, wenn die im Ausland steuerfreien ausländischen Einkünfte nach inländischen Gewinnermittlungsvorschriften positiv sind. Ergibt sich für diese bei der Ermittlung nach deutschem Steuerrecht hingegen ein Verlust, so ist der bei der Ermittlung des Anrechnungshöchstbetrags i. S. d. § 34c Abs. 1 S. 2 EStG anzusetzende Betrag der ausländischen Einkünfte aufgrund der Nichtberücksichtigung höher als nach alter Gesetzeslage. Nach bisheriger Gesetzeslage waren ausländische Verluste bei der Ermittlung der ausländischen Einkünfte i. S. d. § 34c Abs. 1 S. 2 EStG nämlich zu berücksichtigen, soweit nicht § 2a EStG einschlägig war, so dass diese andere positive Einkünfte aus demselben Staat mindern konnten. Fraglich ist allerdings, ob bei der Ermittlung der ausländischen Einkünfte

233 Änderung erfolgte durch das Steuervergünstigungsabbaugesetz (StVergAbG).
234 BT-DruckS. 15/119, S. 40.
235 Kritisch hierzu *Lüdicke*, IStR 2003, S. 433 f.; *Müller-Dott*, DB 2003, S. 1468 f.

i. S. d. § 34c Abs. 1 S. 2 EStG auch solche positiven oder negativen ausländische Einkünfte nicht zu berücksichtigen sind, für die sich nach ausländischen Gewinnermittlungsvorschriften ein Verlust ergibt. Die Gesetzesbegründung spricht für eine Nichtberücksichtigung dieser nach deutschen Gewinnermittlungsvorschriften positiven oder negativen Einkünfte, denn soweit sich Einkünfte nach ausländischen Gewinnermittlungsvorschriften als Verluste darstellen, besteht ebenfalls keine Gefahr einer Doppelbesteuerung.[236]

Weiter ist unklar, ob bei der Ermittlung der ausländischen Einkünfte auch diejenigen Einkünfte zu berücksichtigen sind, die nur im Ausland steuerpflichtig sind. Dies wird für aus dem Ausland stammende Einkünfte, die im Inland nicht steuerbar sind, mit der Begründung verneint, dass es sich nicht um ausländische Einkünfte i. S. d. § 34d EStG handle.[237]

Umstritten ist aber, ob ausländische Einkünfte i. S. d. § 34d EStG, die im Inland steuerfrei[238] sind, unter die ausländischen Einkünfte i. S. d. § 34c Abs. 1 S. 2 EStG zu fassen sind. Nach wohl überwiegender Auffassung soll wegen der Ermittlung nach deutschem Steuerrecht auch in diesem Fall eine Berücksichtigung der ausländischen Einkünfte bei der Berechnung des Anrechnungshöchstbetrages unterbleiben.[239] Im Übrigen soll sich auch aus dem Grundsatz der Gleichheit des Abgabengegenstandes ergeben, dass eine Anrechnung ausländischer Steuern eine tatsächliche Besteuerung der ausländischen Einkünfte im Inland voraussetzt.[240]

Gegen diese Sichtweise spricht die für Zwecke des § 34c Abs. 1 EStG geltende Definition des Begriffs der ausländischen Einkünfte in § 34d EStG. Diese baut lediglich auf der allgemeinen Einkünftedefini-

236 Vgl. *Lüdicke*, IStR 2003, S. 434.

237 *Flick/Wassermeyer/Lüdicke* in Flick/Wassermeyer/Baumhoff, Außensteuerrecht, § 34c EStG, Rn. 76.

238 Z. B. aufgrund § 3 Nr. 40 EStG, § 8b Abs. 5 KStG oder DBA-Freistellungsmethode.

239 *Flick/Wassermeyer/Lüdicke* in Flick/Wassermeyer/Baumhoff, Außensteuerrecht, § 34c EStG, Rn. 112; Schmidt/*Heinicke*, EStG, § 34c Rz. 15; *Kluge*, Das Internationale Steuerrecht, N 31; Blümich/*Wied*, EStG, § 34c Rz. 49.

240 *Flick/Wassermeyer/Lüdicke* in Flick/Wassermeyer/Baumhoff, Außensteuerrecht, § 34c EStG, Rn. 78; Blümich/*Wied*, EStG, § 34c Rz. 35.

tion des § 2 i. V. m. §§ 13 ff. EStG auf und enthält keine Aussage über die Steuerfreiheit von Einkünften. Der Begriff der ausländischen Einkünfte ist somit „lösgelöst von den tatsächlich der deutschen Einkommensteuerfestsetzung zugrunde zu legenden Einkünften zu interpretieren“,[241] so dass auch in § 34c Abs. 1 S. 2 EStG der Einkünftebegriff ohne jeden Bezug auf die tatsächliche Steuerfestsetzung verwendet wird.[242] Im Übrigen liegt es so, dass § 34c Abs. 1 S. 1 EStG nicht eine Gleichheit des Abgabengegenstandes im Sinne einer „Einkünfte-Identität“ verlangt, sondern lediglich eine „pro-Land-Identität“ voraussetzt.[243] Die geforderte Steuerobjektidentität ist demnach bereits gegeben, wenn die ausländischen Einkünfte i. S. d. § 34d EStG nur in der Summe einer Besteuerung im In- und Ausland unterliegen. Eine Nichtberücksichtigung der im Inland steuerfreien ausländischen Einkünfte führt zu einer Einschränkung der „per-country-limitation“ zu einer „per-item-limitation“.[244] Eine solche Einschränkung ist jedoch vom Wortlaut des § 34c Abs. 1 EStG n. F. nicht gedeckt, und daher abzulehnen.

Des Weiteren sind bei der Ermittlung der ausländischen Einkünfte die Verlustausgleichsbeschränkungen der §§ 2a, 15a EStG zu berücksichtigen. § 2a Abs. 1 EStG führt somit im Rahmen der Höchstbetragsberechnung im Jahr der Verlustentstehung zu einer Erhöhung des Anrechnungsvolumens, in den Verrechnungsjahren hingegen zu einer entsprechenden Minderung des Anrechnungsvolumens.[245]

(ii) Summe der Einkünfte

Die Summe der Einkünfte ist nach deutschen steuerrechtlichen Normen zu ermitteln. Sie ist die Summe der Einkünfte aus den in § 2 Abs. 1 S. 1 Nrn. 1–7 EStG genannten sieben Einkunftsarten. Daher sind alle

241 *Wassermeyer*, FR 1991, S. 680 f.

242 *Wassermeyer*, FR 1991, S. 680 f.; *Schnitger*, IStR 2003, S. 298, 300.

243 § 4 II 1 c) aa) (5).

244 *Schnitger*, IStR 2003, S. 298, 300.

245 *Flick/Wassermeyer/Lüdicke* in Flick/Wassermeyer/Baumhoff, Außensteuerrecht, § 34c EStG, Rn. 116; Blümich/*Wied*, EStG, § 34c Rz. 13; a. A. *Probst* in Herrmann/Heuer/Raupach, EStG, § 34c, Anm. 88, 91.

aus dem Ausland stammenden Einkünfte i. S. d. § 2 Abs. 1 S. 1 EStG bei der Ermittlung der Summe der Einkünfte einzubeziehen, einschließlich derer des Staates, für den der Anrechnungshöchstbetrag ermittelt werden soll.

Wegen der hier vertretenen Auffassung, dass bei der Ermittlung des maximalen Anrechnungsbetrages auch die im Inland steuerfreien ausländischen Einkünfte unter die ausländischen Einkünfte zu fassen sind, müssen diese auch in der Summe der Einkünfte berücksichtigen werden.[246]

Sonderausgaben, außergewöhnliche Belastungen sowie ein Verlustabzug nach § 10d EStG werden bei der Ermittlung der Summe der Einkünfte hingegen nicht berücksichtigt. Sie beeinflussen den Anrechnungshöchstbetrag jedoch insofern, als sie bei der Ermittlung des zu versteuernden Einkommens berücksichtigt werden und sich damit auf die tarifliche Einkommensteuer auswirken. Hierdurch werden alle Abzüge, die in § 2 Abs. 3, 4, 5 EStG nach der Ermittlung der Summe der Einkünfte berücksichtigt werden, anteilig auf die ausländischen Einkünfte abgewälzt und mindern damit den Anrechnungshöchstbetrag.[247] Im Ergebnis werden dadurch die persönlichen Abzüge – wie Sonderausgaben, außergewöhnliche Belastungen und persönliche Freibeträge – anteilig gekürzt. Diese Vorgehensweise wird damit begründet, dass solche persönlichen Abzüge nicht mit bestimmten Einkommensteilen im Zusammenhang stehen, und demnach nicht einzelne Einkommensteile, sondern das Gesamteinkommen belasten.[248] Dem ist im Grundsatz zuzustimmen, jedoch ist dies insofern inkonsequent, als im umgekehrten Fall der beschränkten Steuerpflicht eine anteilige Berücksichtigung persönlicher Abzüge gem. § 50 Abs. 1 S. 4 EStG ausgeschlossen ist.

246 So auch *Schnitger*, IStR 2003, S. 298, 300 f.

247 *Kluge*, Das Internationale Steuerrecht, N 31; *Mössner*, Die Methoden zur Vermeidung der Doppelbesteuerung, S.163.

248 *Schaumburg*, Internationales Steuerrecht, Rz. 15.76.

bb) Abzugsmethode

Sind die Voraussetzungen für eine Steuerranrechnung i. S. d. § 34c Abs. 1 EStG gegeben, so kann die ausländische Steuer auf Antrag alternativ gem. § 34c Abs. 2 EStG bei der Ermittlung der Einkünfte abgezogen werden. Der Steuerabzug ist der Höhe nach nicht auf die deutsche Steuer begrenzt, die auf die ausländischen Einkünfte entfällt. Der Abzug der ausländischen Steuer bei der Ermittlung der Einkünfte ist stets dann günstiger als die Steueranrechnung, wenn aufgrund von Verlusten im betreffenden Veranlagungszeitraum deutsche Einkommensteuer nicht zu entrichten ist, da durch den Steuerabzug die ausländischen Steuer zumindest über den Verlustrück- bzw. -vortrag gem. § 10d EStG berücksichtigt werden kann. Ergibt sich nach den deutschen Ermittlungsvorschriften für die ausländischen Einkünfte ein Verlust, ist der Anrechnungshöchstbetrag null, so dass auch hier durch die Minderung der Steuerbemessungsgrundlage der Steuerabzug günstiger ist.[249]

2. Besteuerung bei einheitlicher Qualifikation des Steuersubjekts, aber unterschiedlicher Qualifikation der Sondervergütungen

a) Besteuerung des inländischen Gesellschafters im Inland

Im Inland erfolgt die Besteuerung unabhängig von der Qualifikation der Sondervergütungen im Ausland, weiterhin nach dem Mitunternehmerkonzept. Der inländische Mitunternehmer unterliegt im Rahmen seiner unbeschränkten Steuerpflicht mit dem ihm zuzurechnenden Gewinnanteil sowie mit den Sonderbetriebseinnahmen und Sondervergütungen gem. § 15 Abs. 1 Nr. 2 EStG der deutschen Besteuerung im Jahr der Entstehung. Die Sondervergütungen werden somit – trotz einer Qualifikation im Quellenstaat als Zinsen, Mieten usw. – in Deutschland als gewerbliche Einkünfte erfasst.

249 *Flick/Wassermeyer/Lüdicke* in Flick/Wassermeyer/Baumhoff, Außensteuerrecht, § 34c EStG, Rn. 146.

b) Besteuerung des inländischen Gesellschafters im Ausland

Die konkrete Ausgestaltung des Mitunternehmerkonzepts variiert von Staat zu Staat. Dies gilt insbesondere bei der Qualifikation der Vergütungen, die der Mitunternehmer von der Gesellschaft aufgrund schuldrechtlicher Beziehungen erhält. Im Ausland werden schuldrechtliche Verträge zwischen Gesellschaftern und der Gesellschaft häufig steuerrechtlich anerkannt, so dass die Sondervergütungen wie Zahlungen an einen fremden Dritten behandelt werden. Im Rahmen der Gewinnermittlung der Gesellschaft werden sie somit als abzugsfähige Betriebsausgaben anerkannt und mindern den Gewinn der Mitunternehmerschaft. Die Sondervergütungen werden nicht – wie nach deutschem Steuerrecht – in Einkünfte aus Gewerbebetrieb umqualifiziert, sondern steuerlich nach der Art der Einkünfte qualifiziert und dementsprechend behandelt, so dass es für die Besteuerung regelmäßig auf den Zeitpunkt des Zuflusses ankommt.

Der inländische Gesellschafter unterliegt im Sitzstaat der Gesellschaft mit dem ihm zuzurechnenden Gewinnanteil der beschränkten Steuerpflicht. Bezieht er darüber hinaus von der Personengesellschaft Sondervergütungen wird auf diese entsprechend der ausländischen Qualifikation der Einkünfte eine Quellensteuer erhoben.

c) Unilaterale Maßnahmen zur Vermeidung der Doppelbesteuerung

Die Besteuerung des Gewinnanteils und der Sondervergütungen im In- und Ausland führt bezüglich dieser Einkünfte zu einer Doppelbesteuerung des Gesellschafters.

aa) Ausländische Steuer auf den Gewinnanteil

Bezüglich der Anrechnung der im Ausland auf den Gewinnanteil erhobenen Steuer ergeben sich keine Besonderheiten, so dass insoweit auf die Ausführungen unter § 4 II 1 c) verwiesen werden kann.

bb) Ausländische Quellensteuer auf die Sondervergütungen

Aufgrund der unterschiedlichen Qualifikation der Sondervergütungen im In- und Ausland könnte fraglich sein, ob die auf die Sondervergütungen im Ausland erhobene Quellensteuer gem. § 34c Abs. 1 EStG angerechnet werden kann. Die h. M.[250] bejaht dies. Dem ist zuzustimmen, denn eine Anrechnung der auf die Sondervergütungen im Ausland gezahlten Steuern ist möglich, wenn die Voraussetzungen des § 34c Abs. 1 EStG erfüllt sind. Hiernach kommt es für die Anrechnung der ausländischen Steuern lediglich darauf an, dass es sich bei den der ausländischen Besteuerung zugrunde liegenden Einkünften um ausländische Einkünfte i. S. d. § 34d EStG handelt. Sonderbetriebseinnahmen und Sondervergütungen, wie bspw. Zinsen, Mieten oder Tätigkeitsvergütungen stellen gewerbliche Einkünfte des Mitunternehmers dar, die durch eine im Ausland belegene Betriebstätte erzielt werden, so dass es sich um ausländische Einkünfte i. S. d. § 34d Nr. 2a EStG handelt. Die divergierende Einkünftequalifikation im In- und Ausland steht einer Anrechnung der ausländischen Quellensteuer nicht entgegen, da Steuerobjektidentität i. S. d. § 34c Abs. 1 S. 1 EStG gegeben ist.

Problematisch könnte jedoch die Anrechnung solcher Quellensteuer sein, die auf Sondervergütungen und Sonderbetriebseinnahmen erhoben wird, die dem Gesellschafter erst nach Ablauf des Geschäftsjahres zufließen. Aus deutscher Sicht unterliegen diese gewerblichen Einkünfte aufgrund der korrespondierenden Bilanzierung in Gesamthands- und Sonderbilanz bereits in dem Jahr der Besteuerung, in dem sie bei der Gesellschaft zu Aufwand geführt haben; auf einen Zufluss beim Mitunternehmer kommt es insoweit nicht an. Aufgrund der abweichenden Qualifizierung dieser Einkünfte im Ausland wird die ausländische Quellensteuer hingegen erst in dem Jahr erhoben, in dem eine Zahlung an den Gesellschafter erfolgt. *Herrmann* verneint die Anrechenbarkeit der ausländischen Steuer, da § 34c Abs. 1 S. 5 EStG

250 *Burmester*, Anrechnungsmethode, S. 241, 248 f.; *Greif* in Mössner, Steuerrecht international tätiger Unternehmen, E 10; *ders.*, Steuergestaltung, S. 101; *Jacobs*, Internationale Unternehmensbesteuerung, S. 588; *Kluge*, Das Internationale Steuerrecht, N 311; *Piltz*, Personengesellschaften, S. 113; *ders.*, Grenzüberschreitende Sondervergütungen, S. 143; Blümich/*Wied*, EStG, § 34c Rz. 28.

n. F. eine Identität der Abgabenperiode fordere und im Übrigen eine Anrechnung gem. § 34c Abs. 1 S. 1 EStG nur möglich sei, wenn die ausländische Steuer bereits festgesetzt und gezahlt ist.[251]

Für die Anrechnung der ausländischen Steuer kommt es demgegenüber auf eine Identität des Abgabenzeitraums nicht an. Vielmehr verlangt § 34c Abs. 1 S. 5 EStG n. F. lediglich, dass die ausländische Steuer auf im Veranlagungszeitraum bezogenen Einkünfte entfällt.[252] Bezogen sind die Einkünfte in dem Jahr, in dem sie als Besteuerungsgrundlage zu berücksichtigen sind, so dass die Sondervergütungen nach deutschem Steuerrecht bereits mit Ablauf des Geschäftsjahres als bezogen gelten, in dem sie bei der Gesellschaft zu Aufwand geführt haben. Die auf diese Sondervergütungen entfallende ausländische Quellensteuer ist unabhängig vom Zahlungszeitpunkt auf die inländische Steuer dieses Veranlagungszeitraumes anrechenbar.[253] Auch die in § 34c Abs. 1 S. 1 EStG enthaltene Regelung steht einer Anrechnung nicht entgegen. Falls eine ausländische Steuer, die auf in einem bestimmten Veranlagungszeitraum bezogene Einkünfte entfällt, erst nach bestandskräftiger Festsetzung der inländischen Einkommensteuer erstmalig festgesetzt wird, findet gem. § 175 Abs. 1 S. 1 Nr. 2 AO von Amts wegen eine Änderung der Steuerfestsetzung statt.[254]

3. *Besteuerung bei Vorliegen eines Qualifikationskonflikts bezüglich des Steuersubjekts*

Im Folgenden wird ein Qualifikationskonflikt bezüglich des Steuersubjekts unterstellt. Hierbei sind zwei Fallvarianten zu unterscheiden:

Einerseits kann eine ausländische Gesellschaft nach dem Typenvergleich im Inland als Personengesellschaft eingeordnet werden, womit in Deutschland eine Besteuerung nach dem Mitunternehmerkonzept zu erfolgen hätte, wenngleich auch die Gesellschaft im Ausland als Steuersubjekt behandelt wird und demnach dort eine Besteuerung nach

251 *Herrmann*, Einordnung ausländischer Gesellschaften, S. 110.

252 § 4 II 1 c) aa) (7).

253 *Greif* in Mössner, Steuerrecht international tätiger Unternehmen, E 10; *Piltz*, Personengesellschaften, S. 113 f.

254 Blümich/*Wied*, EStG, § 34c Rz. 60.

dem Kapitalgesellschaftskonzept erfolgt. Eine Qualifikation als Steuersubjekt im Ausland kann auch durch Ausübung eines im ausländischen Steuerrecht eingeräumten Optionsrechts begründet sein. Da der Typenvergleich ausschließlich nach der lex fori erfolgt, kommt es für die steuerrechtliche Behandlung der Gesellschaft im Inland nicht darauf an, ob ein im Ausland bestehendes Optionsrecht ausgeübt wurde.

Andererseits kann der umgekehrte Fall gegeben sein. In diesem ordnet das Inland die ausländische Gesellschaft gemäß dem Typenvergleich als Kapitalgesellschaft ein, wohingegen der ausländische Staat nicht die Gesellschaft, sondern nur die dahinter stehenden Gesellschafter als Steuersubjekte anerkennt. Auch in diesem Fall kann die steuerrechtliche Behandlung im Ausland aufgrund einer Optionsmöglichkeit erfolgen. Im Folgenden werden die beiden Fallvarianten und die im Rahmen der Anrechnung der ausländischen Steuer nach § 34c Abs. 1 EStG auftretenden Probleme dargestellt und Lösungsmöglichkeiten aufgezeigt.

a) *Qualifikation der Personengesellschaft als Steuersubjekt (mit oder ohne Option) im Sitzstaat und als Mitunternehmerschaft im Sitzstaat der Gesellschafter*

aa) *Besteuerung im Inland*

Nach dem Typenvergleich handelt es sich bei der ausländischen Gesellschaft aus Sicht des deutschen Rechts um eine Personengesellschaft, so dass im Inland eine Besteuerung nach dem Mitunternehmerkonzept erfolgt. Somit kann auf die bereits unter § 2 II gemachten Ausführungen verwiesen werden. Dies gilt auch hinsichtlich der für die inländischen Gesellschafter gem. § 141 AO bestehenden Pflicht zur Buchführung. Bei Übernahme der Ergebnisse der ausländischen Buchführung gem. § 146 Abs. 2 AO werden aufgrund der Anwendung des Kapitalgesellschaftskonzepts im Sitzstaat der Gesellschaft weitreichende Anpassungen notwendig sein. Insbesondere müssen die inländischen Gesellschafter in diesen Fällen nach Maßgabe des deutschen Steuerrechts Sonderbilanzen aufstellen.

Aufgrund der Einordnung der Gesellschaft als Steuersubjekt im Ausland kann es aus ausländischer Sicht zu Ausschüttungen der Gesellschaft an die Gesellschafter kommen. Nach der Wertung des deutschen Steuerrechts erfolgt eine Besteuerung der den Gesellschaftern zuzurechnenden Gewinnanteile als Einkünfte aus Gewerbebetrieb bereits im Jahr der Gewinnentstehung bei der Personengesellschaft. Aufgrund der abweichenden Qualifikation stellen die dem Gesellschafter zufließenden Dividenden aus Sicht des inländischen Steuerrechts eine nicht steuerbare Entnahme dar.[255]

bb) Besteuerung im Ausland

Nach ausländischem Steuerrecht qualifiziert die Gesellschaft als eigenständiges Steuersubjekt. Da sie ihren Sitz im Ausland hat, ist dort auch ein persönliches Anknüpfungsmoment gegeben, so dass die Gesellschaft der unbeschränkten Steuerpflicht unterliegt. Der ausländische Staat erhebt entsprechend dem Kapitalgesellschaftskonzept im Zeitpunkt der Gewinnentstehung Körperschaftsteuer auf den Gewinn der Gesellschaft.

Darüber hinaus ist im Ausschüttungsfall der inländische Gesellschafter mit den ihm zufließenden Dividenden mangels Ansässigkeit beschränkt steuerpflichtig. Da die Ausschüttung i. d. R. im Jahr nach der Gewinnerzielung (Jahr 01) durch die Gesellschaft vorgenommen wird, handelt es sich bei den Dividenden aus ausländischer Sicht um Einkünfte aus Kapitalvermögen des Jahres 02.[256]

Sondervergütungen mindern als Betriebstausgaben den Gewinn der Gesellschaft. Der ausländische Staat qualifiziert die Sondervergütungen ihrer jeweiligen Art entsprechend und erhebt auf diese Einkünfte im Rahmen der beschränkten Steuerpflicht des inländischen Gesellschafters eine Quellensteuer.

255 *Piltz*, Personengesellschaften, S. 113.
256 *Piltz*, Personengesellschaften, S. 113.

cc) Vermeidung der Doppelbesteuerung

Da der Gesellschaftsgewinn sowohl einer ausländischen Besteuerung auf Ebene der Gesellschaft als auch einer inländischen Besteuerung auf Ebene des Gesellschafters unterliegt, kommt es zu einer Doppelbesteuerung des Gewinns. Gleiches gilt für die Ausschüttungen und die Sondervergütungen, die im Ausland mit einer Quellensteuer belastet und im Inland als Teil des Gesellschaftergewinns bei dem Gesellschafter besteuert werden.

(1) Ausländische Körperschaftsteuer auf den Gewinn der ausländischen Gesellschaft

Die Anrechnung der ausländischen Steuer setzt gem. § 34c Abs. 1 EStG Steuersubjektidentität voraus. Steuersubjekt bezüglich des Gewinns der Gesellschaft ist im Ausland die Gesellschaft, die mit ausländischer „Körperschaftsteuer" belastet wird. Hingegen sind im Inland ausschließlich die Gesellschafter Steuersubjekte und unterliegen mit dem ihnen zuzurechnenden Gewinnanteil der Einkommen- bzw. Körperschaftsteuer. In der Literatur wird daher vereinzelt die Auffassung vertreten, § 34c Abs. 1 EStG sei nicht anwendbar, da es an der erforderlichen Steuersubjektidentität fehle.[257] Dieser Mindermeinung[258] kann nicht gefolgt werden.

Die Anrechnung gem. § 34c Abs. 1 EStG beruht auf innerstaatlichem deutschen Steuerrecht und baut auf der nach diesem Recht üblichen Unterscheidung zwischen Körperschaften und Personengesellschaften auf, so dass auch für das Kriterium der Steuersubjektidentität allein die deutsche Betrachtungsweise entscheidend ist.[259] Auf die zivil- und steuerrechtliche Anerkennung der Gesellschaft als eigenständiges

257 Schmidt/*Heinicke*, EStG, § 34c Rz. 5; *Herrmann*, Einordnung ausländischer Gesellschaften, S. 111.

258 *Herrmann* bezeichnet seine Auffassung – trotz Nennung lediglich einer Fundstelle – als überwiegende Auffassung in der Literatur, *Herrmann*, Einordnung ausländischer Gesellschaften, S. 111 f.

259 *Flick/Wassermeyer/Lüdicke* in Flick/Wassermeyer/Baumhoff, Außensteuerrecht, § 34c EStG, Rn. 42; *Jacobs*, Internationale Unternehmensbesteuerung, S. 588.

Rechts- und Steuersubjekt im Ausland sowie auf die Wertungen des deutschen IPR kommt es für die Feststellung der Steuersubjektidentität – wie für den Typenvergleich – nicht an. Nach inländischen Maßstäben ist der inländische Mitunternehmer unmittelbar mit der ausländischen Steuer auf den Gesellschaftsgewinn belastet. Da der Steuerpflichtige mit seinem Gewinnanteil zugleich der Einkommensteuer im Inland unterliegt, wird aus deutscher Sicht jeweils derselbe Steuerpflichtige zur Besteuerung im In- und Ausland herangezogen, so dass die für eine Anrechnungsberechtigung erforderliche Subjektidentität gegeben ist.[260] Daher kann der inländische Gesellschafter die auf ihn entfallende (anteilige) Körperschaftsteuer auf seine deutschen Steuer gem. § 34 c Abs. 1 EStG anrechnen.[261]

(2) Ausländische Quellensteuer im Ausschüttungsfall

Der deutsche Gesellschafter ist im Ausland mit den erhaltenen Dividenden beschränkt steuerpflichtig. Die Anrechnung der auf die Ausschüttung erhobenen ausländischen Quellensteuer wird von Teilen der Literatur mit der Begründung abgelehnt, es lägen im Inland keine steuerpflichtigen ausländischen Einkünfte vor, da die Ausschüttung aus deutscher Steuersicht eine nicht steuerbare Entnahme darstelle.[262] Darüber

260 *Flick/Wassermeyer/Lüdicke* in Flick/Wassermeyer/Baumhoff, Außensteuerrecht, § 34c EStG Rn. 42; *Jacobs*, Internationale Unternehmensbesteuerung, S. 588; *Schaumburg*, Stbg 1999, S. 161.

261 So auch *Burmester*, Anrechnungsmethode, S. 241, 247; *Debatin*, DB 1977 Beilage 13, S. 3; *ders.*, FR 1979, S. 494; *Flick/Wassermeyer/Lüdicke* in Flick/Wassermeyer/Baumhoff, Außensteuerrecht, § 34c EStG, Rn. 42; *Probst* in Herrmann/Heuer/Raupach, EStG, § 34c Anm. 56; *Jacobs*, Internationale Unternehmensbesteuerung, S. 588; *Kluge*, Das Internationale Steuerrecht, N 312; *Knobbe-Keuk*, Bilanz- und Unternehmenssteuerrecht, S. 541; *Manke*, JbFfSt 1978/1979, S. 344; *Peusquens*, BB 1980, S. 255; *Piltz*, Personengesellschaften, S. 114; *Schaumburg*, Internationales Steuerrecht, Rz. 15.18; Blümich/*Wied*, EStG, § 34c Rz. 28.

262 *Herrmann*, Einordnung ausländischer Gesellschaften, S. 111 f.; *Kluge*, Das Internationale Steuerrecht, N 312 mit Verweis auf BMF v. 1.10.1997, BStBl. I 1997, 863 (DBA-Rumänien); *Schmidt, Ch.*, IStR 1996, S. 14, 18; *Probst* in Herrmann/Heuer/Raupach, EStG, § 34c Anm. 56.

hinaus wird angeführt, dass es an einer Identität des Abgabenzeitraums fehle, da die Ausschüttung regelmäßig in einer späteren Periode erfolge als die Gewinnerzielung, was einer Anrechnung gem. § 34c Abs. 1 EStG entgegenstehe.[263]

Dem ist insoweit zuzustimmen, als die Dividenden im Zeitpunkt der Gewinnausschüttung tatsächlich nicht steuerbare Entnahmen darstellen. Dies ist jedoch durch das nach innerstaatlichem Recht für die Besteuerung der Personengesellschaft geltende Transparenzprinzip bedingt, so dass die Ausschüttungen keine nicht steuerbaren Einkünfte in dem Sinne darstellen, dass sie niemals einer Besteuerung im Inland unterlegen haben. Die Ausschüttungen haben vielmehr bereits im Jahr der Gewinnerzielung als Teil des Gewinnanteils jedes Gesellschafters der inländischen Besteuerung unterlegen. Die ausländische Quellensteuer stellt somit eine den Gesellschafter unmittelbar belastende zusätzliche Steuer auf den Gewinnanteil dar, die bei der Besteuerung des Gewinns des Jahres zu berücksichtigen ist, für das die Ausschüttung erfolgt.[264]

Auch der Umstand, dass die Quellensteuer regelmäßig erst in einer späteren Periode, nämlich zum Zeitpunkt der Ausschüttung, erhoben wird, steht einer Anrechnung nicht entgegen. Insoweit kann auf die Ausführungen zu den Sondervergütungen im Fall ihrer unterschiedlichen Qualifikation im In- und Ausland verwiesen werden.[265] So wird die Quellensteuer nicht *für* einen anderen Veranlagungszeitraum des inländischen Gesellschafters erhoben, sondern lediglich bedingt durch die divergierende Einordnung der Gesellschaft im In- und Ausland *in* einem anderen Veranlagungszeitraum.[266] Auf eine Identität des Abgabenzeitraums kommt es aber nicht an.

263 *Herrmann*, Einordnung ausländischer Gesellschaften, S. 110.

264 *Burmester*, Anrechnungsmethode, S. 241, 247 f.; *Debatin*, DB 1977 Beilage 13, S. 3; *Jacobs*, Internationale Unternehmensbesteuerung, S. 588; *Knobbe-Keuk*, Bilanz- und Unternehmenssteuerrecht, S. 541; *Manke*, JbFfSt 1978/1979, S. 344; *Peusquens*, BB 1980, S. 255; Blümich/*Wied*, EStG, § 34c Rz. 28.

265 § 4 II 2 c) bb).

266 *Burmester*, Anrechnungsmethode, S. 241, 247 f.; *Jacobs*, Internationale Unternehmensbesteuerung, S. 588; *Knobbe-Keuk*, Bilanz- und Unternehmenssteuerrecht, S. 541; *Piltz*, Personengesellschaften, S. 114.

(3) Ausländischen Quellensteuer auf Sondervergütungen

Soweit ein Gesellschafter von einer im Ausland als Steuersubjekt anerkannten Gesellschaft Sondervergütungen bezieht, stimmt die steuerrechtliche Situation mit dem Fall überein, dass die Besteuerung der ausländischen Gesellschaft im Ausland zwar grundsätzlich nach dem Mitunternehmerkonzept erfolgt, jedoch schuldrechtliche Verträge zwischen den Gesellschaftern und der Gesellschaft steuerrechtlich anerkannt werden. Bezüglich der Anrechenbarkeit der auf die Sondervergütungen erhobenen ausländischen Quellensteuer kann daher auf die Ausführungen in § 4 II 2 c) bb) verwiesen werden.

b) Qualifikation der Personengesellschaft als Mitunternehmerschaft (mit oder ohne Option) im Sitzstaat und als Steuersubjekt im Sitzstaat der Gesellschafter

Es existieren Fälle, in denen die ausländische Gesellschaft im Inland nach dem Typenvergleich als Kapitalgesellschaft qualifiziert wird, im Ausland hingegen eine Besteuerung nach dem Mitunternehmerkonzept erfolgt. Auch wenn aus deutscher Sicht hier keine Beteiligung an einer ausländischen Personengesellschaft vorliegt, soll diese Konstellation als einer der möglichen Qualifikationskonflikte erläutert werden.

aa) Besteuerung des inländischen Gesellschafters im Inland

Die Gesellschaft wird aufgrund ihrer Qualifikation als Kapitalgesellschaft im Inland als Steuersubjekt behandelt. Mangels Sitz oder Geschäftsleitung ist die Gesellschaft im Inland nicht unbeschränkt körperschaftsteuerpflichtig, so dass es nicht zu einer Besteuerung der thesaurierten Gewinne kommt. Zu einer beschränkten Körperschaftsteuerpflicht der Gesellschaft kommt es gem. den §§ 2 Nr. 1, 8 Abs. 1 KStG nur, falls die ausländische Gesellschaft inländische Einkünfte i. S. d. § 49 EStG erzielt. Diese Möglichkeit wird im Folgenden jedoch außer Betracht gelassen. Nachfolgend wird davon ausgegangen, dass die Gesellschaft keine inländischen Einkünfte i. S. d. § 49 EStG erzielt.

Aufgrund des Trennungsprinzips unterliegt jedoch der im Inland ansässige Gesellschafter im Ausschüttungsfall mit den ihm zufließenden Dividenden der unbeschränkten Steuerpflicht im Zeitpunkt des Zuflusses.[267] Erhält der inländische Gesellschafter von der ausländischen Gesellschaft Vergütungen, etwa für die Gewährung von Darlehen oder für die Überlassung von Wirtschaftsgütern etc., so stellen diese Einnahmen, da sie aus inländischer Sicht von einer ausländischen Kapitalgesellschaft geleistet werden, keine Sondervergütungen/Sonderbetriebseinnahmen dar, sondern Einkünfte der jeweiligen Einkunftsart, die im Rahmen der unbeschränkten Steuerpflicht des Gesellschafters im Inland besteuert werden.[268]

bb) Besteuerung des inländischen Gesellschafters im Ausland

Aufgrund des im Ausland zur Anwendung kommenden Mitunternehmerkonzepts wird die Gesellschaft im Ausland nicht als Steuersubjekt anerkannt, vielmehr sind Steuersubjekte die dahinter stehenden Gesellschafter. Mangels eines persönlichen Anknüpfungspunktes sind diese im Ausland nicht unbeschränkt steuerpflichtig. Soweit der ausländische Staat einer der deutschen quellenorientierten Konzeption vergleichbaren Konzeption folgt, unterliegen die Gesellschafter jedoch mit den ihnen zuzurechnenden Gewinnanteilen aufgrund eines sachlichen Anknüpfungsmoments der beschränkten Steuerpflicht, und zwar im Jahr der Gewinnentstehung. Folgt der ausländische Staat auch bezüglich der Sondervergütungen der Konzeption des § 15 Abs. 1 Nr. 2 EStG, so gilt für die Sondervergütungen eine entsprechende Sichtweise. Soweit der ausländische Staat hingegen die Sondervergütungen zum Abzug zulässt, wird der Gesellschafter mit diesen Einkünften im Ausland ent-

267 Ist der Gesellschafter eine natürliche Person, so ist gem. § 3 Nr. 40d EStG die Hälfte der Bezüge steuerfrei. Ist der Gesellschafter eine Kapitalgesellschaft, so sind die Bezüge gem. § 8b Abs. 1 KStG steuerfrei, jedoch gelten gem. § 8b Abs. 5 KStG 5 vom Hundert der Bezüge als Ausgaben, die nicht als Betriebsausgaben abgezogen werden dürfen.

268 *Greif* in Mössner, Steuerrecht international tätiger Unternehmen, E 6.

sprechend der dortigen Qualifikation dieser Einkünfte beschränkt steuerpflichtig.[269]

cc) Vermeidung der Doppelbesteuerung

Sowohl die Gewinne als auch die auf allgemein-schuldrechtlicher Basis bezogenen Leistungsentgelte unterliegen sowohl im Ausland als auch im Inland der Besteuerung, so dass es zu einer Doppelbesteuerung dieser Einkünfte kommt.

(1) Ausländische Steuern auf den Gewinnanteil

Fraglich ist, ob die im Ausland auf die Gewinnanteile der Gesellschafter erhobene Steuer gem. § 34c EStG auf die auf die „Ausschüttung" erhobene deutsche Steuer angerechnet werden kann. Aufgrund des Typenvergleichs wird die ausländische Gesellschaft aus deutscher Sicht als Kapitalgesellschaft qualifiziert, so dass die Anrechnung der ausländischen Steuer davon abhängt, ob man diese als Körperschaftsteuer, die auf den Gewinn der Gesellschaft erhoben wurde, oder als Quellensteuer, die auf die Ausschüttung an die Gesellschafter erhoben wurde, anzusehen hat. Im ersten Fall wäre eine Anrechnung der ausländischen Steuer nicht geboten, da dann eine im deutschen Steuersystem vorgesehene wirtschaftliche Doppelbesteuerung der Körperschaftsgewinne auf der Ebene der Gesellschaft einerseits und auf der Ebene der Gesellschafter andererseits vorliegen würde und es an der von § 34c EStG geforderten Steuersubjektidentität fehlen würde. Handelt es sich bei der ausländischen Steuer hingegen um eine auf die Ausschüttung erhobene Quellensteuer, so wäre Steuersubjektidentität gegeben, so dass die ausländische Steuer gem. § 34c EStG anzurechnen wäre.

Die Gesellschaft wird nach ausländischem Recht steuerrechtlich als transparent behandelt, so dass es keiner „Gewinnausschüttung" und keines „Gewinnverteilungsbeschlusses" bedarf. Es ist somit zu klären,

269 *Greif* in Mössner, Steuerrecht international tätiger Unternehmen, E 7.

wann aus deutscher Sicht von einer „Ausschüttung" im anderen Staat auszugehen ist.[270] Nach *Debatin*[271] ist aufgrund der unterschiedlichen Steuersubjektqualifikation im In- und Ausland in der nach ausländischem Recht vorgenommenen unmittelbaren Zurechnung der Gewinnanteile an die Gesellschafter eine „Gewinnausschüttung" im Zeitpunkt der Gewinnentstehung zu sehen, die die Anrechnung der ausländischen Steuer gerechtfertigt erscheinen lässt. Dieser Auffassung kann nicht gefolgt werden. Nach dem Typenvergleich entspricht die ausländische Gesellschaft einer Kapitalgesellschaft, so dass die von *Debatin* vertretene Ansicht der aus deutscher Sicht erforderlichen Trennung von Gesellschaft und Gesellschafter nicht gerecht wird. Eine „Ausschüttung" kann erst angenommen werden, wenn die Gewinne der Gesellschaft die Vermögenssphäre der Gesellschaft verlassen haben, d. h. wenn es zu einer tatsächlichen Entnahme gekommen ist. Da aus deutscher Steuersicht Gewinnausschüttungen als Einkünfte aus Kapitalvermögen gem. § 11 EStG erst im Zeitpunkt des Zuflusses steuerlich erfasst werden, ist auf den Zufluss der Entnahmen abzustellen.[272] Aus deutscher Sicht ist demnach eine auf die Ausschüttung erhobene anrechenbare Steuer nur gegeben, wenn die Entnahmen im Ausland einer Besteuerung unterliegen. Die Entnahmen sind jedoch aufgrund der abweichenden Qualifikation der Gesellschaft im Ausland steuerfrei. Bei der ausländischen Steuer handelt es sich aus deutscher Sicht um die Steuer einer ausländischen Körperschaft, so dass Steuersubjektidentität i. S. d. § 34c EStG fehlt und eine Anrechnung somit nicht möglich ist.[273]

Da der ausgeschüttete Gewinn jedoch sowohl im In- als auch im Ausland bei den Gesellschaftern einer Besteuerung unterlegen hat, ist es nach Auffassung einiger Autoren[274] dennoch geboten, die von den

270 *Riemenschneider*, Abkommensberechtigung, S. 226; *Weggenmann*, Einordnungskonflikte, S. 331.

271 *Debatin*, DB 1977 Beilage 13, S. 7; so auch *Manke*, JbFfSt 1978/1979, S. 349.

272 *Mittermaier*, Besteuerung von Personengesellschaften im Verhältnis USA-Deutschland, S. 356 f.; *Piltz*, Personengesellschaften, S. 115 f.; *Riemenschneider*, Abkommensberechtigung, S. 227; *Weggenmann*, Einordnungskonflikte, S. 331.

273 *Diehl*, FR 1978, S. 524; *Krabbe*, RIW/AWD 1976, S. 193; *Piltz*, Personengesellschaften, S. 116 f.

274 *Debatin*, BB 1989 Beilage 2, S. 9; *Knobbe-Keuk*, Bilanz- und Unternehmenssteuerrecht, S. 541; Blümich/*Wied*, EStG, § 34c Rz. 28.

Gesellschaftern entrichtete ausländische Steuer, die auf den ausgeschütteten Teil des Gewinns entfällt, auf die deutsche Steuer anzurechen.

(2) Ausländische Steuer auf die „Sondervergütungen"

Unproblematisch stellt sich hingegen die Anrechnung der auf die Sondervergütungen erhobenen ausländischen Steuern dar. Denn nach der Wertung des deutschen Steuerrechts werden diese Vergütungen von einer ausländischen Körperschaft gezahlt und unterliegen im Inland im Rahmen der unbeschränkten Steuerpflicht des Gesellschafters der Besteuerung. Erhebt auch der ausländische Staat auf diese Vergütungen eine Steuer, so ist sowohl im In- als auch im Ausland der inländische Gesellschafter Steuersubjekt, so dass Steuersubjektidentität i. S. d. § 34c EStG gegeben ist. Dies gilt unabhängig davon, ob das ausländische Recht entgegen der Konzeption des § 15 Abs. 1 Nr. 2 EStG den Abzug dieser Vergütungen zulässt und entsprechend der jeweiligen Einkunftsart eine Quellensteuer erhebt oder entsprechend der Konzeption des § 15 Abs. 1 Nr. 2 EStG diese Vergütungen als gewerbliche Einkünfte erfasst. Ist letzteres der Fall, so ist aus der Sicht des deutschen Steuerrechts der Teil der ausländischen Steuer, der auf die Vergütungen entfällt, zu Lasten der inländische Gesellschafter und nicht zu Lasten der Gesellschaft erhoben, so dass eine Anrechnung geboten ist.[275]

275 *Greif* in Mössner, Steuerrecht international tätiger Unternehmen, E 8; *Debatin*, DB 1977 Beilage 13, S. 7.

§5 Steuerliche Behandlung nach Abkommensrecht

Bislang wurde unterstellt, dass mit dem Sitzstaat der Personengesellschaft kein Doppelbesteuerungsabkommen (DBA) besteht. Es wurde dargestellt, wie Regelungen des nationalen Außensteuerrechts eine bei grenzüberschreitenden Personengesellschaftssachverhalten mögliche Doppelbesteuerung vermeiden. Neben diesen unilateralen Maßnahmen zur Vermeidung der Doppelbesteuerung existieren auch sog. bilaterale Maßnahmen. Zu den wichtigsten bilateralen Maßnahmen gehören die Abkommen zur Vermeidung der Doppelbesteuerung auf dem Gebiet der Steuern vom Einkommen und vom Vermögen (DBA). Nachfolgend werden die Besteuerungsfolgen bei Bestehen eines DBA behandelt. Bevor auf die Problematik der Besteuerung von internationalen Personengesellschaften bei Bestehen eines DBA eingegangen werden kann, bedarf es einiger, für das weitere Verständnis notwendiger Ausführungen zum Grundverständnis von DBA und deren Auslegung.

I. Grundverständnis der DBA

1. Rechtsnatur und Funktion der DBA

Primäres Ziel der DBA ist die Vermeidung der internationalen Doppelbesteuerung. DBA sind völkerrechtliche Verträge, die nach den Regelungen des Wiener Übereinkommens über das Recht der Verträge (WÜRV) vom 23.5.1969 zwischen zwei Staaten abgeschlossen werden.[1] Durch Zustimmungsgesetz (Art. 59 Abs. 2 GG) erklärt der deutsche Gesetzgeber das DBA innerstaatlich für verbindlich, so dass mit

1 *Fischer-Zernin* in Becker/Höppner/Grotherr/Kroppen, DBA, Grundlagen Abschn. 3 Rn. 2; *Vogel* in Vogel/Lehner, DBA, Einl. Rz. 45.

dem Wirksamwerden des Zustimmungsgesetzes die innerstaatliche Wirksamkeit des DBA entsteht.[2] Soweit es sich hierbei nicht um bloße Ermächtigungsnormen handelt, stellen die abkommensrechtlichen Rechtsnormen unmittelbar anwendbares Recht dar (sog. „self-executing-Wirkung“).[3] Den in innerstaatliches Recht transformierten Verträgen kommt der Rang einfacher Bundesgesetze zu, jedoch gehen sie gem. § 2 AO als lex speciales den allgemeinen Steuergesetzen vor, soweit das innerstaatliche Recht nicht durch „treaty-overriding“ ausdrücklich etwas anderes anordnet.[4] Der Aufbau und die Ausgestaltung der Normen der von der Bundesrepublik Deutschland abgeschlossenen DBA orientieren sich weitgehend an dem von der Organisation für wirtschaftliche Zusammenarbeit und Entwicklung (OECD) entwickelten Muterabkommen (MA) und dem diesbezüglichen Kommentar (MK). Den folgenden Ausführungen wurde daher das OECD-MA zugrundegelegt. Soweit sich aufgrund einer hiervon abweichenden deutschen Vertragspraxis Besonderheiten ergeben, wird hierauf an gegebener Stelle eingegangen.

Im Falle eines grenzüberschreitenden Sachverhalts resultiert die Doppelbesteuerung daraus, dass zwei Staaten aufgrund ihres jeweiligen innerstaatlichen Steuerrechts von demselben Steuerpflichtigen für denselben Steuergegenstand und denselben Zeitraum vergleichbare Steuern erheben (sog. juristische Doppelbesteuerung).[5] Durch DBA wird diese Doppelbesteuerung vermieden, indem einer bzw. jeder der beiden Vertragsstaaten im Rahmen des DBA auf die Ausübung seines originären Besteuerungsanspruchs ganz bzw. teilweise verzichtet. DBA stellen demnach keine Kollisionsnormen im Sinne eines Rechtsanwendungsrechts dar, sondern sie beinhalten Schrankennormen, die eine Einschränkung bestehender innerstaatlicher Steueransprüche zur Folge

2 *Henkel* in Becker/Höppner/Grotherr/Kroppen, DBA Grundlagen Abschn. 4 Rn. 4. Zur sog. Vollzugstheorie und zur sog. Transformationstheorie siehe *Henkel* in Becker/Höppner/Grotherr/Kroppen, DBA, Grundlagen Abschn. 4 Rn. 7 ff.

3 *Debatin*, DStR 1992 Beihefter zu Heft 23, S. 1; *Henkel* in Becker/Höppner/Grotherr/Kroppen, DBA, Grundlagen Abschn. 4 Rn. 11.

4 *Blumenwitz* in Doppelbesteuerungsabkommen und nationales Recht, S. 7.

5 OECD-MK, Vor Art. 1 Rz. 1. Zur Abgrenzung der juristischen Doppelbesteuerung von der wirtschaftlichen Doppelbesteuerung *Wassermeyer* in Debatin/Wassermeyer, DBA, MA Vor Art. 1 Rz. 2 f.

haben.[6] Der BFH führt in seinem Urteil v. 24.3.1998[7] aus, dass die Funktion eines DBA nur darin bestehe, „einen nach deutschem innerstaatlichen Steuerrecht bestehenden Steueranspruch steuerfrei zu stellen oder zu ermäßigen. So gesehen bauen die DBA auf einem nach innerstaatlichem Recht bestehenden Steueranspruch auf". Daraus hat die Rechtssprechung[8] bereits früher gefolgert, dass DBA weder Steueransprüche begründen, noch bestehende Steueransprüche erweitern.[9] Diese Auffassung wird von der h. M. im Schrifttum geteilt.[10]

Aus der Funktion des DBA, ein nach nationalem Recht bestehendes Besteuerungsrecht aufzuheben oder zu beschränkten, und der daraus resultierenden Anknüpfung an einen bestehenden Steueranspruch ergibt sich, dass sich die Einkünfteermittlung nach dem Recht des Anwendestaates richten muss, weshalb das MA auch keine Vorschriften über die Einkünfteermittlung enthält. Damit ist der in den Verteilungsnormen verwendete Begriff „Einkünfte" nach dem innerstaatlichen Recht des jeweiligen Anwendestaates auszulegen. Daraus folgt, dass die in Frage stehenden Einkünfte in den beiden Vertragsstaaten weder ihrer Bezeichnung im innerstaatlichen Recht noch ihrer Höhe nach identisch sein müssen.[11]

Aus der Trennung vom innerstaatlichen Steuerrecht und DBA-Recht folgt auch, dass DBA als völkerrechtliche Verträge einen in sich ge-

6 *Debatin*, DStR 1992 Beihefter zu Heft 23, S. 1 f.; *Vogel* in Vogel/Lehner, DBA, Einl. Rz. 68.

7 BFH v. 24.3.1998, BStBl. II 1998, 601.

8 RFH v. 3.10.1935, RStBl. 1935, 1399; BFH v. 12.3.1980, BStBl. II 1980, 531.

9 Eine Ausnahme von diesem Grundsatz stellt die Nichtberücksichtigung von ausländischen Betriebsstättenverlusten im Inland dar. Bezüglich der hierzu im Schrifttum geführten Diskussion siehe unten § 5 III 3 b) aa) (2).

10 *Bühler*, Prinzipien des internationalen Steuerrecht, S. 61; *Gloria*, Verständigungsverfahren, S. 61; *Mössner* in FS Seidl-Hohenveldern, S. 403, 414; *Piltz*, Personengesellschaften, S. 120; *Schaumburg*, Internationales Steuerrecht, Rz. 16.40 m. w. N.; *Vogel* in Vogel/Lehner, DBA, Einl. Rz. 72; *Wassermeyer* in Debatin/Wassermeyer, DBA, MA Art. 1 Rz. 10; *Wassermeyer*, StuW 1990, S. 404, 411.

11 *Kluge*, Das Internationale Steuerrecht, S 17; *Wassermeyer* in Debatin/Wassermeyer, DBA, MA Vor Art. 6–22 Rz. 55.

schlossenen Regelungskreis darstellen, der eigene Abgrenzungen und Begriffsbestimmungen beinhaltet.[12]

2. *Regelungsmechanismus des DBA*

Die zentrale Ursache der Doppelbesteuerung liegt in einer Besteuerungskollision zwischen Ansässigkeitsstaat und Quellenstaat. So besteuert der Ansässigkeitsstaat aufgrund persönlicher Anknüpfungspunkte des Steuerpflichtigen und der daraus resultierenden unbeschränkten Steuerpflicht das Welteinkommen und somit auch die ausländischen Einkünfte des Steuerpflichtigen. Darüber hinaus werden die ausländischen Einkünfte auch vom Quellenstaat aufgrund sachlicher Anknüpfungsmomente dem Ursprungslandprinzip entsprechend besteuert. Zur Vermeidung dieser Doppelbesteuerung bieten sich theoretisch zwei an: So kann die Steuerberechtigung in beiden Staaten beschränkt aufrechterhalten werden oder aber einer der beiden Staaten verzichtet vollständig auf die Ausübung seines Besteuerungsanspruchs, wohingegen der jeweils andere Staat seine Steuerberechtigung uneingeschränkt ausübt.

Die in den DBA vorgesehene Methode zur Vermeidung der Doppelbesteuerung differiert in Abhängigkeit von der der Besteuerung zugrunde liegenden abkommensrechtlichen Einkunftsart. So gehen die Verteilungsnormen der DBA (Art. 6 – Art. 22 OECD-MA) grundsätzlich von einer Aufrechterhaltung der Steuerberechtigung des Ansässigkeitsstaat aus und umgrenzen diejenige des Quellenstaates, indem das Besteuerungsrecht des Quellenstaates aufgehoben, begrenzt oder vollständig aufrechterhalten wird.[13] Soweit durch eine Verteilungsnorm die Steuerberechtigung des Quellenstaates aufgehoben wird, handelt es sich um eine vollständige Verteilungsnorm, also um eine solche mit einer abschließenden Rechtsfolge. Des Weiteren existieren vollständige Verteilungsnormen, die die Steuerberechtigung ausschließlich dem Quellenstaat zuweisen, so dass das Besteuerungsrecht des Ansässigkeitsstaates – ent-

12 *Blumenwitz* in Doppelbesteuerungsabkommen und nationales Recht, S. 8 f.; *Debatin*, DStR 1992 Beihefter zu Heft 23, S. 1, 4; *Schaumburg*, Internationales Steuerrecht, Rz. 16.51 m. w. N.

13 *Kluge*, Das Internationale Steuerrecht, S 4.

gegen der grundsätzlichen Annahme der Aufrechterhaltung des Besteuerungsrechts im Ansässigkeitsstaat – gänzlich aufgehoben wird.[14]

Wird durch eine Verteilungsnorm der Steueranspruch des Quellenstaates lediglich begrenzt oder sogar aufrechterhalten, handelt es sich um eine unvollständige Verteilungsnorm, mit der Folge, dass der Ansässigkeitssaat die Steuerberechtigung des Quellenstaates zur Vermeidung der Doppelbesteuerung nach dem Methodenartikel (Art. 23 OECD-MA) durch Steuerfreistellung oder Steueranrechnung auszugleichen hat.[15]

Die von Deutschland abgeschlossenen DBA sehen für Deutschland als Ansässigkeitsstaat i. d. R. eine Steuerfreistellung vor, soweit eine Verteilungsnorm den Steueranspruch des Quellenstaates vollständig aufrechterhält. Diese Steuerbefreiung ist mit dem sog. Progressionsvorbehalt gekoppelt. Wird der Steueranspruch des Quellenstaates hingegen durch eine Verteilungsnorm beschränkt, so erfolgt die Vermeidung der Doppelbesteuerung in Deutschland als Ansässigkeitsstaat durch Anrechnung der ausländischen Quellensteuer auf die inländische Steuer.[16]

3. *Eigene Begriffsbildung und eigene Einkunftskategorien der DBA*

Nach h. M. bilden das innerstaatliche Steuerrecht der Vertragstaaten einerseits und das Recht der DBA andererseits zwei in sich geschlossene Rechtskreise, die ihre eigenen Abgrenzungen und Begriffsbestimmungen beinhalten.[17] Dies gilt auch dann, wenn sie gleich lautende Begriffe verwenden, denn insoweit besteht keine Begriffsidentität son-

14 *Vogel* in Vogel/Lehner, DBA, Vor Art. 6–22 MA Rz. 4.

15 *Schaumburg*, Internationales Steuerrecht, Rz. 16.204 ff.

16 *Debatin*, DStR 1992 Beihefter zu Heft 23, S.1, 3.

17 BFH v. 15.1.1971, BStBl. II 1971, 379; BFH v. 21.8.1985, BStBl. II 1986, 4; BFH v. 27.1.1988, BStBl. II 1988, 574; *Schaumburg*, Internationales Steuerrecht, Rz. 16.51 f. m. w. N.; *Wassermeyer*, StuW 1990, S. 404 f.; *ders.*, in Debatin/Wassermeyer, DBA, MA Vor Art. 1 Rz. 9.

dern Begriffsparallelität, so dass die in den DBA verwendeten Begriffe von denen des innerstaatlichen Rechts zu trennen sind.[18]

Die Einkunftsarten des EStG und des OECD-MA sind nicht kongruent. So kennt das EStG die in § 2 Abs. 1 genannten sieben Einkunftsarten, das OECD-MA unterscheidet hingegen zwischen Einkünften aus unbeweglichem Vermögen, Unternehmensgewinnen, Einkünften aus Seeschifffahrt, Binnenschifffahrt, Luftfahrt, Dividenden, Zinsen, Lizenzgebühren, Gewinnen aus der Veräußerung von Vermögen, Einkünften aus selbständiger Arbeit,[19] Einkünften aus unselbständiger Arbeit, Aufsichts- und Verwaltungsratsvergütungen, Einkünften von Künstlern und Sportlern, Ruhegehältern, Einkünften für Tätigkeiten im öffentlichen Dienst sowie anderen Einkünften.

Die abkommensrechtlichen Einkunftsarten stehen in einem Verhältnis der Spezialität.[20] So heißt es beispielsweise in Art. 7 Abs. 7 OECD-MA: „Gehören zu den Gewinnen Einkünfte, die in anderen Artikeln dieses Abkommens behandelt werden, so werden die Bestimmungen jener Artikel durch die Bestimmungen dieses Artikels nicht berührt.“ Im Abkommensrecht geht somit die Rechtsfolge des spezielleren Artikels der des allgemeineren vor. Im Gegensatz dazu bestimmen im deutschen innerstaatlichen Streuerrecht die Subsidiaritätsklauseln der §§ 20 Abs. 3, 21 Abs. 3, 22 Nr. 1 S. 2, Nr. 3 S. 1, 23 Abs. 2 EStG einen Vorrang der Gewinneinkunftsarten vor den Überschusseinkunftsarten.[21] Allerdings enthalten die Art. 10 Abs. 4, Art. 11 Abs. 4, Art. 12 Abs. 3 und Art. 21 Abs. 2 OECD-MA Rückverweisungen auf Art. 7 und vormals auch auf Art. 14 OECD-MA, wonach diese(r) vorrangig anzuwenden sind/ist, wenn der Vermögenswert aus dem die Dividenden, Zinsen, Lizenzgebühren oder anderen Einkünfte fließen, tatsächlich einem Betriebstättenvermögen bzw. einer festen Einrichtung zuzuordnen ist.

18 *Debatin*, DB 1985 Beilage 23, S. 1, 3; *Kluge*, Das Internationale Steuerrecht, R 30; *Wassermeyer* in Debatin/Wassermeyer, DBA, MA Art. 3 Rz. 71a.

19 Art. 14 OECD-MA ist im OECD-MA 2000 aufgehoben worden. Die bisher unter Art. 14 fallenden Tätigkeiten werden den Unternehmenseinkünften zugeordnet.

20 *Kluge*, Das Internationale Steuerrecht, S 10; *Wassermeyer* in Debatin/Wassermeyer, DBA, MA Art. 7 Rz. 394.

21 *Wassermeyer*, Neuere Entwicklungen in der Rechtsprechung zu den DBA, S. 31; *ders.*, in Debatin/Wassermeyer, DBA, MA Art. 7 Rz. 394.

Die Einordnung von Einkünften zu einer der abkommensrechtlichen Einkunftsarten ist immer von beiden beteiligten Staaten vorzunehmen. Diese abkommensrechtliche Zuordnung hat keinerlei Wirkung auf die Einordnung dieser Einkünfte zu einer der sieben Einkunftsarten des EStG. Letztere erfolgt ausschließlich nach den Abgrenzungskriterien des innerstaatlichen Steuerrechts.[22] Werden z. B. Einkünfte, die nach deutschem Steuerrecht Einkünfte aus Gewerbebetrieb sind, nach dem DBA als Einkünfte aus Kapitalvermögen behandelt, so bleibt die Einordnung dieser Einkünfte nach dem EStG als solche aus Gewerbebetrieb von der DBA-rechtlichen Qualifikation unberührt.

Dies ergibt sich aus der unterschiedlichen Funktion von DBA und innerstaatlichem Steuerrecht. So ist die Zuordnung von Einkünften zu einer der Einkunftsarten des § 2 Abs. 2 EStG steueranspruchsbegründend. Dagegen bezwecken DBA lediglich die Beschränkung bestehender Steueransprüche. Die Einordnung von Einkünften zu einer der abkommensrechtlichen Einkunftsarten dient somit ausschließlich der gegenseitigen Abgrenzung der Besteuerungskompetenzen zwischen den beiden Vertragsstaaten. Nur wenn nach deutschem innerstaatlichen Steuerrecht überhaupt ein Steueranspruch besteht, also Einkünfte i. S. d. § 2 Abs. 2 EStG vorliegen, kann das DBA seine Wirkung entfalten, indem es den bestehenden Steueranspruch gegebenenfalls einschränkt.[23]

4. *Auslegung von Doppelbesteuerungsabkommen*

a) *Eigenständigkeit der DBA-Auslegung*

Gegenstand der Auslegung ist der völkerrechtliche Vertrag.[24] Zur Ermittlung ihres Begriffsinhalts bedürfen die in den DBA verwendeten Begriffe ebenso einer Auslegung wie Rechtsbegriffe des innerstaatlichen Rechts. Da das innerstaatliche Recht einerseits und das DBA-Recht

22 *Piltz*, Personengesellschaften, S. 124.

23 *Piltz*, Personengesellschaften, S. 124.

24 Dies gilt unabhängig davon, ob bezüglich der Umsetzung völkerrechtlicher Verträge in innerstaatliches Recht der Vollzugstheorie oder der Transformationstheorie gefolgt wird. Dazu ausführlich *Henkel* in Becker/Höppner/Grotherr/Kroppen, DBA Grundlagen Abschn. 4 Rn. 8 ff.

andererseits eigenständig sind, müssen DBA nach den völkerrechtlichen Auslegungsgrundsätzen des WÜKV ausgelegt werden. Diese unterscheiden sich jedoch nicht grundlegend von denen des innerstaatlichen Rechts.[25] Die allgemeine Auslegungsregel des Art. 31 Abs. 1 WÜRV[26] geht davon aus, dass Ziel der Auslegung völkerrechtlicher Verträge die Ermittlung des objektivierten Vertragsinhaltes ist, d. h. es ist der im Vertragstext objektivierte Wille der Vertragsparteien zu ermitteln (sog. „objektive Theorie").[27] Zur Ermittlung des Vertragsinhalts ist bei der Auslegung der abkommensrechtlichen Normen somit auf den Wortlaut, den systematischen Zusammenhang sowie auf ihren Sinn und Zweck abzustellen.[28]

b) *Bedeutung des OECD-MA und des OECD-Kommentars und des OECD-Partnership-Reports*

Das OECD-MA selbst ist kein völkerrechtlicher Vertrag. Als Muterabkommen soll es den Mitgliedsstaaten beim Abschluss von DBA als Orientierungshilfe darüber dienen, was der Rat der OECD den Regierungen der Mitgliedsstaaten empfohlen hat. Gleiches gilt für den Musterkommentar: Er stellt eine Empfehlung der OECD hinsichtlich der Auslegung von Abkommensnormen dar, soweit sie in ihrer Konzeption und/oder Formulierung dem MA folgen.[29]

Wenn und soweit ein abgeschlossenes Abkommen in seiner Konzeption, seinem Aufbau und seinen Formulierungen dem MA folgt, spricht somit eine allgemeine Vermutung dafür, dass die betreffenden

25 *Wassermeyer* in Debatin/Wassermeyer, DBA, MA Art. 3 Rz. 76; *ders.,* in Doppelbesteuerungsabkommen und nationales Recht, S. 20 f.; *ders.*, Neuere Entwicklungen in der Rechtsprechung zu den Doppelbesteuerungsabkommen, S. 21.

26 Art. 1 Abs. 1 WÜRV: „Ein Vertrag ist nach Treu und Glauben auszulegen, entsprechend der üblichen Bedeutung, die den Begriffen des Vertrages in ihrem Zusammenhang und unter Berücksichtigung seines Zieles und Zwecks beizulegen ist."

27 *Blumenwitz* in Doppelbesteuerungsabkommen und nationales Recht, S. 12; *Gloria*, RIW 1986, S. 970, 974; *Henkel* in Becker/Höppner/Grotherr/Kroppen, DBA Grundlagen Abschn. 4 Rn. 19.

28 *Wassermeyer* in Debatin/Wassermeyer, DBA, MA Art. 3 Rz. 77 f.

29 *Wassermeyer* in Debatin/Wassermeyer, DBA, MA Vor Art. 1 Rz. 34.

Vertragsstaaten das Abkommen entsprechend dem MA und dem MK interpretiert wissen wollen.[30] Dies gilt insbesondere dann, wenn der Text des MA insgesamt oder partiell unverändert übernommen wurde. Aber auch dann, wenn eine abweichende Formulierung gewählt wurde, gilt eine widerlegbare Vermutung für eine Auslegung i. S. d. MA, wenn die abweichende Formulierung weiterhin eine Auslegung im Sinne des MA gestattet. Hiervon ist insbesondere dann auszugehen, wenn die abweichende Formulierung lediglich in der Absicht einer klarstellenden Regelung getroffen wurde oder sie der Berücksichtigung von Besonderheiten im innerstaatlichen Recht eines oder beider Vertragsstaaten dienen soll. Nur wenn die abweichende Formulierung einer Auslegung i. S. d. MA direkt entgegensteht, kann zur Auslegung der betreffenden Vorschrift nicht auf das MA und den MK zurückgegriffen werden. Anhaltspunkte für eine solche beabsichtigte Abweichung vom MA stellen vor allem die von den Vertragstaaten zum Abkommenstext selbst oder zu einzelnen Textziffern des MK formulierten Vorbehalte und Bemerkungen dar.[31]

MA und MK stellen primäre Auslegungsmittel im Sinne des Art. 31 Abs. 4 WÜRV dar, denn eine wortidentische Übernahme von im OECD-MA enthaltenen Formulierungen berechtigt zu der Vermutung, dass die Vertragsparteien den einzelnen Ausdrücken dieselbe Bedeutung wie den entsprechenden Vorschriften des OECD-MA beimessen wollen. Den Formulierungen des MA und dem MK kommt somit eine besondere Bedeutung i. S. d. Art. 31 Abs. 4 WÜRV zu.[32]

Fraglich ist in diesem Zusammenhang, ob und inwieweit jüngere MA zur Auslegung bereits früher abgeschlossener, den älteren OECD-MA nachgebildeten, DBA heranzuziehen sind. Die gleiche Frage stellt

30 *Vogel* in Vogel/Lehner, DBA, Einl. Rz. 126; *Wassermeyer* in Debatin/Wassermeyer, DBA, MA Vor Art. 1 Rz. 34.

31 *Vogel* in Vogel/Lehner, DBA, Einl. Rz. 133; *Wassermeyer* in Debatin/Wassermeyer, DBA, MA Vor Art. 1 Rz. 51.

32 *Lang*, Die Bedeutung des Musterabkommens und des Kommentars, S. 18 ff.; *Schaumburg*, Internationales Steuerrecht, Rz. 16.78; *Wassermeyer* in Debatin/Wassermeyer, DBA, MA Vor Art. 1 Rz. 44. Hinsichtlich weiterer Rechtsvorschriften des WÜRV, die die Heranziehung des OECD-Kommentars als Auslegungsmittel rechtfertigen könnten siehe *Lang*, Die Bedeutung des Musterabkommens und des Kommentars, S. 15 ff.

sich hinsichtlich des MK, welcher häufiger Änderungen unterliegt als das MA selbst. Die jüngste Revision des MA und des MK erfolgte im Jahr 2000, während beim MA nur wenige Änderungen vorgenommen wurden, hat der MK in einigen Bereichen umfangreiche Änderungen erfahren. Für die Thematik dieser Arbeit sind insbesondere die Ergänzungen des MK hinsichtlich der Behandlung von Personengesellschaften von Bedeutung, die auf den Bericht des OECD-Steuerausschusses zur Anwendung des OECD-MA auf Personengesellschaften[33] zurückgehen.

Hintergrund des OECD-Partnership-Reports ist, dass es im Zusammenhang mit internationalen Sachverhalten unter Beteiligung von Personengesellschaften häufig zu einer gleichzeitigen Anwendung unterschiedlicher Abkommensbestimmungen seitens der DBA-Vertragsstaaten kommt. Dies führt i. d. R. dazu, dass eine Doppelbesteuerung nicht vermieden wird oder aber eine doppelte Nichtbesteuerung verursacht wird. Für derartige Qualifikationskonflikte enthielt die bisherige Fassung des MK keine einheitliche Lösung. Diese Lücke im Kommentar zum OECD-Musterabkommen wurde mit dem OCED-Partnership-Report zu schließen versucht.[34] Hierfür stellt der Partnership-Report anhand konkreter Fälle Lösungsmuster zur Verfügung, die von fast allen OECD-Staaten unterstützt und akzeptiert werden.[35] Die im OECD-Partnership-Report vorgeschlagenen Erweiterungen wurden im Rahmen der Revision des MK im Jahr 2000 in den Kommentar aufgenommen und haben damit die rechtliche Bedeutung des Kommentars.[36]

Aus den Textziffern 33 ff. der Einleitung zum Musterkommentar ergibt sich, dass nach Auffassung der OECD sowohl das MA als auch der MK in ihren jeweils geltenden Fassungen auch zur Auslegung von DBA herangezogen werden sollen, die bereits vor Bekanntwerden der

33 OECD, The Application of the OECD Model Tax Convention to Partnership, Paris 1999 (im Folgenden als *OECD-Partnership-Report* bezeichnet).

34 *Loukota*, Der OECD-Report zur Anwendung des OECD-Musterabkommens auf Personengesellschaften, S. 17.

35 *Loukota*, Der OECD-Report zur Anwendung des OECD-Musterabkommens auf Personengesellschaften, S. 20.

36 *Loukota*, Der OECD-Report zur Anwendung des OECD-Musterabkommens auf Personengesellschaften, S. 21; *Schnitger*, Die normative Bedeutung des Partnership-Reports, S. 279 ff.

Änderungen verhandelt und abgeschlossen wurden.[37] Die deutsche Finanzverwaltung vertritt, zumindest für Teile des OECD-Partnership-Reports, ebenfalls diese Auffassung.[38] Die Haltung des BFH zu dieser Frage ist nicht eindeutig.[39] In seiner jüngeren Rechtsprechung[40] geht der BFH offenbar von einer Berücksichtigung des jüngeren MK auch bei der Auslegung bereits bestehender DBA im Sinne eines dynamischen Verweises aus.

Dieser Auffassung kann nicht gefolgt werden. Insbesondere lässt sie sich nicht aus den für die Auslegung völkerrechtlicher Verträge maßgeblichen Grundsätzen des WÜRV ableiten. So können das jüngere MA und der jüngere MK nicht als Beleg für die gem. Art. 31 Abs. 4 WÜRV besondere Bedeutung eines in einem DBA verwendeten Begriffs herangezogen werden, wenn dieser seine besondere Bedeutung erst durch die spätere Fassung des MA und des MK erhalten hat. Darüber hinaus kann weder das jüngere MA noch der jüngere MK Aufschluss über die Absicht der Vertragsparteien im Zeitpunkt des Vertragsschlusses geben.[41] Im Übrigen kann die Bedeutung des jüngeren MA und des jüngeren MK für die Auslegung bereits bestehender DBA auch nicht auf Art. 31 Abs. 3 Buchst. a und b WÜRV gestützt werden, denn das jüngere MA und der jüngere MK stellen nicht eine „spätere Übereinkunft" i. S. d. Art. 31 Abs. 3 Buchst. a oder eine „spätere Übung" i. S. d. Art. 31 Abs. 3 Buchst. b dar.[42]

Daher geht die h. M. davon aus, dass für die Auslegung von DBA nur die Fassung des MA und des MK heranzuziehen ist, die zum Zeitpunkt des Vertragsschlusses galt; spätere Fassungen des MA und des

37 *Wassermeyer* in Debatin/Wassermeyer, DBA, MA Vor Art. 1 Rz. 60.

38 BMF v. 28.12.1999, BStBl. I 1999, 1121 Tz. 2.

39 BFH v. 11.4.1990, BFHE 160, 513; BFH v. 8.4.1997, BStBl. II 1997, 679; BFH v. 11.10.2000, BStBl. II 2002, 271; BFH v. 18.7.2001, BStBl. II 2002, 410.

40 BFH v. 18.7.2001, BStBl. II 2002, 410.

41 *Lang*, Die Bedeutung des Musterabkommens und des Kommentars, S. 24; *ders.*, IStR 2001, S. 536, 537; *Schnitger*, Die normative Bedeutung des Partnership-Reports, S. 283; *Vogel* in Vogel/Lehner, DBA, Einl. Rz. 127; *Wassermeyer* in Debatin/Wassermeyer, DBA, MA Vor Art. 1 Rz. 60.

42 *Lang*, Die Bedeutung des Musterabkommens und des Kommentars, S. 25 ff.

MK sind hingegen nicht zu beachten.[43] Zwar wird in der Literatur[44] vereinzelt angeführt, jüngere MK seien insoweit heranzuziehen, als die dort vertretene Auffassung lediglich „klarstellender“ Natur sei und somit keine Auffassungsänderung beinhalte. Ist die in dem jüngeren MK vertretene Auffassung jedoch nur klarstellend, so entspricht sie inhaltlich der zum Zeitpunkt des Abschlusses eines DBA geltenden Auffassung der Vertragsparteien, so dass es zur Auslegung des DBA einer Heranziehung der neueren Fassung gar nicht bedarf.

Neuere Fassungen des MK sind nach hier vertretener Auffassung ausschließlich zur Auslegung solcher DBA heranzuziehen sind, die nach der Änderung bzw. Ergänzung des MK verhandelt und abgeschlossen worden sind. Dies gilt insbesondere für den OECD-Partnership-Report, denn die dort vertretenen Auffassungen sind, aufgrund der Zielsetzung des OECD-Partnership-Report, die bei der Anwendung des MA auf Personengesellschaften auftretenden Probleme erstmals zu lösen, wohl nicht nur klarstellender Natur, sondern stellen eine grundlegende Ergänzung des MK im Sinne einer Neufassung dar.[45]

Da die Ausführungen im OECD-Partnership-Report jedoch für zukünftige Abkommen von Relevanz sind, werden im Folgenden auch die dort gezogenen Schlussfolgerungen und Lösungsansätze dargestellt und einer kritischen Würdigung unterzogen. Schon hier ist darauf hinzuweisen, dass die Ausführungen des OECD-Partnership-Report auch für die Auslegung jüngerer DBA nur insoweit von Bedeutung sein können, als die dort vertretenen Auffassungen nicht anderen, sich aus der Systematik und der Teleologie des OECD-MA ergebenden Schlussfolgerungen entgegenstehen.[46]

43 *Lang*, Die Bedeutung des Musterabkommens und des Kommentars, S. 24 ff.; *ders.*, IStR 2001, S. 536, 537 ff.; *ders.*, in FS Vogel, S. 907, 920; *Schmidt, Ch.*, IStR 2001, S. 489, 496; *Vogel* in Vogel/Lehner, DBA, Einl. Rz. 127 ff.; *Wassermeyer* in Debatin/Wassermeyer, DBA, MA Vor Art. 1 Rz. 60, 63.

44 *Schaumburg*, Internationales Steuerrecht, Rz. 16.79.

45 *Lang*, IStR 2000, S. 129, 134; *Schnitger*, Die normative Bedeutung des Partnership-Reports, S. 283, 286.

46 *Lang*, IStR 2000, S. 129, 134.

c) Bedeutung des innerstaatlichen Rechts

DBA sind aus sich heraus auszulegen, d. h. Begriffe, die zum unmittelbaren Regelungsgegenstand eines DBA gehören, sind nach Sinngehalt des DBA zu interpretieren.

Aufgrund ihrer Funktion, die Ausübung der innerstaatlichen Steueransprüche der Vertragsstaaten einzuschränken, ist das innerstaatliche Steuerrecht „Regelungsobjekt" der Abkommensvorschriften, so dass die Abkommensnormen einen bestimmten Bezug zum innerstaatlichen Steuerrecht der Vertragsstaaten aufweisen.[47] Daraus ergibt sich die Frage, wo der eigenständige Regelungsbereich des DBA beginnt und wo er aufhört.[48] Grundsätzlich ist es möglich, dass die Vertragsstaaten alle in einem DBA verwendeten Begriffe autonom, also im DBA selbst, definieren. Andererseits steht es den Vertragsstaaten aber auch frei, mit einem im DBA verwendeten Begriff an das anzuknüpfen, was die Vertragsstaaten nach ihrem jeweiligen nationalen Steuerrecht unter diesem Begriff verstehen. Dies wirft die Frage auf, ob und inwieweit für die Auslegung von im Abkommen selbst nicht definierten Begriffen auf das innerstaatliche Recht der Vertragsstaaten zurückzugreifen ist.

Die meisten von Deutschland abgeschlossenen DBA enthalten eine dem Art. 3 Abs. 2 OECD-MA entsprechende Regelung.[49] Hiernach hat bei der Anwendung des Abkommens durch einen Vertragsstaat, inso-

47 *Henkel* in Becker/Höppner/Grotherr/Kroppen, DBA, Grundlagen Abschn. 4 Rn. 52; *Kluge*, Das Internationale Steuerrecht, R 46; *Wassermeyer* in Debatin/Wassermeyer, DBA, MA Art. 3 Rz. 76.

48 *Kluge*, Das Internationale Steuerrecht, R 30; *Wassermeyer* in Debatin/Wassermeyer, DBA, MA Art. 3 Rz. 71a; *ders.*, StuW 1990, S. 404 f.

49 Das DBA Österreich 1954 enthält keine vergleichbare Vorschrift. Das DBA Schweden kehrt die Regel des MA um. So ist das Abkommen „bei seiner Anwendung durch beide Vertragsstaaten übereinstimmend aus sich selbst heraus auszulegen. Ein in diesem Abkommen nicht definierter Ausdruck hat jedoch dann die Bedeutung, die ihm nach dem Recht des anwendenden Staates zukommt, wenn der Zusammenhang dieses erfordert und die zuständigen Behörden sich nicht auf eine gemeinsame Auslegung geeinigt haben." Zur Übersicht über die einzelnen Abkommen *Vogel* in Vogel/Lehner, DBA, Art. 3 Rzn. 126 ff.

fern der Zusammenhang nichts anderes erfordert, jeder im Abkommen nicht definierte Begriff jederzeit die Bedeutung, die ihm im Anwendungszeitraum nach dem Recht dieses Staates über diejenigen Steuern zukommt, für die das Abkommen gilt.

Art. 3 Abs. 2 MA ist eine allgemeine Auslegungsregel, die als abkommensrechtliche Norm den allgemeinen völkerrechtlichen Auslegungsregeln vorgeht. Andererseits gehen spezielle Auslegungsregeln des Abkommens dem Art. 3 Abs. 2 MA vor.[50] Hierzu gehören insbesondere abkommensrechtliche Definitionen, wie z. B. die Definition der Dividenden in Art. 10 Abs. 3 MA, der Zinsen in Art. 11 Abs. 3 MA und der Lizenzgebühren in Art. 12 Abs. 2 MA. Gleiches gilt für Regelungen, die zur Auslegung eines Begriffs auf das Recht eines der beiden Vertragsstaaten verweisen, wie bspw. Art. 6 Abs. 2 MA, der bestimmt, dass der Ausdruck „unbewegliches Vermögen" die Bedeutung hat, die ihm nach dem Recht des Belegenheitsstaates zukommt.[51]

Ist ein Begriff im Abkommen nicht definiert, so ist im Schrifttum umstritten, ob Art. 3 Abs. 2 MA einem Rückgriff auf das innerstaatliche Recht den Vorrang vor einer Auslegung aus dem Abkommen selbst einräumt oder umgekehrt. Der im Schrifttum geführte Meinungsstreit über die Bedeutung des innerstaatlichen Rechts für die Auslegung eines DBA resultiert letztlich aus einer unterschiedlichen Auslegung des Art. 3 Abs. 2 MA bzw. aus einer unterschiedlichen Auffassung darüber, wann i. S. d. Norm der Zusammenhang etwas anderes erfordert als den Rückgriff auf das innerstaatliche Recht. Hierzu werden zwei Theorien, die sog. „völkerrechtliche Theorie" und die sog. „landesrechtliche Theorie", vertreten.

50 Statt aller *Vogel* in Vogel/Lehner, DBA, Art. 3 Rzn. 101 f.

51 *Debatin*, DStR 1992 Beihefter zu Heft 23, S. 1, 6; *Henkel* in Becker/Höppner/Grotherr/Kroppen, DBA, Grundlagen Abschn. 4 Rn. 57; *Wassermeyer*, StuW 1990, S. 404, 405; *ders.*, Neuere Entwicklungen in der Rechtsprechung zu den Doppelbesteuerungsabkommen, S. 29.

aa) Völkerrechtliche Theorie

Nach der völkerrechtlichen Theorie lässt Art. 3 Abs. 2 MA einen Rückgriff auf das innerstaatliche Recht nur als ultima ratio zu, so dass Auslegungsfragen vorrangig aus dem DBA selbst zu lösen sind.[52] Diese Auffassung wird insbesondere mit dem Zweck der DBA, eine Doppelbesteuerung zu vermeiden, und dem daraus abgeleiteten Gebot der Entscheidungsharmonie begründet.

Debatin verweist darauf, dass die Abkommensnormen das Ergebnis zwischenstaatlicher Verhandlungen sind, die eine gemeinsame Aussage der Vertragsstaaten verkörpern, durch die die Vertragspartner in beiden Staaten das gleiche Ergebnis hervorbringen wollen. Da DBA als völkerrechtliche Verträge einen selbständigen Rechtskörper mit einer eigenständigen Rechtsaussage darstellten, sei der Inhalt der jeweiligen Abkommensbegriffe soweit als möglich aus dem Sinn- und Vorschriftenzusammenhang des Abkommens zu ermitteln.[53]

Darüber hinaus wird angeführt, dass ein vorrangiger Rückgriff auf das innerstaatliche Recht bei einem divergierenden innerstaatlichen Begriffsverständnis zu unterschiedlichen Auslegungen desselben Abkommensbegriffs und infolge dessen sowohl zu unerwünschten Doppelbesteuerungen als auch zu Nichtbesteuerung führen könne. Eine dem Ziel und Zweck von Doppelbesteuerungsabkommen entsprechende Auslegung des Art. 3 Abs. 2 MA lasse einen Rückgriff auf das innerstaatliche Recht daher nur zu, wenn aus dem DBA selbst – unter Ausschöpfung aller Auslegungsmethoden – kein Ergebnis gewonnen werden könne.[54] Bei dem Rückgriff auf das innerstaatliche Recht handele

52 *Debatin*, RIW/AWD 1980, S. 5; *ders.*, DB 1985 Beilage 23, S. 1, 5 ff.; *ders.*, DStR 1992, Beihefter zu Heft 23, S. 1, 7; *Djanani/Brähler/Hartmann,* IStR 2004, S. 482; *Gloria*, RIW 1986, S. 970 ff.; *ders.*, Verständigungsverfahren, S. 97 ff.; *Kerath*, Auslegung von Doppelbesteuerungsabkommen, S. 195 ff.; *Klebau*, RIW 1985, S. 126 ff.; *Lang* in FS Debatin, S. 283 ff.; *Piltz*, Personengesellschaften, S. 126 f.; *Pott*, Kollision, S. 153 ff.; *Schaumburg*, Internationales Steuerrecht, Rz. 16.58 f.

53 *Debatin*, DB 1985 Beilage 23, S. 1, 6; *ders.*, DStR 1992 Beihefter zu Heft 23, S. 1, 5, 7.

54 *Debatin*, DB 1985 Beilage 23, S. 1, 6 ff.; *Djanani/Brähler/Hartmann,* IStR 2004, S. 482; *Lang* in FS Debatin, S. 283, 290.

es sich also um nicht mehr als eine letzte Auslegungshilfe, um über das sonst nicht „Entscheidbare" hinwegzuhelfen.[55]

Hingegen spricht sich *Wassermeyer*[56] für eine gemäßigte Anwendung der völkerrechtlichen Theorie aus, indem er eine ausschließliche ultima-ratio-Anwendung des innerstaatlichen Rechts ablehnt.[57]

Soweit das Abkommen einen Ausdruck selbst definiere, sei diese Definition allein maßgeblich für die Auslegung dieses Ausdrucks.[58] Hierbei sei der Art. 3 Abs. 2 MA verwendete Begriff „definiert" in einem weiten Sinne zu verstehen, so dass auch im Abkommen enthaltene Teildefinitionen sowie „mittelbare" Definitionen,[59] als abkommensrechtliche Definitionen anzusehen seien.[60]

Fehlt es an einer solchen abkommensrechtlichen Definition, so spricht nach *Wassermeyer* – und daran ist die Abschwächung der völkerrechtlichen Theorie zu abzulesen – eine Vermutung dafür, dass die Vertragsstaaten einen abkommensrechtlichen Ausdruck im Sinne ihres jeweiligen innerstaatlichen Rechts ausgelegt wissen wollen und daraus gegebenenfalls resultierende Doppelbesteuerungen in Kauf nehmen. Dies soll insbesondere dann gelten, wenn ein im DBA verwendeter Ausdruck innerhalb des innerstaatlichen Steuerrechts ein „teminus technicus" ist.[61]

55 *Debatin*, DStR 1992 Beihefter zu Heft 23 S. 1, 7.

56 *Wassermeyer* bezeichnet sich selbst als Anhänger der völkerrechtlichen Theorie, *Wassermeyer*, Neuere Entwicklungen in der Rechtsprechung zu den Doppelbesteuerungsabkommen, S. 22.

57 *Wassermeyer*, Neuere Entwicklungen in der Rechtsprechung zu den Doppelbesteuerungsabkommen, S. 22.

58 *Wassermeyer* in Debatin/Wassermeyer, DBA, MA Art. 3 Rz. 81.

59 Also solche die sich aus einem Umkehrschluss – wie beispielsweise dass das, was das Abkommen als Dividenden definiert, nicht zugleich Zinsen sein kann – ergeben.

60 *Wassermeyer*, Neuere Entwicklungen in der Rechtsprechung zu den Doppelbesteuerungsabkommen, S. 29; *ders.*, in Debatin/Wassermeyer, DBA, MA Art. 3 Rzn. 74, 81.

61 *Wassermeyer* in Debatin/Wassermeyer, DBA, MA Art. 3 Rzn. 71, 81.

bb) Landesrechtliche Theorie

Insbesondere *Vogel*[62] vertritt die Auffassung, dass gem. Art. 3 Abs. 2 MA die im Abkommen nicht definierten Begriffe grundsätzlich nach dem jeweiligen innerstaatlichen Recht der Vertragsstaaten auszulegen sind, und eine hiervon abweichende Auslegung nur zulässig sei, falls der Zusammenhang etwas anderes erfordere, was allerdings „Gründe besonderen Gewichts" voraussetze.

Dies wird damit begründet, dass Art. 3 Abs. 2 MA kein systematischer Vorrang der Auslegung aus dem Zusammenhang vor der Bezugnahme auf das innerstaatliche Recht zu entnehmen sei; vielmehr stünden die beiden Auslegungsvorgänge in einem Verhältnis der Wechselbezüglichkeit. Denn ob der Zusammenhang etwas anderes als den Rückgriff auf das innerstaatliche Recht erfordere, ließe sich aus logischen Gründen erst beurteilen, wenn zuvor die Bedeutung des Ausdrucks nach innerstaatlichem Recht festgestellt worden sei.[63] Daher sei sowohl eine Auslegung nach dem innerstaatlichen Recht als auch eine Auslegung aus dem Zusammenhang des Abkommens vorzunehmen und unter Abwägung beider Auslegungsmöglichkeiten zu prüfen, ob der Zusammenhang eine Auslegung aus dem Abkommen erfordere.[64] Hierbei führe jedoch nicht jede in sich überzeugungskräftige Auslegung aus dem Zusammenhang zu einer Abweichung von der grundsätzlichen Auslegungsregel des Art. 3 Abs. 2 MA, sondern nur Gründe besonderen Gewichts. Dies folge aus der Formulierung des Art. 3 Abs. 2 MA, denn dort heißt es „wenn der Zusammenhang nichts anderes erfordert" und nicht „wenn der Zusammenhang keine andere – oder überhaupt keine – Auslegung ergibt".[65] Darüber hinaus verweist *Vogel* darauf, dass der Rückriff auf das innerstaatliche Recht praktische Vorteile habe, da sich Steuerpflichtige, Verwaltungsbehörden und Gerichte an die Wortbedeutung halten könnten, die ihnen vom innerstaatlichen Recht her geläufig sei. Im Übrigen würde dadurch der Vielfalt der Auslegungsmöglichkeiten Grenzen

62 *Vogel* in Vogel/Lehner, DBA, Art. 3 Rz. 120.

63 *Vogel* in Vogel/Lehner, DBA, Art. 3 Rz. 119.

64 *Vogel* in Vogel/Lehner, DBA, Art. 3 Rz. 122.

65 *Vogel* in Vogel/Lehner, DBA, Art. 3 Rz. 120; gegen diese Argumentation *Lang* in FS Debatin, S. 283, 288.

gesetzt, so dass der Rückgriff auf das innerstaatliche Recht auch der Rechtssicherheit diene.[66]

Das von den Vertretern der völkerrechtlichen Theorie angeführte Argument, eine Auslegung nach dem innerstaatlichen Recht könne zu einer Doppelbesteuerung bzw. einer Nichtbesteuerung führen und sei daher nur dann vorzunehmen, wenn eine Auslegung aus dem Abkommen selbst nicht möglich ist, hält *Vogel* für nicht überzeugend. Denn durch die Annahme des Art. 3 Abs. 2 MA hätten die OECD-Mitgliedstaaten eben grade die Möglichkeit einer Doppelbesteuerung als Ergebnis in Kauf genommen.[67] Dieser Auffassung ist auch *Wassermeyer*, wenn er ausführt, dass es den Vertragsstaaten grundsätzlich frei stehe, in einem DBA autonome Begriffsdefinitionen vorzunehmen, so dass eine Vermutung dafür spreche, dass die Vertragsstaaten jeden nicht im DBA definierten Ausdruck im Sinne ihres jeweiligen innerstaatlichen Rechts ausgelegt wissen wollen.[68]

Mittlerweile vertritt auch *Vogel*[69] – ähnlich wie *Wassermeyer*[70] – eine vermittelnde Position. Der in der Formulierung des Art. 3 Abs. 2 MA („wenn der Zusammenhang nichts anderes erfordert“) verwendete Ausdruck „Zusammenhang“ sei weit auszulegen, da durch eine solch weite Auslegung unangemessene Ergebnisse, die sich durch einen Rückgriff auf das innerstaatliche Recht ergeben könnten, in Grenzen gehalten werden können.[71]

66 *Vogel*, DBA 3. Auflage, Art. 3 Rz. 60.

67 *Vogel*, DBA 3. Auflage, Art. 3 Rz. 71.

68 *Wassermeyer*, StuW 1990, S. 404, 405, 409; *ders.*, in Debatin/Wassermeyer, DBA, MA Art. 3 Rz. 71.

69 So führt *Vogel* in der 4. Auflage aus, dass die von ihm vertretende Auslegung des Art. 3 Abs. 2 MA nicht als „landesrechtlich“, sondern als vermittelnd zu verstehen ist, *Vogel* in Vogel/Lehner, DBA, Art. 3 Rz. 121. Dieses Verständnis des Art. 3 Abs. 2 MA kommt hingegen in der 3. Auflage noch nicht zum Ausdruck.

70 *Wassermeyer* in Debatin/Wassermeyer, DBA, MA Art. 3 Rz. 82.

71 *Vogel* in Vogel/Lehner, DBA, Art. 3 Rz. 121.

cc) Stellungnahme

Die vorstehenden Ausführungen zeigen, dass der Meinungsstreit über die Bedeutung des innerstaatlichen Rechts bei der Auslegung von im Abkommen nicht definierten Ausdrücken auf einem unterschiedlichen Verständnis des Art. 3 Abs. 2 MA beruht. Daher ist der Inhalt dieser Auslegungsklausel an Hand des Sinn und Zwecks eines DBA zu ermitteln.

Die Auslegungsregel des Art. 3 Abs. 2 MA gilt für die Auslegung der übrigen Abkommensnormen als lex specialis, jedoch kann sie naturgemäß nicht auf sich selbst bezogen werden.[72] Da DBA völkerrechtliche Verträge sind, auf die die Auslegungsregeln der Art. 31 ff. WÜRV Anwendung finden, gelten diese allgemeinen völkerrechtlichen Auslegungsregeln auch zur Feststellung des Normgehalts des Art. 3 Abs. 2 MA.[73]

Art. 31 Abs. 1 WÜRV bestimmt, dass ein Vertrag nach Treu und Glauben in Übereinstimmung mit der gewöhnlichen, seinen Bestimmungen in ihrem Zusammenhang zukommenden Bedeutung und im Lichte seines Ziels und Zwecks auszulegen ist. Auf die DBA übertragen bedeutet dies, dass diese aus dem Abkommenszusammenhang heraus und unter Berücksichtigung ihrer Ziel- und Zwecksetzung auszulegen sind.

Der primäre Sinn und Zweck eines DBA ist die Vermeidung einer Doppelbesteuerung. Damit ist Art. 3 Abs. 2 MA in der Weise auszulegen, dass durch die Anwendung der Auslegungsklausel eine Doppelbesteuerung möglichst vermieden wird.

Greift jeder Vertragsstaat zur Auslegung abkommensrechtlich nicht definierter Begriffe vorrangig auf sein innerstaatliches Recht zurück, so kann es bei einem divergierenden innerstaatlichen Begriffsverständnis zu Auslegungskonflikten und infolge dessen sowohl zu unerwünschten Doppelbesteuerungen als auch zu Nichtbesteuerungen kommen. Ein Rückgriff auf dass innerstaatliche Recht würde in diesen

72 *Klebau*, RIW 1985, S. 127; *Gloria*, RIW 1986, S. 975; *ders.*, Verständigungsverfahren, S. 97.

73 *Gloria*, RIW 1986, S. 970, 975; *ders.*, Verständigungsverfahren, S. 97; *Vogel* in Vogel/Lehner, DBA, Art. 3 Rz. 120.

Fällen also im Wiederspruch zum Abkommenszweck stehen, wohingegen ein solches Verfehlen des Abkommensziels durch eine Auslegung des fraglichen Abkommensbegriffs aus dem Sinn- und Vorschriftenzusammenhang des Abkommens, d. h. durch eine abkommensautonome Auslegung, vermieden werden könnte.

Somit ist zunächst *Wassermeyer* darin zuzustimmen, dass der Ausdruck „definiert" in Art. 3 Abs. 2 MA in einem weiten Sinne zu verstehen ist. Es ist nicht nur im Abkommen enthaltenen unmittelbaren Definitionen, sondern auch „mittelbaren" Definitionen sowie Teildefinitionen ein Vorrang vor dem Rückgriff auf das innerstaatliche Recht einzuräumen.

Fehlt es an einer abkommensautonomen Definition, führt die Auslegung des Art. 3 Abs. 2 MA i. S. d. Art. 31 Abs. 1 WÜKV zu dem Ergebnis, dass der Auslegung aus dem Abkommenszusammenhang immer dann der Vorrang einzuräumen ist, wenn ein Rückgriff auf das innerstaatliche Recht nicht zu einer Vermeidung der Doppelbesteuerung führt. Hingegen ist eine Auslegung aus dem Zusammenhang nicht erforderlich, wenn eine Auslegung durch Rückgriff auf das jeweilige innerstaatliche Recht der Vertragsstaaten aufgrund eines übereinstimmenden innerstaatlichen Begriffsverständnisses zu einer gleichen Inhaltsbestimmung des fraglichen Begriffs und damit zu einer Vermeidung der Doppelbesteuerung bzw. der Nichtbesteuerung führt.

Daher ist *Vogel* zuzustimmen, wenn er von einem Verhältnis der Wechselbezüglichkeit der beiden Auslegungsvorgänge spricht. Denn ob der Zusammenhang etwas anderes erfordert, lässt sich erst beurteilen, wenn die Bedeutung des abkommensrechtlichen Ausdrucks nach innerstaatlichem Recht festgestellt wurde.

Dieser Auffassung widerspricht auch nicht das von *Wassermeyer* angeführte Argument, wonach das Fehlen einer abkommensautonomen Definition vermuten lässt, dass die Vertragsstaaten auf eine solche Definition bewusst verzichtet haben, weil sie den fraglichen abkommensrechtlichen Ausdruck im Sinne ihres jeweiligen innerstaatlichen Steuerrechts ausgelegt wissen wollen. Vielmehr kann ebenso argumentiert werden, dass in solchen Fällen die Vermutung besteht, dass eine abkommensautonome Definition des Begriffs bewusst unterlassen wurde, weil nach Ansicht der Vertragspartner der Abkommenszusammenhang eine eindeutige Inhaltsbestimmung des fraglichen Ausdrucks ermöglicht und eine autonome Definition des Begriffs somit entbehrlich ist.

Als Ergebnis lässt sich festhalten, dass gem. Art. 3 Abs. 2 MA jeder im Abkommen selbst definierte Ausdruck für die Vertragsstaaten als verbindlich anzusehen ist. Hierbei ist der Ausdruck „definiert" in einem weiten Sinne zu verstehen.[74] Ist eine abkommensautonome Begriffsdefinition hingegen nicht gegeben, so ist ein Rückgriff auf das innerstaatliche Recht nur zulässig, wenn dieser Rückgriff nicht dem Ziel und Zweck von Doppelbesteuerungsabkommen – also der Vermeidung von Doppelbesteuerungen – entgegensteht oder eine Auslegung aus dem Abkommen selbst zu keinem eindeutigen Ergebnis führt.

II. Abkommensberechtigung von Personengesellschaften gem. OECD-MA

Abkommensberechtigung bedeutet das Recht, sich als Steuerpflichtiger auf die Abkommensnormen zu berufen und den durch diese festgelegten Abkommenschutz in Anspruch zu nehmen.[75] Art. 1 OECD-MA legt den persönlichen Abwendungsbereich des Abkommens fest, indem er regelt, wer abkommensberechtigt ist.[76] Aus der Abkommensberechtigung ergibt sich auch, welcher Vertragsstaat sich in der Rolle des Ansässigkeitsstaates und welcher sich in der Position des Quellenstaates befindet. Ansässigkeitsstaat kann nur der Vertragsstaat sein, in dem sich die abkommensberechtigte Person befindet, da die Abkommensberechtigung gem. Art. 1 OECD-MA die Ansässigkeit der Person in

74 *Wassermeyer* in Debatin/Wassermeyer, DBA, MA Art. 3 Rz. 74; *ders.*, Neuere Entwicklungen in der Rechtsprechung zu den Doppelbesteuerungsabkommen, S. 29.

75 *Wassermeyer* in Debatin/Wassermeyer, DBA, MA Art. 1 Rz. 18.

76 *Vogel* in Vogel/Lehner, DBA, Art. 1 Rz. 2; *Wassermeyer* in Debatin/Wassermeyer, DBA, MA Art. 1 Rz. 18.

mindestens einem der beiden Vertragsstaat voraussetzt. Ein Vertragsstaat, in dem keine abkommenberechtigte Person ansässig ist, kann allenfalls Quellenstaat sein. Ist eine Person abkommensberechtigt, so kann diese gegenüber ihrem Ansässigkeitsstaat ein sich aus dem Abkommen ergebendes Recht auf Anrechnung ausländischer Quellensteuer bzw. auf Freistellung der ausländischen Einkünfte geltend machen und gegebenenfalls gegenüber dem Quellenstaat eine Quellensteuerreduktion beanspruchen.

1. Unter das Abkommen fallende Personen nach Art. 1 MA

Nach Art. 1 MA erstreckt sich der persönliche Anwendungsbereich des Abkommens auf Personen, die in mindestens einem der beiden Vertragsstaaten ansässig sind. Damit müssen die Voraussetzungen „Personeneigenschaft" und „Ansässigkeit" kumulativ erfüllt sein. Der Begriff „Person" ist in Art. 3 Abs. 1 lit. a und b MA und derjenige der „Ansässigkeit" in Art. 4 Abs. 1 MA definiert. Die Prüfung der Abkommensberechtigung von Personengesellschaften hat in zwei Stufen zu erfolgen, indem zunächst festzustellen ist, wer die Personeneigenschaft i. S. d. Abkommens erfüllt und sodann zu prüfen ist, ob diese Person auch die Voraussetzung der Ansässigkeit erfüllt. Als abkommensberechtigte Personen kommen bei Personengesellschaften sowohl die Gesellschaft als auch ihre Gesellschafter in Frage.

a) Personen im Sinne des Art. 3 Abs. 1 lit. a MA

Art. 3 Abs. 1 lit. a MA bestimmt, dass der Begriff „Person" im Sinne des Abkommens natürliche Personen, Gesellschaften und andere Personenvereinigungen umfasst. Personengesellschaften werden nicht ausdrücklich genannt. Der MK führt aus, dass die in lit. a enthaltene Definition des Ausdrucks „Person" nicht erschöpfend ist, vielmehr werde er in einem sehr weiten Sinne verwendet.

Im Rahmen der Neufassung des MK wurde Textziffer 2 zu Art. 3 des MK dahingehend ergänzt, dass auch Personengesellschaften als Personen anzusehen sind, da sie entweder unter die Definition der „Gesellschaft" fallen oder eine „andere Personenvereinigung" darstellen.[77] Auch wenn die Kommentierung im MK mittlerweile eindeutig ist, bedarf die Personeneigenschaft der Personengesellschaft einer näheren Betrachtung, denn neuere Fassungen des MK sind ausschließlich bei der Auslegung solcher DBA heranzuziehen, die nach der Änderung bzw. Ergänzung des MK verhandelt und abgeschlossen wurden.[78]

Soweit der Personenbegriff eines DBA dem MA entspricht, umfasst er „andere Personenvereinigungen", unter die nicht als Steuerrechtssubjekte anerkannte Personengesellschaften fallen.[79] Viele der von Deutschland abgeschlossenen DBA enthalten den Begriff der „anderen Personenvereinigungen" i. S. d. Art. 3 Abs. 1 lit. a MA jedoch nicht. Für diese DBA ist zu fragen, ob die Personengesellschaft unter den Begriff der „Gesellschaft" subsumiert werden kann.

Der Ausdruck „Gesellschaft" umfasst gem. Art. 3 Abs. 1 lit. b MA juristische Personen oder Rechtsträger, die für die Besteuerung wie juristische Personen behandelt werden. Der Begriff der „juristischen Person" wird im MA nicht definiert, so dass fraglich ist, ob es abkommensrechtlich ausschließlich auf die zivilrechtliche Wertung als juristische Person ankommt, oder ob zusätzlich auch auf die steuerrechtliche Behandlung als Steuerrechtssubjekt abzustellen ist. Diese Frage ist nicht rein theoretischer Natur, sondern von praktischer Relevanz. So wurde die sociedad de responsabilidad limitatda argentinischen Rechts, welche einer Kapitalgesellschaft entspricht und damit zivilrechtlich eine juristische Person darstellt, steuerlich bis 1996 nicht als Steuersubjekt eingestuft. Auch existieren Rechtsordnungen (z. B. Frankreich), die Personengesellschaften zwar keine Steuersubjektivität zuerkennen, diese jedoch nach den zivilrechtlichen Normen als juristische Person anerkennen. Darüber hinaus räumen andere Steuerrechtsordnungen (z. B. USA) bestimmten Gesellschaftsformen unabhängig von der zivilrechtlichen Wertung bezüglich der steuerrechtlichen Behandlung ein Optionsrecht ein.[80] Wären für abkommensrechtliche Zwecke unter den Begriff der „juristische Person" ausschließlich solche

77 OECD-MK, Art. 3 Rz. 2.

78 § 5 I 4 b).

79 *Vogel* in Vogel/Lehner, DBA, Art. 3 Rzn. 17 f.; *Wassermeyer* in Debatin/Wassermeyer, DBA, MA Art. 3 Rz. 20.

80 Ausführlich zu den möglichen Konstellation siehe unten § 3.

Rechtsgebilde zu subsumieren, die sowohl zivilrechtlich als auch steuerrechtlich rechtsfähig sind, so wäre in den eben angeführten Fällen die abkommensrechtliche Personeneigenschaft nur gegeben, wenn der Personenbegriff des betreffenden DBA auch „andere Personenvereinigungen" umfasst.

Vogel führt aus, dass „juristische Personen soziale Gebilde sind, denen die Rechtsordnung, d. h. das Privatrecht oder das öffentliche Recht, die Rechtsfähigkeit in grundsätzlich gleichem Umfang wie natürlichen Personen zugesteht".[81] Für *Schlütter* ergibt sich aus dem Wortlaut des Art. 3 Abs. 1 lit. b MA, nach dem der Ausdruck „Gesellschaft" juristische Personen oder Rechtsträger, die für die Besteuerung wie juristische Personen behandelt werden, umfasst, dass die zivilrechtliche Rechtsfähigkeit für die Annahme einer Gesellschaft im Sinne des Abkommens ausreiche.[82] Der gleichen Auffassung ist *Weggenmann*, der sich zur Begründung auf den Abkommenszusammenhang beruft. So könne die Unterteilung der Gesellschaften in juristische und natürliche Personen so verstanden werden, dass die juristische Person das Pendant zur natürlichen Person darstelle, so dass für beide keine eigene steuerrechtliche Rechtsfähigkeit gefordert würde, da sowohl die natürliche als auch die juristische Person ihren Ursprung im Zivilrecht habe und das Abkommensrecht sie nicht ausdrücklich abweichend definiere.[83]

Hingegen will *Piltz* die zivilrechtliche Rechtsfähigkeit für die Annahme einer Gesellschaft im Sinne des Abkommens nicht ausreichen lassen.[84] Dieser Auffassung ist im Grundsatz zuzustimmen, doch überzeugt ihre Begründung nicht. Nach *Piltz* könne die Eigenschaft als Person von der Ansässigkeit, welche die Behandlung als Steuerrechtssubjekt im Ansässigkeitssaat voraussetze, nicht getrennt werden. Nach der Definition des Personenbegriffs in Art. 3 Abs. 1 MA kommt es jedoch für die Personeneigenschaft nicht auf die Ansässigkeit an. Dies ergibt sich auch aus Art. 5 Abs. 5, Art. 9 Abs. 1 lit. b, Art. 19 Abs. 1 lit. a oder Art. 24 Abs. 1 MA, die den Begriff „Person" auch ohne das

81 *Vogel* in Vogel/Lehner, DBA, Art. 3 Rz. 13; *ders.*, IStR 1999, S. 5 f.

82 *Schlütter*, JbFfSt 1979/1980, S. 169 f.

83 *Weggenmann*, Einordnungskonflikte, S. 56.

84 *Piltz*, Personengesellschaften, S. 183 f.

Attribut „Ansässigkeit“ verwenden. Die Personeneigenschaft ist abkommensrechtlich also nicht nur für die Frage der Ansässigkeit von Bedeutung, so dass der Personenbegriff innerhalb des Abkommens unabhängig von dem Begriff der „Ansässigkeit“ zu verstehen ist.[85]

Aus dem Wortlaut des Art. 3 Abs. lit. b MA ergibt sich, dass abkommensrechtlich nicht nur zivilrechtlich Rechtsfähigkeit vorliegen muss, sondern eine Gesellschaft im abkommensrechtlichen Sinn erst dann anzunehmen ist, wenn auch steuerrechtlich Rechtsfähigkeit gegeben ist.[86] Gemäß Art. 3 Abs. 1 lit. b MA bedeutet der Ausdruck „Gesellschaft“ juristische Personen oder Rechtsträger, die für die Besteuerung wie juristische Personen behandelt werden. Indem die 2. Alternative des Art. 3 Abs. 1 lit. b MA feststellt, dass Gesellschaften im abkommensrechtlichen Sinne auch solche Rechtsträger sind, die für die Besteuerung wie juristische Personen behandelt werden, wird eine bestimmte steuerrechtliche Behandlung der juristischen Person, nämlich diejenige als eigenständiges Steuerrechtssubjekt, angenommen.[87] Es ist kein Grund ersichtlich, warum dieses Verständnis nicht auch für die in Art. 3 Abs. 1 lit. b 1. Alt. MA genannte juristische Person gelten soll. Zum gleichen Ergebnis gelangt *Pott*, wenn er den Relativsatz „die für die Besteuerung wie ein juristische Person behandelt werden“ auf beide Begriffe bezogen wissen will.[88] *Weggenmann* tritt dieser Auffassung entgegen, in dem er darauf verweist, dass beide Alternativen durch ein „oder“ verknüpft seien, so dass diese unabhängig von einander zu interpretieren seien, weshalb nicht anzunehmen ist, dass die zweite Alternative in der erstgenannten vorausgesetzt werde.[89] Diese Ansicht hätte jedoch zur Folge, dass sowohl steuerrechtlich nicht rechtsfähige als auch steuerrechtlich rechtsfähige Gebilde als „Gesellschaften“ im Sinne des DBA in Betracht kämen.

Demgegenüber ist *Pott* zuzustimmen, dass für eine solche Gleichbehandlung einer nicht als Steuersubjekt anerkannten juristischen Per-

85 *Raupach* in FS Vogel, S. 1067, 1081; *Weggenmann*, Einordnungskonflikte, S. 55.

86 *Debatin*, BB 1989 Beilage 2, S. 3; *Pott*, Kollision, S. 167 ff.; *Riemenschneider*, Abkommensberechtigung, S. 69 f.

87 So auch *Vollmer*, Die Personengesellschaft als Dividendenempfänger nach Art. 10 OECD-MA, S. 85, 91.

88 *Pott*, Kollision, S. 168 f.

89 *Weggenmann*, Einordnungskonflikte, S. 55.

son einerseits und eines als Steuersubjekt betrachteten Gebildes andererseits im Rahmen eines steuerlichen Abkommens kein Grund ersichtlich ist.[90] Somit ist Art. 3 Abs. 1 lit. b MA dahingehend zu verstehen, dass als Gesellschaften nur solche Gebilde erfasst werden, denen Steuerrechtssubjektivität zuerkannt wird.

Hierfür spricht auch die Kommentierung der OECD zum Begriff „Gesellschaft". Hiernach bedeutet „der Ausdruck ‚Gesellschaft' in erster Linie alle juristischen Personen. Außerdem bezieht sich der Ausdruck auch auf andere Rechtsträger, die von den Steuergesetzen des Vertragsstaates, in dem sie errichtet worden sind, wie juristische Personen behandelt werden."[91] Isoliert betrachtet legt die Formulierung „alle juristischen Personen" die Vermutung nahe, dass die OECD auch die nur zivilrechtlich rechtsfähigen juristischen Personen als „Gesellschaften" im Sinne des Abkommens versteht. In Verbindung mit dem zweiten Satz ergibt sich jedoch ein mit der hier vertretenen Auffassung übereinstimmendes Verständnis des Gesellschaftsbegriffs, denn durch die Formulierung „auch auf andere Rechtsträger" wird ein Bezug zu den im ersten Satz genannten juristischen Personen in der Weise hergestellt, dass auch diese Steuerrechtssubjekte sein müssen, um „Gesellschaft" im Sinne des Abkommens sein zu können. Hätte die OECD eine der Gegenmeinung entsprechende Auffassung vertreten wollen, hätte die Formulierung „außerdem bezieht sich der Ausdruck auf Rechtsträger, die von den Steuergesetzen [...] wie juristische Personen behandelt werden" lauten müssen. Auch der Verweis des OECD-MK, dass die Definition der Gesellschaft insbesondere unter Berücksichtigung des Dividendenartikels abgefasst wurde, stützt die hier vertretene Auffassung, denn Dividenden können eben nur von solchen Rechtsgebilden ausgeschüttet werden, die auch selbst Steuerrechtssubjekt sind.[92]

Zusammenfassend lässt sich festhalten, dass sich die Begriffe „juristische Person" und „Rechtsträger, die für die Besteuerung wie juristische Personen behandelt werden nur in zivilrechtlicher Hinsicht unterscheiden. Die juristische Person ist zivilrechtlich rechtsfähig, wo-

90 *Pott*, Kollision, S. 169; auch *Riemenschneider* sieht hierin einen Wertungswiderspruch, Abkommensberechtigung, S. 69.

91 OECD-MK, Art. 3 Rz. 3.

92 A. A. *Weggenmann*, Einordnungskonflikte, S. 56.

hingegen Rechtsträger i. S. d. Art. 3 Abs. 1 lit. b MA keine zivilrechtliche Rechtsfähigkeit besitzen.[93] Personengesellschaften sind demnach nur dann Gesellschaften im abkommensrechtlichen Sinne, wenn sie als Steuerrechtssubjekt behandelt werden. Mangels Steuersubjektivität sind deutsche Personengesellschaften damit keine Gesellschaften im Sinne des OECD-MA. Soweit einer ausländischen Personengesellschaft durch ihren Sitzstaat lediglich zivilrechtliche Rechtsfähigkeit zuerkannt wird, stellt auch diese keine Gesellschaft im abkommensrechtlichen Sinne dar. Umfasst der Personenbegriff eines DBA nicht auch „andere Personenvereinigungen", kann in diesen Fällen eine Personengesellschaft mangels Personeneigenschaft selbst nicht abkommensberechtigt sein. Abkommensberechtigt können allenfalls ihre Gesellschafter sein, denn soweit diese natürliche oder juristische Personen im abkommensrechtlichen Sinne sind, fallen sie unter den Personenbegriff des Art. 3 Abs. 1 lit. a oder b MA.

b) Ansässigkeit im Sinne des Art. 4 Abs. 1 MA

Neben der Eigenschaft als Person ist für die Inanspruchnahme der Abkommensvergünstigungen erforderlich, dass das Merkmal der „Ansässigkeit" erfüllt ist.

Art. 4 Abs. 1 S. 1 MA definiert als „‚eine in einem Vertragsstaat ansässige Person' eine Person, die nach dem Recht dieses Staates dort aufgrund ihres Wohlsitzes, ihres ständigen Aufenthaltes, des Ortes der Geschäftsleitung oder eines anderen ähnlichen Merkmals steuerpflichtig ist". Nicht erfasst ist von diesem Ausdruck gemäß Art. 4 Abs. 1 S. 2 MA eine Person, die in diesem Staat nur mit Einkünften aus Quellen in diesem Staat oder mit in diesem Staat gelegenem Vermögen steuerpflichtig ist.

Diese Formulierung legt den Schluss nahe, die Ansässigkeit einer Person in einem Vertragsstaat werde dadurch bestimmt, dass die betreffende Person in diesem Vertragsstaat unbeschränkt steuerpflichtig ist. Allerdings handelt es sich bei der „Ansässigkeit" um einen Begriff

93 *Vollmer*, Die Personengesellschaft als Dividendenempfänger nach Art. 10 OECD-MA, S. 85, 92.

aus dem Abkommensrecht, wohingegen die unbeschränkte Steuerpflicht ein Tatbestandsmerkmal des innerstaatlichen Steuerrechts darstellt. Da das innerstaatliche Steuerrecht der Vertragstaaten einerseits und das Recht der DBA andererseits jeweils einen in sich geschlossenen Rechtskreis bildet, die ihre eigenen Abgrenzungen und Begriffsbestimmungen haben, können diese beiden Begriffe nicht gleichgesetzt werden.[94] So knüpfen die meisten Staaten die unbeschränkte Steuerpflicht zwar im Wesentlichen an Merkmale wie den Wohnsitz oder den gewöhnlichen Aufenthalt, jedoch ist dies nicht zwingend. So werden natürliche Personen gem. § 1 Abs. 3 EStG unter den dort genannten Voraussetzungen als in Deutschland unbeschränkt einkommensteuerpflichtig behandelt, ohne dass sie ihren Wohnsitz oder ihren gewöhnlichen Aufenthalt in Deutschland haben. Mangels ortsbezogener Merkmale sind diese Personen im abkommensrechtlichen Sinne nicht in Deutschland ansässig.[95] Gleiches gilt für Personen, die allein aufgrund ihrer Staatsangehörigkeit der unbeschränkten Steuerpflicht unterliegen.[96] Das Fehlen der Ansässigkeit im abkommensrechtlichen Sinne hindert einen Vertragsstaat demnach nicht daran, eine Person nach innerstaatlichem Steuerrecht als im Inland unbeschränkt steuerpflichtig zu behandeln.[97]

Nach Art. 4 Abs. 1 S. 1 MA ist eine Person in einem Vertragsstaat ansässig, wenn sie nach dem Recht dieses Staates dort aufgrund eines Wohnsitzes oder ständigen Aufenthaltes, des Ortes der Geschäftsleitung oder eines anderen ähnlichen Merkmals steuerpflichtig ist. Damit wird die Ansässigkeit einer Person an ortsbezogene Merkmale geknüpft. Durch den Begriff des „anderen ähnlichen Merkmals" wird klargestellt, dass die aufgezählten Merkmale nur Regelbeispiele sind. Ähnliche Merkmale i. S. d. Art. 4 MA können nur ortsbezogene

94 *Wassermeyer* in Debatin/Wassermeyer, DBA, MA Art. 1 Rz. 34; Art. 4 Rz. 2; a. A. *Kluge*, Das Internationale Steuerrecht, R 171.

95 *Lehner* in Vogel/Lehner, DBA, Art. 4 Rz. 29.

96 So reicht nach dem nationalen Steuerrecht der USA allein die US-Staatsbürgerschaft zur Begründung der unbeschränkten Steuerpflicht aus, mangels ortsbezogener Merkmale sind dieser Personen jedoch im abkommensrechtlichen Sinne nicht in den USA ansässig, *Wolff* in Debatin/Wassermeyer, DBA, USA Art. 1 Rz. 37, Art. 4 Rz. 26.

97 *Wassermeyer* in Debatin/Wassermeyer, DBA, MA Art. 1 Rz. 34.

Merkmale sein, die nach innerstaatlichem Recht des potentiellen Ansässigkeitsstaates eine Steuerpflicht der betreffenden Person begründen können.[98] Ein solches ähnliches Merkmal ist bspw. der Sitz i. S. d. § 11 AO, welcher im deutschen Recht als alternativer Anknüpfungspunkt für die unbeschränkte Steuerpflicht bei fehlender Geschäftsleitung im Inland dient.[99] Hingegen ist die Staatsangehörigkeit kein „anderes ähnliches Merkmal“, da diese gerade keine Ortsbezogenheit beinhaltet sondern rein rechtlicher Natur ist.[100]

Die Ansässigkeit einer Person in einem Vertragsstaat setzt des Weiteren voraus, dass das ortsbezogene Merkmal nach dem innerstaatlichen Recht dieses Staates eine Steuerpflicht dieser Person begründet. Im Schrifttum wird die Auffassung vertreten, dass diese Steuerpflicht im Sinne einer unbeschränkten Steuerpflicht zu verstehen sei.[101] Das MA trifft selbst keine Aussage über den Umfang der Steuerpflicht. So spricht Art. 4 Abs. 1 S. 1 MA nicht ausdrücklich von der „unbeschränkten Steuerpflicht“, sondern nur von einer Steuerpflicht aufgrund eines ortsbezogenen Merkmals. Aus Art. 4 Abs. 1 S. 2 MA lässt sich nur entnehmen, dass eine Besteuerung allein aufgrund sachlicher Anknüpfungsmomente – was nach nationalem Verständnis der beschränkten Steuerpflicht entspricht – zur Begründung der Ansässigkeit in diesem Vertragsstaat nicht ausreicht.[102] Aus dem Verweis auf die ortsbezogenen Merkmale ergibt sich, dass für die Ansässigkeit im abkommensrechtlichen Sinne vielmehr entscheidend ist, dass die Person eine gewisse räumliche Nähe zum Vertragsstaat aufweist. Es müssen persönliche ortsbezogene Anknüpfungsmomente sein, die eine Besteuerung der Person nach dem innerstaatlichen Recht dieses Staates begründen.

Hingegen bestimmt Art. 4 Abs. 1 S. 1 MA nicht, wie diese Besteuerung im jeweiligen nationalen Steuerrecht des Vertragsstaates ausgestaltet sein muss. Es wird mithin nicht festgelegt, dass eine um-

98 *Wassermeyer* in Debatin/Wassermeyer, DBA, MA Art. 4 Rz. 39.

99 *Lehner* in Vogel/Lehner, DBA, Art. 4 Rz. 45.

100 *Lehner* in Vogel/Lehner, DBA, Art. 4 Rz. 46.

101 *Jacobs*, Internationale Unternehmensbesteuerung, S. 562; *Lehner* in Vogel/Lehner, DBA, Art. 4 Rz. 25; *Riemenschneider*, Abkommensberechtigung, S. 71; *Müller/Wangler*, IStR 2003, S. 145, 147.

102 *Lehner* in Vogel/Lehner, DBA, Art. 4 Rz. 47.

fassende Besteuerung i. S. d. Welteinkommensprinzips zu erfolgen hat.[103] Allerdings ist grade die Besteuerung des Welteinkommens wesentliches Merkmal der unbeschränkten Steuerpflicht.[104] Ansässigkeit und unbeschränkte Steuerpflicht können folglich nicht gleichsetzt werden. Somit ist die Auffassung, dass die Ansässigkeit einer Person deren unbeschränkte Steuerpflicht nach dem nationalen Recht dieses Vertragsstaates voraussetze, unzutreffend.[105]

Art. 4 Abs. 1 MA fordert für die Ansässigkeit einer Person in einem Vertragssaat lediglich, dass ein persönliches ortsbezogenes Anknüpfungsmerkmal vorliegt, welches nach dem innerstaatlichen Recht dieses Vertragsstaates eine Steuerpflicht der betreffenden Person begründet. Demnach erfüllen auch Personen, die in einem Staat besteuert werden, der nicht dem Universalitätsprinzip sondern dem Territorialitätsprinzip[106] folgt, das Ansässigkeitskriterium des Art. 4 Abs. 1 MA.[107] Auch nach der Kommentierung der OECD sollen Personen, deren Ansässigkeitsstaat nach dem Territorialitätsprinzip besteuert, nicht vom Anwendungsbereich des Abkommens, insbesondere des Art. 4 Abs. 1 MA, ausgeschlossen sein, weshalb eine einengende Auslegung des Art. 4 Abs. 1 S. 2 MA geboten sei.[108]

Steht fest, dass die abkommensrechtliche Ansässigkeit auf persönliche ortsbezogene Steueranknüpfungsmerkmale und nicht auch auf sachliche Steueranknüpfungsmerkmale abstellt, so folgt daraus, dass es genügt, dass die Person persönlich steuerpflichtig ist, ohne dass sie sachlich steuerpflichtige Einkünfte erzielt haben muss oder sachlich steuerpflichtiges Vermögen halten muss. Auf eine tatsächliche Besteuerung der Person im Ansässigkeitsstaat kommt es somit nicht an, so dass

103 *Weggenmann*, Einordnungskonflikte, S. 63.

104 Schmidt/*Heinicke*, EStG, § 1 Rz. 2; *Gosch* in Kirchhof, EStG, § 1 Rn. 1.

105 So auch *Firlinger*, Ansässigkeit, S. 307, 317; *Lang*, SWI 2000, S. 527, 529; *Weggenmann*, Einordnungskonflikte, S. 63; a. A. *Kluge*, Das Internationale Steuerrecht, R 171; *Riemenschneider*, Abkommensberechtigung, S. 71.

106 Mit *Kluge* verstanden als Beschränkung der Besteuerung auch bei persönlichen Anknüpfungspunkten auf inlandsbelegene Steuergüter, *Kluge*, Das Internationale Steuerrecht, B 29, M 22.

107 So auch *Firlinger*, Ansässigkeit, S. 307, 317.

108 OECD-MK, Art. 4 Rz. 8.

auch persönliche Steuerbefreiungen die Ansässigkeit und damit auch die Abkommensberechtigung nicht ausschließen.[109]

Als Ergebnis lässt sich festhalten, dass die Ansässigkeit einer Person i. S. d. Art. 4 Abs. 1 voraussetzt, dass die Person nach dem innerstaatlichen Recht des potentiellen Ansässigkeitsstaates wegen ortsbezogener Merkmale persönlich steuerpflichtig ist. Hieraus ergibt sich hinsichtlich der abkommensrechtlichen Ansässigkeit von Personengesellschaften Folgendes:

Eine Personengesellschaft, die nach dem innerstaatlichen Recht des Sitzstaates als steuerrechtlich transparent angesehen wird, stellt keine ansässige Person im abkommensrechtlichen Sinne dar. So mögen zwar ortsbezogene Merkmale gegeben sein, jedoch begründen diese keine persönliche Steuerpflicht der Personengesellschaft, so dass die Voraussetzungen des Art. 4 Abs. 1 MA nicht erfüllt sind. Mangels Ansässigkeit ist sie daher – selbst wenn sie Person i. S. d. Art. 3 Abs. 1 lit. a MA ist – nicht abkommensberechtigt. Diese Auffassung entspricht der h. M. im Schrifttum[110] und wird auch im OECD-MK vertreten. Dort heißt es: „Wenn ein Staat eine Personengesellschaft für steuerliche Zwecke negiert und als fiskalisch transparent behandelt, indem er die Gesellschafter mit den anteiligen Einkünften der Personengesellschaft besteuert, ist die Personengesellschaft selbst nicht steuerpflichtig und kann daher nicht als in diesem Staat ansässige Person angesehen werden."[111]

In diesen Fällen können allenfalls die dahinter stehenden Gesellschafter aus dem zwischen dem Sitzsaat der Gesellschaft und dem Quellenstaat abgeschlossenen DBA abkommensberechtigt sein. Dies richtet sich gem. Art. 1 MA danach, ob der jeweilige Gesellschafter

109 *Lang*, SWI 2000, S. 527, 530 f.; *Lehner* in Vogel/Lehner, DBA, Art. 4 Rz. 26; *Wassermeyer* in Debatin/Wassermeyer, DBA, MA Art. 4 Rz. 25.

110 *Fischer* in FS Vogel, S. 963 f.; *Jacobs*, Internationale Unternehmensbesteuerung, S. 444, 562, 566; *Knobbe-Keuk*, RIW 1991, S. 306, 316; *Krabbe*, StbJb 2000/2001, S. 185 f.; *Manke*, Personengesellschaften und DBA, S. 200; *Piltz*, Personengesellschaften, S. 130; *Prinz/Breuninger*, IWB 1997, F. 10, Gr. 2, S. 1293, 1297; *Riemenschneider*, Abkommensberechtigung, S. 71; *Schaumburg*, Internationales Steuerrecht, Rz. 16.173; *Wassermeyer* in Debatin/Wassermeyer, DBA, MA Art. 1 Rz. 27, Art. 4 Rz. 30.

111 OECD-MK, Art. 4 Rz. 8.4.

eine zumindest in einem der beiden Vertragstaaten ansässig Person im Sinne der Art. 3 Abs. 1 lit. a und b, Art. 4 Abs. 1 MA ist. Die Abkommensberechtigung bestimmt sich also anteilig aus der Person der Gesellschafter.[112]

Wird eine Personengesellschaft hingegen nach dem innerstaatlichen Steuerrecht des Sitzstaates nach dem Kapitalgesellschaftskonzept besteuert, so wird sie in diesem Vertragsstaat als Steuersubjekt anerkannt, so dass sie eine dort ansässige Person i. S. d. Art. 3 Abs. 1 lit. b MA, Art. 4 Abs. 1 MA und damit abkommensberechtigt i. S. d. Art. 1 MA ist.[113]

Im Folgenden werden Fälle betrachtet, in denen Personengesellschaften des einen Staates (Sitzstaat der Personengesellschaft) Einkünfte aus einem anderen Staat (Quellenstaat) erzielen. Hierbei ist zwischen solchen Personengesellschaften zu unterscheiden, die im abkommensrechtlichen Sinne ansässig und somit abkommensberechtigt sind, und solchen, die mangels Ansässigkeit nicht abkommensberechtigt sind. Ist die Personengesellschaft selbst nicht abkommensberechtigt, wird nachfolgend grundsätzlich davon ausgegangen, dass der Gesellschafterkreis der Personengesellschaft ausschließlich aus natürlichen oder juristischen Personen besteht, die im Sitzstaat der Gesellschaft aufgrund ortsbezogner Merkmale steuerpflichtig sind, und somit als solche im Sitzstaat der Personengesellschaft ansässig und damit abkommensberechtigt sind.

2. *Übereinstimmende Qualifikation als Mitunternehmerschaft*

a) *Abkommensberechtigung der Persongesellschaft*

Behandelt sowohl der Sitzstaat der Personengesellschaft als auch der Quellenstaat die Personengesellschaft steuerrechtlich transparent, stellt sich die Frage nach der Abkommensberechtigung der Personengesell-

112 *Jacobs*, Internationale Unternehmensbesteuerung, S. 562 f.; *Lechner*, Die Abkommensberechtigung von Personengesellschaften, S. 72; *Menck*, IWB 2000, F. 10, Gr. 2, 1469, 1474 f.; *Riemenschneider*, Abkommensberechtigung, S. 73.

113 So auch OECD-MK, Art. 1 Rz. 5; *Fischer* in FS Vogel, S. 963, 965; *Jacobs*, Internationale Unternehmensbesteuerung, S. 565 f.

schaft nicht. Denn soweit der Personengesellschaft in beiden Vertragstaaten die Steuersubjektqualifikation abgesprochen wird, ist sie nicht abkommensberechtigt i. S. v. Art. 1 OECD-MA. Sie ist zwar Person, wenn der Personenbegriff des betreffenden DBA auch „andere Personenvereinigungen" i. S. v. Art. 3 Abs. 1 Buchst. a OECD-MA umfasst, jedoch ist sie mangels Steuerpflicht in keinem der beiden Vertragsstaaten ansässig i. S. v. Art. 4 Abs. 1 MA.[114] Abkommensberechtigt aus dem zwischen dem Sitzsaat der Gesellschaft und dem Quellenstaat abgeschlossenen DBA sind somit ausschließlich die Gesellschafter, die annahmegemäß im Sitzstaat der Personengesellschaft ansässig i. S. d. Art. 4 MA sind.

b) Gewährung des Abkommenschutzes

aa) Sicht des Ansässigkeitsstaates

Behandelt der Sitzstaat der Personengesellschaft diese als steuerrechtlich transparent, erfolgt die Besteuerung des Gesellschaftsgewinns entsprechend dem Mitunternehmerkonzept. Da die Gesellschafter der Personengesellschaft im Sitzstaat der Personengesellschaft ansässig sind, kommt diesem bei der Anwendung der Verteilungsnormen die Rolle des Ansässigkeitsstaates zu. Handelt es sich bei der anzuwendenden Verteilungsnorm um eine solche mit offener Rechtsfolge, so hat der Ansässigkeitsstaat in Abhängigkeit vom anzuwendenden Methodenartikel zur Vermeidung der Doppelbesteuerung die aus dem Quellenstaat stammenden Einkünfte von der Besteuerung auszunehmen (Art. 23 A Abs. 1 MA) oder die Quellensteuer auf die inländische Steuer anzurechnen (Art. 23 B, Art. 23 A Abs. 1 MA).

114 *Jacobs*, Internationale Unternehmensbesteuerung, S. 562; *Lechner*, Die Abkommensberechtigung von Personengesellschaften, S. 71 f.; *Prokisch* in Vogel/Lehner, DBA, Art. 1 Rz. 28; *Riemenschneider*, Abkommensberechtigung, S. 73; *Schaumburg*, Internationales Steuerrecht, Rz. 16.169.

(1) Befreiung

Die Freistellungsmethode des Art. 23 A Abs. 1 MA sieht vor, dass der Ansässigkeitsstaat Einkünfte, die eine in diesem Vertragsstaat ansässige Person bezieht, von der Besteuerung ausnimmt, wenn diese Einkünfte nach dem Abkommen im anderen Vertragsstaat besteuert werden können. Die Freistellungsmethode kommt i. d. R. im Zusammenhang mit Unternehmensgewinnen i. S. d. Art. 7 MA zur Anwendung. Gem. Art. 7 Abs. 1 MA können Gewinne eines Unternehmens eines Vertragsstaats nur in diesem Staat besteuert werden. Übt das Unternehmen seine Geschäftstätigkeit im anderen Vertragsstaat durch eine dort gelegene Betriebstätte aus, so können die Gewinne des Unternehmens gem. Art. 7 Abs. 1 S. 2 MA jedoch auch in dem anderen Vertragsstaat (Betriebstättenstaat) besteuert werden, soweit sie dieser Betriebstätte zugerechnet werden können.

Da in beiden Vertragsstaaten das Mitunternehmerkonzept zur Anwendung kommt, erfolgt die Besteuerung des Gesellschaftsgewinns anteilig bei den Gesellschaftern. Diese sind hinsichtlich der von der Personengesellschaft erwirtschafteten Gewinne i. S. d. Art. 7 MA als Bezieher der Einkünfte i. S. d. Art. 23 MA anzusehen.[115] Soweit die Gewinnanteile der Gesellschafter einer im anderen Vertragsstaat gelegenen Betriebstätte zuzurechen sind, hat der Ansässigkeitsstaat der Gesellschafter diese somit gem. Art. 23 A Abs. 1 MA unter Progressionsvorbehalt von der Besteuerung auszunehmen.

(2) Anrechnung

Statt einer Befreiung der ausländischen Einkünfte im Ansässigkeitsstaat kann der Methodenartikel des einschlägigen DBA auch die Anrechnungsmethode nach Art. 23 B Abs. 1, Art. 23 A Abs. 2 MA vorsehen. Der Ansässigkeitsstaat hat dann die im Quellenstaat erhobene Steuer auf die inländische Steuer anzurechnen. Die Anrechnungsmethode kommt u. a. im Zusammenhang mit aus dem Quellenstaat stammenden

115 OECD-MK, Art. 11 Rz. 6.4; *Wassermeyer* in Debatin/Wassermeyer, DBA, MA Art. 23 Rzn. 16, 32.

Dividenden i. S. d. Art. 10 MA und Zinsen i. S. d. Art. 11 MA zur Anwendung.

Gehören zum Gewinn eines Unternehmens Einkünfte, die in anderen Artikeln des Abkommens behandelt werden, so bestimmt Art. 7 Abs. 7 MA grundsätzlich den Vorrang dieser spezielleren Artikel. Erzielt die Personengesellschaft beispielsweise aus dem anderen Vertragsstaat stammende Zinsen, kommt daher Art. 11 MA zur Anwendung. Der Begriff „Zahlung“ ist ein abkommensrechtlicher Begriff, der weit auszulegen ist.[116] Er umfasst sowohl die Entstehung des Anspruchs auf die Zinsen als auch dessen Erfüllung. Art. 11 MA findet auch Anwendung, wenn der Zinsanspruch durch einen geldwerten Vorteil oder durch Aufrechung beglichen wird.[117]

Gem. Art. 11 Abs. 1 MA können Zinsen, die aus einem Vertragsstaat stammen und an eine im anderen Vertragsstaat ansässige Person gezahlt werden, im anderen Staat (Ansässigkeitsstaat) besteuert werden. Zwar ist die Personengesellschaft unmittelbarer Empfänger der Zinsen, da jedoch beide Vertragsstaaten die Personengesellschaft als steuerrechtlich transparent behandeln, ist sie mangels Steuersubjektivität in keinem der beiden Vertragsstaaten ansässig im Sinne des Art. 4 Abs. 1 MA. Beide Vertragsstaaten erkennen nur die Gesellschafter als Steuersubjekte an, so dass sie nach ihrem jeweiligen innerstaatlichen Recht die Zinsen anteilig den Gesellschaftern zurechnen.[118] Unter diesen Umständen ist Art. 11 Abs. 1 MA so anzuwenden, als seien die Zinsen an die Gesellschafter gezahlt worden, so dass es auf deren Abkommensberechtigung ankommt.[119] Sofern die Gesellschafter im Sitzstaat der Personengesellschaft ansässig sind, steht diesem gem. Art. 11 Abs. 1 MA ein Besteuerungsrecht zu. Gem. Art. 11 Abs. 2 MA kann jedoch auch der Quellenstaat diese Zinsen besteuern. Da auch dieser die Personengesellschaft als steuerrechtlich transparent betrachtet, wird er die

116 OECD-MK, Art. 11 Rz. 5; *Wassermeyer* in Debatin/Wassermeyer, DBA, MA Art. 11 Rz. 36; *Vogel* in Vogel/Lehner, DBA, Art. 11 Rz. 14.

117 *Wassermeyer* in Debatin/Wassermeyer, DBA, MA Art. 11 Rz. 36; *Pöllath* in Vogel/Lehner, DBA, Art. 11 Rz. 14.

118 *Wassermeyer* in Debatin/Wassermeyer, DBA, MA Art. 11 Rz. 38.

119 OECD-MK, Art. 1 Rz. 6.4; *OECD-Partnership-Report*, Rz. 48; *Pöllath* in Vogel/Lehner, DBA, Art. 11 Rz. 15; *Wassermeyer* in Debatin/Wassermeyer, DBA, MA Art. 11 Rz. 38.

Quellensteuer zu Lasten der einzelnen Gesellschafter erheben. Zur Vermeidung der daraus resultierenden Doppelbesteuerung ist der Ansässigkeitsstaat der Gesellschafter gem. Art. 23 A Abs. 2, Art. 23 B MA zur Anrechnung der Quellensteuer auf die inländische Steuer der Gesellschafter verpflichtet.

Die meisten DBA bestimmen die Anrechnung nur dem Grunde nach, regeln aber nicht ihre Durchführung.[120] Zur Ausfüllung der abkommensrechtlichen Regelung sind die innerstaatlichen Vorschriften über die Anrechnung ausländischer Steuer anzuwenden.[121] In vielen DBA wird für die Methodik der Anrechnung auch ausdrücklich auf das innerstaatliche Recht des zur Anrechnung verpflichteten Staates verwiesen.[122] Ist Deutschland nach dem DBA zur Anrechnung verpflichtet, so ist § 34c Abs. 1 S. 2 bis 5 EStG entsprechend auf die nach dem Abkommen anzurechnende ausländische Steuer anzuwenden.[123] Zum Mechanismus der Anrechnung kann auf die Ausführungen unter § 4 II 1 c) aa) verwiesen werden.

bb) Sicht des Quellenstaates

(1) Einkünfte i. S. d. Art. 10, 11, 12 MA

Bei Verteilungsnormen mit offner Rechtsfolge, steht dem Quellenstaat der betreffenden Einkünfte unter bestimmten Umständen nur ein eingeschränktes Besteuerungsrecht zu.

Gem. Art. 10 Abs. 2 MA können Dividenden in dem Vertragsstaat, in dem die die Dividenden ausschüttende Gesellschaft ansässig ist, nur mit einem bestimmten vom Hundertsatz besteuert werden, wenn der Nutzungsberechtigte dieser Dividenden eine im anderen Vertragsstaat ansässige Person ist.

120 *Vogel* in Vogel/Lehner, DBA, Art. 23 Rz. 27.
121 OECD-MK, Art. 23 Rz. 60.
122 *Vogel* in Vogel/Lehner, DBA, Art. 23 Rz. 27. Siehe zu den in den einzelnen DBA enthaltenen Verweisen auf das jeweilige innerstaatliche Recht die Übersicht bei *Vogel* in Vogel/Lehner, DBA, Art. 23 Rz. 171.
123 § 34c Abs. 6 S. 2 EStG.

Werden Zinsen an eine Personengesellschaft gezahlt, so kommt Art. 11 MA zur Anwendung. Gem. Art. 11 Abs. 2 MA steht dem Quellenstaat ein Besteuerungsrecht zu. Die Quellensteuer darf nicht mehr als 10 vom Hundert betragen, wenn der Nutzungsberechtigte der Zinsen eine im anderen Vertragsstaat ansässig Person ist.

Gem. Art. 12 Abs. 1 MA können Lizenzgebühren, die aus einem Vertragsstaat stammen und deren Nutzungsberechtigter eine im anderen Vertragsstaat ansässige Person ist, nur im anderen Vertragsstaat besteuert werden.

(2) Nutzungsberechtigter i. S. d. des DBA

Für die Quellensteuerreduktion kommt es nur auf die Abkommensberechtigung des Nutzungsberechtigten, nicht die des formalen Empfängers an.[124] Da die Zinsen, Dividenden und Lizenzgebühren jedoch an die Personengesellschaft gezahlt wurden, ist fraglich, ob die Gesellschafter, denen nach innerstaatlichem Recht die Zinsen, Dividenden und Lizenzgebühren zugerechnet werden, auch als Nutzungsberechtigte im abkommensrechtlichen Sinne anzusehen sind. Anderenfalls könnte der Quellenstaat die Quellensteuerreduktion mit der Begründung verweigern, der Nutzungsberechtigte sei keine im anderen Vertragsstaat ansässige Person i. S. d. Art. 4 Abs. 1 MA.

Beim Begriff des „Nutzungsberechtigten" handelt sich um einen abkommensrechtlichen Ausdruck, der im MA jedoch nicht definiert wird.[125] Vielen Steuerrechtsordnungen ist dieser Begriff unbekannt. Der OECD-MK enthielt bisher lediglich den Hinweis, dass die Quellensteuerreduktion nicht zur Anwendung gelange, wenn zwischen Gläubiger und Schuldner ein Dritter, wie z. B. ein Vertreter oder sonstiger Beauftragter, eingeschaltet sei und der Nutzungsberechtigte der Einkünfte nicht im anderen Vertragsstaat ansässig sei.[126] Eine Erläuterung des Begriffs „Nutzungsberechtigter" erfolgte allerdings nicht. Aus dem

124 *Pöllath* in Vogel/Lehner, DBA, Art. 11 Rz. 35.

125 *Vogel* in Vogel/Lehner, DBA, Vor Art. 10–12 Rz. 15; *Wassermeyer* in Debatin/Wassermeyer, DBA, MA Art. 10 Rz. 62, Art. 11 Rz. 57, Art. 12 Rz. 33.

126 OECD-MK, Art. 10 Rz. 12, Art. 11 Rz. 8, Art. 12 Rz. 4.

Hinweis ließ sich im Umkehrschluss nur entnehmen, dass eine Mittelsperson wohl nicht als nutzungsberechtigt anzusehen sei und somit trotz Ansässigkeit im anderen Vertragsstaat keinen Anspruch auf die Reduzierung der Quellensteuer habe.

Im OECD-MK 2003 wurde zwar der Begriff „Nutzungsberechtigter" umfangreich ergänzt, doch fehlt es immer noch an einer eindeutigen Bestimmung seiner Voraussetzungen. So führt der OECD-MK 2003 aus, dass der Ausdruck „Nutzungsberechtigter" nicht in einem engen technischen Sinne verwendet werde, sondern aus dem Zusammenhang und im Licht von Sinn und Zweck des Abkommens einschließlich der Vermeidung der Doppelbesteuerung und der Verhütung der Steuerhinterziehung und -umgehung verstanden werden soll.[127] Das Erfordernis der Nutzungsberechtigung soll deutlich machen, dass der Quellenstaat nicht verpflichtet ist, sein Besteuerungsrecht aufzugeben, nur weil die Einkünfte unmittelbar von einer im anderen Vertragsstaat ansässigen Person entgegengenommen werden. Denn wenn der unmittelbare Einkünfteempfänger in seinem Ansässigkeitsstaat für Steuerzwecke nicht als Nutzungsberechtigter der Einkünfte behandelt wird, hat seine Stellung als ansässige Person keine potentielle Doppelbesteuerung zur Folge, so dass eine Quellensteuerreduzierung dem Sinn und Zweck des Abkommens nicht entsprechen würde.[128] Im Umkehrschluss folgt hieraus, dass der unmittelbare Einkünfteempfänger nur dann als Nutzungsberechtigter anzusehen ist, wenn seine Stellung als ansässige Person eine potentielle Doppelbesteuerung zur Folge hat.

Im hier betrachteten Kontext bedeutet dies Folgendes: Die Personengesellschaft wird in ihrem Sitzstaat nicht als Steuersubjekt und somit nicht als ansässige Person anerkannt, so dass ihre Stellung als unmittelbare Empfängerin der Zinsen keine potentielle Doppelbesteuerung zur Folge hat. Da auf ihrer Ebene keine Doppelbesteuerung vermieden werden muss, ist die Personengesellschaft nicht als Nutzungsberechtigte der Zinsen anzusehen. Eine potentielle Doppelbesteuerung ergibt sich hingegen für die Gesellschafter, denn wegen des in beiden Vertragsstaaten zur Anwendung kommenden Transparenzprinzips betrachten beide Vertragsstaaten die Zinsen als an die Gesellschafter

127 OECD-MK, Art. 10 Rz. 12, Art. 11 Rz. 8, Art. 12 Rz. 4.
128 OECD-MK, Art. 10 Rz. 12, 12.1, Art. 11 Rz. 8, 8.1, Art. 12 Rz. 4, 4.1.

gezahlt und rechnen diese somit anteilig den Gesellschaftern zu. Wegen der daher drohenden Doppelbesteuerung sind die Gesellschafter als „Nutzungsberechtigte“ der Zinsen anzusehen. Sind die Gesellschafter im Sitzstaat der Personengesellschaft ansässig, ist der Quellenstaat gem. Art. 11 Abs. 2 MA zur Quellensteuerreduktion verpflichtet.[129]

Eine entsprechende Beurteilung ergibt sich, wenn nicht Zinsen, sondern Dividenden oder Lizenzgebühren aus dem Quellenstaat an die Personengesellschaft gezahlt werden, denn die Vorschriften der Art. 10 Abs. 2 MA, Art. 12 Abs. 1 MA stellen gleichfalls auf den Nutzungsberechtigten ab.

3. Qualifikation der Personengesellschaft als Steuersubjekt (mit und ohne Option) im Sitzstaat und als Mitunternehmerschaft im Quellenstaat

Gegenstand der folgenden Betrachtung sind Personengesellschaften, die nach dem nationalen Steuerrecht des Sitzstaates als Steuersubjekt behandelt werden, im Quellenstaat hingegen als steuerrechtlich transparent angesehen werden, so dass dort nur die dahinter stehenden Gesellschafter Steuersubjekte sind.

a) Sicht des Sitzstaates

aa) Abkommensberechtigung der Personengesellschaft

Aus Sicht des Sitzstaates der Personengesellschaft ist diese als Gesellschaft i. S. d. Art. 3 Abs. 1 lit. b MA zu qualifizieren, da sie nach dem innerstaatlichen Recht des Sitzstaates entweder eine steuerrechtsfähige juristische Person oder aber ein Rechtsträger ist, der für die Besteuerung wie eine juristische Person behandelt wird. Hieraus ergibt sich die Ansässigkeit der Personengesellschaft im Sitzstaat gem. Art. 4 Abs. 1 MA. Der Sitzstaat betrachtet sich für die Anwendung der Ver-

129 So im Ergebnis auch *OECD-Partnership-Report*, Rz. 48; *Weggenmann*, Einordnungskonflikte, S. 83 f.

teilungsnormen somit als Ansässigkeitsstaat. Die Personengesellschaft ist aus seiner Sicht abkommensberechtigt i. S. d. Art. 1 MA, so dass ihr grundsätzlich alle Abkommensvorteile aus dem mit dem Quellenstaat abgeschlossenen DBA zu gewähren sind.

bb) Gewährung des Abkommenschutzes

Handelt es sich bei der anzuwendenden Verteilungsnorm um eine solche mit offener Rechtsfolge, so hat der Ansässigkeitsstaat in Abhängigkeit vom anzuwendenden Methodenartikel zur Vermeidung der Doppelbesteuerung die aus dem Quellenstaat stammenden Einkünfte von der Besteuerung auszunehmen (Art. 23 A Abs. 1 MA) oder die Quellensteuer auf die inländische Steuer anzurechnen (Art. 23 B, Art. 23 A Abs. 1 MA).

(1) Befreiung

Art. 23 A Abs. 1 MA regelt nur die Besteuerung im Ansässigkeitsstaat.[130] Hierbei wendet der Ansässigkeitsstaat Art. 23 A MA nur auf die Person an, die nach dem innerstaatlichen Steuerrecht die Einkünfte erzielt.[131] Da der Sitzstaat der Personengesellschaft (Ansässigkeitsstaat) die Personengesellschaft nach dem Kapitalgesellschaftskonzept besteuert, betrachtet er die Personengesellschaft als den Bezieher der Einkünfte i. S. d. Art. 23 A MA.[132] Steht dem Quellenstaat hinsichtlich der von der Personengesellschaft erzielten Einkünfte ein Besteuerungsrecht zu, und sieht das einschlägige DBA zur Vermeidung der Doppelbesteuerung die Freistellungsmethode vor, ist der Sitzstaat der Personengesellschaft als deren Ansässigkeitsstaat gem. Art. 23 A Abs. 1 MA dazu verpflichtet, diese Einkünfte von der Besteuerung auszunehmen. Diese Verpflichtung greift auch dann, wenn der Betriebstättenstaat (Quellenstaat) die ihm zur Besteuerung zugewiesenen Einkünfte nicht als Einkünfte der Personengesellschaft, sondern als solche ihrer Gesellschafter

130 *Vogel* in Vogel/Lehner, DBA, Art. 23 Rz. 34.
131 *Wassermeyer* in Debatin/Wassermeyer, DBA, MA Art. 23 Rz. 16.
132 *Wassermeyer* in Debatin/Wassermeyer, DBA, MA Art. 23 Rzn. 16, 32.

besteuert.[133] Denn nach dem Wortlaut verlangt Art. 23 A Abs. 1 MA als Voraussetzung für die Freistellung lediglich, dass die betreffenden Einkünfte nach dem Abkommen auch im anderen Vertragsstaat (Quellenstaat) besteuert werden können. Hingegen ist nicht Voraussetzung, dass die Einkünfte im Quellenstaat bei derselben Person wie im Ansässigkeitsstaat besteuert werden. Dass es für die Verpflichtung zur Freistellung auf eine Steuersubjektidentität nicht ankommen kann, ergibt sich auch daraus, dass nach dem Wortlaut des Art. 23 A Abs. 1 MA eine Freistellung seitens des Ansässigkeitsstaates selbst dann zu gewähren ist,[134] wenn der Quellenstaat aufgrund seines innerstaatlichen Steuerrechts das ihm zugewiesene Besteuerungsrecht nicht ausübt.[135] Art. 23 A Abs. 1 MA verbietet nämlich nicht nur die tatsächliche, sondern auch die virtuelle Doppelbesteuerung.[136]

133 *Lechner*, Die Abkommensberechtigung von Personengesellschaften, S. 73.

134 Einige von Deutschland abgeschlossene DBA enthalten „subject-to-tax"-Klauseln. Diese sehen bei einer tatsächlichen Nichtbesteuerung im Quellenstaat für den Ansässigkeitsstaat einen Wechsel von der Freistellungs- zur Anrechnungsmethode vor. Eine „subject-to-tax"-Klausel ist bspw. in Art. XVIII Abs. 2 lit. a DBA Großbritannien enthalten, wonach Einkünfte aus der Veräußerung von in Großbritannien belegenem, unbeweglichem Vermögen nur dann von der Bemessungsgrundlage der Steuer der BRD ausgenommen werden, wenn sie in Großbritannien steuerpflichtig sind. Hingegen stellt der in das OECD-MA 2000 eingefügte Art. 23 A Abs. 4 keine „subject-to-tax"-Klausel dar, *Vogel* in Vogel/Lechner, DBA, Vor Art. 6–22 Rz. 20, Art. 23 Rz. 247; *Wassermeyer* in Debatin/Wassermeyer, DBA, MA Art. 23 Rz. 146. So gilt gemäß Art. 23 A Abs. 4 MA die Verpflichtung des Ansässigkeitsstaats, Einkünfte einer Person freizustellen, dann nicht, wenn der andere Staat das Abkommen so anwendet, dass er diese Einkünfte von der Besteuerung ausnimmt oder sie mit einem ermäßigten Quellensteuersatz besteuert. Der OECD-MK führt in den Rz. 56.1 und 56.2 zu Art. 23 MA aus, dass der Absatz dann zur Anwendung kommt, wenn eine doppelte Nichtbesteuerung entweder auf einer unterschiedlichen Auslegung des Abkommens oder auf einer unterschiedlichen Sachverhaltsinterpretation durch die beiden Vertragsstaaten beruht. Hingegen gilt Art. 23 A Abs. 4 MA nicht, wenn der Quellenstaat aufgrund seines innerstaatlichen Steuerrechts diese Einkünfte tatsächlich nicht besteuert.

135 OCED-MK, Art. 23 Rz. 34; *Wassermeyer* in Debatin/Wassermeyer, DBA, MA Art. 1 Rz. 11, Art. 23 Rz. 46.

136 *Wassermeyer* in Debatin/Wassermeyer, DBA, MA Art. 1 Rz. 11, Art. 23 Rz. 46.

(2) *Anrechnung*

Statt der Befreiung der ausländischen Einkünfte kann der Methodenartikel des einschlägigen DBA auch die Anrechnungsmethode nach den Art. 23 B Abs. 1, Art. 23 A Abs. 2 MA vorsehen. In diesem Fall hat der Ansässigkeitsstaat die im Quellenstaat erhobene Steuer auf die inländische Steuer anzurechnen. In der hier betrachteten Konstellation wird die Quellensteuer nicht von der im Sitzstaat ansässigen und dort steuerpflichtigen Personengesellschaft erhoben, sondern von deren Gesellschafter – also formal betrachtet für eine andere Person. Es ist somit keine Steuersubjektidentität gegeben, was einer Anrechnungsverpflichtung entgegenstehen könnte.

Die h. M.[137] geht jedoch davon aus, dass der Ansässigkeitsstaat trotz fehlender Steuersubjektidentität verpflichtet ist, die Quellensteuer anzurechnen. *Wassermeyer* führt aus, dass der Ansässigkeitsstaat der intransparent besteuerten Personengesellschaft so besteuern müsse, als habe die Personengesellschaft die Steuern im Quellenstaat entrichtet. Er müsse daher die Quellensteuer ungeachtet der Tatsache anrechnen, dass diese vom Quellenstaat zu Lasten der Gesellschafter erhoben wurde.[138] Nach *Lechner* ergibt sich diese Verpflichtung direkt aus Art. 23 A Abs. 2, Art. 23 B Abs. 1 MA. Im Methodenartikel sei hinsichtlich der im Ansässigkeitsstaat an zu rechnenden Steuer lediglich von einer Anrechnung „der im anderen Vertragsstaat gezahlten Steuer" die Rede, so dass der Wortlaut des Art. 23 A Abs. 2, 23 B Abs. 1 MA eine Steuersubjektidentität nicht voraussetze. Der Wortlaut der Art. 23 A Abs. 2, Art. 23 B Abs. 1 MA stehe der Anrechnung einer im anderen Vertragsstaat von einer anderen Person als dem Anspruchsberechtigten gezahlten Steuer somit nicht entgegen.[139]

137 *Höppel*, Anrechnung, S. 54 f.; *Krabbe*, IWB 1998, F. 3 Gr. 2, S. 763; *Lechner*, Die Abkommensberechtigung von Personengesellschaften, S. 75 f.; *Vogel* in Vogel/Lehner, DBA, Art. 23 Rz. 133; *Wassermeyer* in Debatin/Wassermeyer, DBA, MA Art. 1 Rz. 27b zu Beispiel Nr. 2 und Nr. 6; *Weggenmann*, Einordnungskonflikte, S. 175 f.

138 *Wassermeyer* in Debatin/Wassermeyer, DBA, MA Art. 1 Rz. 27b Beispiel 6, Rz. 27d Beispiel.

139 *Lechner*, Die Abkommensberechtigung von Personengesellschaften, S. 75.

Nach einer Mindermeinung[140] soll für die Anrechnung der Quellensteuer im Ansässigkeitsstaat Steuersubjektidentität jedoch erforderlich sein. Dies wird mit dem traditionellen Verständnis der DBA begründet, wonach diese lediglich die juristische Doppelbesteuerung vermeiden sollen. Eine solche liege aber nur dann vor, wenn dieselben Einkünfte bei derselben Person durch beide Vertragsstaaten besteuert werden.[141]

Lechner[142] argumentiert demgegenüber, aus Sicht des Ansässigkeitsstaates eines Steuersubjekts könne es keinen Unterschied machen, ob der andere Staat tatsächlich dasselbe Steuersubjekt besteuere oder ob er entsprechend seiner Regeln ein anderes Subjekt besteuere. Dies gelte zumindest solange, als nicht aus Sicht des Ansässigkeitsstaates eine „gewollte" wirtschaftliche Doppelbesteuerung vorliege, wie dies bei Ausschüttungen an Gesellschafter in Körperschaftsteuersystemen der Fall sein könne. Bei einer unterschiedlichen Einstufung der Personengesellschaft durch den Ansässigkeitsstaat einerseits und durch den Quellenstaat andererseits könne aber aus Sicht des Ansässigkeitsstaates nicht von einer gewollten Doppelbesteuerung gesprochen werden. Diese Sichtweise entspricht der nunmehr vom OECD-Steuerausschuss vertretenen Ansicht. Hiernach verlangt der Methodenartikel, dass der Ansässigkeitsstaat ungeachtet eines Qualifikationskonflikts, der sich aus den Unterschieden des innerstaatlichen Rechts der beiden Vertragsstaaten ergibt, eine Entlastung von der Doppelbesteuerung gewährt.[143]

Dieser Auffassung ist zuzustimmen. Bereits in § 4 II 3 a) cc) wurde dargelegt, dass im Rahmen des § 34c Abs. 1 EStG das Kriterium der Steuersubjektidentität allein aus der Sicht des anrechnenden Staates (Ansässigkeitsstaat) zu beurteilen ist. Gleiches muss für die Anwendung der Art. 23 A Abs. 2, Art. 23 B Abs. 1 MA gelten, denn diese regeln ausschließlich die Besteuerung im Ansässigkeitsstaat.[144] Ist nach

140 *Lang* in FS Fischer, S. 717; *Lang/Wimpissinger*, Die Einkünfte von Gesellschaftern, S. 98 f.; *Wilke* in Becker/Höppner/Grotherr/Kroppen, DBA, MA Art. 1 Rn. 38.

141 OECD-MK, Art. 23 Rzn. 1, 2.

142 *Lechner*, Die Ankommensberechtigung von Personengesellschaften, S. 75 f.

143 OECD-MK, Art. 23 Rz. 32.3.

144 OECD-MK, Art. 23 Rz. 8; *Vogel* in Vogel/Lehner, DBA, Art. 23 Rz. 123.

dem Besteuerungskonzept des Ansässigkeitsstaates die Personengesellschaft als solche mit den aus dem Quellenstaat bezogenen Einkünften steuerpflichtig, so wird nach der Wertung des Ansässigkeitsstaates die Quellensteuer für Einkünfte seines Steuersubjekts erhoben. Die Quellensteuer stellt somit eine die Personengesellschaft unmittelbar belastende Steuer dar. Da die Personengesellschaft mit diesen Einkünften zugleich der Besteuerung im Ansässigkeitsstaat unterliegt, ist aus dessen Sicht derselbe Steuerpflichtige durch eine Besteuerung der Einkünfte im In- und Ausland belastet. Demnach ist der Ansässigkeitsstaat gem. Art. 23 A Abs. 2, Art. 23 B Abs. 1 MA dazu verpflichtet, die Quellensteuer auf die inländische Steuer anzurechnen.

b) Sicht des Quellenstaates

aa) Abkommensberechtigung der Personengesellschaft

Die Abkommensberechtigung der Personengesellschaft setzt gem. Art. 1 MA voraus, dass die Personengesellschaft eine Person i. S. d. Art. 3 Abs. 1 MA darstellt. Umfasst der Personenbegriff des zwischen dem Sitzstaat und dem Quellenstaat abgeschlossenen DBA auch „andere Personenvereinigungen" i. S. d. Art. 3 Abs. 1 lit. a MA, so ist die Personengesellschaft auch aus Sicht des Quellenstaates eine Person im abkommensrechtlichen Sinne.[145] Häufig sind die „anderen Personenvereinigungen" in den einzelnen DBA jedoch nicht erfasst.[146] In diesen Fällen scheitert die Abkommensberechtigung der Personengesellschaft nach den Wertungen des innerstaatlichen Steuerrechts des Quellenstaates bereits an der Personeneigenschaft, denn es fehlt der Personengesellschaft an der von Art. 3 Abs. 1 lit. b MA geforderten Steuersubjektivität, so dass sie nicht als Gesellschaft i. S. d. Art. 3 Abs. 1 lit. b MA qualifiziert. Nur die Gesellschafter sind Personen i. S. d. Art. 3 Abs. 1 lit. a und b MA, wenn diese natürliche oder juristische Personen sind. An-

145 OECD-MK, Art. 3 Rz. 2; *Vogel* in Vogel/Lehner, DBA, Art. 3 Rz. 17; *Wassermeyer* in Debatin/Wassermeyer, DBA, MA Art. 3 Rz. 20.

146 *Wassermeyer* in Debatin/Wassermeyer, DBA, MA Art. 3 Rz. 20.

nahmegemäß sind diese im Sitzstaat der Personengesellschaft ansässig im abkommensrechtlichen Sinne und somit abkommensberechtigt.

Nach den Wertungen des innerstaatlichen Steuerrechts von Sitz- und Quellenstaat kommt es somit zur Divergenz hinsichtlich der Abkommensberechtigung der Personengesellschaft.[147] Sofern sich die Abkommensberechtigung ausschließlich nach dem jeweiligen innerstaatlichen Recht des Anwendestaates richten würde, käme es somit zu einem Qualifikationskonflikt.

Im Folgenden wird geprüft, ob sich aus dem Abkommen ergibt, dass einer der Vertragsstaaten hinsichtlich der abkommensrechtlichen Behandlung der Personengesellschaft an die Qualifikation des anderen Vertragsstaates gebunden ist. Nur wenn dies zu verneinen ist, ist ein Rückgriff auf das innerstaatliche Recht des Anwendestaates zulässig.

(1) Schrifttum

Im Schrifttum gehen die Meinungen zur Lösung des soeben dargestellten Qualifikationskonflikts weit auseinander.

Debatin[148] schließt aus dem Wortlaut des Art. 3 Abs. 1 lit. b MA, dass es für die Zuerkennung der Personeneigenschaft ausreichend ist, dass *ein* Vertragsstaat das Rechtsgebilde für seine Besteuerungszwecke als eigenständiges Steuersubjekt qualifiziert. Hierbei soll es unerheblich sein, welcher Vertragsstaat diese Einordnung vornimmt. Der Abkommenstext sei insoweit eindeutig, als dieser lediglich allgemein von der steuerrechtlichen Behandlung als eigenständiges Steuersubjekt spreche und keinen einengenden Hinweis auf die Behandlung im Sitzstaat der Personengesellschaft enthalte. Demnach sei ein Rechtsgebilde, dem im Quellenstaat Steuersubjektivität zuerkannt werde, grundsätzlich auch im Sitzstaat als Person im Abkommenssinne zu qualifizieren, selbst wenn der Sitzstaat dem Transparenzprinzip folge.[149] Nach der Auffassung von *Debatin* stellt Art. 3 Abs. 1 lit. b MA somit jeweils auf

147 *Müller/Wangler*, IStR 2003, S. 145, 147.
148 *Debatin*, BB 1989 Beilage 2, S. 6.
149 *Debatin*, BB 1989 Beilage 2, S. 1, 6; so auch *Jacobs*, Internationale Unternehmensbesteuerung, S. 566.

das Recht des Vertragsstaates ab, der die Personengesellschaft als Steuersubjekt qualifiziert.

Da nach Ansicht von *Debatin* die Steuersubjektqualifikation eines Vertragsstaates für die Abkommensberechtigung der Personengesellschaft ausreichend ist und den anderen Vertragsstaat bindet, hat im hier betrachteten Fall der Quellenstaat der Personengesellschaft Abkommensschutz zu gewähren, obwohl diese nach dessen innerstaatlichen Steuerrecht als Mitunternehmerschaft und damit transparent behandelt wird.[150]

Die h. M.[151] stimmt dieser Auffassung im Ergebnis – wenngleich mit anderer Begründung – zu. Während *Debatin* davon ausgeht, dass eine Personengesellschaft stets dann als Person im Sinne des Art. 3 Abs. 1 lit. b MA qualifiziert, wenn sie von *einem* der beiden Vertrags staaten als Steuersubjekt anerkannt wird, vertritt die h. M. die Auffassung, dass Art. 3 Abs. 1 lit. b MA auf das innerstaatliche Recht des Sitzstaates der Personengesellschaft verweise und daher der Quellenstaat an dessen Beurteilung gebunden sei. Dieses Verständnis des Art. 3 Abs. 1 lit. b MA wird u. a. mit den Ausführungen des MK begründet,[152] nach dem sich der Begriff „Gesellschaft" auch auf andere Rechtsträger bezieht, „die von den Steuergesetzen des Vertragsstaats, in dem sie errichtet worden sind, wie juristische Personen behandelt werden".[153]

Piltz beruft sich auf den Wortlaut des Art. 3 Abs. 1 MA. Diesem sei nicht zu entnehmen, dass die Definition der Gesellschaft nur für einen der Vertragsstaaten, nämlich den Sitzstaat, gelten solle, so dass

150 *Debatin*, BB 1989 Beilage 2, S. 1, 2, 6; *Fischer* in FS Vogel, S. 963, 965; *Jacobs*, Internationale Unternehmensbesteuerung, S. 566.

151 *Frotscher*, Internationales Steuerrecht, S. 168 f.; *Knobbe-Keuk*, RIW 1991, S. 306, 314; *dies.*, Bilanz- und Unternehmenssteuerrecht, S. 551 f.; *Krabbe*, StbJb 2000/2001, S. 183, 185 f.; *ders.*, IWB 1998, F. 3 Gr. 2, S. 756; *Müller/Wangler*, IStR 2003, S. 145, 147; *Ostendorf*, Behandlung von Sondervergütungen, S. 127; *Piltz*, Personengesellschaften, S. 133 ff.; *Pott*, Kollision, S. 215 ff.; *Raupach* in FS Vogel, S. 1067, 1080 f.; *Schaumburg*, Internationales Steuerrecht, Rz. 16.71; *Schmidt, Ch.*, IStR 1996, S. 14, 17; *ders.*, Steuerliche Probleme, S. 39, 65 ff.; *Storck/Selent*, RIW/AWD 1980, S. 332, 339; *Riemenschneider*, Abkommensberechtigung, S. 82 ff.; *Vogel*, DBA 3. Auflage, Art. 1 Rz. 24a.

152 *Riemenschneider*, Abkommensberechtigung, S. 82 f.

153 OCED-MK, Art. 3 Rz. 3.

die Definition für beide Staaten gelten müsse. Hierfür spreche auch, dass es sich bei Art. 3 MA um einen Definitionsartikel handele, welcher, soweit der Wortlaut dem nicht ausdrücklich entgegenstehe, für beide Vertragsstaaten gleichermaßen verbindlich sei.[154] Darüber hinaus ergebe sich diese Auslegung aus dem Sinn und Zweck von DBA. Denn die Anerkennung der Abkommensberechtigung der Personengesellschaft auch durch den Quellenstaat habe zur Folge, dass beiden Vertragsstaaten das gleiche Rechtsgebilde als abkommensberechtigt einstuften, so dass keine positiven oder negativen Besteuerungskonflikte entstehen könnten.[155]

Auch *Pott* stützt sich zur Begründung auf den Abkommenszweck. Dieser beschränke sich nicht auf gegenseitige Steuerverzichte der beiden Vertragsstaaten, sondern sei vor allem in der Harmonisierung der beiden Steuerrechtsordnungen zu sehen.[156] Der Zweckgedanke der Harmonisierung und das damit verbundene Ziel, koordinierte Rahmenbedingungen zu schaffen, binde den anderen Vertragsstaat an die Qualifikation des Sitzstaates.[157]

Entgegen der h. M. wird vereinzelt die Auffassung vertreten, dass sich weder aus dem Wortlaut des Art. 3 Abs. 1 MA noch aus dem Sinn und Zweck des Abkommens ergebe, dass zur Feststellung der Personeneigenschaft einer Personengesellschaft auf das innerstaatliche Steuerrecht des Sitzstaates dieser Gesellschaft abzustellen sei.

Für *Wassermeyer* ist der Wortlaut des Art. 3 Abs. 1 lit. a–c MA objektiv unklar. Zwar könne dem Wortlaut nicht entnommen werden, dass die Definition nur für einen der beiden Vertragsstaaten, nämlich den Sitzstaat, gelten solle. Doch lasse dies nicht den Umkehrschluss zu, dass die Beurteilung durch den Sitzstaat zugleich den anderen Vertragsstaat binde. Vielmehr sei Art. 3 Abs. 1 lit. a–c MA für beide Vertragsstaaten gleichermaßen verbindlich, woraus aber nicht gefolgert werden könne, dass die Vertragstaaten Art. 3 Abs. 1 MA einheitlich auslegen müssten.[158] So komme es für den jeweiligen Vertragsstaat nur

154 *Piltz*, Personengesellschaften, S. 177.
155 *Piltz*, Personengesellschaften, S. 134.
156 *Pott*, Kollision, S. 194 ff.
157 *Pott*, Kollision, S. 222 f.
158 *Wassermeyer*, IStR 1998, S. 489, 490.

auf die Abkommensberechtigung der Person an, die im konkreten Einzelfall Einkünfte erziele. Wer dies sei, beurteile sich ausschließlich nach dem innerstaatlichen Steuerrecht des Anwendestaates. Somit erlaube erst die Beantwortung der Zurechnungsfrage eine Aussage darüber, auf wessen Ansässigkeit es ankomme.[159] Folglich gelte auch im Bereich des Art. 3 Abs. 1 lit. a–c MA der Grundsatz der autonomen DBA-Auslegung durch jeden einzelnen Vertragsstaat aus der Sicht seines eigenen innerstaatlichen Steuerrechts.[160] Dem stehe auch nicht entgegen, dass ein Rückgriff auf das jeweilige innerstaatliche Recht der Vertragsstaaten zu Qualifikationskonflikten führen könne. Qualifikationskonflikte würden von den Vertragsstaaten – wie sich aus Art. 25 MA ergebe – in Kauf genommen, denn mit Art. 25 MA werde der Zweck verfolgt, Qualifikationskonflikte auf dem Verständigungswege auszuräumen.[161]

Auch *Kluge* ist der Auffassung, dass jeder Vertragsstaat für sich bestimmen müsse, welche Gesellschaften er als solche i. S. d. Art. 3 Abs. 1 lit. b MA anerkennt. Zur Begründung verweist er auf die Regelung des Art. 3 Abs. 1 Nr. 4 DBA-Belgien, die den Gesellschaftsbegriff in Abweichung vom Wortlaut des MA ausdrücklich davon abhängig macht, dass der Rechtsträger als solcher mit seinen Einkünften in dem Staat, in dem er ansässig ist, besteuert wird.[162] Hieraus folgert *Kluge*, dass eine Bindung des einen Vertragsstaates an die Einordnung des anderen Vertragsstaates eine ausdrückliche Regelung voraussetze, da anders die Sonderregelung des Art. 3 Abs. 1 Nr. 4 DBA Belgien nicht zu erklären sei. Zur Klarstellung des an sich Gemeinten müsse man gedanklich in Art. 3 Abs. 1 lit. b MA hinter das Wort „Besteuerung“ die Worte „des Vertragstaates, der das Abkommen auf seine Steuern anwendet“ hinzufügen.[163] *Piltz* führt demgegenüber zutreffend aus, dass nicht feststellbar sei, ob die Vertragsparteien eine mit anderen DBA übereinstimmende Regelung oder gerade eine davon abwei-

159 *Wassermeyer* in Debatin/Wassermeyer, DBA, MA Art. 1 Rz. 27a; *ders.*, IStR 1999, S. 481, 484.

160 *Wassermeyer* in Debatin/Wassermeyer, DBA, MA Art. 1 Rz. 27a, Art. 3 Rzn. 18 f.; *ders.*, IStR 1998, S. 489, 492.

161 *Wassermeyer*, IStR 1998, S. 489, 492.

162 *Kluge*, Zurechnungsprobleme, S. 29.

163 *Kluge*, Zurechnungsprobleme, S. 30; *ders.*, DStR 1976, S. 367.

chende Regelung vereinbaren wollten, so dass die Regelung des Art. 3 Abs. 1 Nr. 4 DBA-Belgien ebenso gut als eine Klarstellung der Regelung des MA gemeint sein könne.[164] Auch ist *Weggenmann* zuzustimmen, der die von *Kluge* vorgenommene Wortlautauslegung für zweifelhaft hält, da durch die Wortlautergänzung der ursprüngliche Wortlaut verändert werde. Dies sei jedoch mit den allgemeinen Auslegungsregeln für völkerrechtliche Verträge nicht vereinbar, da gem. Art. 31 Abs. 1 WÜRV insbesondere der Wortlaut im Vordergrund stehe.[165]

(2) Stellungnahme

Fraglich ist, ob der Quellenstaat einer im Sitzstaat als abkommensberechtigt anerkannten Personengesellschaft ebenfalls die Abkommensberechtigung anzuerkennen und ihr deshalb den Abkommensschutz in Form einer Quellensteuerreduktion zu gewähren hat. Zur Beantwortung dieser Frage ist m. E. (zunächst) auf die abkommensrechtlichen Normen in ihrem Kontext zurückzugreifen.

Die Abkommensberechtigung ist in Art. 1 MA normiert. Danach gilt das Abkommen für Personen, die in einem oder in beiden Vertragsstaaten ansässig sind. Die Voraussetzungen „Personeneigenschaft" und „Ansässigkeit" müssen somit kumulativ erfüllt sein. Der Begriff „Person" ist in Art. 3 Abs. 1 lit. a und b und der Begriff „Ansässigkeit" ist in Art. 4 Abs. 1 MA definiert, so dass für die Feststellung, wer abkommensberechtigt ist, Art. 1 MA in Verbindung mit diesen Normen ausgelegt werden muss.

Der Wortlaut des Art. 1 MA ist insoweit eindeutig, als es für die Abkommensberechtigung einer Person ausreicht, wenn diese in einem der beiden Vertragsstaaten ansässig ist. Hingegen ergibt sich aus dem Wortlaut nicht, dass einer der beiden Vertragsstaaten an die Anerkennung der Abkommensberechtigung durch den anderen Vertragsstaat gebunden ist. Eine solche Bindung könnte sich allenfalls aus den Bestimmungen der Art. 3 Abs. 1 MA und Art. 4 Abs. 1 MA ergeben.

164 *Piltz*, Personengesellschaften, S. 132.
165 *Weggenmann*, Einordnungskonflikte, S. 134 f.

Gem. Art. 3 Abs. 1 lit. a und b MA umfasst der Begriff „Person", wenn der Zusammenhang nichts anders erfordert, natürliche Personen, Gesellschaften und andere Personenvereinigungen. Hierbei bedeutet der Begriff „Gesellschaft" juristische Personen oder Rechtsträger, die für die Besteuerung wie juristische Personen behandelt werden. Umfasst der Personenbegriff eines DBA wie das MA auch „andere Personenvereinigungen", so ist eine Personengesellschaft eine Person im abkommensrechtlichen Sinne.

Nach Art. 4 Abs. 1 S. 1 MA ist „eine in einem Vertragsstaat ansässige Person" eine Person, die nach dem Recht dieses Staates dort aufgrund ortsbezogener Merkmale steuerpflichtig ist. Der Wortlaut des Art. 4 Abs. 1 S. 1 MA legt somit eindeutig fest, dass für die Feststellung der persönlichen Steuerpflicht, welche die abkommensrechtliche Ansässigkeit zur Folge hat, ausschließlich auf das innerstaatliche Steuerrecht des potentiellen Ansässigkeitsstaates abzustellen ist; auf das innerstaatliche Steuerrecht des Quellenstaates kommt es indessen nicht an.[166] Vielmehr muss auch der Quellenstaat prüfen, ob eine Person nach dem innerstaatlichen Steuerrecht des potentiellen Ansässigkeitsstaates dort aufgrund ortsbezogener Merkmale steuerpflichtig ist. Qualifiziert der Quellenstaat die Personengesellschaft als „andere Personenvereinigung" i. S. d. Art. 3 Abs. 1 lit. a MA und ordnet der Sitzstaat der Personengesellschaft diese als Gesellschaft i. S. d. Art. 3 Abs. 1 lit. b MA ein, so erkennen beide Vertragsstaaten die Personengesellschaft als Person im Sinne des Art. 3 Abs. 1 MA an. Diese Person ist auch von beiden Vertragsstaaten als ansässig anzusehen, da der Sitzstaat der Personengesellschaft diese als Gesellschaft i. S. d. Art. 3 Abs. 1 lit. b MA qualifiziert, was voraussetzt, dass er diese als Steuersubjekt anerkennt.[167]

Hinsichtlich der abkommensrechtlichen Ansässigkeit einer Person ist der Quellenstaat somit nach dem Wortlaut des Art. 4 Abs. 1 MA an

166 *Lehner* in Vogel/Lehner, DBA, Art. 4 Rz. 2; *Wassermeyer* in Debatin/Wassermeyer, DBA, MA Art. 4 Rzn. 8, 25; *Toifl*, Personengesellschaften mit Drittstaateneinkünften aus abkommensrechtlicher Sicht, S. 121, 144; *Sutter*, Die abkommensrechtliche Stellung, S. 205, S. 218 f.

167 *Prokisch* in Vogel/Lehner, DBA, Art. 1 Rz. 32; *Wassermeyer* in Debatin/Wassermeyer, DBA, MA Art. 1 Rz. 27d; a. A. *Riemenschneider*, Abkommensberechtigung, S. 75 f.

die Qualifikation des potentiellen Ansässigkeitsstaates gebunden. Umfasst der Personenbegriff des einschlägigen DBA „andere Personenvereinigungen“, kommt es in der hier betrachteten Konstellation hinsichtlich der Abkommensberechtigung der Personengesellschaft zu keinem Qualifikationskonflikt.

Umfasst der Personenbegriff des DBA hingegen nicht auch „andere Personenvereinigungen“, so ist die Personengesellschaft nur dann eine Person im abkommensrechtlichen Sinne, wenn sie eine Gesellschaft i. S. d. Art. 3 Abs. 1 lit. b MA ist. Dies setzt voraus, dass sie steuerrechtlich rechtsfähig ist.[168]

Hierbei ist fraglich, ob die Personengesellschaft nach dem Recht beider Vertragsstaaten als Steuersubjekt eingestuft werden muss, oder ob es ausreicht, wenn einer der beiden Vertragsstaaten die Personengesellschaft als Steuersubjekt qualifiziert. Sollte letzteres der Fall sein, so ist des Weiteren fraglich, ob es einen Unterschied macht, welcher der beiden Vertragsstaaten die Personengesellschaft als Steuersubjekt qualifiziert.

Der Wortlaut des Art. 3 Abs. 1 MA lässt alle genannten Auslegungsmöglichkeiten zu.[169] Zwar ist ihm nicht zu entnehmen, dass die Definition der Gesellschaft nur für einen der beiden Vertragsstaaten gelten soll, doch lässt sich hieraus auch nicht der Umkehrschluss ziehen, dass die Beurteilung des einen Vertragsstaats den anderen Vertragsstaat bindet.[170] Somit kann weder die Auffassung von *Debatin* noch die der h. M. auf den Wortlaut des Art. 3 Abs. 1 MA gestützt werden. *Wassermeyer* ist daher insoweit zuzustimmen, als er den Wortlaut des Art. 3 Abs. 1 lit. b MA als objektiv unklar bezeichnet, denn die Vorschrift ist gleichermaßen an Ansässigkeitsstaat und Quellenstaat gerichtet und lässt hierbei offen, von welchem Vertragsstaat der Ausdruck „Person“ näher zu bestimmen ist.[171] Hieraus kann jedoch nicht gefolgert werden, dass Art. 3 Abs. 1 lit. b MA nach dem innerstaatlichen Steuerrecht des jeweiligen Anwendestaates auszulegen sei. Diese

168 § 5 II 1.

169 *Riemenschneider*, Abkommensberechtigung, S. 81; *Weggenmann*, Einordnungskonflikte, S. 163.

170 *Wassermeyer*, IStR 1998, S. 489 f.

171 *Wassermeyer*, IStR 1998, S. 489 f.

Auffassung greift mangels eindeutigem Wortlaut des Art. 3 Abs. 1 MA unmittelbar auf die lex fori zurück, ohne zuvor eine Auslegung der Norm aus dem Abkommenszusammenhang in Betracht zu ziehen. Diese Vorgehensweise lässt sich auch nicht mit der Auslegungsregel des Art. 3 Abs. 2 MA begründen, da dieser dahingehend auszulegen ist, dass einer Auslegung aus dem Abkommenszusammenhang immer dann der Vorrang vor einem Rückgriff auf das innerstaatliche Recht einzuräumen ist, wenn es aufgrund eines divergierenden innerstaatlichen Begriffsverständnis zu Auslegungskonflikten kommt.[172]

Bei der Auslegung des Art. 3 Abs. 1 lit. b MA ist zu berücksichtigen, dass auch Art. 3 Abs. 1 MA die Einschränkung „wenn der Zusammenhang nichts anderes erfordert" enthält.[173] Daraus ergibt sich, dass der Begriff „Gesellschaft" vorrangig aus dem Zusammenhang und damit aus dem Abkommen selbst auszulegen ist. Ein Rückgriff auf das innerstaatliche Recht des jeweiligen Annwendestaates ist nur dann geboten, wenn die Auslegung aus dem Abkommen selbst zu keinem eindeutigen Ergebnis führt. Somit ist die Norm des Art. 3 Abs. 1 lit. b MA in ihren Zusammenhang einzubetten.

Gem. Art. 1 MA gilt der Abkommensschutz für Personen, die wenigstens in einem der beiden Vertragsstaaten ansässig sind. Damit steht der Ausdruck „Person" für die Frage der Abkommensberechtigung in unmittelbarem Zusammenhang mit dem Merkmal der Ansässigkeit. Gemäß Art. 4 Abs. 1 MA bedeutet die Formulierung „eine in einem Vertragsstaat ansässige Person" eine Person, die nach dem Recht dieses Staates dort aufgrund ortsbezogener Merkmale als Steuersubjekt behandelt wird. Art. 4 Abs. 1 MA setzt somit die Existenz einer Person im abkommensrechtlichen Sinne voraus. Da es für das Merkmal der Ansässigkeit nur auf das innerstaatliche Steuerrecht des potentiellen Ansässigkeitsstaates ankommt, setzt Art. 4 Abs. 1 MA seinem Wortlaut nach lediglich voraus, dass der potentielle Ansässigkeitsstaat das in Frage stehende Rechtsgebilde als Person im Sinne des Abkommens qualifiziert. Wenn es nun aber gem. Art. 4 Abs. 1 MA für die Ansässigkeit eines Rechtsträgers lediglich darauf ankommt, dass der

172 § 5 I 4 c) cc).

173 *Weggenmann*, Einordnungskonflikte, S. 164.

potentielle Ansässigkeitsstaat diesen als Person i. S. d. Abkommens qualifiziert und der Quellenstaat hinsichtlich des Merkmals „Ansässigkeit" an die Qualifikation des potentiellen Ansässigkeitsstaates gebunden ist, dann spricht der Zusammenhang in dem der Begriff „Person" in Art. 4 Abs. 1 MA verwendet wird dafür, dass der Quellenstaat auch hinsichtlich des Merkmals „Person" an die Einordnung des potentiellen Ansässigkeitsstaates gebunden ist. Der Quellenstaat hat daher die Personengesellschaft als eine im anderen Vertragsstaat ansässige Person zu qualifizieren und sie als abkommensberechtigt i. S. d. Art. 1 MA anzuerkennen.[174]

Nach hier vertretener Auffassung lässt sich somit aus dem Abkommenszusammenhang ableiten, dass für die Feststellung der Ansässigkeit und damit für die Feststellung der Abkommensberechtigung Art. 3 Abs. 1 lit. b MA nicht nach dem jeweiligen innerstaatlichen Steuerrecht des Anwendestaates auszulegen ist, sondern dass der Quellenstaat hinsichtlich dieser Frage an die Einordnung des Ansässigkeitsstaates gebunden ist.

bb) Gewährung des Abkommensschutzes

Die Abkommensberechtigung der Personengesellschaft hat grundsätzlich zur Folge, dass diese das zwischen dem Ansässigkeitsstaat und dem Quellenstaat abgeschlossene DBA in Anspruch nehmen kann. Fraglich ist jedoch, ob die Zurechnung der Einkünfte zur Personengesellschaft im Ansässigkeitsstaat den Quellenstaat zur Reduktion der Quellensteuer gem. den Art. 10 Abs. 2, 11 Abs. 2 MA verpflichtet, wenn dieser die Einkünfte nach seinem innerstaatlichen Steuerrecht dem Gesellschafter zurechnet. Dies wird im Schrifttum unterschiedlich beurteilt.

(1) Schrifttum

Nach Ansicht von *Wassermeyer* ist der Quellenstaat gegenüber der abkommensberechtigten Personengesellschaft nicht zu einer Reduktion

174 Im Ergebnis so wohl auch *Schaumburg*, Stbg 1999, S. 157.

der Quellensteuer verpflichtet. So müsse zwischen der persönlichen Abkommensberechtigung und dem sachlichen Abkommensschutz unterschieden werden. Aus der persönlichen Abkommensberechtigung ergebe sich lediglich, dass eine ansässige Person befugt sei den Abkommenschutz in Anspruch zu nehmen. Hingegen setze der sachliche Abkommenschutz zusätzlich voraus, dass nach dem innerstaatlichen Steuerrecht des Anwendestaates für die abkommensberechtigte Person überhaupt eine persönliche Steuerpflicht bestehe.[175] Aus Sicht des Quellenstaates komme es somit nur auf die Abkommensberechtigung der nach seinem innerstaatlichen Steuerrecht steuerpflichtigen Person an.[176] Auch bei Ansässigkeit der Personengesellschaft im anderen Vertragsstaat sei die Quellensteuer somit nur dann zu beschränken, wenn die Einkünfte auch nach dem innerstaatlichen Zurechnungsgrundsätzen des Quellenstaates der Personengesellschaft zuzurechnen seien.[177]

Werden hingegen die Einkünfte nach dem innerstaatlichen Steuerrecht des Quellenstaates nicht der Personengesellschaft, sondern den Gesellschaftern zugerechnet, so laufe die Abkommensberechtigung der Personengesellschaft im Quellenstaat ins Leere.[178] In diesem Fall sei der Quellenstaat nur gegenüber den Gesellschafter zur Quellensteuerreduktion verpflichtet, wenn diese ihrerseits im anderen Vertragsstaat ansässig und damit selbst abkommensberechtigt seien.[179]

Auch für *Lang* führt die Abkommensberechtigung der Personengesellschaft wegen fehlender Steuersubjektidentität nicht zur Quellensteuerreduktion.[180] Dem stehe auch nicht entgegen, dass durch das Leerlaufen des Abkommensschutzes das Ziel des DBA nicht erreicht werde. Vielmehr müsse hingenommen werden, dass diese Fälle immer dann aufträten, wenn Einkünfte aufgrund unterschiedlicher Steuer-

175 *Wassermeyer* in Debatin/Wassermeyer, DBA, MA Art. 1 Rz. 18.

176 *Wassermeyer* in Debatin/Wassermeyer, DBA, MA Art. 1 Rz. 27a; *ders.*, IStR 1999, S. 8; so auch BMF v. 19.3.2004, BStBl. I 2004, 411 unter VI. 2. b).

177 *Wassermeyer*, IStR 1999, 8 f.

178 *Wassermeyer* in Debatin/Wassermeyer, DBA, MA Art. 1 Rz. 28d; *ders.*, IStR 1999, S. 481 f.; *Lang* in FS Fischer, S. 713, 717.

179 *Wassermeyer* in Debatin/Wassermeyer, DBA, MA Art. 11 Rz. 55 Grundfall 1a; *ders.*, IStR 1999, S. 481, 482 f.

180 *Lang* in FS Fischer, S. 713, 717.

rechtsordnungen unterschiedlichen Steuersubjekten zugeordnet werden, d. h. keine Steuersubjektidentität besteht.[181]

Nach h. M.[182] soll die Abkommensberechtigung der Personengesellschaft auf die dahinter stehenden Gesellschafter „durchschlagen". Danach ist der Quellenstaat abkommensrechtlich verpflichtet, der abkommensberechtigten Personengesellschaft die Abkommensvorteile und somit die Quellensteuerreduktion zu gewähren. Dies soll unabhängig davon gelten, ob die Gesellschafter im Sitzstaat der Personengesellschaft oder in einem Drittstaat ansässig sind, und somit auch unabhängig davon, ob sie ihrerseits abkommensberechtigt sind.

Vogel hält diese Auslegung für geboten, da ansonsten der Abkommensschutz der Personengesellschaft bedeutungslos bliebe, was mit dem Gegenstand und Zweck des Abkommens, die Doppelbesteuerung zu vermeiden, nicht vereinbar wäre.[183] In Fällen in denen der Gesellschafter nicht im Sitzstaat der Gesellschaft ansässig ist, sondern in einem anderen Staat (Drittstaat) und der Quellenstaat mit diesem ein DBA abgeschlossen hat, soll nach *Vogel* sogar das für den Gesellschafter günstigere Abkommen anzuwenden sein.[184]

Der Fiskalausschuss des OECD-Partnership-Reports kommt ebenfalls zu dem Ergebnis, dass der Quellenstaat die Personengesellschaft entsprechend der Wertung des Ansässigkeitsstaates als abkommensberechtigt zu behandeln hat.[185]

Dieses Ergebnis basiert auf Prinzipien, die der Fiskalausschuss zur Auslegung des Abkommens im Zusammenhang mit Personengesell-

181 *Lang* in FS Fischer, S. 713, 717 f.; so auch *Firlinger*, Ansässigkeit, S. 307, 320.

182 *Debatin*, DB 1977 Beilage 13, S. 4, *ders.*, RIW/AWD 1980, S. 4; *ders.*, BB 1989 Beilage 2, S. 5; *Frotscher*, Internationales Steuerrecht, S. 173 f.; *Jacobs*, Internationale Unternehmensbesteuerung, S. 566; *Krabbe*, IWB 1998, F. 3 Gr. 2, S. 756; *ders.*, StbJb 2000/2001, S. 186 f.; *Lüdicke*, StbJb 1997/1998, S. 458; *Müller/Wangler*, IStR 2003, S. 145, 147; *Prokisch* in Vogel/Lehner, DBA, Art. 1 Rz. 33; *Riemenschneider*, Abkommensberechtigung, S. 84; *Schaumburg*, Internationales Steuerrecht, Rz. 16.171; *ders.*, Stbg 1999, S. 157; *Schmidt, Ch.*, IStR 1996, S. 14, 17; *Vogel*, DBA 3. Auflage, Art. 1 Rz. 24b.

183 *Vogel* in Vogel/Lehner, DBA, Art. 1 Rz. 32 f.; so auch *Krabbe*, IWB 1998, F. 3 Gr. 2, S. 756; *Schmidt, Ch.*, IStR 1996, S. 14, 17; *Schaumburg*, Internationales Steuerrecht, Rz. 16.171.

184 *Vogel* in Vogel/Lehner, DBA, Art. 1 Rz. 34.

185 *OECD-Partnership-Report*, Rz. 63.

schaften aus dem Abkommenssystem ableitet. So soll der Quellenstaat bei der Abkommensanwendung im Zusammenhang mit Personengesellschaften als Teil des tatsächlichen Zusammenhangs, in dem das Abkommen zur Anwendung kommt, berücksichtigen, in welcher Weise ein Einkommensteil, welcher der eigenen Rechtszuständigkeit entstammt, unter der Steuerhoheit des Steuerzahlers, der die Abkommensvorteile als ansässige Person beansprucht, behandelt wird. Der Quellenstaat soll dem Gesellschafter dann keinen Abkommensschutz gewähren, wenn zwar unter dem Recht des Quellenstaates die Einkünfte dem Gesellschafter als Steuerpflichtigen zugerechnet werden, die Zurechnung dieser Einkünfte aber nicht gleichermaßen für die Bestimmung der Steuerpflicht im Ansässigkeitsstaat erfolgt.[186] Vielmehr verlangt das dargelegte Prinzip, dass der Quellenstaat bei der Abkommensanwendung berücksichtigt, dass der Ansässigkeitsstaat die Einkünfte der Personengesellschaft zuordnet. Daher ist für Abkommenszwecke die Personengesellschaft der abkommensberechtigte Steuerpflichtige, da diese im Ansässigkeitsstaat mit den Einkünften steuerpflichtig ist.[187]

Die vom OECD-Parntership-Report vorgenommene Auslegung des Abkommens stellt also darauf ab, bei wem die fraglichen Einkünfte im Ansässigkeitsstaat steuerpflichtig sind. Der Quellenstaat soll bei Auslegung des Abkommens nicht die Zurechnung der Einkünfte nach seinem innerstaatlichen Steuerrecht berücksichtigen, sondern die Gewährung des Abkommensschutzes davon abhängig machen, ob diejenige ansässige Person, die die Abkommensvorteile beansprucht, auch diejenige ist, bei der die fraglichen Einkünfte im Ansässigkeitsstaat besteuert werden. Diese Vorgehensweise ist auch in den OECD-MK aufgenommen worden. Die eben dargestellten Folgerungen beruhen „auf dem Grundsatz, dass der Quellenstaat als Teil des tatsächlichen Zusammenhangs, in dem das Abkommen anzuwenden ist, berücksichtigen sollte, in welcher Weise ein Einkommensteil, der in seinem Hoheitsgebiet entsteht, in dem Hoheitsgebiet der Person behandelt wird, die die Vorteile des Abkommens als ansässige Person geltend macht."[188]

186 *OECD-Partnership-Report*, Rz. 53.
187 *OECD-Partnership-Report*, Rz. 63.
188 OECD-MK, Art. 1 Rz. 6.3.

(2) Stellungnahme

Sämtliche soeben dargestellten Auffassungen führen hinsichtlich einer Quellensteuerreduktion nur dann zu unterschiedlichen Ergebnissen, wenn einzelne oder alle Gesellschafter der Personengesellschaft in einem anderen Staat (Drittstaat) ansässig sind. So gelangen nach h. M. die Gesellschafter unabhängig von ihrer eigenen Ansässigkeit in den Genuss der Abkommensvorteile, während sie nach der Mindermeinung den Abkommensschutz nur dann in Anspruch nehmen können, wenn das zwischen ihrem jeweiligen Ansässigkeitsstaat (Drittstaat) und dem Quellenstaat bestehende DBA ihn gewährt. Besteht zwischen den beiden Staaten kein DBA, so haben die im Drittstaat ansässigen Gesellschafter gegenüber dem Quellenstaat keinen Anspruch auf Quellensteuerreduktion.

Die Vertreter der h. M. begründen ihre Ansicht, dass der Quellenstaat die Abkommensberechtigung der Personengesellschaft anzuerkennen hat, häufig nicht bzw. nur durch Hinweis auf andere Autoren oder auf den Sinn und Zweck der DBA. Dies vernachlässigt, dass bei der Auslegung einer Norm auch auf ihren Wortlaut sowie auf ihren systematischen Zusammenhang abzustellen ist. Nach der Mindermeinung ist der Quellenstaat nur gegenüber den Personen zu einer Quellensteuerreduktion verpflichtet, denen er nach seinem innerstaatlichen Steuerrecht die Einkünfte zurechnet, so dass es nur auf deren Abkommensberechtigung ankommt. Diese Auffassung wird insbesondere damit begründet, dass DBA den Vertragsstaaten lediglich Besteuerungsrechte zuweisen, hingegen nicht die Einkünftezurechnung regeln, so dass diese sich stets nach dem innerstaatlichen Steuerrecht des Anwendestaates richte.[189]

Für die Frage, ob eine Quellensteuerreduktion im vorliegenden Kontext zugewähren ist, sind m. E. die Normen, die das Besteuerungsrecht des Quellenstaates beschränken, auszulegen. Eine solche Verpflichtung zur Quellensteuerreduktion enthalten die Art. 10, 11 MA.

Gem. Art. 11 Abs. 1 MA können Zinsen, die aus einem Vertragsstaat stammen und an eine im anderen Vertragsstaat ansässige Person gezahlt werden, im anderen Vertragsstaat besteuert werden. Art. 11

189 *Wassermeyer* in Debatin/Wassermeyer, DBA, MA Art.1 Rzn. 27a, 27b zu Beispiel 1.

Abs. 1 MA regelt demnach ausschließlich das Besteuerungsrecht des Ansässigkeitsstaates. Diesem steht ein Besteuerungsrecht der Zinsen unabhängig davon zu, ob der dort ansässige Empfänger der Zinsen auch der Nutzungsberechtigte der Zinsen ist oder nicht.[190] Werden die Zinsen an eine Personengesellschaft gezahlt, ist diese unmittelbare Empfängerin dieser Zinsen. Da die Personengesellschaft im anderen Vertragsstaat (Sitzstaat der Personengesellschaft) ansässig ist, steht diesem das Besteuerungsrecht nach Art. 11 Abs. 1 MA zu. Der Sitzstaat der Personengesellschaft qualifiziert diese als Steuersubjekt und rechnet ihr die Zinsen zu, so dass die Zinsen im Ansässigkeitsstaat als Einkünfte der Personengesellschaft besteuert werden.

Gem. Art. 11 Abs. 2 MA können die Zinsen auch in dem Vertragsstaat aus dem sie stammen, nach dem Recht dieses Staates besteuert werden. Die Steuer darf jedoch, wenn der Nutzungsberechtigte der Zinsen eine im anderen Vertragsstaat ansässige Person ist, 10 von Hundert des Bruttobetrags nicht übersteigen. Art. 11 Abs. 2 MA beschränkt somit das Besteuerungsrecht des Quellenstaates.

Vorliegend behandelt der Quellenstaat die Personengesellschaft als steuerrechtlich transparent und rechnet die Zinsen daher den Gesellschaftern zu. Da sich die Besteuerung der Zinsen gem. Art. 11 Abs. 2 S. 1 HS 1 MA nach dem Recht des Quellenstaates richtet, ist der Quellenstaat berechtigt, die Quellensteuer von den Gesellschaftern zu erheben.[191] Der Quellenstaat ist jedoch gem. Art. 11 Abs. 2 S. 1 HS 2 MA dazu verpflichtet, die Quellensteuer zu beschränken, wenn der Nutzungsberechtigte der Zinsen eine im anderen Vertragsstaat ansässige Person ist. Da die Verpflichtung zur Quellensteuerreduktion demnach von der Ansässigkeit des Nutzungsberechtigten abhängig ist, stellt sich die Frage, wen der Quellenstaat als Nutzungsberechtigten der Zinsen anzusehen hat.

Der Begriff des „Nutzungsberechtigten“ ist als abkommensrechtlicher Ausdruck abkommensautonom auszulegen.[192] Allerdings definiert das MA diesen Begriff nicht. Nach hier vertretener Ansicht ist Art. 3 Abs. 2 MA zu entnehmen, dass einer Auslegung aus dem Abkommens-

190 *Pöllath* in Vogel/Lehner, DBA, Art. 11 Rz. 15.
191 So auch OECD-MK, Art. 1 Rz. 6.1.
192 *Vogel* in Vogel/Lehner, DBA, Vor Art. 10–12 Rz. 15 m. w. N.

zusammenhang immer dann der Vorrang vor einem Rückgriff auf das innerstaatliche Recht zukommt, wenn es aufgrund eines divergierenden innerstaatlichen Begriffsverständnisses zu Auslegungskonflikten kommt.[193] Da vorliegend der Sitz- und der Quellenstaat die Zinseinkünfte steuerrechtlich verschiedenen Steuersubjekten zurechnen, würde sich durch Rückgriff auf das jeweilige innerstaatliche Steuerrecht des Anwendestaates ein Qualifikationskonflikt ergeben, so dass die Auslegung des Begriffs „Nutzungsberechtigter" aus dem Abkommenszusammenhang zu erfolgen hat.

Nach Auffassung des OECD-MK dient die Einschränkung auf den Nutzungsberechtigten in Art. 11 Abs. 2 MA, um die Bedeutung des in Art. 11 Abs. 1 MA verwendeten Begriffes „gezahlt" zu klären.[194] Das Erfordernis der Nutzungsberechtigung soll deutlich machen, dass der Quellenstaat nicht verpflichtet ist, sein Besteuerungsrecht aufzugeben, nur weil die Einkünfte unmittelbar von einer im anderen Vertragsstaat ansässigen Person entgegengenommen werden. Denn wenn der unmittelbare Einkünfteempfänger in seinem Ansässigkeitsstaat für Steuerzwecke nicht als Nutzungsberechtigter der Einkünfte behandelt wird, hat seine Stellung als ansässige Person keine potentielle Doppelbesteuerung zur Folge, so dass eine Quellensteuerreduktion dem Sinn und Zweck des Abkommens nicht entsprechen würde.[195] Durch die Einschränkung auf den Nutzungsberechtigten soll somit vermieden werden, dass der Quellenstaat zu einer Quellensteuerreduktion verpflichtet ist, obwohl die steuerrechtliche Behandlung des Einkünfteempfängers im Ansässigkeitsstaat keine potentielle Doppelbesteuerung zur Folge hat. Hieraus folgt, dass der Empfänger der Einkünfte dann als Nutzungsberechtigter der Zinsen anzusehen ist, wenn er in seinem Ansässigkeitsstaat als deren Bezieher besteuert wird.[196] Nutzungsberechtigter i. S. d. Abkommens ist somit diejenige Person, der die Einkünfte nach dem innerstaatlichen Steuerrecht des Ansässigkeitsstaates des Einkünfteempfängers zugerechnet werden. Ist diese Person eine in diesem Vertrags-

193 § 5 I 4 c) cc).
194 OECD-MK, Art. 11 Rz. 8.
195 OECD-MK, Art. 10 Rz. 12, 12.1, Art. 11 Rz. 8, 8.1, Art. 12 Rz. 4, 4.1.
196 *OECD-Partnership-Report*, Rz. 54; *Vogel* in Vogel/Lehner, DBA, Vor Art. 10–12 Rz. 15a.

staat ansässige Person, so ist der Quellenstaat gem. Art. 11 Abs. 2 MA zur Quellensteuerreduktion verpflichtet, da dann eine potentielle Doppelbesteuerung gegeben ist.

Vorliegend ist Empfänger der Zinsen die Personengesellschaft selbst. Da der Ansässigkeitsstaat der Personengesellschaft diese gleichfalls als Bezieher der Zinsen besteuert, ist die Personengesellschaft auch als Nutzungsberechtigte der Zinsen i. S. d. Art. 11 Abs. 2 MA anzusehen.[197] Da die nutzungsberechtigte Personengesellschaft eine im anderen Vertragsstaat ansässige Person ist, hat der Quellenstaat ihr gegenüber die Quellensteuerreduktion zu gewähren.[198] Auf die Ansässigkeit der Gesellschafter kommt es demgegenüber nicht an.

Eine solche Auslegung des Begriffs „Nutzungsberechtigter“ widerspricht auch nicht dem Grundsatz, dass sich die Zurechnung von Einkünften zu einem Steuersubjekt stets nach dem innerstaatlichen Steuerrecht des Anwendestaates richtet. Dieser Grundsatz bedeutet nur, dass sich die Zurechnung der einem Vertragsstaat zur Besteuerung zugewiesenen Einkünfte nach dessen innerstaatlichen Steuerrecht richtet. Die Gewährung des Abkommenschutzes gegenüber einer anderen Person als derjenigen, der der Quellenstaat nach seinem innerstaatlichen Steuerrecht die Einkünfte zurechnet, berührt diese innerstaatliche Zurechnung der Einkünfte nicht. Der Quellenstaat hat weiterhin das Recht, die Quellensteuer von den Personen zu erheben, denen er die Einkünfte zurechnet.

Die von *Wassermeyer* vertretene Auffassung, wonach der Quellenstaat nur gegenüber den im Sitzstaat der Personengesellschaft ansässigen Gesellschaftern zur Quellensteuerreduktion verpflichtet ist, steht im Übrigen nicht mit seiner Auffassung im Einklang, dass der Ansässigkeitsstaat der intransparent besteuerten Personengesellschaft auch dann zur Anrechnung der Quellensteuer verpflichtet ist, wenn diese im Quellenstaat zu Lasten der Gesellschafter erhoben wurde.[199] In diesem Zusammenhang führt er aus, dass die Nichtanrechnung der ausländischen Steuern gegen den „Geist des Abkommens“ verstoße, wenn die

197 So auch *Frotscher*, Internationales Steuerrecht, S. 174.

198 *OECD-Partnership-Report*, Rz. 54.

199 *Wassermeyer* in Debatin/Wassermeyer, DBA, MA Art. 1 Rz. 27b Beispiel 6, Rz. 27d Beispiel.

Nichtanrechnung der ausländischen Steuer sich ausschließlich daraus ergibt, dass die beiden Vertragsstaaten die Steuersubjektfähigkeit der Personengesellschaft innerstaatlich unterschiedlich beurteilen. In einem solchen Fall müsse der Grundsatz der Gleichheit des Steuersubjekts daher durchbrochen werden.[200]

Diese Ausführungen treffen aber in gleicher Weise auf die Verpflichtung zur Quellensteuerreduktion zu. So würde sich eine Nichtreduktion der Quellensteuer ausschließlich daraus ergeben, dass die beiden Vertragsstaaten die Steuersubjektfähigkeit der Personengesellschaft innerstaatlich unterschiedlich beurteilen und daher die Einkünfte verschiedenen Steuersubjekten zurechen. Wenn aber der „Geist des Abkommens" hinsichtlich der Anrechnung der Quellensteuer eine Durchbrechung des Gebots der Gleichheit des Steuersubjekts verlangt, dann verlangt er auch, dass der Quellenstaat die Quellensteuer gegenüber der Person reduziert, die im Ansässigkeitsstaat mit diesen Einkünften besteuert wird, da nur so der Gegenstand und Zweck von DBA, eine Doppelbesteuerung zu vermeiden, erreicht werden kann.

4. *Qualifikation der Personengesellschaft als Mitunternehmerschaft (mit und ohne Option) im Sitzstaat und als Steuersubjekt im Quellenstaat*

Im Folgenden werden Fälle behandelt, in denen eine Personengesellschaft nach dem innerstaatlichen Steuerrecht ihres Sitzstaates als transparent betrachtet wird, wohingegen der Quellenstaat die Personengesellschaft nach seinem innerstaatlichen Steuerrecht nach dem Kapitalgesellschaftskonzept besteuert.

a) Abkommensberechtigung der Personengesellschaft

Behandelt der Sitzstaat die Personengesellschaft als steuerrechtlich transparent, so ordnet er sie zwar ggf. als Person i. S. d. Art. 3 Abs. 1 lit. a MA ein, wird sie aber mangels Steuerrechtssubjektivität nicht als

200 *Wassermeyer*, IStR 1998, S. 489, 493.

ansässig i. S. d. Art. 4 Abs. 1 MA qualifizieren. Damit ist die Personengesellschaft aus Sicht des Sitzstaates keine abkommensberechtigte Person i. S. d. Art. 1 Abs. 1 MA.[201] Dies gilt selbst dann, wenn die Einkünfte nach dem innerstaatlichen Recht des Quellenstaates der Personengesellschaft, die dort als Steuersubjekt anerkannt wird, zugerechnet werden,[202] denn die Ansässigkeit einer Person richtet sich gem. Art. 4 Abs. 1 MA ausschließlich nach dem innerstaatlichen Steuerrecht des potentiellen Ansässigkeitsstaates.[203]

Aus dem zwischen Sitzsaat der Gesellschaft und Quellenstaat abgeschlossenen DBA können allenfalls die Gesellschafter abkommensberechtigt sein. Dies richtet sich gem. Art. 1 MA danach, ob der jeweilige Gesellschafter eine zumindest in einem der beiden Vertragsstaaten ansässige Person im Sinne des Art. 3 Abs. 1 lit. a und b i. V. m. Art. 4 MA ist. Besteht der Gesellschafterkreis der Personengesellschaft ausschließlich aus natürlichen oder juristischen Personen, die im Sitzstaat der Gesellschaft aufgrund ortsbezogner Merkmale steuerpflichtig sind, sind alle Gesellschafter im Sitzstaat der Personengesellschaft ansässig und damit abkommensberechtigt.

Nach dem innerstaatlichen Recht des Quellenstaates ist die Personengesellschaft steuerrechtlich intransparent und wird somit als beschränkt steuerpflichtiges Steuersubjekt behandelt. Abkommensrechtlich ordnet der Quellenstaat die Personengesellschaft als Gesellschaft i. S. d. Art. 3 Abs. 1 lit. b MA ein. Da sich die Ansässigkeit einer Person nach dem Wortlaut des Art. 4 MA ausschließlich nach der steuerrechtlichen Behandlung der Person im potentiellen Ansässigkeitsstaat richtet und der Quellenstaat somit an die Qualifikation des potentiellen Ansässigkeitsstaates gebunden ist, ist die Personengesellschaft auch aus Sicht des Quellenstaates keine im Sitzstaat ansässige Person und damit auch nicht abkommensberechtigt i. S. d. Art. 1 MA. Abkommensberechtigt sind auch aus Sicht des Quellenstaates allenfalls die Gesellschafter. Diese Auffassung entspricht im Ergebnis der h. M. im Schrifttum[204] und wird auch im OECD-MK vertreten.[205] Die Abkom-

201 Ausführlich hierzu § 5 II 1.

202 OECD-MK, Art. 4 Rz. 8.4.

203 § 5 II 1 b).

204 *Jacobs*, Internationale Unternehmensbesteuerung, S. 444, 562, 566; *Knobbe-Keuk*, RIW 1991, S. 306, 316; *Krabbe*, StbJb 2000/2001, S. 189 f.; *Manke*, Personenge-

mensberechtigung bestimmt sich also anteilig aus der Person der Gesellschafter.[206]

Nach Ansicht von *Vogel* führt dieses Verständnis des Art. 4 Abs. 1 MA zu einem Wertungswiderspruch zwischen Art. 3 und Art. 4 MA, da die Anerkennung der Personengesellschaft als „Person“ nach Art. 3 MA rechtlich folgenlos bleibe.[207] Für *Vogel* ist es nicht Sinn des Art. 4 MA gewissermaßen „durch die Hintertür“ die Abkommensberechtigung zu versagen, wenn eine Person nicht zugleich auch Steuersubjekt nach innerstaatlichem Steuerrecht ist. Vielmehr soll Art. 4 MA eine räumliche Beziehung der Person zu dem Vertragsstaat bestimmen, weshalb er zur Definition der Ansässigkeit auf diejenigen Merkmale verweist, die nach dem innerstaatlichen Recht des Vertragsstaates die steuerliche Inländereigenschaft begründen. Daher sei Art. 4 MA dahingehend auszulegen, dass eine Person i. S. d. Art. 3 MA bereits dann als in einem Vertragsstaat ansässig anzusehen sei, „wenn die räumliche Beziehung zu dem Vertragsstaat diejenigen Merkmale aufweist, die bei gegebener Steuerpflicht diese zur unbeschränkten machen würde“[208].

Auch *Lehner* vertritt die Auffassung, dass die Abkommensberechtigung einer Personengesellschaft, welche Person im abkommensrechtlichen Sinne ist, nicht voraussetze, dass diese nach dem innerstaatlichen Recht des potentiellen Ansässigkeitsstaates als Steuersubjekt anerkannt werde.[209] Für *Lang* ergibt sich die Ansässigkeit einer nicht als Steuersubjekt anerkannten Person daraus, dass es für die Ansässigkeit i. S. d. Art. 4 MA nicht auf eine tatsächliche Besteuerung der Person ankomme. Da die Steuerbefreiung einer Person für deren abkommensrechtliche Ansässigkeit unschädlich sei, müsse Gleiches auch für Personen i. S. d.

---

sellschaften und DBA, S. 200; *Piltz*, Personengesellschaften, S. 130; *Prinz/Breuninger*, IWB 1997, F. 10, Gr. 2, S. 1293, 1297; *Riemenschneider*, Abkommensberechtigung, S. 71, 86 f.; *Schaumburg*, Internationales Steuerrecht, Rz. 16.173; *Wassermeyer* in Debatin/Wassermeyer, DBA, MA Art. 1 Rz. 27, Art. 4 Rz. 30.

205 OECD-MK, Art. 1 Rz. 5, Art. 4 Rz. 8.4.

206 *Jacobs*, Internationale Unternehmensbesteuerung, S. 562 f.; *Lechner*, Die Abkommensberechtigung von Personengesellschaften, S. 72; *Menck*, IWB 2000, F. 10, Gr. 2, 1469, 1474 f.; *Riemenschneider*, Abkommensberechtigung, S. 73.

207 *Vogel*, DBA 3. Aufl., Art. 1 Rz. 25.

208 *Vogel*, DBA 3. Aufl., Art. 1 Rz. 25a.

209 *Lehner* in Vogel/Lehner, DBA, Art. 4 Rz. 33.

Art. 3 MA gelten, die nach dem innerstaatlichen Recht des Vertragsstaates erst gar nicht als Steuersubjekt erfasst würden. Denn schließlich sei es allein eine Frage der Gesetzestechnik, ob eine zunächst als Steuersubjekt anerkannte Person anschließend von der Steuerpflicht befreit werde oder ob eine Person von vorneherein erst gar nicht als Steuersubjekt anerkannt werde.[210]

Ansässigkeit i. S. d. Art. 4 Abs. 1 MA setzt voraus, dass eine Person aufgrund ortsbezogener Merkmale „steuerpflichtig" ist. Dies ist nur dann der Fall, wenn die Person nach dem Steuerrecht des potentiellen Ansässigkeitsstaates Steuersubjekt ist. Nach dem Wortlaut des Art. 4 Abs. 1 MA ist die Steuersubjektqualität Voraussetzung für die Ansässigkeit im abkommensrechtlichen Sinne.[211] *Vogels* Auslegung des Art. 4 Abs. 1 MA, wonach die persönliche Steuerpflicht einer Person für deren Ansässigkeit entbehrlich ist, liegt somit außerhalb des möglichen Wortsinns des Art. 4 Abs. 1 MA.[212] Da der Wortlaut die Grenze der Auslegung bestimmt, kann alles, was selbst bei weitester Auslegung nicht mehr mit dem möglichen Wortsinn vereinbar ist, nicht als Inhalt des Vertrages gelten,[213] woraus folgt, dass die Auffassung *Vogels* abzulehnen ist.[214] Auch die Argumentation von *Lang* überzeugt nicht. So macht es für ihn keinen Unterschied, ob bestimmte Einkünfte einer steuerpflichtigen Person von der Besteuerung ausgenommen werden oder ob diese Person von vorneherein nicht als Steuersubjekt behandelt wird. Dies mag in materieller Hinsicht zutreffend sein, jedoch liegt hier ein dogmatischer Unterschied vor, denn im ersten Fall besteht eine persönliche Steuerpflicht, im zweiten Fall hingegen nicht. Es ist jedoch die persönliche Steuerpflicht, die Art. 4 Abs. 1 MA voraussetzt, wohingegen das Fehlen der sachlichen Steuerpflicht der Ansässigkeit i. S. d. Art. 4 Abs. 1 MA gerade nicht entgegensteht. Hätten die OECD-Mitgliedsstaaten die Ansässigkeit allein an der räumlichen Beziehung

210 *Lang*, SWI 2000, S. 527, 530 f.

211 *Riemenschneider*, Abkommensberechtigung, S. 72; *Wassermeyer* in Debatin/Wassermeyer, DBA, MA Art. 1 Rz. 17, Art. 4 Rz. 30.

212 So auch *Sutter*, Die abkommensrechtliche Stellung, S. 205, 220 f.

213 *Larenz*, Methodenlehre der Rechtswissenschaft, S. 343.

214 *Firlinger*, Ansässigkeit, S. 307, 320 f.; *Riemenschneider*, Abkommensberechtigung, S. 72; *Weggenmann*, Einordnungskonflikte, S. 68 ff.

einer Person zu einem Vertragsstaat festmachen wollen, hätte es ausgereicht allein auf ortsbezogene Merkmale zu verweisen; Art. 4 Abs. 1 MA hätte anders formuliert werden können. Auch eine aufgrund von Sinn und Zweck des Abkommens gebotene, vom möglichen Wortsinn abweichende Auslegung ist nicht anzunehmen. So weist *Weggenmann* nach, dass eine Auslegung nach dem Wortsinn nicht zu sinnwidrigen oder unvernünftigen Ergebnissen führt, die eine vom Wortlaut abweichende Auslegung rechtfertigen würde.[215] Als abkommensberechtigt können somit nur die im Sitzstaat der Personengesellschaft ansässigen Gesellschafter behandelt werden.

b) Gewährung des Abkommenschutzes

aa) Sicht des Ansässigkeitsstaat

Abkommensberechtigte Personen i. S. d. Art. 1 MA sind ausschließlich die in mindestens einem der beiden Vertragsstaaten ansässigen Gesellschafter. Nur diese können den Abkommensschutz aus dem zwischen dem Sitzstaat der Gesellschaft und dem Quellenstaat bestehenden DBA in Anspruch nehmen. Annahmegemäß sind alle Gesellschafter der Personengesellschaft im Sitzstaat der Gesellschaft ansässig, so dass dieser für die Abkommensanwendung als Ansässigkeitsstaat anzusehen ist.

(1) Befreiung

Sieht das DBA zur Vermeidung der Doppelbesteuerung die Freistellungsmethode vor, so wendet der Ansässigkeitsstaat Art. 23 A MA nur auf die Person an, die nach dem innerstaatlichen Steuerrecht die Einkünfte erzielt.[216] Da der Sitzstaat die Personengesellschaft nach dem Mitunternehmerkonzept besteuert, wird der Gesellschaftsgewinn anteilig den Gesellschaftern zur Versteuerung zugewiesen, so dass diese die Bezieher der Einkünfte i. S. d. Art. 23 A MA sind.[217]

215 *Weggenmann*, Einordnungskonflikte, S. 69.
216 *Wassermeyer* in Debatin/Wassermeyer, DBA, MA Art. 23 Rz. 16.
217 *Wassermeyer* in Debatin/Wassermeyer, DBA, MA Art. 23 Rzn. 16, 32.

Soweit dem Quellenstaat für die von der Personengesellschaft erwirtschafteten Einkünfte ein Besteuerungsrecht zusteht, hat der Ansässigkeitsstaat diese Einkünfte anteilig von der Besteuerung der Gesellschafter auszunehmen. Dies gilt auch dann, wenn der Quellenstaat nicht die Gesellschafter, sondern die Personengesellschaft als solche besteuert.[218] Die Freistellung i. S. d. Art. 23 A MA setzt lediglich voraus, dass die betreffenden Einkünfte nach dem Abkommen auch im Quellenstaat besteuert werden können. Eine Besteuerung dieser Einkünfte bei derselben Person wie im Ansässigkeitsstaat ist hingegen nicht erforderlich.[219]

(2) Anrechnung

Sieht das DBA statt der Befreiung der ausländischen Einkünfte die Anrechnung der ausländischen Steuer i. S. d. Art. 23 B Abs. 1, Art. 23 A Abs. 2 MA vor, so hat der Ansässigkeitsstaat die im Quellenstaat erhobene Steuer auf die inländische Steuer anzurechnen. Da der Quellenstaat entgegen der Wertung des Ansässigkeitsstaates nicht die Gesellschafter, sondern die Personengesellschaft als Steuersubjekt anerkennt, wird die Quellensteuer nicht von den Gesellschaftern, sondern von der Gesellschaft selbst erhoben. Mangels Steuersubjektidentität ist fraglich, ob der Ansässigkeitsstaat zur Anrechung der Quellensteuer verpflichtet ist.

Für den umgekehrten Fall wurde dargelegt, dass eine Anrechnungsverpflichtung des Ansässigkeitsstaat der Personengesellschaft hinsichtlich der vom Quellenstaat zu Lasten der Gesellschafter erhobenen Quellensteuer trotz fehlender Steuersubjektidentität besteht.[220] Aufgrund der Vergleichbarkeit dieser Sachverhalte gilt die dort angeführte Argumentation für die hier betrachtete Konstellation in gleicher Weise.[221] Somit ist der transparent besteuernde Ansässigkeitsstaat der Gesellschafter dazu verpflichtet, die zu Lasten der Personengesellschaft im Quellen-

218 *Lechner*, Die Abkommensberechtigung von Personengesellschaften, S. 79.
219 § 5 II 3 a) bb) (1).
220 § 5 II 3 a) bb) (2).
221 So auch *Lechner*, Die Abkommensberechtigung von Personengesellschaften, S. 79.

staat erhobene Steuer anteilig auf die Steuer ihrer Mitunternehmer anzurechnen.[222]

bb) Sicht des Quellenstaates

(1) Schrifttum

Unabhängig davon, dass der Quellenstaat die Personengesellschaft als Steuersubjekt behandelt, sind abkommensberechtigt nur die Gesellschafter. Somit kann der Quellenstaat allenfalls ihnen gegenüber zu einer Quellensteuerreduktion verpflichtet sein.

Nach Auffassung von *Vogel* ist hingegen in diesem Fall die Personengesellschaft selbst als abkommensberechtigte Person anzusehen, so dass ihr der Abkommenschutz zu gewähren ist.[223] Diese Sichtweise basiert auf einer Auslegung des Art. 4 MA, die nach hier vertretener Ansicht abzulehnen ist.[224]

Wassermeyer spricht sich ebenfalls für die Anerkennung der Personengesellschaft als ansässige Person durch den Quellenstaat aus. Zwar erkennt er an, dass die Personengesellschaft nach dem Wortlaut des Art. 4 Abs. 1 MA keine ansässige Person ist. Da es jedoch immer nur auf die Abkommensberechtigung der Person ankomme, die nach dem Recht des Anwendestaates subjektiv steuerpflichtig sei, führe die Fassung des Art. 4 Abs. 1 MA zu einem sinnwidrigen Ergebnis. In Fällen von Qualifikationskonflikten müsse daher der Grundsatz gelten, dass der Quellenstaat – als Konsequenz seiner abweichenden steuerlichen Behandlung – einen im Sitzstaat nicht unbeschränkt steuerpflichtigen Rechtsträger als unbeschränkt steuerpflichtig zu behandeln habe und somit den Abkommenschutz gewähren müsse.[225]

222 *Lechner*, Die Abkommensberechtigung von Personengesellschaften, S. 79 f.; *Vogel* in Vogel/Lehner, DBA, Art. 23 Rz. 134; *Wassermeyer* in Debatin/Wassermeyer, DBA, MA Art. 1 Rz. 27b Beispiel 5; *ders.*, IStR 1998, S. 489, 492 f.

223 *Vogel*, DBA 3. Aufl., Art. 1 Rz. 25a, 26.

224 § 5 II 4 a).

225 *Wassermeyer*, IStR 1999, S. 481, 483.

Für *Debatin* ist es geboten, dass der Quellenstaat die Personengesellschaft als abkommensberechtigte Person anerkennt und ihr den Abkommensschutz gewährt, da sich der Quellenstaat andernfalls bei seiner Abkommensanwendung in Widerspruch zu seinem eigenen innerstaatlichen Recht setzen würde, was der völkerrechtlichen Vertragstreue entgegenstehe.[226] Auch *Lechner* ist der Ansicht, dass der Quellenstaat gegen sich gelten lassen müsse, dass er nach seinem innerstaatlichen Steuerrecht die Personengesellschaft als intransparent ansehe, weshalb er der Personengesellschaft selbst den Abkommenschutz zu gewähren habe.[227]

Riemenschneider lehnt ein solches Gebot der übereinstimmenden Wertung von innerstaatlichem Recht und Abkommensrecht ab, da dies zur Folge habe, dass die nationale Sichtweise des jeweiligen Anwendestaates stets auch für dessen Abkommensanwendung maßgeblich wäre. Dieses Ergebnis würde jedoch dem anerkannten Grundsatz entgegenstehen, dass zwischen der Abkommensebene einerseits und dem innerstaatlichen Recht der Vertragsstaaten andererseits strikt zu unterscheiden sei.[228]

Dem ist zuzustimmen. Nach h. M. bilden das innerstaatliche Steuerrecht der Vertragsstaaten einerseits und das Recht des DBA andererseits zwei in sich geschlossene Rechtskreise, die ihre eigenen Abgrenzungen und Begriffsbestimmungen haben.[229] Abkommensrechtliche Begriffe sind daher grundsätzlich aus dem Abkommen selbst auszulegen. Das innerstaatliche Recht eines Vertragsstaates ist für die Auslegung abkommensrechtlicher Begriffe und somit für die Abkommensanwendung nur dann maßgeblich, wenn das DBA ausdrücklich auf das innerstaatliche Recht eines Vertragsstaates verweist oder wenn gem. Art. 3 Abs. 2 MA auf das innerstaatliche Recht des jeweiligen Anwendestaates zurückzugreifen ist, weil eine Auslegung aus dem Abkommen selbst zu keinem eindeutigen Ergebnis führt.[230]

Für die Auslegung des Begriffs „Abkommensberechtigung" ist hinsichtlich des innerstaatlichen Rechts des Quellenstaates keiner dieser

226 *Debatin*, DB 1977 Beilage 13, S. 1, 4 f.; *ders.*, BB 1989 Beilage 2, S. 1, 7.
227 *Lechner*, Die Abkommensberechtigung von Personengesellschaften, S. 83.
228 *Riemenschneider*, Abkommensberechtigung, S. 89 f.
229 § 5 I 3.
230 § 5 I 4 c).

Ausnahmefälle gegeben. Art. 1 MA definiert solche Personen als abkommensberechtigt, die in mindestens einem der beiden Vertragsstaaten ansässig sind. Gem. Art. 4 MA bestimmt sich die Ansässigkeit einer Person ausschließlich nach dem innerstaatlichen Recht des potentiellen Ansässigkeitsstaates, so dass sich aus dem Abkommen selbst ergibt, dass das innerstaatliche Recht des Quellenstaates für die Frage der Abkommensberechtigung unerheblich ist.

(2) Partnership-Report

Nach Ansicht des Fiskalausschusses der OECD ist der Quellenstaat gegenüber den im Sitzstaat der Personengesellschaft ansässigen und damit abkommensberechtigten Gesellschaftern zur Quellensteuerreduktion verpflichtet.[231]

Der Partnership-Report führt an, dass nach dem innerstaatlichen Steuerrecht des Quellenstaates die Personengesellschaft der Steuerschuldner ist. Der Quellenstaat könnte daher die von der Personengesellschaft bezogenen Einkünfte ohne Rücksicht auf das Abkommen mit der Begründung besteuern, dass die Personengesellschaft keine abkommensberechtigte Person ist. Dies hätte zur Konsequenz, dass die Einkünfte mit denen die Gesellschafter in ihrem Ansässigkeitssaat steuerpflichtig sind, ungeachtet des Abkommens, im Quellenstaat einer Besteuerung unterworfen würden. Dieses Ergebnis stehe jedoch dem Gegenstand und dem Ziel des Abkommens entgegen.[232]

Der Fiskalausschuß legt dann das für die Auslegung des Abkommens im Zusammenhang mit Personengesellschaften entwickelte Prinzip[233] zugrunde, wonach der Quellenstaat zu berücksichtigen hat, wie die einzelnen Einkünfte unter der Steuerhoheit des Steuerpflichtigen, der als ansässige Person den Abkommenschutz beanspruchen möchte, behandelt werden. Der Quellenstaat müsse daher die Einkünfte als an im Sitzstaat der Personengesellschaft ansässige Personen – die Gesellschafter – gezahlt ansehen. Die Gesellschafter seien auch die Nutzungs-

231 *OECD-Partnership-Report*, Rz. 60, 61.
232 *OECD-Partnership-Report*, Rz. 60.
233 *OECD-Partnership-Report*, Rz. 53.

berechtigten dieser Einkünfte i. S. d. Abkommens, da sie die mit diesen Einkünften im Ansässigkeitsstaat steuerpflichtigen Personen sind. Unter diesen Umständen müsse der Quellenstaat beschließen, dass eine Besteuerung der Einkünfte seinerseits zu vermeiden sei, so dass die seine Besteuerung dieser Einkünfte einschränkenden Abkommensbestimmungen angewendet werden müssten. Der Fiskalausschuss hält diese Vorgehensweise für berechtigt, da sie sicherstelle, dass der Abkommensschutz den Personen zukommt, die mit den betreffenden Einkünften steuerpflichtig sind.[234]

Dieses Ergebnis findet sich nun auch im OECD-MK. So heißt es dort, dass die Gesellschafter einer Personengesellschaft berechtigt sind, die Vorteile der Abkommen, die von ihrem Ansässigkeitsstaat geschlossen worden sind, geltend zu machen, wenn ein Staat eine Personengesellschaft steuerrechtlich transparent behandelt. Denn in diesem Fall sei die Personengesellschaft keine ansässige Person, vielmehr seien ausschließlich die Gesellschafter die Personen, die mit diesen Einkünften steuerpflichtig sind. Diese gelte selbst dann, wenn die Einkünfte nach dem innerstaatlichen Recht des Quellenstaates der Personengesellschaft zugerechnet würden.[235] Dieser Ansicht folgt weitgehend auch das Schrifttum.[236]

(3) Stellungnahme

Im Ergebnis stimmt die hier vertretene Auslegung des Art. 11 Abs. 2 MA mit dem Lösungsansatz des Partnership-Reports überein.

Gem. Art. 11 Abs. 1 MA können Zinsen, die aus einem Vertragsstaat stammen und an eine im anderen Vertragsstaat ansässige Person gezahlt werden, im anderen Vertragsstaat besteuert werden. Art. 11 Abs. 1 MA regelt demnach ausschließlich das Besteuerungsrecht des

234 *OECD-Partnership-Report*, Rz. 61.
235 OECD-MK, Art. 4 Rz. 8.4.
236 *Jacobs*, Internationale Unternehmensbesteuerung, S. 562 f.; *Krabbe*, StbJb 2000/2001, S. 190; *Lethaus* in FS Ritter, S. 427, 430 f.; *Müller/Wangler*, IStR 2003, S. 145, 148; *Menck*, IStR 1999, S. 147; *Piltz*, Personengesellschaften, S. 135, 222; *Schaumburg*, Internationales Steuerrecht, Rzn. 16.171, 16.174; *Weggenmann*, Einordnungskonflikte, S. 189 f.

Ansässigkeitsstaates.[237] Zwar ist in der hier betrachteten Konstellation die Personengesellschaft unmittelbarer Einkünfteempfänger, da diese jedoch in ihrem Sitzstaat nach dem Mitunternehmerkonzept besteuert wird, ist sie mangels Steuersubjektivität dort nicht ansässig. Wegen des Transparenzprinzips ist Art. 11 Abs. 1 MA so anzuwenden, als seien die Zinsen an die Gesellschafter gezahlt worden, womit es auf deren Abkommensberechtigung ankommt.[238] Somit darf der Sitzstaat der Personengesellschaft die Zinsen besteuern, soweit die Gesellschafter dort ansässige Personen i. S. d. Art. 3 Abs. 1 lit. a und b i. V. m. Art. 4 Abs. 1 MA sind.

Gem. Art. 11 Abs. 2 MA ist der Quellenstaat zu einer Reduktion der Quellensteuer verpflichtet, wenn der Nutzungsberechtigte der Zinsen eine im anderen Vertragsstaat ansässige Person ist. Nach hier vertretener Auffassung ist der Begriff des „Nutzungsberechtigten" dahingehend auszulegen, dass Nutzungsberechtigter i. S. d. Abkommens die Person ist, der die Einkünfte nach dem innerstaatlichen Steuerrecht des Ansässigkeitsstaates des Einkünfteempfängers zugerechnet werden.[239] Daher sind die Gesellschafter der Personengesellschaft als die Nutzungsberechtigten der Zinsen anzusehen. Soweit diese im anderen Vertragsstaat (Sitzstaat der Personengesellschaft) ansässig sind, ist der Quellenstaat somit gem. Art. 11 Abs. 2 MA gegenüber den Gesellschaftern zur Quellensteuerreduktion verpflichtet. Sind die Gesellschafter hingegen in einem Drittstaat ansässig, so ist der Quellenstaat hinsichtlich des auf diese Gesellschafter entfallenden Anteils an den Zinsen nicht aus dem zwischen dem Sitzstaat der Personengesellschaft und dem Quellenstaat abgeschlossenen DBA zur Quellensteuerreduktion verpflichtet.

237 *Pöllath* in Vogel/Lehner, DBA, Art. 11 Rz. 11.

238 OECD-MK, Art. 1 Rz. 6.4; *OECD-Partnership-Report*, Rz. 61; *Wassermeyer* in Debatin/Wassermeyer, DBA, MA Art. 11 Rz. 38.

239 § 5 II 3 b) bb) (2).

III. Abkommensrechtliche Behandlung der Einkünfte des inländischen Gesellschafters

Nachfolgend wird die abkommensrechtliche Behandlung von ausländischen Personengesellschaften mit internationalem Gesellschafterkreis erörtert, womit aus deutscher Sicht Sachverhalte angesprochen sind, in denen an einer ausländischen Gesellschaft im Inland ansässige Gesellschafter beteiligt sind. Folgende Konstellationen sind denkbar:

Wird eine im Ausland errichtete Gesellschaft nach dem innerstaatlichen Recht des Sitzstaates als steuerrechtlich transparent angesehen und aufgrund des Typenvergleichs aus deutscher Sicht als Personengesellschaft qualifiziert, so besteuern beide Staaten nach dem Mitunternehmerkonzept, so dass in beide Staaten nur die hinter der Gesellschaft stehenden Gesellschafter als Steuersubjekte anerkannt werden. Dies wird im Folgenden als einheitliche Qualifikation des Steuersubjekts bezeichnet.

Als einheitliche Behandlung des Steuerobjekts wird nachfolgend die Konstellation bezeichnet, in der das ausländische Steuerrecht Vergütungen, die der Gesellschafter von der Gesellschaft aufgrund schuldrechtlicher Verträge erhält, in einer dem deutschen Steuerrecht vergleichbaren Weise, d. h. als Sondervergütungen, behandelt.

Eine unterschiedliche Qualifikation des Steuerobjekts bezeichnet den Fall, in dem diese Vergütungen nach ausländischem Steuerrecht nicht als Sondervergütungen, sondern wie Zahlungen an einen außenstehenden Dritten, also entsprechend der zugrundeliegenden Einkunftsart, behandelt werden.

Ein Qualifikationskonflikt bezüglich des Steuersubjekts besteht, wenn eine im Ausland errichtete Gesellschaft nach dem Recht des Sitzstaates als Steuersubjekt anerkannt wird und in Deutschland aufgrund des Typenvergleichs eine Qualifikation der ausländischen Gesellschaft als Personengesellschaft erfolgt. Aus deutscher Sicht werden in diesem Fall nur die Gesellschafter als Steuersubjekte anerkannt, wohingegen im Sitzstaat der Gesellschaft die Besteuerung nach dem Kapitalgesellschaftskonzept erfolgt.

Auch der umgekehrte Fall, in dem die ausländische Gesellschaft in ihrem Sitzstaat nach dem Mitunternehmerkonzept besteuert wird, während aus deutscher Sicht nach dem Typenvergleich eine als Steuersubjekt anerkannte Kapitalgesellschaft vorliegt, löst einen Qualifikationskonflikt aus.

1. Gewinne eines Unternehmens i. S. d. Art. 7 MA

In allen vorgenannten Konstellationen ist für die Abkommensanwendung zunächst festzustellen, welche Einkunftsart abkommensrechtlich vorliegt. Dies bestimmt sich nach den Verteilungsnormen der Art. 6–22 MA. Gewinne aus der Beteiligung an einer Personengesellschaft sind in den Verteilungsnormen nicht explizit benannt. Nach Auffassung der h. M.[240] unterliegen Einkünfte aus der Beteiligung an einer Personengesellschaft den Abkommenvorschriften über Unternehmensgewinne i. S. d. Art. 7 MA, wenn die Personengesellschaft eine nach diesem Artikel qualifizierte Tätigkeit ausübt.

Der in Art. 7 Abs. 1 MA verwendete Begriff „Unternehmen" bezieht sich gem. Art. 3 Abs. 1 lit. c MA auf die Ausübung einer Geschäftstätigkeit. Damit ist der Ausdruck abkommenrechtlich nicht erschöpfend definiert,[241] vielmehr legt Art. 3 Abs. 1 lit. h MA lediglich fest, dass der Begriff „Geschäftstätigkeit" auch die Ausübung einer freiberuflichen oder sonstigen Tätigkeit einschließt. Diese Regelung wurde im Jahre 2000 in das MA aufgenommen und ist im Zusammenhang mit der Streichung des Art. 14 MA (selbständige Arbeit) zu sehen. Hierdurch soll klargestellt werden, dass Tätigkeiten, die bisher unter Art. 14 MA subsumiert wurden, zukünftig – unabhängig davon, welche Bedeutung diesem Begriff nach innerstaatlichem Recht zukommt – abkommensrechtlich unter dem Unternehmensbegriff zu fassen sind.[242] Für Deutschland als Anwendestaat bedeutet dies, dass Einkünfte aus selbständiger Tätigkeit i. S. d. § 18 EStG als Einkünfte aus einer Geschäftstätigkeit anzusehen sind und unter Art. 7 MA subsu-

240 Statt vieler *Riemenschneider*, Abkommensberechtigung, S. 101 m. w. N.
241 OECD-MK, Art. 3 Rz. 4; *Wassermeyer* in Debatin/Wassermeyer, DBA, MA Art. 7 Rz. 16.
242 OECD-MK, Art. 3 Rz. 4.

miert werden müssen, wenn das betreffende Abkommen nach dem OECD-MA 2000 abgeschlossen worden ist.

Mangels einer weitergehenden abkommensrechtlichen Definition des Begriffs „Unternehmen" wird unter Hinweis auf Art. 3 Abs. 2 MA die Ansicht vertreten, dass der Begriff nach dem jeweiligen Recht des Anwendestaates auszulegen sei.[243] Nach hier vertretener Auffassung ist jedoch vorrangig eine Auslegung aus dem Abkommenszusammenhang vorzunehmen, bevor auf eine Auslegung nach nationalem Recht zurückgegriffen werden kann.[244]

Aus dem Abkommenszusammenhang lässt sich ableiten, dass eine Geschäftstätigkeit in Abgrenzung zu Art. 15 MA (nichtselbständige Arbeit) nur dann vorliegt, wenn es sich um eine selbständig ausgeübte Tätigkeit handelt. Allerdings ist eine selbständige Tätigkeit nur dann eine Unternehmenstätigkeit i. S. d. Art. 7 MA, wenn es sich nicht um eine land- und forstwirtschaftliche Tätigkeit i. S. d. Art. 6 Abs. 1 MA oder um die Nutzung von unbeweglichem Vermögen i. S. d. Art. 6 Abs. 3 MA handelt.[245] Weitere Einschränkungen bzw. mittelbare Teildefinitionen des Begriffs „Unternehmen" sind dem Abkommenszusammenhang nicht zu entnehmen, so dass, wie auch im OECD-MK[246] ausgeführt wird, die weitere Auslegung des Begriffs gem. Art. 3 Abs. 2 MA unter Rückgriff auf das innerstaatliche Recht des Anwendestaates erfolgen muss.

Aus deutscher Sicht bietet sich § 15 Abs. 2 EStG und – seit der Streichung des Art. 14 MA – auch § 18 EStG als Auslegungshilfe an.[247] Unter einer Geschäftstätigkeit ist demnach eine Tätigkeit zu verstehen, die die gemeinsamen Voraussetzungen der Einkünfte aus Gewerbebetrieb und der Einkünfte aus selbständiger Arbeit erfüllt. Daher kann

243 *Krabbe*, IStR 2002, S. 145, 147; *Piltz*, Personengesellschaften, S. 150; *Riemenschneider*, Abkommensberechtigung, S. 102; *Wassermeyer*, StuW 1990, S. 404, 406.

244 So auch *Hemmelrath* in Vogel/Lehner, DBA, Art. 7 Rz. 29; *Vogel* in Vogel/Lehner, DBA, Art. 3 Rz. 41.

245 *Hemmelrath* in Vogel/Lehner, DBA, Art. 7 Rz. 33; *Vogel* in Vogel/Lehner, DBA, Art. 3 Rz. 41; *Wassermeyer* in Debatin/Wassermeyer, DBA, MA Art. 7 Rz. 15.

246 OECD-MK, Art. 3 Rz. 4.

247 *Wassermeyer* in Debatin/Wassermeyer, DBA, MA Art. 7 Rz. 15; *Weggenmann*, Einordnungskonflikte, S. 213.

in Anlehnung an § 15 Abs. 2 EStG unter einer Unternehmenstätigkeit eine selbständige nachhaltige Betätigung verstanden werden, die mit der Absicht, Gewinn zu erzielen, ausgeübt wird, sich als Beteiligung am allgemeinen wirtschaftlichen Verkehr darstellt und weder als Ausübung von Land- und Forstwirtschaft, noch als Vermögensverwaltung anzusehen ist.[248] Gewerblich tätige Personengesellschaften erzielen somit grundsätzlich „Unternehmensgewinne" i. S. d. Art. 7 MA.

Allerdings wird die Bestimmung eines abkommensrechtlichen Begriffs mittels Rückgriff auf das innerstaatliche Recht durch die sich aus den anderen Abkommensnormen ergebenden mittelbaren Teildefinitionen des Begriffs begrenzt, so dass der Abkommenszusammenhang unter Umständen eine vom nationalen Recht abweichende Auslegung erfordert.[249] So dürfen Einkünfte nicht deshalb als Unternehmensgewinne im abkommensrechtlichen Sinne behandelt werden, weil das deutsche Steuerrecht sie wegen des Subsidaritätsprinzips als gewerbliche Einkünfte qualifiziert,[250] denn die abkommensrechtlichen Einkunftsarten stehen in einem Verhältnis der Spezialität.[251] Gehören zu den Gewinnen i. S. d. Art. 7 MA Einkünfte, die unter den Anwendungsbereich anderer Artikel des Abkommens fallen, so werden gem. Art. 7 Abs. 7 MA die Bestimmungen dieser Artikel nicht durch die Bestimmungen des Art. 7 MA berührt. Art. 7 Abs. 7 MA erklärt damit Einkunftsarten, die unter andere Artikel fallen, für grundsätzlich vorrangig.[252] Somit sind u. a. Dividenden, Zinsen, Lizenzgebühren, Einkünfte aus unbeweglichem Vermögen sowie Gewinne aus der Veräußerung von Vermögen keine Einkünfte aus Art. 7 MA.[253] Gleiches gilt für Einkünfte, die aufgrund gesetzlicher Fiktionen des innerstaatlichen Rechts gewerblichen Einkünfte sind. Eine gewerblich geprägte Perso-

248 *Wassermeyer* in Debatin/Wassermeyer, DBA, MA Art. 7 Rz. 15.

249 *Hemmelrath* in Vogel/Lehner, DBA, Art. 7 Rz. 29.

250 *Wassermeyer* in Debatin/Wassermeyer, DBA, MA Art. 7 Rz. 16a.

251 *Kluge*, Das Internationale Steuerrecht, S 10; *Wassermeyer* in Debatin/Wassermeyer, DBA, MA Art. 7 Rz. 394.

252 *Schaumburg*, Internationales Steuerrecht, Rz. 16.230; *Wassermeyer* in Debatin/Wassermeyer, DBA, MA Art. 7 Rz. 394.

253 Allerdings kommt es zur Anwendung des Art. 7 MA, wenn der speziellere Abkommensartikel einen sog. Betriebsstättenvorbehalt (Art. 10 Abs. 4, Art. 11 Abs. 4, Art. 12 Abs. 3 MA) enthält. Hierzu ausführlich § 5 III 3 dd).

nengesellschaft i. S. d. § 15 Abs. 3 Nr. 2 EStG, deren Tätigkeit rein vermögensverwaltender Natur ist, übt daher wegen Art. 7 Abs. 7 MA keine unternehmerische Tätigkeit i. S. d. Art. 7 MA aus.[254] Auch die in § 15 Abs. 3 Nr. 1 EStG verankerte Infektionstheorie, wonach die Tätigkeit einer Personengesellschaft, die sowohl gewerblicher als auch nicht gewerblicher Natur ist (sog. „gemischte Tätigkeit"), in vollem Umfang als gewerbliche Tätigkeit gilt, schlägt nicht auf das Abkommensrecht durch.[255] Abkommensrechtlich muss hier nach den einzelnen Einkunftsarten differenziert werden. Nur wenn die Tätigkeiten untrennbar miteinander verbunden sind, ist auch abkommensrechtlich ausnahmsweise eine einheitliche Beurteilung geboten, die sich nach dem Schwerpunkt der Tätigkeit richtet.[256]

Die nachfolgende Betrachtung beschränkt sich auf Personengesellschaften, die eine unternehmerische Tätigkeit i. S. d. Art. 7 MA ausüben. In diesem Zusammenhang wird auch zu klären sein, ob die Sondervergütungen der Gesellschafter, die gem. § 15 Abs. 1 S. 1 Nr. 2 HS 2 EStG als gewerbliche Einkünfte qualifiziert werden, als Einkünf-

254 BFH v. 17.12.1997, BStBl. II 1998, 296 ff.; *Fischer* in FS Vogel, S. 963, 983; *Hemmelrath*, IStR 1995, S. 570, 572 f.; *Kroppen* in Becker/Höppner/Grotherr/Kroppen, DBA, MA Art. 7 Rn. 46; *Lüdicke*, StbJb 1997/1998, S. 471; *Möbus*, US-Limited Liability Company, S. 235 f.; *Piltz* in Debatin/Wassermeyer, DBA, MA Art. 7 Rz. 85; *Schaumburg*, Internationales Steuerrecht, Rz. 16.230; *Wassermeyer* in Debatin/Wassermeyer, DBA, MA Art. 7 Rz. 16a; *Weggenmann*, Einordnungskonflikte, S. 213; a. A. BMF v. 24.12.1999, BStBl. I 1999, 1076 ff. Tz. 1.1.5.1.; *Krabbe*, StbJb 2000/2001, S. 191 f.; *ders.*, IStR 2002, S. 148 f.

255 *Fischer* in FS Vogel, S. 963, 984; *Möbus*, US-Limited Liability Company, S. 237; *Piltz* in Debatin/Wassermeyer, DBA, MA Art. 7 Rz. 86; *Weggenmann*, Einordnungskonflikte, S. 214; a. A. wohl die Finanzverwaltung, denn dem Betriebsstättenerlass zu Folge werden nur die Personengesellschaften von der Anwendung des Betriebsstättenprinzips ausgenommen, die ausschließlich vermögensverwaltend tätig sind. Daraus folgt, dass sämtliche Einkünfte einer teilweise gewerblich tätigen Gesellschaft als Betriebsstättengewinne zu qualifizieren sind, denn anderenfalls müsste das Betriebsstättenprinzip ausgeschlossenen werden, *soweit* die Gesellschaft vermögensverwaltend ist (BMF v. 24.12.1999, BStBl. I 1999, 1076 ff., Tz. 1.1.5.1.).

256 *Hemmelrath* in Vogel/Lehner, DBA, Art. 7 Rz. 35; *Piltz* in Debatin/Wassermeyer, DBA, MA Art. 7 Rz. 86; *Wassermeyer* in Debatin/Wassermeyer, DBA, MA Art. 7 Rz. 40.

te aus unternehmerischer Tätigkeit unter Art. 7 MA zu subsumieren sind.

2. *Unternehmen des einen Vertragstaates oder Unternehmen des anderen Vertragsstaates i. S. d. Art. 3 Abs. 1 lit. d MA*

Gem. Art. 7 Abs. 1 S. 1 MA dürfen Gewinne eines Unternehmens des einen Vertragsstaates nur in diesem Staat besteuert werden, es sei denn, das Unternehmen übt seine Geschäftstätigkeit durch eine im anderen Staat gelegene Betriebstätte aus. In diesem Fall können die Gewinne des Unternehmens gem. Art. 7 Abs. 1 S. 2 MA auch im anderen Staat besteuert werden, soweit die Gewinne dieser Betriebstätte zugerechnet werden können. Art. 7 Abs. 1 S. 1 MA weist das Besteuerungsrecht für Unternehmensgewinne somit dem Vertragsstaat zu, dem das Unternehmen zuzuordnen ist. Welcher Vertragsstaat dies ist, bestimmt Art. 3 Abs. 1 lit. d MA. Der Ausdruck „Unternehmen eines Vertragsstaates" meint ein Unternehmen, das von einer in einem Vertragstaat ansässigen Person betrieben wird. Die Abkommensnorm ordnet somit das Unternehmen einer ansässigen Person zu und legt damit fest, welcher Vertragsstaat für die Abkommensanwendung als Ansässigkeitsstaat und welcher Vertragsstaat als Quellenstaat anzusehen ist, so dass zu klären bleibt, welche Person Unternehmensbetreiber i. S. d. Art. 3 Abs. 1 lit. d MA ist.

a) *Unternehmenszuordnung bei transparent besteuerten Personengesellschaften*

Transparent besteuerte Personengesellschaften qualifizieren nicht als Steuersubjekte und sind somit nicht als ansässige Person i. S. d. Art. 4 MA zu behandeln.[257] Ansässige Personen sind vielmehr die Gesellschafter der Personengesellschaft, welche annahmegemäß nicht im Sitzstaat der Gesellschaft, sondern im anderen Vertragsstaat ansässig sind. Wäre die Personengesellschaft selbst Unternehmensbetreiber i. S. d.

257 § 5 II 1 b), § 5 II 2 a).

Art. 3 Abs. 1 lit. d MA, so könnte das Unternehmen mangels Ansässigkeit der Personengesellschaft keinem der beiden Vertragsstaaten zugeordnet werden, so dass Art. 7 Abs. 1 MA auf Beteiligungen an steuerrechtlich transparenten Personengesellschaften nicht anwendbar wäre. In diesem Fall wäre Art. 21 MA auf die Einkünfte aus der Personengesellschaft anzuwenden.

aa) Meinungsstand

Nach h. M.[258] und Rechtsprechung[259] sind bei einer steuerrechtlich transparenten Gesellschaft die Gesellschafter als Unternehmensbetreiber i. S. d. Art. 3 Abs. 1 lit. d MA zu qualifizieren, wenn sie Mitunternehmer der Personengesellschaft sind.[260] Da das Merkmal „Betreiben“ im MA nicht näher bestimmt werde, habe gem. Art. 3 Abs. 2 MA die Auslegung nach dem innerstaatlichen Recht des jeweiligen Anwendestaates zu erfolgen.[261] Da das innerstaatliche deutsche Steuerrecht keine ausdrückliche Bestimmung dessen, was unter dem „Betreiben“ eines Unternehmens zu verstehen ist, enthalte, ist nach *Piltz*[262] und *Riemenschneider*[263] auf ein Merkmal des innerstaatlichen Rechts abzustellen, das inhaltlich dem „Betreiben“ eines Unternehmens entspreche. Im Zusammenhang mit Personengesellschaften sei der Typus-

258 *Hemmelrath* in Vogel/Lehner, DBA, Art. 7 Rz. 37; *ders.*, IStR 1995, S. 570, 571; *Kluge*, Das Internationale Steuerrecht, S 70; *Krabbe*, StbJb 2000/2001, S. 183, 190 f.; *ders.*, IStR 2002, S. 145, 146; *Lüdicke*, StbJb 1997/1998, S. 449, 455 f.; *Mittermaier*, Besteuerung von Personengesellschaften im Verhältnis USA-Deutschland, S. 215; *Müller/Wangler*, IStR 2003, S. 145, 148; *Piltz* in Debatin/Wassermeyer, DBA, MA Art. 7 Rz. 66; *Raupach* in FS Vogel, S. 1067, 1085; *Wassermeyer* in Debatin/Wassermeyer, DBA, MA Art. 3 Rz. 29.

259 BFH v. 8.1.1969, BStBl. II 1969, 466; BFH v. 26.2.1992, BStBl. II 1992, 937.

260 *Baumgartner*, Beteiligung an einer Personengesellschaft, S. 309 f.; *Müller/Wangler*, IStR 2003, S. 145, 148 f.; *Piltz*, Personengesellschaften, S. 152 f.; *ders.*, in Debatin/Wassermeyer, DBA, MA Art. 7 Rz. 96; *Riemenschneider*, Abkommensberechtigung, S. 107 ff.

261 *Baumgartner*, Beteiligung an einer Personengesellschaft, S. 309; *Riemenschneider*, Abkommensberechtigung, S. 107; *Wassermeyer* in Debatin/Wassermeyer, DBA, MA Art. 3 Rz. 24.

262 *Piltz*, Personengesellschaften, S. 153.

263 *Riemenschneider*, Abkommensberechtigung, S. 107.

begriff des Mitunternehmers[264] geeignet.[265] Aus der Mitunternehmerstellung eines Gesellschafters folge, dass dieser auch im abkommensrechtlichen Sinne das Unternehmen „betreibe“, da er aufgrund seines Mitunternehmerrisikos und der von ihm ausgeübten Mitunternehmerinitiative unternehmerisch tätig sei.[266] Daraus folge, dass das Unternehmen der Personengesellschaft abkommensrechtlich ein solches der Mitunternehmer der Personengesellschaft sei und somit jeder Gesellschafter der Personengesellschaft abkommensrechtlich mit seinem Gesellschaftsanteil ein eigenes Unternehmen des Staates begründe, in dem er ansässig ist. Übertragen auf den hier betrachteten Fall bedeutet dies, dass der an einer ausländischen Personengesellschaft beteiligte Steuerinländer mit seinem Gesellschaftsanteil ein „deutsches Unternehmen“ begründet.[267] Bei in verschiedenen Staaten ansässigen Gesellschaftern einer Personengesellschaft bestehen demnach abkommensrechtlich jeweils entsprechend der Beteiligungsquote mehrere Unternehmen der jeweiligen Ansässigkeitsstaaten.[268]

Nach Ansicht von *Knobbe-Keuk* ist die vorstehend dargestellte abkommensrechtliche Einordnung des Unternehmens der Personengesellschaft nur durch eine „international übereinstimmende Übung“ zu rechtfertigen, denn das Unternehmen werde nicht von den Gesellschaftern, sondern von der Personengesellschaft selbst betrieben.[269] Die von Art. 3 Abs. 1 lit. d MA geforderte Ansässigkeit der das Unternehmen betreibenden Person sei nicht erfüllt, so dass Art. 7 MA nicht unmittelbar den Fall erfasse, in dem ein Unternehmen von einer transparent

264 Zum Typusbegriff des Mitunternehmers § 2 II 2.

265 *Piltz*, Personengesellschaften, S. 153; *Riemenschneider*, Abkommensberechtigung, S. 107.

266 *Piltz*, Personengesellschaften, S. 153; *ders.*, in Debatin/Wassermeyer, DBA, MA Art. 7 Rz. 96; *Riemenschneider*, Abkommensberechtigung, S. 108.

267 *Piltz*, Personengesellschaften, S. 152; *Riemenschneider*, Abkommensberechtigung, S. 109 f.

268 *Riemenschneider*, Abkommensberechtigung, S. 110.

269 *Knobbe-Keuk*, Bilanz- und Unternehmenssteuerrecht, S. 543; *dies.*, RIW 1991, S. 306, 308; so auch *Tumpel*, Die Beteiligung an einer Personengesellschaft, S. 145, 149.

besteuerten Personengesellschaft betrieben werde.[270] Da der Sitzstaat der Personengesellschaft jedoch als Tätigkeitsstaat des Unternehmens die Steuersouveränität in Anspruch nehme und den Gewinn bei den Gesellschaftern – unabhängig davon, ob diese dort ansässig sind oder nicht – steuerlich erfasse, sei abkommensrechtlich dafür Sorge zu tragen, dass die Doppelbesteuerung der Gewinnanteile der nicht ansässigen Gesellschafter durch Freistellung oder Anrechnung seitens des anderen Staates (Wohnsitzstaat der Gesellschafter) vermieden werde. Dieses Ziel werde nach „international übereinstimmender Übung" durch Rückgriff auf den nicht unmittelbar einschlägigen abkommensrechtlichen Unternehmensbesteuerungsartikel erreicht, da hierdurch das dem Art. 7 MA zugrunde liegende Prinzip realisiert werde, dass Unternehmensgewinne dort besteuert werden, wo sie erwirtschaftet worden sind. Daher werde die Beteiligung einer in einem Vertragsstaat ansässigen Person an einer unternehmensbetreibenden Personengesellschaft der für Betriebstättengewinne maßgeblichen Regelung unterworfen, indem die Beteiligung als ein Unternehmen des Ansässigkeitsstaates der Gesellschafter, welches im Sitzstaat der Personengesellschaft eine Betriebstätte unterhalte, behandelt werde.[271]

bb) Stellungnahme

Knobbe-Keuk ist insoweit zuzustimmen, als dass nach innerstaatlichem deutschen Steuerrecht die Personengesellschaft als Unternehmensbetreiberin anzusehen ist.[272] Obwohl der Begriff des „Betreibens" abkommensrechtlich nicht ausdrücklich definiert ist, ist jedoch ein Rückgriff auf das innerstaatliche Recht des jeweiligen Anwendestaates nur

270 *Knobbe-Keuk*, Bilanz- und Unternehmenssteuerrecht, S. 542 f.; *dies.*, RIW 1991, S. 306, 308; *Hock*, Personengesellschaften mit internationalem Gesellschafterkreis, S. 58.

271 *Knobbe-Keuk*, Bilanz- und Unternehmenssteuerrecht, S. 543 f.; *dies.*, RIW 1991, S. 306, 308.

272 *Schmidt*, EStG, § 15 Rz. 180; *Reiß* in Kirchhof, EStG, § 15 Rn. 208; *Lüdicke*, StbJb 1997/1998, S. 460; BFH v. 25.6.1984, BStBl. II 1984, 751; BFH v. 25.2.1991, BStBl. II 1991, 691.

insoweit geboten, als sich nicht aus dem Abkommen selbst Anhaltspunkte zur Auslegung ergeben.

Aus dem Wortlaut des Art. 3 Abs. 1 lit. d MA, wonach „ein Unternehmen eines Vertragsstaates" ein Unternehmen ist, das von einer in einem Vertragsstaat ansässigen Person betrieben wird, ergibt sich, dass Unternehmensbetreiber im abkommensrechtlichen Sinne stets nur eine *ansässige* Person sein kann.[273] Diese mittelbare Definition ist bei der Bestimmung des abkommensrechtlichen Unternehmensbetreibers der Personengesellschaft zu berücksichtigen.

Die das Unternehmen tatsächlich betreibende, steuerrechtlich transparente Personengesellschaft ist keine *ansässige* Person i. S. d. Abkommens und kann somit auch nicht Unternehmensbetreiberin im abkommensrechtlichen Sinne sein. Der gem. Art. 3 Abs. 1 MA zu berücksichtigende Zusammenhang erfordert abkommensrechtlich nicht auf ein Betreiben im tatsächlichen Sinne abzustellen,[274] denn sonst wäre eine Zuordnung des Unternehmens zu einem der beiden Vertragsstaaten nicht möglich. Dieses Verständnis des Begriffs „betreiben" wird durch die Funktion des Art. 3 Abs. 1 lit. d MA gestützt. Die Anwendung der abkommensrechtlichen Verteilungsnormen (Art. 6–22 MA) setzt die Feststellung voraus, welcher der beiden Vertragsstaaten als Ansässigkeitsstaat und welcher als Quellenstaat anzusehen ist. Diese Feststellung erfolgt für die in Art. 7 Abs. 1 MA behandelten Unternehmensgewinne durch Art. 3 Abs. 1 lit. d MA, indem die Norm ein Unternehmen, welches selbst keine Person i. S. d. Art. 3 Abs. 1 lit. a und b MA ist, einem der beiden Vertragsstaaten als dessen Ansässigkeitsstaat zuordnet. Aus Art. 4 MA ergibt sich, dass Ansässigkeitsstaat i. S. d. Abkommens stets der Vertragsstaat ist, der aufgrund persönlicher Anknüpfungsmerkmale einer abkommensrechtlichen Person die betreffenden Einkünfte besteuert. Wird eine Personengesellschaft steuerrechtlich transparent behandelt, werden die Gewinne dieser Gesellschaft anteilig bei den Gesellschaftern besteuert, so dass für die Verteilungsnorm des Art. 7 MA derjenige Vertragsstaat als Ansässigkeitsstaat gilt, in dem die Gesellschafter aufgrund persönlicher Anknüpfungsmerkmale steuerpflichtig sind. In diesem Fall ist somit das von der Personengesellschaft betriebe-

273 So auch *Weggenmann*, Einordnungskonflikte, S. 215, 223.

274 So aber *Vogel* in Vogel/Lehner, DBA, Art. 3 Rz. 43.

ne Unternehmen den Ansässigkeitsstaaten der Gesellschafter zuzuordnen, weshalb diese in Übereinstimmung mit der h. M. als abkommensrechtliche Unternehmensbetreiber i. S. d. Art. 3 Abs. 1 lit. d MA anzusehen sind. Daher ist das „Unternehmen der Personengesellschaft" in die Unternehmen der Gesellschafter aufzuteilen. Jedes dieser (anteiligen) Gesellschafterunternehmen ist ein solches des Vertragsstaates, in dem die Gesellschafter jeweils ansässig sind. Der Zuordnung des Unternehmens zu den Ansässigkeitsstaaten der Gesellschafter steht nicht entgegen, dass das Unternehmen ausschließlich im Sitzstaat der Personengesellschaft betrieben wird, denn nach dem Wortlaut des Art. 3 Abs. 1 lit. d MA kommt es für die Zuordnung des Unternehmens allein auf die Ansässigkeit des Unternehmensbetreibers im abkommensrechtlichen Sinne an. Für die Annahme „eines Unternehmens eines Vertragsstaates" ist hingegen nicht erforderlich, dass die unternehmensbetreibende Person das Unternehmen auch in diesem Staat, d. h. ihrem Ansässigkeitsstaat, betreibt.[275]

b) *Unternehmenszuordnung bei intransparent besteuerten Personengesellschaften*

Eine Personengesellschaft, die steuerrechtlich nach dem Kapitalgesellschaftskonzept besteuert wird, wird als Steuersubjekt anerkannt und ist damit eine ansässige Person i. S. d. Art. 3 Abs. 1 lit. b i. V. m. Art. 4 Abs. 1 MA.[276] Die Personengesellschaft selbst betreibt das Unternehmen, so dass es sich im Fall einer intransparent besteuerten Personengesellschaft gem. Art. 3 Abs. 1 lit. d MA um ein Unternehmen des Sitzstaates der Personengesellschaft handelt. Diese Sichtweise entspricht

275 *Kluge*, Das Internationale Steuerrecht, S 70; *Piltz*, Personengesellschaften, S. 151; *Riemenschneider*, Abkommensberechtigung, S. 106; *Vogel* in Vogel/Lehner, DBA, Art. 3 Rz. 42; *Wassermeyer* in Debatin/Wassermeyer, DBA, MA Art. 3 Rz. 22; *Weggenmann*, Einordnungskonflikte, S. 215; a. A. *Hock*, Personengesellschaften mit internationalem Gesellschafterkreis, S. 65 ff.

276 § 5 II 3 a) aa), § 5 II 3 b) aa).

der h. M. im Schrifttum.[277] Für die Anwendung des Art. 7 Abs. 1 S. 1 MA kommt demnach dem Sitzstaat der Gesellschaft die Rolle des Ansässigkeitsstaates zu. Die Ansässigkeit der Gesellschafter ist hingegen für die Anwendung des Art. 7 Abs. 1 MA ohne Bedeutung. Dem Sitzstaat der Gesellschaft steht das ausschließliche Besteuerungsrecht der Unternehmensgewinne zu, soweit die Personengesellschaft ihre Geschäftstätigkeit nicht im anderen Vertragsstaat (Sitzstaat der Gesellschafter) durch eine dort belegene Betriebstätte ausübt.

c) Unternehmenszuordnung bei Vorliegen eines Qualifikationskonflikts bezüglich des Steuersubjekts

Behandeln der Sitzstaat der Gesellschafter und der Sitzstaat der Personengesellschaft die Personengesellschaft steuerrechtlich unterschiedlich, so liegt ein Qualifikationskonflikt bezüglich des Steuersubjekts vor. Nachfolgend wird untersucht, wem das von der Personengesellschaft betriebene Unternehmen in diesen Fällen abkommensrechtlich zuzuordnen ist, wobei zwei Fälle zu unterscheiden sind:

aa) Qualifikation der Personengesellschaft als Mitunternehmerschaft (mit oder ohne Option) im Sitzstaat der Gesellschaft und als Steuersubjekt im Sitzstaat der Gesellschafter

Bei einem Qualifikationskonflikt der hier beschriebenen Art behandelt der Sitzstaat der Personengesellschaft diese steuerrechtlich transparent und erkennt somit nur ihre Gesellschafter als Steuersubjekte an, demgegenüber qualifiziert der Sitzstaat der Gesellschafter die Personengesellschaft als Steuersubjekte.

277 *Krabbe*, StbJb 2000/2001, S. 183, 190 f.; *ders.*, IStR 2002, S. 145, 146; *Piltz* in Debatin/Wassermeyer, DBA, MA Art. 7 Rz. 67; *ders.*, Personengesellschaften, S. 175 f.; *Raupach* in FS Vogel, S. 1067, 1084; *Vogel* in Vogel/Lehner, DBA, Art. 3 Rz. 44; *Wassermeyer* in Debatin/Wassermeyer, DBA, MA Art. 3 Rz. 27, 30; *Weggenmann*, Einordnungskonflikte, S. 80 f.

Aus Sicht des Sitzstaates der Gesellschaft stellt die Personengesellschaft zwar ggf. eine Person i. S. d. Art. 3 Abs. 1 lit. a MA dar, diese ist jedoch mangels Steuersubjektivität nicht ansässig i. S. d. Art. 4 Abs. 1 MA. Dieser Beurteilung folgt auch der Sitzstaat der Gesellschafter, denn die abkommensrechtliche Ansässigkeit einer Person richtet sich gem. Art. 4 Abs. 1 MA ausschließlich nach dem Recht des potentiellen Ansässigkeitsstaates, hier somit nach dem innerstaatlichen Recht des Sitzstaates der Gesellschaft. Die Gesellschafter sind hingegen ansässige Personen i. S. d. Art. 3 Abs. 1 lit. a und b i. V. m. Art. 4 Abs. 1 MA, denn eine Person ist in einem Vertragsstaat ansässig, wenn sie dort aufgrund ortsbezogener Merkmale steuerpflichtig ist.

Nach Art. 3 Abs. 1 lit. d MA kann Unternehmensbetreiber stets nur eine ansässige Person sein, so dass im vorliegenden Fall die Gesellschafter der Personengesellschaft als Unternehmensbetreiber anzusehen sind.[278] Damit beurteilt sich die Zuordnung des Unternehmens zu einem der Vertragsstaaten im vorliegenden Fall wie im Fall der übereinstimmenden Behandlung der Personengesellschaft als steuerrechtlich transparent. Entsprechend ist das Unternehmen abkommensrechtlich als ein solches der Gesellschafter der Personengesellschaft anzusehen, so dass jeder Gesellschafter mit seinem Gesellschaftsanteil ein eigenes Unternehmen des Staates begründet, in dem er ansässig ist.

bb) Qualifikation der Personengesellschaft als Steuersubjekt (mit oder ohne Option) im Sitzstaat und als Mitunternehmerschaft im Sitzstaat der Gesellschafter

Es wurde bereits dargelegt, dass sich die Ansässigkeit einer Person gem. Art. 4 Abs. 1 MA ausschließlich nach dem innerstaatlichen Recht des potentiellen Ansässigkeitsstaates richtet und der andere Vertragsstaat an diese Qualifikation gebunden ist.[279] Behandelt der Sitzstaat der Personengesellschaft diese als Steuersubjekt, so ist die Personengesell-

278 § 5 III 2 a); so auch *Weggenmann*, Einordnungskonflikte, S. 328; *Möbus*, US-Limited Liability Company, S. 213.

279 § 5 II 3 b) aa) (2).

schaft sowohl im Sitzstaat der Personengesellschaft als auch im Sitzstaat der Gesellschafter als ansässige Person i. S. d. Art. 3 Abs. 1 lit. b MA i. V. m. Art. 4 Abs. 1 MA anzuerkennen. Aus dem gleichen Grund sind auch die Personengesellschafter von beiden Vertragsstaaten als in ihrem Sitzstaat ansässige Personen zu qualifizieren.

Für die Anwendung des Art. 7 MA ist das Unternehmen einem der beiden Vertragsstaaten zuzuordnen. Diese Zuordnung richtet sich gem. Art. 3 Abs. 1 lit. d MA nach der Ansässigkeit des Unternehmensbetreibers. Vorliegend kommen sowohl die Personengesellschaft als auch deren Gesellschafter als abkommensrechtliche Unternehmensbetreiber in Betracht, da beide die von i. S. d. Art. 3 Abs. 1 lit. d MA geforderte Ansässigkeit erfüllen.

Ist die Personengesellschaft als abkommensrechtlicher Unternehmensbetreiber anzusehen, handelt es sich um ein Unternehmen des Sitzstaates der Gesellschaft, so dass gem. Art. 7 Abs. 1 MA nur diesem das Besteuerungsrecht zusteht, wenn das Unternehmen seine Geschäftstätigkeit nicht im anderen Vertragsstaat durch eine dort belegene Betriebstätte ausübt. Sind hingegen die Gesellschafter die Unternehmensbetreiber i. S. d. Art. 3 Abs. 1 lit. d MA, so steht dem Sitzstaat der Gesellschafter als Ansässigkeitsstaat das Besteuerungsrecht hinsichtlich der Unternehmensgewinne zu. Soweit die Gewinne einer im anderen Vertragsstaat (Sitzstaat der Personengesellschaft) belegenen Betriebstätte zugerechnet werden können, steht auch diesem Vertragsstaat ein Besteuerungsrecht zu. Zur Vermeidung der daraus resultierenden Doppelbesteuerung hat der Ansässigkeitsstaat in Abhängigkeit vom anzuwendenden Methodenartikel diese Gewinne unter Progressionsvorbehalt freizustellen oder die ausländische Steuer auf die inländische Steuer anzurechnen.

(1) Meinungsstand

Im Schrifttum ist umstritten, welchem Vertragsstaat das Unternehmen als Ansässigkeitsstaat zuzuordnen ist. Entscheidend ist, wer als Unternehmensbetreiber i. S. d. Art. 3 Abs. 1 lit. d MA anzusehen ist, so dass dieser Begriff auszulegen ist.

Es wird vertreten, dass jeder der beiden Vertragsstaaten Art. 3 Abs. 1 lit. d MA autonom, d. h. nach seinem innerstaatlichen Recht, auszulegen hat.[280] Zwar richte sich Art. 3 Abs. 1 lit. d MA gleichermaßen an beide Vertragsstaaten, jedoch folge daraus weder, dass die beiden Vertragsstaaten die Norm einheitlich auslegen müssen, noch dass der andere Vertragsstaat an die Behandlung im Sitzstaat der Personengesellschaft gebunden sei. Die Frage, welchem Staat das von der Personengesellschaft betriebene Unternehmen gem. Art. 3 Abs. 1 lit. d MA zuzurechen ist, könne daher grundsätzlich von beiden Vertragsstaaten unterschiedlich beantwortet werden.[281]

Nach dem innerstaatlichen Recht des Anwendestaates sei derjenige Unternehmensbetreiber, dem das unternehmerische Handeln steuerrechtlich zugerechnet werde.[282] Daher werde der Gesellschafterstaat, der die Personengesellschaft als steuerrechtlich transparent behandelt, auf die Ansässigkeit der Gesellschafter abstellen, wohingegen der Sitzstaat der Gesellschaft, der die Personengesellschaft als Steuersubjekt anerkennt, darauf abstellen werde, wo die Personengesellschaft ansässig ist. Somit gehe der Ansässigkeitsstaat der Gesellschafter von einem Unternehmen der Gesellschafter aus, wohingegen der Sitzstaat der Gesellschaft dasselbe Unternehmen der ansässigen Personengesellschaft zurechne.[283] Der hieraus resultierende Qualifikationskonflikt sei von den Vertragsstaaten bewusst in Kauf genommen worden und somit hinzunehmen.[284]

280 *Hemmelrath* in Vogel/Lehner, DBA, Art. 7 Rz. 37; *Piltz* in Debatin/Wassermeyer, DBA, MA Art. 7 Rzn. 67, 73; *Wassermeyer*, IStR 1998, S. 489 f. m. w. N.; *ders.*, IStR 1995, S. 49 f.; *ders.*, in Debatin/Wassermeyer, DBA, MA Art. 1 Rz. 27b Beispiel 19, Art. 7 Rz. 18.

281 *Wassermeyer*, IStR 1998, S. 489 f.; *ders.*, in Debatin/Wassermeyer, DBA, MA Art. 3 Rz. 30.

282 *Wassermeyer* in Debatin/Wassermeyer, DBA, MA Art. 7 Rz. 18.

283 *Diehl*, FR 1978, S. 520 ff.; *Haas*, BB 1978, S. 55; *ders.*, BB 1978, S. 1254; *ders.*, BB 1979, S. 84; *Piltz* in Debatin/Wassermeyer, DBA, MA Art. 7 Rz. 67; *Wassermeyer*, IStR 1998, S. 491 ff.; *ders.*, in Debatin/Wassermeyer, DBA, MA Art. 1 Rz. 27a, b, Art. 3 Rz. 30; hingegen vertrat *Piltz* noch die a. A. in *Piltz*, Personengesellschaften, S. 177 ff.

284 *Wassermeyer*, IStR 1998, S. 489, 491.

Nach h. M.[285] hat demgegenüber der Sitzstaat der Gesellschafter das Unternehmen als ein solches des Sitzstaates der Gesellschaft anzuerkennen. Begründet wird dies regelmäßig mit der von beiden Vertragsstaaten anzuerkennenden Ansässigkeit der Personengesellschaft und der damit verbundenen Abkommensberechtigung i. S. d. Art. 1 MA.[286] Denn „ebenso wie ein Quellenstaat, der nach seinem innerstaatlichen Steuerrecht die Einkünfte den Gesellschaftern zurechnet, bei deren Besteuerung die von ihm durch das Abkommen mit dem Ansässigkeitsstaat der Gesellschaft begründete Abkommensberechtigung dieser Gesellschaft durchschlagen lassen" müsse, dürfe „auch der Ansässigkeitsstaat eines Gesellschafters die von ihm im DBA grundsätzlich anerkannte Abkommensberechtigung der Gesellschaft nicht unbeachtet lassen."[287] Behandele der Sitzstaat der Personengesellschaft diese steuerrechtlich intransparent, sei diese eine ansässige Person, so dass der das Unternehmen verkörpernde Unternehmensträger selbst eine „in einem Vertragsstaat ansässige Person" darstelle, womit zugleich feststehe, dass dieser das Unternehmen auch „betreibt".[288] Dass dies auch für den Sitzstaat der Gesellschafter zu gelten habe, ergebe sich aus dem Zusammenhang zwischen dem abkommensrechtlichen Begriff

285 *Greif* in Mössner, Steuerrecht international tätiger Unternehmen, E 19; *Jacobs*, Internationale Unternehmensbesteuerung, S. 573 f.; *Knobbe-Keuk*, RIW 1991, S. 314; *Lüdicke*, StbJb 1997/1998, S. 460; *Menhorn*, Die abkommensrechtliche Behandlung von Beteiligungserträgen an einer ausländischen Personengesellschaft, S. 101, 117, 119; *Mittermaier*, Besteuerung von Personengesellschaften im Verhältnis USA-Deutschland, S. 327; *Müller/Wangler*, IStR 2003, S. 150 f.; *Möbus*, US-Limited Liability Company, S. 185 f.; *Piltz*, Personengesellschaften, S. 177 ff.; *Prokisch* in Vogel/Lehner, DBA, Art. 1 Rz. 33; *Riemenschneider*, Abkommensberechtigung, S. 182 ff.; *Schaumburg*, Internationales Steuerrecht, Rz. 18.58; *Schmidt, Ch.*, Steuerliche Probleme, S. 39, 67; *ders.*, IStR 1996, S. 17 f.; *Vogel* in Vogel/Lehner, DBA, Art. 1 Rz. 24b; *Weggenmann*, Einordnungskonflikte, S. 307.

286 Vereinzelt wird die Anerkennung als Unternehmen des Sitzstaates der Gesellschaft durch den Sitzstaat der Gesellschafter auch aus der Einordnung der Ausschüttungen der Gesellschaft an die Gesellschafter als Dividenden i. S. d. Art. 10 Abs. 3 MA hergeleitet, so *Debatin*, DB 1977 Beilage 13, S. 5; *Lang/Wimpissinger*, Die Einkünfte von Gesellschaftern, S. 85, 91 f.

287 *Lüdicke*, StbJb 1997/1998, S. 460.

288 *Riemenschneider*, Abkommensberechtigung, S. 182.

der „ansässigen Person“ und dem „Unternehmen eines Vertragsstaates“.[289]

Selent leitet die Bindung des Sitzstaates der Gesellschafter an die Einordnung des Sitzstaates der Gesellschaft aus dem Sinn und Zweck und somit aus dem den DBA zugrunde liegenden Harmonisierungsgedanken ab. Der Rückgriff auf das innerstaatliche Recht verbiete sich vor dem Hinterngrund einer teleologischen Auslegung. Eine einheitliche Einordnung der Personengesellschaft unter das Abkommen gewährleiste die übereinstimmende Anwendung des Abkommens durch beide Vertragsstaaten und trage somit zur Vermeidung von Doppelbesteuerungen bzw. -freistellungen, die durch Einordnungskonflikte verursacht sind, bei.[290]

(2) Stellungnahme

Die von der h. M. angenommene Bindung des Sitzstaates der Gesellschafter an die Einordnung der Personengesellschaft als abkommensrechtliche Unternehmensbetreiberin durch den Sitzstaat der Gesellschaft ergibt sich weder aus dem Wortlaut des Art. 3 Abs. 1 lit. d MA noch aus dem Abkommenszusammenhang. Vielmehr folgt eine Bindung des anderen Vertragsstaates an die Einordnung des Ansässigkeitsstaates aus dem Wortlaut des Art. 4 Abs. 1 MA und aus dem Zusammenhang, in dem der Begriff „Person“ in dieser Norm benutzt wird, und bezieht sich somit ausschließlich auf die Ansässigkeit einer Person und deren Abkommensberechtigung i. S. d. Art. 1 MA.[291] Gem. Art. 4 Abs. 1 MA haben beide Vertragsstaaten die Personengesellschaft als ansässige und damit abkommensberechtigte Person i. S. d. Art. 1 MA anzuerkennen, wenn diese nach dem innerstaatlichen Recht des potentiellen Ansässigkeitsstaates als Steuersubjekt qualifiziert wird. Hieraus folgt jedoch nicht zwangsläufig, dass auch beide Vertragsstaaten die Personengesellschaft als abkommensrechtliche Unternehmensbetreiberin anzusehen haben, denn wer als Unternehmensbetreiber zu

289 *Riemenschneider*, Abkommensberechtigung, S. 185.

290 *Selent*, Ausländische Personengesellschaften im Ertrag- und Vermögensteuerrecht, S. 320 f.

291 § 5 III 3 b) aa) (2).

qualifizieren ist, bestimmt sich ausschließlich nach Art. 3 Abs. 1 lit. d MA.

Hiernach bedeutet der Ausdruck „Unternehmen eines Vertragsstaates“ ein Unternehmen, das von einer in einem Vertragsstaat ansässigen Person betrieben wird. Aus dem Wortlaut der Norm und aus dem Zusammenhang zwischen den abkommensrechtlichen Begriffen „ansässigen Person“ und „Unternehmen eines Vertragsstaates“ ergibt sich nur, dass die das Unternehmen betreibende Person i. S. d. Art. 4 MA ansässig sein muss, um als abkommensrechtlicher Unternehmensbetreiber qualifiziert werden zu können. Eine Bindung des Ansässigkeitsstaates der Gesellschafter hinsichtlich der Einordnung der Personengesellschaft als abkommensrechtliche Unternehmensbetreiberin durch den Ansässigkeitsstaat der Gesellschaft lässt sich hieraus nicht ableiten. Nach dem Wortlaut richtet sich die Norm gleichermaßen an beide Vertragsstaaten. Da das Abkommen das Merkmal „betreiben“ selbst nicht definiert, ist unter Berücksichtigung der Restriktion, dass Unternehmensbetreiber im abkommensrechtlichen Sinne stets nur eine ansässige Person sein kann, zur weiteren Auslegung des Begriffs „Unternehmensbetreiber“ auf das jeweilige innerstaatliche Recht des Anwendestaates zurückzugreifen. Sieht der Sitzstaat der Gesellschafter nach seinem innerstaatlichen Recht die Gesellschafter als Unternehmensbetreiber an, stünde es dem Wortlaut des Art. 3 Abs. 1 lit. d MA nicht entgegen, diese auch abkommensrechtlich als die Unternehmensbetreiber anzusehen, denn die Gesellschafter erfüllen die von der Abkommensnorm an einen Unternehmensbetreiber gestellte Anforderung der Ansässigkeit.

Deutschland als Gesellschafterstaat qualifiziert jedoch nach deutschem innerstaatlichen Recht nicht die Gesellschafter, sondern die Gesellschaft als Unternehmensbetreiber(in).[292] Da die Personengesellschaft aufgrund der bindenden Qualifikation des Sitzstaates eine ansässige Person ist und somit die Restriktion des Art. 3 Abs. 1 lit. d MA erfüllt, ist sie auch abkommensrechtlich als Unternehmensbetreiberin anzusehen. Damit erkennen in der vorliegenden Konstellation beide Vertragsstaaten die Personengesellschaft als Unternehmensbetreiberin

292 § 5 III 2 a) bb).

i. S. d. Art. 3 Abs. 1 lit. d MA an, so dass das Unternehmen dem Sitzstaat der Personengesellschaft zuzuordnen ist.

Dies widerspricht nicht dem Ergebnis einer Zuordnung des Unternehmens zum Sitzstaat der Gesellschafter für den Fall, dass beide Vertragsstaaten die Personengesellschaft steuerrechtlich transparent behandeln. In diesem Zusammenhang wurde dargelegt, dass abweichend vom innerstaatlichen deutschen Recht die Gesellschafter als abkommensrechtliche Unternehmensbetreiber zu qualifizieren sind. Diese Einordnung ergibt sich ausschließlich daraus, dass der Begriff „betreiben" unter Beachtung der sich aus Art. 3 Abs. 1 lit. d MA ergebenden Restriktion, dass Unternehmensbetreiber im abkommensrechtlichen Sinne stets nur eine ansässige Person sein kann, auszulegen ist. Kann die Personengesellschaft wegen der steuerrechtlichen Transparenz in beiden Vertragsstaaten mangels Ansässigkeit nicht Unternehmensbetreiber i. S. d. Abkommens sein, so erfordert es der gem. Art. 3 Abs. 1 MA zu berücksichtigende Zusammenhang, die Gesellschafter als Unternehmensbetreiber anzusehen. Andernfalls wäre eine Zuordnung des Unternehmens zu einem der beiden Vertragsstaaten nicht möglich.[293] Stellt die Personengesellschaft jedoch eine ansässige Person i. S. d. Art. 4 MA dar, ist eine Zuordnung des Unternehmens zum Ansässigkeitsstaat der Personengesellschaft möglich, so dass der Zusammenhang eine vom innerstaatlichen Recht abweichende Einordnung nicht erfordert.

3. Abkommensrechtliche Behandlung der Einkünfte des Gesellschafters bei einheitlicher Qualifikation von Steuersubjekt und Steuerobjekt

Bei einheitlicher Qualifikation von Steuersubjekt und Steuerobjekt wird die Personengesellschaft in beiden Vertragsstaaten nach dem Mitunternehmerkonzept besteuert. Die Gesellschafter sind im Inland unbeschränkt steuerpflichtig, so dass die aus der ausländischen Personengesellschaft stammenden Gewinnanteile sowie die Sondervergütungen als Einkünfte aus Gewerbebetrieb i. S. d. § 15 Abs. 1 Nr. 2 EStG der inländischen Besteuerung unterliegen. Im Sitzstaat der Personengesell-

293 § 5 III 2 a) bb).

schaft sind die Gesellschafter mit ihren Gewinnanteilen und ggf. den Sondervergütungen beschränkt steuerpflichtig.

Da die Personengesellschaft in keinem der Vertragsstaaten als Steuersubjekt qualifiziert wird, ist sie in keinem der beiden Vertragsstaaten ansässig i. S. d. Art. 4 Abs. 1 MA. Das von der Personengesellschaft betriebenen Unternehmen ist daher abkommensrechtlich dem Sitzstaat der Gesellschafter zuzuordnen; sie sind als Unternehmensbetreiber i. S. d. Art. 3 Abs. 1 lit. d MA anzusehen. Für die Anwendung des Art. 7 MA kommt dem Sitzstaat der Gesellschafter daher die Rolle des Ansässigkeitsstaates und dem Sitzstaat der Gesellschaft diejenige des Quellenstaates zu.

a) Anwendung des Betriebstättenprinzips

Das von der Personengesellschaft betriebene Unternehmen wird den in einem anderen Vertragsstaat ansässigen Gesellschaftern anteilig zugerechnet. Das in Art. 7 Abs. 1 MA verankerte sog. „Betriebstättenprinzip" geht von dem Grundsatz aus, dass ausschließlich dem Ansässigkeitsstaat ein Besteuerungsrecht der Unternehmensgewinne zusteht. Die Unternehmensgewinne können gem. Art. 7 Abs. 1 S. 2 MA jedoch auch im anderen Vertragsstaat besteuert werden, wenn das Unternehmen dort eine Betriebstätte unterhält; das Besteuerungsrecht steht dem Quellenstaat aber nur insoweit zu, als die Unternehmensgewinne der Betriebstätte zugerechnet werden können. Das Besteuerungsrecht des Quellenstaates setzt also die Existenz einer Betriebstätte voraus. Somit ist festzustellen, ob das auf die Gesellschafter „aufgeteilte" Unternehmen der Personengesellschaft im Sitzstaat der Personengesellschaft über eine Betriebstätte verfügt. Da die Beteiligung an einer Personengesellschaft für sich noch keine Betriebstätte begründet, muss die das Unternehmen betreibende Personengesellschaft für das Unternehmen eine Betriebstätte unterhalten.[294]

294 *Jacobs*, Internationale Unternehmensbesteuerung, S. 600; *Wassermeyer* in Debatin/Wassermeyer, DBA, MA Art. 5 Rz. 34; ausführlich hierzu § 4 I 2 b).

aa) Betriebstätte im anderen Vertragsstaat

Der im Art. 7 Abs. 1 MA verwendete Begriff „Betriebstätte" wird in Art. 5 MA abkommensautonom definiert, so dass Art. 3 Abs. 2 MA nicht zur Anwendung kommt. Ein Rückgriff auf das innerstaatliche Recht, z. B. auf § 12 AO, ist somit unzulässig.[295]

Nach der allgemeinen Begriffsdefinition des Art. 5 Abs. 1 MA bedeutet „Betriebstätte" eine feste Geschäftseinrichtung, durch die die Tätigkeit des Unternehmens ausgeübt wird. Der OECD-MK führt hierzu aus, dass die Definition das Vorliegen folgender Merkmale verlangt:

Es muss eine Geschäftseinrichtung bestehen, d. h. eine Einrichtung wie Räumlichkeiten, maschinelle Anlagen oder Ausrüstungen. Stehen keine Räumlichkeiten zur Verfügung oder sind solche nicht erforderlich, kann eine Geschäftseinrichtung auch vorliegen, wenn das Unternehmen über einen gewissen Platz verfügt.[296] Damit unterscheidet sich die Geschäftseinrichtung i. S. d. Art. 5 Abs. 1 MA nicht von der Geschäftseinrichtung des § 12 AO.

Die Geschäftseinrichtung muss „fest" sein, d. h. sie muss sich an einem bestimmten Ort für eine gewisse Dauer befinden.[297] Auch hinsichtlich dieses Merkmals besteht Übereinstimmung mit § 12 AO. So muss die Geschäftseinrichtung eine Verbindung zu einem bestimmten Punkt der Erdoberfläche aufweisen, wobei nicht erforderlich ist, dass die Verbindung tatsächlich fest ist. Ausreichend ist, wenn die Gegenstände der Einrichtung an einer bestimmten Stelle verbleiben.[298] Die zeitliche Dimension wird als erfüllt angesehen, wenn die Geschäftseinrichtung für länger als sechs Monate unterhalten wird. Jedoch kann auch bei einer kürzeren Zeitspanne eine Betriebstätte angenommen werden, wenn die Geschäftstätigkeit ihrer Art nach nur kurzfristig ist oder wenn die Geschäftstätigkeit ausschließlich im Belegenheitsstaat der Geschäftseinrichtung ausgeübt wird.[299]

295 *Wassermeyer* in Debatin/Wassermeyer, DBA, MA Art. 5 Rz. 8; *Züger*, Definition der Betriebsstätte, S. 31, 34.

296 OECD-MK, Art. 5 Rz. 2, 4.

297 OECD-MK, Art. 5 Rz. 2.

298 OECD-MK, Art. 5 Rz. 5.

299 OECD-MK, Art. 5 Rz. 6.

Weiteres Erfordernis für das Vorliegen einer abkommensrechtlichen Betriebstätte ist – ebenso wie für eine Betriebstätte i. S. d. § 12 AO –, dass das Unternehmen eine wie auch immer geartete Verfügungsmacht über die Geschäftseinrichtung hat. Ein förmliches rechtliches Nutzungsrecht wird nicht vorausgesetzt.[300]

Darüber hinaus muss das Unternehmen seine Tätigkeit durch die feste Geschäftseinrichtung ausüben. Dies bedeutet, dass Personen, die von dem Unternehmen abhängig sind (Personal), dessen Geschäfte in dem Staat tätigen, in dem die feste Geschäftseinrichtung liegt.[301] Insoweit ist Art. 5 Abs. 1 MA enger gefasst als § 12 AO,[302] denn § 12 AO fordert lediglich, dass die Geschäftseinrichtung der Tätigkeit des Unternehmens dient. Dies kann auch ohne jeglichen Personaleinsatz in oder an der Geschäftseinrichtung angenommen werden.[303]

Da die durch die feste Geschäftseinrichtung ausgeübte Tätigkeit eine unternehmerische sein muss, setzt die Betriebstätte i. S. d. Art. 5 MA die Existenz eines Unternehmens voraus. Gleiches gilt für Unternehmensgewinne i. S. d. Art. 7 MA, so dass auf die Ausführungen, was unter einem Unternehmen und einer Unternehmenstätigkeit zu verstehen ist, insbesondere, wie sich davon die den anderen abkommensrechtlichen

300 OECD-MK, Art. 5 Rz. 4, 4.1.

301 OECD-MK, Art. 5 Rz. 2; *Wassermeyer* in Debatin/Wassermeyer, DBA, MA Art. 5 Rzn. 10, 10a.

302 *Günkel* in Becker/Höppner/Grotherr/Kroppen, DBA, Art. 5 Rn. 47, 84; *Wassermeyer* in Debatin/Wassermeyer, DBA, MA Art. 5 Rz. 9 f.; a. A. BMF v. 24.12.1999, BStBl. I 1999, 1076, Tz. 1.2.1.1. Auch der BFH verkennt diesen Unterschied in seinem Urteil v. 30.10.1996, BStBl. II 1997, 12. Im Urteilsfall hat er sich mit den unterschiedlichen Formulierungen in § 12 AO einerseits und Art. 5 Abs. 1 MA andererseits nicht auseinandergesetzt und vertrat daher die Auffassung, dass eine inländische unterirdische Pipeline eines ausländischen Unternehmens eine inländische Betriebsstätte sowohl i. S. d. § 12 AO als auch im Sinne des Art. 2 Abs. 1 Nr. 2 DBA-Niederlande sei, welcher in seinem Wortlaut mit Art. 5 Abs. 1 MA übereinstimmt. Aufgrund der unterschiedlichen Formulierungen hätte richtigerweise eine Betriebsstätte i. S. d. Art. 5 Abs. 1 MA im Inland verneint werden müssen (*Wassermeyer* in Debatin/Wassermeyer, DBA, MA Art. 5 Rz. 33 m. w. N.).

303 BFH v. 30.10.1996, BStBl. II 1997, 12.

Einkunftsarten zugrundeliegenden Tätigkeiten abgrenzen lassen, verwiesen wird.[304]

Neben der allgemeinen Begriffsdefinition enthält Art. 5 Abs. 2 MA eine nicht abschließende Aufzählung von Beispielen, in denen im Regelfall eine Betriebstätte anzunehmen ist.[305] Die dort genannten Beispiele begründen nach Ansicht des OECD-Steuerausschusses[306] und von Teilen des Schrifttums[307] jedoch nur dann eine Betriebstätte, wenn sie die Voraussetzungen des Absatzes 1 erfüllen. Nach Ansicht von *Wassermeyer*[308] kommt den Aufzählungen in Art. 5 Abs. 2 MA hingegen zum Teil ein konstitutiver Charakter zu, denn die feste Geschäftseinrichtung sei zwar Tatbestandsvoraussetzung der meisten, aber nicht aller in Art. 5 Abs. 2 MA genannten Betriebstätten. Auf das Erfordernis einer festen Einrichtung dürfe allerdings nur dort verzichtet werden, wo sich der Verzicht aus der Natur der in Art. 5 Abs. 2, 3 MA genannten Betriebstätten ergebe. Daher könne es beispielsweise Geschäftsleitungsbetriebstätten ohne eine dem Unternehmen zuzurechnende feste Geschäftseinrichtung geben. Insbesondere hinsichtlich der Geschäftsleitungsbetriebstätte ist *Wassermeyer* zuzustimmen, denn schließlich muss jedes Unternehmen mindestens einen Ort der Leitung i. S. d. Art. 5 Abs. 2 lit. a MA haben,[309] so dass es auf eine Mindesteinrichtung nicht ankommen kann.

Die Frage, ob ein Unternehmen mehrere Geschäftleitungsbetriebstätten unterhalten kann, stellt sich abkommensrechtlich nicht.[310] Gem. Art. 5 Abs. 2 lit. a MA umfasst der Begriff „Betriebstätte" *„einen Ort der Leitung"*. Demgegenüber spricht Art. 4 Abs. 3 MA von *„dem*

304 § 5 III 1.

305 OECD-MK, Art. 5 Rz. 12; *Görl* in Vogel/Lehner, DBA, Art. 5 Rz. 38; *Wassermeyer* in Debatin/Wassermeyer, DBA, MA Art. 5 Rz. 61.

306 OECD-MK, Art. 5 Rz. 12.

307 BMF v. 24.12.1999, BStBl. I 1999, 1076, Tz. 1.2.1.1; *Baumgartner*, Beteiligung an einer Personengesellschaft, S. 299, 307; *Görl* in Vogel/Lehner, DBA, Art. 5 Rz. 37 f.; *Günkel* in Becker/Höppner/Grotherr/Kroppen, DBA, Art. 5 Rn. 107; *Züger*, Definition der Betriebsstätte, S. 31, 39 f.

308 *Wassermeyer* in Debatin/Wassermeyer, DBA, MA Art. 5 Rzn. 4, 29, 61.

309 *Wassermeyer* in Debatin/Wassermeyer, DBA, MA Art. 5 Rz. 65.

310 Zu dieser Frage im Zusammenhang mit § 12 AO siehe § 4 I 2 b) bb).

Ort der tatsächlichen Geschäftsleitung". Es ergibt sich schon aus der begrifflichen Differenzierung zwischen „Geschäfts"-Leitung und Leitung, dass der letztere Begriff umfassender ist. Ein Ort der Leitung kann sich auch nur auf ein Teilgebiet des Unternehmens erstrecken, und es muss sich hierbei nicht um den „Mittelpunkt der unternehmerischen Tätigkeit" handeln, so dass es mehrere Orte der Leitung geben kann.[311] Hierfür spricht auch, dass Art. 5 Abs. 2 lit. a MA eben von „*einem* Ort der Leitung" und nicht von „*dem* Ort der Leitung" spricht. Sowohl abkommensrechtlich als auch nach innerstaatlichem deutschen Steuerrecht können somit mehrere Geschäftsleitungsbetriebstätten vorliegen.

Im Gegensatz zu § 12 AO enthält Art. 5 Abs. 4 MA einen Negativkatalog von Tätigkeiten, die auch dann keine Betriebstätte begründen, wenn die Tätigkeit durch eine feste Geschäftseinrichtung ausgeübt wird. Hierbei handelt es sich im Allgemeinen um Tätigkeiten vorbereitender Art oder um Hilfstätigkeiten.[312]

Aus Vorstehendem folgt, dass der abkommensrechtliche Betriebstättenbegriff enger gefasst ist als der des deutschen Steuerrechts. Aufgrund der abkommensautonomen Definition der Betriebstätte muss also nicht jede Betriebstätte i. S. d. § 12 AO zugleich eine solche i. S. d. Art. 5 MA sein.[313]

Da die Betriebstätte von der Personengesellschaft unterhalten wird, müssen die Betriebstättenmerkmale nicht in Bezug auf jeden Gesellschafter gegeben sein. Der Gesellschafter muss weder selbst an der durch die Geschäfteinrichtung ausgeübten Tätigkeit beteiligt sein, noch Verfügungsmacht über die Betriebstätte haben.[314] Vielmehr genügt es,

311 *Wassermeyer* in Debatin/Wassermeyer, DBA, MA Art. 5 Rz. 64; so auch *Görl* in Vogel/Lehner, DBA, Art. 5 Rz. 39; *Günkel* in Becker/Höppner/Grotherr/Kroppen, DBA, Art. 5 Rn. 111.

312 OECD-MK, Art. 5 Rz. 21.

313 *Wassermeyer* in Debatin/Wassermeyer, DBA, MA Art. 5 Rz. 9 f.

314 BFH v. 21.7.1999, BStBl. II 1999, 812; *Görl* in Vogel/Lehner, DBA, Art. 5 Rz. 18; *Günkel* in Becker/Höppner/Grotherr/Kroppen, DBA, Art. 5 Rn. 4; *Hemmelrath* in Vogel/Lehner, DBA, Art. 7 Rz. 37; *Piltz* in Debatin/Wassermeyer, DBA, MA Art. 7 Rz. 105; *Wassermeyer* in Debatin/Wassermeyer, DBA, MA Art. 5 Rz. 44.

wenn entweder die Personengesellschaft oder ein Gesellschafter, der die Betriebstätte der Personengesellschaft zur Verfügung stellt, Verfügungsmacht über die Betriebstätte haben.[315] Auch muss die geforderte Mindestdauer nicht von den Gesellschaftern, sondern von der Gesellschaft erfüllt werden, weshalb es auf die Beteiligungsdauer der Gesellschafter an der Gesellschaft nicht ankommt.[316]

Im Folgenden wird zunächst davon ausgegangen, dass die Personengesellschaft für das von ihr betriebene Unternehmen ausschließlich in ihrem Sitzstaat einen Ort der Leitung und ggf. weitere Betriebstätten i. S. d. Art. 5 MA unterhält.

bb) Zuordnung der Betriebstätte

Abkommensrechtlich stellt sich die Frage, wem die von der Personengesellschaft unterhaltene(n) Betriebstätte(n) zuzuordnen ist. In tatsächlicher Hinsicht wird die Betriebstätte von der Personengesellschaft für das von ihr betriebene Unternehmen unterhalten. Aus Art. 7 Abs. 1 S. 2 MA ergibt sich, dass abkommensrechtlich die Betriebstätte dem Unternehmen zuzurechnen ist.[317] Gleichzeitig ist das Unternehmen abkommensrechtlich anteilig den Gesellschaftern zuzuordnen, da in der vorliegenden Konstellation die Gesellschafter die Unternehmensbetreiber i. S. d. Art. 3 Abs. 1 lit. d MA sind.[318] Aus dem Vorschriftenzusammenhang der Art. 3 Abs. 1 lit. d, Art. 7 Abs. 1 MA i. V. m. Art. 5 MA ergibt sich, dass die von der Personengesellschaft unterhaltene Betriebstätte für abkommensrechtliche Zwecke anteilig den Gesellschaftern zuzuordnen ist.[319] Die-

315 BFH v. 26.2.1992, BStBl. II 1992, 937; BFH v. 2.12.1992, BStBl. II 1993, 577; *Görl* in Vogel/Lehner, DBA, Art. 5 Rz. 18.

316 *Piltz* in Debatin/Wassermeyer, DBA, MA Art. 7 Rz. 105.

317 *Mittermaier*, Besteuerung von Personengesellschaften im Verhältnis USA-Deutschland, S. 218; *Riemenschneider*, Abkommensberechtigung, S. 114.

318 § 5 III 2 a).

319 *Weggenmann*, Einordnungskonflikte, S. 223.

se Auffassung entspricht im Ergebnis der h. M. im Schrifttum[320] sowie der Rechtsprechung[321].

Als Zwischenergebnis ist festzuhalten, dass im Sitzstaat der Personengesellschaft eine Betriebstätte i. S. d. Art. 5 MA gegeben ist, die abkommensrechtlich anteilig den Gesellschaftern zuzurechnen ist. Damit ist das Betriebstättenprinzip des Art. 7 Abs. 1 MA grundsätzlich auf transparent besteuerte Personengesellschaften anwendbar. Die Gewinnanteile der Gesellschafter können als Unternehmensgewinne gem. Art. 7 Abs. 1 MA im Ansässigkeitsstaat des Gesellschafters besteuert werden. Daneben steht auch dem Betriebstättenstaat, d. h. dem Sitzstaat der Personengesellschaft, ein Besteuerungsrecht für die Unternehmensgewinne zu. Dieses Besteuerungsrecht ist gem. Art. 7 Abs. 1 S. 2 MA auf die Unternehmensgewinne begrenzt, die der im Quellenstaat belegenen Betriebstätte zugerechnet werden können. Damit wirkt sich das Betriebstättenprinzip grundsätzlich auch auf den Umfang, in dem der Quellenstaat die Unternehmensgewinne besteuern darf, aus.[322] Nachfolgend wird untersucht, ob und inwieweit das Betriebstättenprinzip auch hinsichtlich der Bestimmung des Umfangs des Betriebstättenergebnisses auf transparent besteuerte Personengesellschaften anwendbar ist.

cc) Gewinnzuordnung auf die Betriebstätte

(1) Absolute Selbständigkeit der Betriebstätte versus eingeschränkte Selbständigkeit der Betriebstätte

Gem. Art. 7 Abs. 1 S. 2 MA können die Unternehmensgewinne im Betriebstättenstaat nur insoweit besteuert werden, als sie dieser Betriebstätte zugerechnet werden können. Die Betriebstättenergebnisermittlung

320 *Debatin*, BB 1992, S. 1183; *Günkel* in Becker/Höppner/Grotherr/Kroppen, DBA, Art. 5 Rn. 4; *Krabbe*, IStR 2002, S. 145 f.; *Kroppen* in Becker/Höppner/Grotherr/Kroppen, DBA, Art. 7 Rn. 49 ff.; *Lüdicke*, StbJb 1997/1998, S. 455 f.; *Mittermaier*, Besteuerung von Personengesellschaften im Verhältnis USA-Deutschland, S. 218; *Piltz* in Debatin/Wassermeyer, DBA, MA Art. 7 Rz. 66; *ders.*, Personengesellschaften, S. 149 ff.; *Riemenschneider*, Abkommensberechtigung, S. 114 f.; *Schaumburg*, Stbg 1999, S. 160; *Wassermeyer* in Debatin/Wassermeyer, DBA, MA Art. 5 Rz. 44.

321 BFH v. 29.1.1964, BStBl. III 1964, 165; BFH v. 26.2.1992, BStBl. II 1992, 937.

322 *Kroppen* in Becker/Höppner/Grotherr/Kroppen, DBA, Art. 7 Rn. 11.

macht eine Aufteilung und Zuordnung des Unternehmensgewinns auf das Stammhaus des Unternehmens einerseits und die Betriebstätte(n) andererseits notwendig. Konkretisiert wird diese Ergebniszuordnung in Art. 7 Abs. 2 MA. Hiernach werden der Betriebstätte die Gewinne zugerechnet, „die sie hätte erzielen können, wenn sie eine gleiche oder ähnliche Geschäftstätigkeit unter gleichen oder ähnlichen Bedingungen als selbständiges Unternehmen ausgeübt hätte und im Verkehr mit dem Unternehmen, dessen Betriebstätte sie ist, völlig unabhängig gewesen wäre." Dieses sog. „dealing-at-arm's-length"-Prinzip geht von einer fiktiven Selbständigkeit der rechtlich unselbständigen Betriebstätte gegenüber dem Unternehmen aus.

Aufgrund des Wortlauts des Art. 7 Abs. 2 MA herrscht Uneinigkeit, ob eine absolute Selbständigkeit oder nur eine eingeschränkte Selbständigkeit der Betriebstätte gegenüber dem Stammhaus gemeint ist.[323] Nach der Fiktion einer absoluten Selbständigkeit der Betriebstätte sind bei der Ermittlung des der Betriebstätte zuzurechnenden Gewinns auch Leistungen des Stammhauses an diese und umgekehrt Gewinn realisierend zu erfassen (sog. „Entgeltprinzip").[324] Begründet wird diese Auffassung u. a. mit dem Wortlaut des Art. 7 Abs. 2 MA, dem eine Beschränkung der Selbständigkeitsfiktion auf Transaktionen der Betriebstätte gegenüber Dritten nicht zu entnehmen sei.[325] *Kroppen* hält die uneingeschränkte Anwendung des Fremdvergleichsgrundsatzes für zwingend, da nur so die gerechte Verteilung des Besteuerungsrechtes zwischen den Vertragsstaaten, welche ein Ziel der Doppelbesteuerungsabkommen sei, gewährleistet werden könne.[326]

Die h. M.[327] lehnt hingegen die Durchführung des Fremdvergleichs bei sog. „Innentransaktionen" zwischen Stammhaus und Betriebstätte

323 *Hemmelrath* in Vogel/Lehner, DBA, Art. 7 Rz. 77 ff.; *Kroppen* in Becker/Höppner/Grotherr/Kroppen, DBA, Art. 7 Rn. 97.

324 *Kumpf*, Besteuerung inländischer Betriebsstätten von Steuerausländern, S. 119 f.; *Kroppen* in Becker/Höppner/Grotherr/Kroppen, DBA, Art. 7 Rn. 98; im Ergebnis so auch *Becker*, der dieses Ergebnis jedoch aus seiner These vom Funktionsnutzen ableitet, *Becker*, DB 1989, S. 13 ff.

325 *Kumpf*, StbJb 1988/1989, S. 417 ff.

326 *Kroppen* in Becker/Höppner/Grotherr/Kroppen, DBA, Art. 7 Rn. 108 ff.

327 *Hemmelrath* in Vogel/Lehner, DBA, Art. 7 Rz. 90 ff.; *Kumpf*, Besteuerung inländischer Betriebsstätten von Steuerausländern, S. 123; *Ritter*, JbFfSt 1976/1977, S. 294, 300 f.

ab. Zur Begründung wird darauf verwiesen, dass diese Gewinne nicht tatsächlich am Markt realisiert seien, da die Betriebstätte stets nur ein Teil des Gesamtunternehmens darstelle. Eine Annahme von Entgeltzahlungen zwischen Stammhaus und Betriebstätte würde im Ergebnis dazu führen, dass das Gesamtunternehmen an sich selbst verdiene, was aber tatsächlich nicht möglich sei. Da nur eine Aufteilung des tatsächlich realisierten Erfolgs auf Stammhaus und Betriebstätte erfolgen könne und nur solche Rechtsgeschäfte des Gesamtunternehmens erfolgswirksam seien, die dieses gegenüber Dritten realisiert habe, würden fiktive Rechtsgeschäfte zwischen Stammhaus und Betriebstätte nicht vom „dealing-at-arm's-length"-Prinzip erfasst.[328] Auch die Rechtsprechung[329] und die Finanzverwaltung[330] verstehen die Selbständigkeitsfiktion des Art. 7 Abs. 2 MA im Sinne einer eingeschränkten Selbständigkeit der Betriebstätte. Demzufolge sei der Betriebstätte dem Grunde und der Höhe nach nur der Ertrag und der Aufwand zuzurechnen, welcher zugleich Ertrag und Aufwand des Gesamtunternehmens darstellt.[331] Die Zurechnung der Aufwendungen und Erträge zu einer Betriebstätte richtet sich dabei nach dem wirtschaftlichen Veranlassungszusammenhang.[332]

Den Vertretern der Mindermeinung ist zuzustimmen, dass dem Wortlaut des Art. 7 Abs. 2 MA eine nur eingeschränkte Fiktion der Selbständigkeit nicht zu entnehmen ist. Die Norm erlaubt es den Vertragsstaaten zwar sog. „Innentransaktionen" zwischen Stammhaus und Betriebstätte Gewinn realisierend zu erfassen, fordert dies jedoch nicht zwingend. Daher ist die Vorschrift als eine Erlaubnisnorm zu verstehen, die durch das innerstaatliche Recht der Anwendestaaten auszufüllen ist.[333] Dies

328 *Debatin*, DB 1989, S. 1739 f.; *Kleineidam*, IStR 1993, S. 396 ff.; *Ritter*, JbFfSt 1976/1977, S. 301; *Schaumburg*, Internationales Steuerrecht, Rz. 18.26 ff.

329 BFH v. 27.7.1965, BStBl. III 1966, 24; BFH v. 20.7.1988, BStBl. II 1989, 140.

330 BMF v. 24.12.1999, BStBl. I 1999, 1076 Tz. 2.2.

331 *Debatin*, DB 1989, S. 1739 ff.

332 BFH v. 20.7.1988, BStBl. II 1989, 140; *Debatin*, DB 1989, S. 1740; *Hemmelrath* in Vogel/Lehner, DBA, Art. 7 Rz. 42; *Jacobs*, Internationale Unternehmensbesteuerung, S. 626 f.; *Kroppen* in Becker/Höppner/Grotherr/Kroppen, DBA, Art. 7 Rn. 68; *Schaumburg*, Internationales Steuerrecht, Rz. 18.29; *Wassermeyer* in Debatin/Wassermeyer, DBA, MA Art. 7 Rz. 172. Ausführlich zum wirtschaftlichen Veranlassungszusammenhang *Tipke/Lang*, Steuerrecht, § 9 Rzn. 205 ff., 227 ff.

333 *Wassermeyer* in Debatin/Wassermeyer, DBA, MA Art. 7 Rz. 185; *ders.*, Dealing-at-arm's-length-Prinzip, S. 30, 34; so wohl auch der OECD-MK, Art. 7 Rz. 15.

ergibt sich daraus, dass Art. 7 Abs. 1 S. 2 MA von einem Gesamtgewinn des Unternehmens ausgeht, der nach Maßgabe des Art. 7 Abs. 2 MA aufzuteilen ist. Die Aufteilung eines Gesamtgewinns auf Stammhaus und Betriebstätte(n) setzt die Ermittlung dieses Gesamtgewinns logisch voraus.[334] Aus der Funktion des DBA, ein nach nationalem Recht bestehendes Besteuerungsrecht aufzuheben oder zu beschränken, und der daraus resultierenden Anknüpfung an einen bestehenden Steueranspruch ergibt sich, dass die Gewinnermittlung keine Frage des Abkommensrechts sein kann. Daher ist auch unstreitig, dass sich die Ermittlung des Gewinns eines Unternehmens ausschließlich nach dem innerstaatlichen Recht des jeweiligen Anwendestaates bestimmt.[335] Die Festlegung von Gewinnrealisierungstatbeständen ist Teil der Gewinnermittlung, so dass die Frage, ob Innentransaktionen Gewinn realisierend zu berücksichtigen sind, keine Frage des Abkommensrechtes, sondern des innerstaatlichen Rechts der Anwendestaaten ist.[336] Sie kann demnach nicht aus Art. 7 Abs. 2 MA beantwortet werden, denn die Fiktion der Selbständigkeit der Betriebstätte kommt erst im Rahmen der Ergebniszuordnung, die der Ergebnisermittlung nachgelagert ist, zur Anwendung.[337] Soweit Innentransaktionen nach dem innerstaatlichen Recht des Anwendestaates nicht zur Gewinnrealisierung führen, wird die durch Art. 7 Abs. 2 MA eingeräumte Möglichkeit nicht ausgeschöpft.[338] Werden Innenumsätze hingegen auch nach innerstaatlichem Recht erfolgswirksam erfasst, so können sie grundsätzlich auch der Betriebstätte zugerechnet werden.[339]

334 *Wassermeyer* in Debatin/Wassermeyer, DBA, MA Art. 7 Rz. 185; *Weggenmann*, Einordnungskonflikte, S. 269.

335 *Debatin*, DB 1989, S. 1695 f.; *Hemmelrath* in Vogel/Lehner, DBA, Art. 7 Rz. 21; *Kroppen* in Becker/Höppner/Grotherr/Kroppen, DBA, Art. 7 Rn. 42; *Schaumburg*, Internationales Steuerrecht, Rzn. 16.209, 18.18; *Wassermeyer* in Debatin/Wassermeyer, DBA, MA Vor Art. 6–22 Rz. 55, Art. 7 Rz. 159, 185.

336 *Weggenmann*, Einordnungskonflikte, S. 268 f.

337 *Wassermeyer* in Debatin/Wassermeyer, DBA, MA Art. 7 Rz. 185.

338 *Wassermeyer* in Debatin/Wassermeyer, DBA, MA Art. 7 Rz. 174; ders., Dealing-at-arm's-length-Prinzip, S. 34 ff.

339 *Hemmelrath* in Vogel/Lehner, DBA, Art. 7 Rz. 91.

(2) *Anwendung des „dealing-at-arm's-length"-Prinzips auf nicht abkommensberechtigte Personengesellschaften*

Da das Betriebstättenprinzip auf Beteiligungen an Personengesellschaften anzuwenden ist, ist grundsätzlich auch das in Art. 7 Abs. 2 MA normierte Gewinnzuordnungsprinzip auf Personengesellschaften zu übertragen. Bei nichtabkommensberechtigten Personengesellschaften ist das „Unternehmen der Personengesellschaft" abkommensrechtlich in Unternehmen der Gesellschafter aufzuteilen, wodurch jedes dieser Gesellschafterunternehmen i. S. d. Art. 3 Abs. 1 lit. d MA ein solches des Vertragsstaates ist, in dem der Gesellschafter ansässig ist.[340] Die von der Personengesellschaft für das Unternehmen im Quellenstaat unterhaltene Betriebstätte ist aufgrund des abkommensrechtlichen Vorschriftenzusammenhangs anteilig den Gesellschaftern zuzurechnen.[341] Daher wird im vorliegenden Fall teilweise der Gesellschafter im Verhältnis zu der von der Personengesellschaft unterhaltenen Betriebstätte als Stammhaus angesehen.[342] Es wird unterstellt, dass der abkommensrechtliche Begriff „Unternehmen eines Vertragsstaates" mit dem Begriff „Stammhaus" gleichzusetzen ist. Dies hat zur Konsequenz, dass es von der abkommensrechtlichen Unternehmenszuordnung zu einem Vertragsstaat i. S. d. Art. 3 Abs. 1 lit. d MA abhängt, welcher Vertragsstaat „Sitzstaat" des Stammhauses des Unternehmens ist.[343] Bei einer nicht abkommensberechtigten Personengesellschaft würde damit jeder Gesellschafter im Verhältnis zur Betriebstätte der Personengesellschaft ein „Stammhaus" darstellen, so dass das Unternehmen in mehrere Stammhäuser aufgeteilt würde. Aus dem Einheitsunternehmen würde

340 § 5 III 2 a).

341 § 5 III 3 a) bb).

342 *Fischer* in FS Vogel, S. 974; *Kluge*, Das Internationale Steuerrecht, S 74; *Köhler*, RIW 1991, S. 1024, 1028; *Krabbe*, StbJb 2000/2001, S. 198 f.; *Mittermaier*, Besteuerung von Personengesellschaften im Verhältnis USA-Deutschland, S. 239; *Prokisch* in Vogel/Lehner, DBA, Art. 1 Rz. 43; *Riemenschneider*, Abkommensberechtigung, S. 119; *Vogel*, DBA 3. Auflage, Art. 1 Rz. 27 f.

343 *Köhler*, RIW 1991, S. 1024, 1028.

somit entsprechend der Gesellschafterzahl ein „Vielheitsunternehmen", obwohl eine einheitliche Unternehmenstätigkeit vorliegt.[344]

Weitere Konsequenz dieser Auffassung ist, dass Wirtschaftsgüter des Stammhauses jedem Gesellschafter anteilig oder aber einem einzelnen zugerechnet werden müssten.[345] Denn nach den Betriebstätten-Verwaltungsgrundsätzen[346] können Wirtschaftsgüter nur einheitlich entweder dem Stammhaus oder der Betriebstätte zugeordnet werden. Hierbei ist die Zentralfunktion des Stammhauses zu beachten, so dass dem Gesamtunternehmen dienende Finanzmittel und die Beteiligungen, die nicht einer in der Betriebstätte ausgeübten Tätigkeit dienen, i. d. R. dem Stammhaus zuzurechnen sind.[347] Allerdings ist nicht nachvollziehbar, wieso Wirtschaftsgüter, die zivilrechtlich zum Gesamthandsvermögen der Gesellschaft und steuerrechtlich zum Betriebsvermögen der Personengesellschaft[348] gehören, abkommensrechtlich nicht der ausländischen Personengesellschaft, sondern dem inländischen Gesellschafter zugerechnet werden sollen, der hierdurch ein eigenes (inländisches) Betriebsvermögen begründen würde.[349]

Der Auffassung, wonach der Gesellschafter einer nicht abkommensberechtigten Personengesellschaft als Stammhaus anzusehen ist, kann daher m. E. nicht gefolgt werden.

Der Begriff „Stammhaus" ist weder im innerstaatlichen deutschen (Steuer-)Recht noch abkommensrechtlich definiert. Regelmäßig wird er im Zusammenhang mit der Aufwands- und Ertragszuordnung auf Betriebstätten, wie sie auch Art. 7 Abs. 1 S. 2, Abs. 2 MA vorsieht, verwendet. Das Prinzip der Aufwands- und Ertragszuordnung für Betriebstätten kommt bei sog. „internationalen Einheitsunternehmen" zur

344 *Weggenmann*, Einordnungskonflikte, S. 269.

345 *Weggenmann*, Einordnungskonflikte, S. 232.

346 BMF v. 24.12.1999, BStBl. I 1999, 1076, Tz. 2.4. Die Zurechnungskriterien der Betriebsstätten-Verwaltungsgrundsätze sollen wegen der Anwendung des Betriebsstättenprinzips auf Personengesellschaften entsprechend für die Zuordnung von Wirtschaftsgütern im Bereich der Personengesellschaften gelten, *Fischer* in FS Vogel, S. 974; *Krabbe*, IWB 2000, F. 3 Gr. 2, S. 868; *Roth*, Zurechnung von Wirtschaftsgütern bei Betriebsstätten und Personengesellschaften, S. 87, 106 f.

347 BMF v. 24.12.1999, BStBl. I 1999, 1076, Tz. 2.4.

348 Hiervon ausgenommen sind Wirtschaftsgüter des Gesamthandsvermögen der Gesellschaft, die notwendiges Privatvermögen der Gesellschafter darstellen.

349 *Fischer* in FS Vogel, S. 963, 974 f.

Anwendung.[350] Einheitsunternehmen sind Unternehmen, die außerhalb ihres Sitzstaates i. S. d. Staates, in dem das Unternehmen gesellschaftsrechtlich organisiert ist,[351] über eine Betriebstätte als rechtlich unselbständiger Unternehmensteil unternehmerische Aktivitäten entfalten und hierdurch einen Teil ihres Gesamtgewinns erzielen.[352] Ziel der Aufwands- und Ertragszuordnung ist es, den durch die gesamte unternehmerische Aktivität in den beiden Staaten erzielten Gesamtgewinn des Einheitsunternehmens von der Steuersouveränität der beiden Staaten abzugrenzen.[353] Hiefür ist der Gesamterfolg und das Gesamtvermögen des Einheitsunternehmens verursachungsgerecht auf das Stammhaus und seine im anderen Staat belegene Betriebstätte aufzuteilen.[354] Beim Stammhaus und der Betriebstätte handelt es sich somit um die im In- und Ausland belegenen Unternehmensteile, die zusammen das Einheitsunternehmen bilden[355] und im Rahmen der Erfolgs- und Vermögensabgrenzung als Zuordnungsobjekte dienen. Aus dem Zusammenhang, in dem die Begriffe „Stammhaus“ und „Betriebstätte“ im Rahmen der Erfolgs- und Vermögensabgrenzung verwendet werden, ergibt sich, dass es sich beim Stammhaus um den Unternehmensteil des Einheitsunternehmens handelt, von dem die unternehmerische Tätigkeit ursprünglich ausgeht, weshalb sich das Stammhaus stets in dem Staat befindet, in dem das Unternehmen gesellschaftsrechtlich organisiert ist. Regelmäßig wird dieser Unternehmensteil die Voraussetzungen einer Betriebstätte erfüllen; die Funktion des Stammhauses als Zuordnungsobjekt im Rahmen der Erfolgs- und Vermögensabgrenzung setzt dies jedoch nicht voraus.[356] Deshalb kann die Stammhausdefinition der Betriebstätten-Verwaltungsgrundsätze, wonach das Stammhaus die Betriebstätte ist, bei der sich die geschäftliche Oberleitung des Unternehmens befin-

350 *Jacobs*, Internationale Unternehmensbesteuerung, S. 620; *Kraft*, StbJb 2000/2001, S. 209 ff.; *Weggenmann*, Einordnungskonflikte, S. 230.

351 Dies ist bei einer Personengesellschaft derjenige Staat, in dem die Gesellschaft registriert ist.

352 *Kraft*, StbJb 2000/2001, S. 209.

353 *Weggenmann*, Einordnungskonflikte, S. 230.

354 *Jacobs*, Internationale Unternehmensbesteuerung, S. 484, 620 f.

355 BFH v. 24.2.1988, BStBl. II 1988, 663.

356 A. A. *Kraft*, StbJb 2000/2001, S. 209.

det,[357] nicht als abschließend, sondern lediglich als exemplarisch angesehen werden. Handelt es sich bei dem Einheitsunternehmen um eine Personengesellschaft, ist demnach der „Sitzstaat“ der Personengesellschaft als Belegenheitsstaat des Stammhauses anzusehen.

Der Ausdruck „Unternehmen eines Vertragsstaates“ ist ein abkommensrechtlicher, der abkommensautonom definiert wird. Er bezeichnet den Staat, der für die Anwendung des Art. 7 Abs. 1 S. 1 MA als Ansässigkeitsstaat anzusehen ist. Gem. Art. 3 Abs. 1 lit. d MA ist dies der Ansässigkeitsstaat des abkommensrechtlichen Unternehmensbetreibers, denn die Abkommensnorm ordnet für abkommensrechtliche Zwecke das Unternehmen dieser Person zu.[358] Die Ansässigkeit einer Person richtet sich gem. Art. 4 Abs. 1 MA ausschließlich danach, in welchem Staat diese aufgrund eines persönlichen Anknüpfungsmerkmals steuerpflichtig ist.[359] Daraus ergibt sich, dass es für die Ansässigkeit des abkommensrechtlichen Unternehmensbetreibers – und damit für die abkommensrechtliche Unternehmenszuordnung – irrelevant ist, in welchem Staat das Unternehmen gesellschaftsrechtlich organisiert ist, so dass der Staat, dem das Unternehmen gem. Art. 3 Abs. 1 lit. d MA zugeordnet wird, nicht der Sitzstaat des Unternehmens sein muss.

Art. 3 Abs. 1 lit. d MA legt fest, dass Unternehmensbetreiber im abkommensrechtlichen Sinne stets nur eine ansässige Person sein kann, so dass bei einer nicht abkommensberechtigten Personengesellschaft die Gesellschafter als abkommensrechtliche Unternehmensbetreiber anzusehen sind.[360] Sofern diese nicht im Sitzstaat des Unternehmens ansässig sind, sind der Staat, dem das Unternehmen abkommensrechtlich zugeordnet wird, und der Staat, in dem das Unternehmen gesellschaftsrechtlich organisiert ist, nicht identisch. Bereits hieraus ergibt sich, dass der abkommensrechtliche Ausdruck „Unternehmen eines Vertragsstaates“ und der Begriff „Stammhaus“ nicht gleichgesetzt werden können. Beide werden in unterschiedlichen Kontexten verwendet, innerhalb derer ihnen voneinander abweichende Bedeutungen zukom-

357 BMF v. 24.12.1999, BStBl. I 1999, 1076, Tz. 2.1.
358 § 5 III 2.
359 § 5 II 1 b).
360 § 5 III 2 a).

men. Beim Stammhaus handelt es sich um denjenigen Unternehmensteil, der sich im Staat der gesellschaftsrechtlichen Organisation des Unternehmens befindet und der im Rahmen der Erfolgs- und Vermögensabgrenzung als Zurechnungsobjekt dient. Hingegen ist der Gesellschafter als ansässige Person der abkommensrechtliche Unternehmensbetreiber, dem das Unternehmen und damit die einzelnen Unternehmensteile, wie Stammhaus und Betriebstätte(n), abkommensrechtlich zugeordnet werden. Der h. M., wonach bei einer nicht abkommensberechtigten Personengesellschaft das Verhältnis Gesellschafter-Personengesellschaft mit dem Verhältnis Stammhaus-Betriebstätte gleichzusetzen ist, kann damit nicht gefolgt werden.

Auf das Verhältnis Gesellschafter-Personengesellschaft findet das „dealing-at-arm's-length"-Prinzip nach Maßgabe des Art. 7 Abs. 1 S. 2, Art. 7 Abs. 2 MA somit keine Anwendung,[361] denn für eine Gewinnzuordnung gem. Art. 7 Abs. 1 S. 2, Art. 7 Abs. 2 MA fehlt es an einem Unternehmen im Ansässigkeitsstaat des Gesellschafters.[362] Zwar handelt es sich abkommensrechtlich um ein Unternehmen des Ansässigkeitsstaats der Gesellschafter, jedoch ist das Unternehmen in diesem Staat nicht gesellschaftsrechtlich organisiert. Da sich das Stammhaus des Unternehmens im Sitzstaat der Personengesellschaft befindet, bedarf es keiner Aufteilung des Gesamtgewinns. Der Gesamtgewinn des Einheitsunternehmens wird – unabhängig davon, wo die Gesellschafter ansässig sind – ausschließlich im Sitzstaat der Personengesellschaft erzielt[363] und ist dem Stammhaus und den dort ggf. unterhaltenen Betriebstätte(n) zuzurechnen, so dass i. S. d. Art. 7 Abs. 1 S. 2 MA die Unternehmensgewinne in vollem Umfang im Quellenstaat besteuert werden können.

361 *Ostendorf*, Behandlung von Sondervergütungen, S. 181; im Ergebnis so auch *Fischer-Zernin*, der die Anwendung des „dealing-at-arm's-length"-Prinzips allerdings mit der Begründung ablehnt, Gesellschafter und Personengesellschaft seien hinsichtlich der Sondervergütungen tatsächlich voneinander unabhängige Unternehmen, denn zwischen ihnen könnten schuldrechtliche Leistungsbeziehungen vereinbart werden, so dass es einer Fiktion nicht bedürfe. *Fischer-Zernin*, RIW 1991, S. 494.

362 *Knobbe-Keuk*, RIW 1991, S. 306, 308.

363 So auch *Ostendorf*, Behandlung von Sondervergütungen, S. 181; *Weggenmann*, Einordnungskonflikte, S. 230 f.

Das „dealing-at-arm's-length"-Prinzip kommt bei internationalen Personengesellschaften erst dann zu Anwendung, wenn die Personengesellschaft für das von ihr betriebene Unternehmen Betriebstätten außerhalb ihres Sitzstaates unterhält.[364] Eine solche Betriebstätte kann sich in einem Drittstaat oder auch im Ansässigkeitsstaat eines Gesellschafters befinden. Hier handelt es sich um Betriebstätten des von der Personengesellschaft betriebenen Einheitsunternehmens, die abkommensrechtlich den Gesellschaftern anteilig zuzurechnen sind. Der Gesamtgewinn der Personengesellschaft ist dann nach Maßgabe des Art. 7 Abs. 2 MA auf das Stammhaus und die Betriebstätten der Personengesellschaft verursachungsgerecht aufzuteilen. Den Gesellschaftern selbst kommt nur insoweit Bedeutung zu, als ihnen für Besteuerungszwecke der auf die einzelnen Unternehmensteile aufgeteilte Gesamtgewinn anteilig zugerechnet wird.

dd) Betriebstättenvorbehalt

Erzielt die Personengesellschaft Einkünfte, die keine originären Unternehmensgewinne darstellen, sondern unter einen der anderen Artikel des Abkommens fallen, so werden gem. Art. 7 Abs. 7 MA die Bestimmungen dieser Artikel im Grundsatz nicht durch die Bestimmungen des Art. 7 MA berührt. Art. 7 Abs. 7 MA erklärt damit abkommensrechtliche Einkunftsarten, die in anderen Artikeln behandelt werden, für grundsätzlich vorrangig.[365] Somit fallen u. a. Dividenden, Zinsen, Lizenzgebühren, Einkünfte aus unbeweglichem Vermögen sowie Gewinne aus der Veräußerung von Vermögen nicht unter Art. 7 MA, sondern unter die spezielleren Abkommensartikel.[366] Allerdings enthalten die Art. 10 Abs. 4, Art. 11 Abs. 4 und Art. 12 Abs. 3 MA einen sog. „Betriebstättenvorbehalt", wonach nicht der speziellere Artikel, sondern Art. 7 MA zur Anwendung kommt, wenn der in einem Vertragsstaat ansässige Nutzungsberechtigte der Einkünfte im anderen Vertragsstaat (Quellenstaat) eine Geschäftstätigkeit durch eine dort gelegene Betriebstätte ausübt und das

364 So auch *Weggenmann*, Einordnungskonflikte, S. 233.

365 *Krabbe*, IStR 2002, S. 147; *Schaumburg*, Internationales Steuerrecht, Rz. 16.230; *Wassermeyer* in Debatin/Wassermeyer, DBA, MA Art. 7 Rz. 394.

366 *Krabbe*, IStR 2002, S. 147.

Wirtschaftsgut, mit dem die Einkünfte erzielt werden, tatsächlich zu dieser Betriebstätte gehört.

Insoweit das Unternehmen im Sitzstaat der Personengesellschaft Dividenden, Zinsen und Lizenzgebühren erzielt, stellt sich damit die Frage, ob es sich abkommensrechtlich um unter Art. 10, 11 bzw. 12 MA zu subsumierende Einkünfte handelt oder ob auf diese Einkünfte wegen der in Art. 10 Abs. 4, Art. 11 Abs. 4 bzw. Art. 12 Abs. 3 MA enthaltenen Betriebstättenvorbehalte Art. 7 MA anzuwenden ist.

(1) Schrifttum

Nach h. M. im Schrifttum ist bei Wirtschaftsgütern des Gesamthandsvermögens, die steuerrechtlich Betriebsvermögen der Personengesellschaft darstellen, grundsätzlich von einer tatsächlichen Zugehörigkeit zu der von der Personengesellschaft unterhaltenen Betriebstätte auszugehen,[367] weshalb es sich bei Dividenden, Zinsen oder Lizenzgebühren, die das von der Personengesellschaft betriebene Unternehmen erzielt, abkommensrechtlich um Unternehmensgewinne i. S. d. Art. 7 MA handelt.

Hingegen wird von einigen Autoren die Auffassung vertreten, dass für die „tatsächliche Zugehörigkeit" eines Wirtschaftsgutes des Gesamthandsvermögens zur Betriebstätte die (zivil-)rechtliche Zugehörigkeit nicht ausreiche, sondern dass das Wirtschaftsgut darüber hinaus auch in einem funktionalen Zusammenhang zu der in der Betriebstätte ausgeübten Unternehmenstätigkeit stehen müsse.[368]

Begründet wird dies mit der Rechtsprechung des BFH, wobei die angeführten Urteile[369] fast alle zur Frage der tatsächlichen Zugehörig-

367 *Fischer* in FS Vogel, S. 963, 974 f.; *Hemmelrath*, IStR 1995, S. 574; *Kleineidam*, IStR 2004, S. 2 f.; *Lüdicke*, StbJb 1997/1998, S. 449, 470; *Roth*, Zurechnung von Wirtschaftsgütern bei Betriebsstätten und Personengesellschaften, S. 87, 107 f.

368 *Wassermeyer* in Debatin/Wassermeyer, DBA, MA Art. 11 Rz. 109, Art. 12 Rz. 103; *Greif* in Mössner, Steuerrecht international tätiger Unternehmen, E 81; *Krabbe*, IStR 2002, S. 148.

369 BFH v. 16.2.1992, BStBl. II 1992, 937 Beteiligung eines Kommanditisten an der Komplementär-GmbH betreffend; BFH v. 31.5.1995, BStBl. II 1995, 683 und BFH v. 16.10.2002, BStBl. II 2003, 631 Darlehen eines Gesellschafters an seine

keit von Sonderbetriebsvermögen ergangen sind. In diesem Zusammenhang führt der BFH aus, dass es auf einen funktionalen Zusammenhang ankomme, da die Qualifikation als Sonderbetriebsvermögen gem. § 15 Abs. 1 Nr. 2 EStG rein rechtlicher und nicht tatsächlicher Art sei. Hieraus zieht *Wassermeyer* den Schluss, dass der BFH die tatsächliche Zugehörigkeit eines Wirtschaftsgutes zu einer Betriebstätte in einen Gegensatz zu seiner rechtlichen Zugehörigkeit bringt, weshalb es für die tatsächliche Zugehörigkeit eines Wirtschaftsgutes stets auf einen funktionalen Zusammenhang ankomme, und zwar auch dann, wenn es sich um ein Wirtschaftsgut des Gesamthandsvermögens handele.[370] Zur Feststellung des funktionalen Zusammenhangs sei auf die Tätigkeit abzustellen, der nach der allgemeinen Verkehrsauffassung das Hauptgewicht innerhalb der Betriebstätte zukommt. Nur wenn es sich bei den in Frage stehenden Einkünften um Nebenerträge dieser Betriebstättentätigkeit handele, lägen Unternehmensgewinne i. S. d. Art. 7 Abs. 1 MA vor.[371]

(2) BFH

Mit der tatsächlichen Zugehörigkeit von Gesamthandsvermögen hat sich der BFH in seinem Urteil von 30.8.1995 befasst.[372] Im Urteilsfall erhielt eine nach schweizerischem Recht gegründete Personengesellschaft mit Sitz und Geschäftsleitung in der Schweiz, deren Gesellschafter aber in der Bundesrepublik Deutschland ansässig waren, Lizenzgebühren und Zinsen für Stammrechte, die zu ihrem Betriebvermögen gehören.

Der BFH knüpfte in seiner Entscheidung an seine bisherige Rechtsprechung zu Sonderbetriebsvermögen bei Personengesellschaften an

---

Personengesellschaft betreffend; BFH v. 30.8.1995, BStBl. II 1996, 563 (1. Rechtsgang) und BFH v. 29.11.2000, IStR 2001, S. 185 (2. Rechtsgang) Lizenzgebühren und Zinsen zugrundeliegende Stammrechte, die zum Betriebsvermögen einer ausländischen Personengesellschaft gehören, betreffend.

370 *Wassermeyer* in Debatin/Wassermeyer, DBA, MA Art. 11 Rz. 109, Art. 12 Rz. 103.

371 BFH v. 26.2.1992, BStBl. II 1992, 937; BFH v. 30.8.1995, BStBl. II 1996, 563.

372 BFH v. 30.8.1995, BFHE 179, 48.

und stellte allein auf die tatsächliche Zugehörigkeit der Stammrechte im Sinne eines funktionalen Zusammenhangs zu der in der schweizerischen Betriebstätte ausgeübten Unternehmenstätigkeit ab. Daher sollen Zinsen und Lizenzgebühren nur dann zu den Unternehmensgewinnen i. S. d. Art. 7 DBA-Schweiz gehören, wenn es sich um Nebenerträge handelt, die nach der Verkehrsauffassung zu der Tätigkeit gehören, bei der der Schwerpunkt der in der Betriebstätte ausgeübten Tätigkeit liegt. Als Indiz gegen die tatsächliche Zugehörigkeit eines Vermögenswertes zur Betriebstätte wertet der BFH, dass die aus der Nutzung des Vermögenswertes erzielten Einkünfte in gleicher Weise aus dem Inland hätten erzielt werden können bzw. dass die Einkünfte die Höhe der Einkünfte, die aus der unternehmerischen Tätigkeit im engeren Sinne erzielt werden, nicht beeinflussen.[373]

Der Urteilsfall wies jedoch die Besonderheit auf, dass Art. 24 DBA-Schweiz einen sog. „Aktivitätsvorbehalt" enthält. Demnach wird die Freistellung von Unternehmensgewinnen i. S. d. Art. 7 DBA-Schweiz nur insoweit gewährt, als die Einkünfte (hier Lizenzgebühren, Zinsen) tatsächlich zu den gem. Art. 24 Abs. 1 Nr. 1 lit. a DBA-Schweiz als aktiv qualifizierten unternehmerischen Tätigkeiten gehören; andernfalls kommt es zur Anwendung der Anrechnungsmethode. Die tatsächliche Zugehörigkeit ist nach Ansicht des BFH somit nicht nur für die Qualifikation der Lizenzgebühren und Zinsen als Unternehmensgewinne i. S. d. Art. 7 DBA-Schweiz, d. h. für die Bestimmung der Einkunftsart, maßgeblich, sondern auch für die daran anschließende Qualifikation der Unternehmenseinkünfte als solche, die aus einer aktiven unternehmerischen Tätigkeit i. S. d. Art. 24 Abs. 1 Nr. 1 lit. a DBA-Schweiz erzielt werden.

In dem im 2. Rechtszug ergangenen Urteil[374] setzt sich der BFH ausschließlich mit der Auslegung des Handelsbegriffes i. S. d. Art. 24 Abs. 1 Nr. 1 lit. a DBA-Schweiz auseinander und ordnet die Lizenzgebühren als Erträge einer Handelstätigkeit ein, was eine Qualifikation als Unternehmensgewinne i. S. d. Art. 7 DBA-Schweiz voraussetzt. Dies

373 BFH v. 30.8.1995, BFHE 179, 48.
374 BFH v. 29.11.2000, DStRE 2001, S. 600.

lässt den Schluss zu,[375] dass der BFH die funktionale Zuordnung bei Vermögenswerten des Betriebsvermögens ausschließlich für die Frage der Zugehörigkeit der Einkünfte zu einer aktiven Tätigkeit i. S. d. Art. 24 Abs. 1 Nr. 1 lit. a DBA-Schweiz als maßgeblich erachtet, was durch ein weiteres Urteil[376] gestützt wird. Streitig war, ob Dividendeneinkünfte, die eine Schweizer AG an eine Schweizer Personengesellschaft ausschüttet, an welcher ausschließlich in Deutschland ansässige Gesellschafter beteiligt waren, von der deutschen Besteuerung freizustellen sind. Der BFH vertrat – ohne dies zu begründen – die Auffassung, dass die Beteiligung der KG an der AG einer Schweizer Betriebstätte des von der KG betriebenen Unternehmen zuzuordnen sei, so dass die Beteiligung aus abkommensrechtlicher Sicht der Regelung des Art. 7 DBA-Schweiz unterliegt. Dennoch waren die Dividenden in Deutschland nicht freizustellen, da sie den in Art. 24 Abs. 1 Nr. 1 S. 1 lit. a DBA-Schweiz aufgelisteten aktiven Tätigkeiten nicht funktional zuzuordnen waren.[377] Der funktionale Zusammenhang der zum Betriebsvermögen der Personengesellschaft gehörenden Beteiligung zu der in der Betriebstätte ausgeübten Tätigkeit wurde somit nur für Zwecke der Aktivitätsklausel als relevant angesehen.[378]

(3) Stellungnahme

M. E. kommt es für die abkommensrechtliche Qualifikation der durch das Unternehmen erzielten Dividenden, Zinsen und Lizenzgebühren als Unternehmensgewinne i. S. d. Art. 7 MA nicht auf die tatsächliche Zugehörigkeit der Stammrechte, die diesen Einkünften zugrunde liegen, zu der von der Personengesellschaft unterhaltenen Betriebstätte an. Dies ergibt sich aus dem Sinn und Zweck der in den jeweiligen Betriebstättenvorbehalten[379] geforderten „tatsächlichen Zugehörigkeit“. Hierdurch soll

375 A. A. bezogen auf das BFH-Urteil v. 30.8.1995, BFHE 179, 48 *Greif* in Mössner, Steuerrecht international tätiger Unternehmen, E 81.

376 BFH v. 7.8.2002, BStBl. II 2002, 848.

377 Kritisch hierzu *Kleineidam*, IStR 2004, S. 1 ff.

378 A. A. *Strunk/Kaminski*, IStR 2003, S. 184.

379 Art. 10 Abs. 4 MA, Art. 11 Abs. 4 MA, Art. 12 Abs. 3 MA.

lediglich klargestellt werden, dass von der Betriebstätte keine Attraktivkraft ausgeht.[380]

Nach dem Attraktionsprinzip sind bei Vorliegen einer Betriebstätte im Quellenstaat sämtliche Einkünfte, die das Stammunternehmen auf dem Territorium dieses Staates erwirtschaftet, als Betriebstättenerfolg der Besteuerungskompetenz des Betriebstättenstaates zuzurechnen, und zwar unabhängig davon, ob diese Einkünfte mit der Betriebstätte in einem wirtschaftlichen Zusammenhang stehen. Demnach kann der Betriebstättenstaat nicht nur die Einkünfte des Unternehmens als Betriebstättenerfolg besteuern, die durch die eigene Aktivität der Betriebstätte entstanden sind, sondern auch solche, die das Stammhaus im Quellenstaat durch Direktgeschäfte der verschiedensten Art erzielt.[381]

Dem Attraktionsprinzip steht jedoch Art. 7 Abs. 1 S. 2 MA entgegen, wonach der Betriebstättenstaat nur die der Betriebstätte wirtschaftlich zuzurechnenden Gewinne besteuern darf. Somit ist zu unterscheiden, ob Einkünfte im Betriebstättenstaat aus der Tätigkeit der Betriebstätte resultieren oder von dem im anderen Staat belegenen Stammhaus ohne Zwischenschaltung der Betriebstätte erzielt worden sind.[382] Die Abgrenzung erfolgt für Dividenden, Zinsen und Lizenzgebühren gem. den Art. 10 Abs. 4, Art. 11 Abs. 4, Art. 12 Abs. 3 MA anhand der tatsächlichen Zugehörigkeit der diesen Einkünften zugrunde liegenden Stammrechte zur Betriebstätte. Die tatsächliche Zugehörigkeit ist nach dem MK gegeben, wenn sich das Stammrecht als Teil des Vermögens der Betriebstätte darstellt oder „auf andere Weise" tatsächlich zur Betriebstätte gehört.[383]

Betriebstättenvermögen liegt vor, wenn ein Wirtschaftsgut des Betriebsvermögens der Betriebstätte zuzurechnen ist. Das Betriebsvermögen der Betriebstätte ist somit einerseits gegen das nichtbetriebliche Vermögen des Unternehmers und andererseits gegen das dem Stammhaus bzw. einer anderen Betriebstätte zuzurechnende Betriebsvermögen abzugrenzen.[384]

380 OECD-MK, Art. 10 Rz. 31, Art. 11 Rz. 24, Art. 12 Rz. 20.
381 *Hemmelrath* in Vogel/Lehner, DBA, Art. 7 Rzn. 16, 42; *Jacobs*, Internationale Unternehmensbesteuerung, S. 485.
382 *Hemmelrath* in Vogel/Lehner, DBA, Art. 7 Rz. 42.
383 OECD-MK, Art. 10 Rz. 31, Art. 11 Rz. 24, Art. 12 Rz. 20.
384 *Stockmann* in Vogel/Lehner, DBA, Art. 22 Rz. 35.

Der Begriff des „Betriebsvermögens“ ist abkommensrechtlich nicht definiert, und auch der Abkommenszusammenhang gibt keinen Anhaltpunkt zu dessen Auslegung, so dass gem. Art. 3 Abs. 2 MA zur Auslegung auf das innerstaatliche Recht des jeweiligen Anwendestaates zurückzugreifen ist. Jedoch definiert auch das innerstaatliche deutsche Steuerrecht den Begriff des „Betriebsvermögens“ nicht.[385] Einen Anhaltspunkt gibt jedoch § 95 BewG, wonach das Betriebsvermögen alle Teile eines Gewerbebetriebs i. S. d. § 15 Abs. 1 und 2 EStG umfasst, die bei der steuerlichen Gewinnermittlung zum Betriebsvermögen gehören. Die Rechtsprechung[386] geht bei der Prüfung, ob ein Wirtschaftsgut zum Betriebsvermögen gehört, von einer Dreiteilung in notwendiges und gewillkürtes Betriebsvermögen sowie notwendiges Privatvermögen aus.[387] Ist ein zum Gesamthandsvermögen der Gesellschaft gehörendes Stammrecht nicht steuerrechtlich als Privatvermögen zu qualifizieren, ist die erste Voraussetzung des Betriebstättenvorbehaltes somit erfüllt.

Als zweite Vorraussetzung muss das zum Betriebsvermögen gehörende Stammrecht der Betriebstätte zuzurechnen sein, damit dem Betriebstättenstaat gem. Art. 7 Abs. 1 S. 2 MA das Besteuerungsrecht zusteht. Ist das Stammrecht hingegen dem im anderen Vertragsstaat belegenen Stammhaus zuzurechnen, so steht diesem das Besteuerungsrecht gem. Art. 10 Abs. 1, Art. 11 Abs. 1, Art. 12 Abs. 1 MA zu; dem Quellenstaat verbleibt in diesen Fällen allenfalls ein Quellensteuerrecht. Hintergrund der in den Betriebstättenvorbehalten geforderten tatsächlichen Zugehörigkeit ist die Abgrenzung der vom Unternehmen erwirtschafteten Dividenden, Zinsen und Lizenzgebühren von der Steuersouveränität der beiden Vertragsstaaten für den Fall, dass das Stammhaus des Unternehmens in dem einen Vertragsstaat und die Betriebstätte des Unternehmens in dem anderen Vertragsstaat belegen ist. Im Fall einer nicht abkommensberechtigten Personengesellschaft stellt sich dieses

385 Schmidt/*Heinicke*, EStG, § 4 Rz. 101.

386 BFH v. 11.3.1980, BStBl. II 1980, 740; BFH v. 31.1.1985, BStBl. II 1985, 395; BFH v. 6.3.1991, BStBl. II 1991, 829; BFH v. 19.02.1997, BStBl. II 1997, 399.

387 Zum Begriff des Betriebsvermögens und zur Unterscheidung in notwendiges Betriebsvermögen, gewillkürtes Betriebsvermögen und notwendiges Privatvermögen siehe Schmidt/*Heinicke*, EStG, § 4 Rzn. 100 ff.

Problem jedoch nicht, da die Gesellschafter nicht als Stammhaus anzusehen sind. Das Stammhaus des Unternehmens ist vielmehr im Sitzstaat der Personengesellschaft, d. h. im Betriebstättenstaat i. S. d. Art. 7 Abs. 1 MA, belegen.[388] Damit bedarf es der Zuordnung eines Stammrechtes zum Stammhaus bzw. zu einer Betriebstätte des Unternehmens nicht. Die vom Unternehmen erzielten Dividenden, Zinsen und Lizenzgebühren werden ausschließlich durch die Aktivität von im Betriebstättenstaat belegenen Unternehmensteilen erwirtschaftet. Dem Sinn und Zweck des Betriebstättenvorbehalts entsprechend muss dem Betriebstättenstaat dann aber auch für sämtliche Dividenden, Zinsen und Lizenzgebühren das Besteuerungsrecht gem. Art. 7 Abs. 1 S. 2 MA zustehen, die durch das von der Personengesellschaft betriebene Unternehmen erzielt werden. Für die abkommensrechtliche Qualifikation der durch Wirtschaftsgüter des Gesamthandsvermögens erzielten Einkünfte als Unternehmensgewinne i. S. d. Art. 7 MA kommt es – anders als bei Wirtschaftsgütern des Sonderbetriebsvermögens[389] – nicht auf eine „auf andere Weise" begründete tatsächliche Zugehörigkeit zu einer Betriebstätte an.

Zusammenfassend ist festzuhalten, dass im Fall einer nicht abkommensberechtigten Personengesellschaft, deren Gesellschafter im anderen Vertragsstaat ansässig sind, bei zum Betriebsvermögen gehörenden Wirtschaftsgütern des Gesamthandsvermögens der Betriebstättenvorbehalt stets greift. Als Konsequenz, sind die den Gesellschaftern anteilig zuzurechnenden Einkünfte, die das von der Personengesellschaft betriebene Unternehmen erzielt, abkommensrechtlich insgesamt als Unternehmensgewinne i. S. d. Art. 7 MA zu qualifizieren.

Als Folge daraus sind auch bei einer nur teilweise gewerblich und im Übrigen vermögensverwaltend tätigen Personengesellschaft abkommensrechtlich insgesamt Unternehmensgewinne i. S. d. Art. 7 MA anzunehmen. Hervorzuheben ist, dass sich dies nicht aus der Infektionstheorie des § 15 Abs. 3 Nr. 1 EStG ergibt,[390] sondern aus einer Anwendung des Betriebstättenprinzips und der daraus resultierenden Anwendung des Betriebstättenvorbehalts auf nicht abkommensberech-

388 § 5 III 3 a) cc) (2).
389 § 5 III 4 g) aa) (2).
390 Diese schlägt nicht auf das Abkommensrecht durch, § 5 III 1.

tigte Personengesellschaften des einen Vertragsstaates, deren Gesellschafter im anderen Vertragsstaat ansässig sind.

Die hier vertretene Auffassung führt im Ergebnis dazu, dass durch Vermögensübertragungen von Stammrechten auf ausländische, steuerrechtlich transparente Personengesellschaften die durch diese Stammrechte erzielten Einkünfte wegen des Betriebstättenvorbehaltes der deutschen Besteuerung entzogen werden, wenn das einschlägige DBA für Betriebstättengewinne die Freistellungsmethode vorsieht.[391] Allein deshalb jedoch bei allen Wirtschaftsgütern des Betriebsvermögens einer Personengesellschaft stets auf den funktionalen Zusammenhang zu der Tätigkeit abzustellen, bei der nach der Verkehrsanschauung der Schwerpunkt der in der Betriebstätte ausgeübten Unternehmenstätigkeit liegt, scheint eher fiskalisch motiviert. Im Übrigen ist zu berücksichtigen, dass die Vermögensübertragung in das Gesamthandsvermögen der ausländischen Personengesellschaft dann nicht zur Anwendung des Betriebstättenvorbehalts führt, wenn es sich bei dem Stammrecht um notwendiges Privatvermögen des Gesellschafters handelt. Durch die Qualifikation eines Wirtschaftsgutes als Betriebsvermögen der Personengesellschaft ist die tatsächliche Zugehörigkeit zu der durch die Personengesellschaft ausgeübten Tätigkeit m. E. bereits hinreichend dokumentiert, so dass es auf einen funktionalen Zusammenhang, wie ihn der BFH im Fall von Wirtschaftsgütern des Sonderbetriebsvermögens richtigerweise fordert,[392] nicht ankommt.

Darüber hinaus steht im Falle einer rein vermögensverwaltenden Personengesellschaft abkommensrechtlich dem Ansässigkeitsstaat der Gesellschafter das Besteuerungsrecht zu, da kein Unternehmen i. S. d. Abkommens vorliegt, so dass Art. 7 MA, und damit das Betriebstättenprinzip, nicht zur Anwendung kommt. Dies gilt auch dann, wenn es sich bei der Personengesellschaft um eine KapG & Co. Personenge-

391 *Wassermeyer* lehnt diese Schlussfolgerung ab, weshalb er zur Vermeidung dieses Ergebnisses auch bei zum Betriebsvermögen gehörenden Wirtschaftsgütern des Gesamthandsvermögens der Personengesellschaft stets auf den funktionalen Zusammenhang abstellen will, *Wassermeyer* in Debatin/Wassermeyer, DBA, MA Art. 10 Rz. 132 f., Art. 11 Rz. 108 f., Art. 12 Rz. 102 f.

392 § 5 III 4 g) aa); § 5 III 4 g) bb) (1).

sellschaft handelt, da die durch § 15 Abs. 3 Nr. 2 EStG kodifizierte Geprägetheorie nicht auf das Abkommensrecht durchschlägt.[393]

Die von *Wassermeyer* angesprochene Problematik tritt somit nur dann auf, wenn die Personengesellschaft eine gemischte Tätigkeit ausübt. Hierbei sind – und insoweit ist *Wassermeyer* zuzustimmen – solche Fälle bedenklich, bei denen die gewerbliche Tätigkeit von nur untergeordnete Bedeutung ist. Dieses Ergebnis ist jedoch hinzunehmen, da es aus der abkommensrechtlichen Systematik resultiert. Im Übrigen wird dieses Ergebnis in den neueren DBA weitestgehend über die dort enthaltenen Aktivitätsvorbehalte vermieden.

b) Vermeidung der Doppelbesteuerung

Gem. Art. 7 Abs. 1 M steht sowohl dem Vertragsstaat, dem das Unternehmen gem. Art. 3 Abs. 1 lit. d MA zuzuordnen ist, d. h. dem Ansässigkeitsstaat des Gesellschafters, als auch dem Betriebstättenstaat, hier also dem Sitzstaat der Gesellschaft, ein Besteuerungsrecht zu. Damit stellt Art. 7 Abs. 1 MA eine Verteilungsnorm mit offener Rechtsfolge dar, so dass der Ansässigkeitsstaat die Doppelbesteuerung entweder gem. Art. 23 A Abs. 1 MA durch Freistellung des Betriebstättengewinns oder gem. Art. 23 B Abs. 1 MA durch Anrechnung der (Quellen-)Steuer zu vermeiden hat.

aa) Freistellungsmethode

(1) Gewinne

Sieht ein DBA für Betriebstättengewinne die Freistellungsmethode vor, so hat der Ansässigkeitsstaat des Gesellschafters den auf den Gesellschafter entfallenden Gewinnanteil aus der Personengesellschaft i. d. R. unter Progressionsvorbehalt freizustellen.[394]

393 § 5 III 1.
394 Art. 23 A OECD-MA i. V. m. § 32b EStG.

(2) Verluste

(i) BFH

Gem. Art. 23 A MA hat der Ansässigkeitsstaat Einkünfte, die im Quellenstaat besteuert werden können, von der Besteuerung auszunehmen. Die abkommensrechtliche Freistellung ausländischer Einkünfte hat nach ständiger Rechtsprechung[395] zur Folge, dass auch die im Quellenstaat erzielten negativen Einkünfte nicht mit inländischen Einkünften verrechnet werden dürfen. Eine Berücksichtigung der ausländischen Verluste erfolgt in diesen Fällen nur im Rahmen des negativen Progressionsvorbehalts, wobei die einschlägigen Verlustverrechnungsbeschränkungen wie bspw. die §§ 2a, 15a EStG zu beachten sind.

Die Nichtberücksichtigung der ausländischen Verluste resultiert aus der Auslegung des in den DBA-Verteilungsnormen verwendeten Einkünftebegriffs nach Maßgabe des deutschen Steuerrechts.[396] Nach Auffassung des BFH umfasst der Begriff „Einkünfte“ sowohl positive als auch negative Einkünfte, weshalb bei Anwendung der Freistellungsmethode auch die negativen ausländischen Einkünfte aus der Bemessungsgrundlage auszuscheiden sind. Eine andere Auslegung könnte – je nach der innerstaatlichen Regelung im ausländischen Staat – zu einer doppelten Verlustberücksichtigung führen, was durch das DBA ebenso wenig gewollt ist, wie die doppelte steuerliche Erfassung positiver Einkünfte.[397]

395 RFH v. 26.6.1935, RStBl. 1935, 1358; BFH v. 11.3.1970, BStBl. II 1970, 569; BFH v. 23.3.1972, BStBl. II 1972, 948; BFH v. 28.3.1973, BStBl. II 1973, 531; BFH v. 25.2.1976, BStBl. II 1976, 454; BFH v. 12.1.1983, BStBl. II 1983, 382; BFH v. 28.4.1983, BStBl. II 1983, 566; BFH v. 5.6.1986, BStBl. II 1986, 659; BFH v. 8.3.1989, BStBl. II 1989, 541; BFH v. 9.8.1989, BStBl. II 1990, 175; BFH v. 17.10.1990, BStBl. II 1991, 136; BFH v. 26.3.1991, BStBl. II 1991, 704; BFH v. 18.7.2001, BStBl. II 2003, 48.

396 *Krabbe*, Verlustberücksichtigung, S. 80; *Mössner*, Die Methoden zur Vermeidung der Doppelbesteuerung, S. 152; *Vogel* in Vogel/Lehner, DBA, Art. 23 Rz. 52.

397 BFH v. 11.3.1970, BStBl. II 1970, 569.

(ii) Schrifttum

Diese vom BFH vertretene Auffassung ist in der Literatur zu Recht auf Kritik gestoßen.[398] So wird die Gefahr einer doppelten Verlustnutzung aus mehreren Gründen nicht als Argument für ein Verlustabzugsverbot gesehen. Zum einen sei es von der Rechtslage des jeweiligen Staates abhängig, ob im Ausland eine Verlustverrechnung rechtlich zulässig oder tatsächlich möglich ist.[399] Zum anderen sei nicht nachvollziehbar, dass eine doppelte Verlustverwertung dann hingenommen werde, wenn die ausländischen Verluste im Ausland genutzt werden können und diese gleich hoch oder höher sind als die dem Inland nach DBA zur Besteuerung verbleibenden Einkünfte.[400] In diesen Fällen komme es nämlich im Inland aufgrund der Anwendung des negativen Progressionsvorbehaltes zu keiner Besteuerung, was im Ergebnis einer Verlustberücksichtigung entspreche. Unberücksichtigt bliebe dann allein der Teil des Auslandsverlustes, der den inländischen Gewinn übersteigt. Im Übrigen könne die Gefahr der doppelten Verlustverwertung dadurch beseitigt werden, dass bei sofortigem Verlustausgleich im Ansässigkeits-

398 *Krabbe*, Verlustberücksichtigung, S. 80 f.; *Kessler/Schmitt/Janson*, IStR 2001, S. 729 ff.; *Lechner*, Befreiungsmethode und Einkommensermittlung, S. 137 ff.; *ders.*, Die Auswirkung des EU-Rechts auf die „Befreiung“ von Verlusten nach den Doppelbesteuerungsabkommen, S. 85 ff.; *Mössner*, Die Methoden zur Vermeidung der Doppelbesteuerung, S. 153 f.; *Schaumburg*, Internationales Steuerrecht, Rz. 16.539; *Vogel* in Vogel/Lehner, DBA, Art. 23 Rz. 48; *Wassermeyer* in Debatin/Wassermeyer, DBA, MA Art. 23 Rzn. 22, 57.

399 *Kessler/Schmitt/Janson*, IStR 2001, S. 731; *Lechner*, Befreiungsmethode und Einkommensermittlung, S. 145; *ders.*, Die Auswirkung des EU-Rechts auf die „Befreiung“ von Verlusten nach den Doppelbesteuerungsabkommen, S. 90, *Wassermeyer* in Debatin/Wassermeyer, DBA, MA Art. 23 Rz. 57; *Menhorn*, Die abkommensrechtliche Behandlung von Beteiligungserträgen an einer ausländischen Personengesellschaft, S. 112.

400 *Kessler/Schmitt/Janson*, IStR 2001, S. 731; *Lechner*, Befreiungsmethode und Einkommensermittlung, S. 146; *ders.*, Die Auswirkung des EU-Rechts auf die „Befreiung“ von Verlusten nach den Doppelbesteuerungsabkommen, S. 91; *Menhorn*, Die abkommensrechtliche Behandlung von Beteiligungserträgen an einer ausländischen Personengesellschaft, S. 112; *Vogel*, BB 1983, S. 185.

staat im Fall der späteren Verlustverrechnung im Quellenstaat eine Nachversteuerung im Ansässigkeitsstaat erfolge.[401]

Des Weiteren wird argumentiert, dass dem Wortlaut des Art. 23 A MA nicht entnommen werden könne, dass Verluste im Inland nicht berücksichtigt werden dürften, da das MA nur das „Ausnehmen von der Besteuerung", nicht jedoch zwingend das „Ausnehmen aus der Bemessungsgrundlage" vorschreibe.[402] Vielmehr sei die Formulierung „Ausnehmen von der Besteuerung" dahingehend auszulegen, dass damit nur ein Verbot der Erhebung einer positiven Steuer gemeint sei, so dass die einkommensmindernde Berücksichtigung von Verlusten abkommensrechtlich nicht ausgeschlossen ist.[403] In anderen Staaten werde die Freistellungsmethode daher auch nicht als ein Verbot verstanden, Verluste von der inländischen Steuerbemessungsgrundlage abzuziehen, so dass ausländische Verluste von im Inland ansässigen Personen auch dann verrechnet werden können, wenn entsprechende Einkünfte kraft DBA freigestellt sind.[404] Auch der OECD-MK weist darauf hin, dass sich die Verlustberücksichtigung nach dem innerstaatlichen Recht des jeweiligen Vertragsstaates richte.[405]

Die Nichtberücksichtigung ausländischer Verluste könne darüber hinaus zu einer Störung des Welteinkommensprinzips und zu einem Verstoß gegen den Grundsatz der Besteuerung nach der Leistungsfähig-

401 *Lechner*, Befreiungsmethode und Einkommensermittlung, S. 150; *ders.*, Die Auswirkung des EU-Rechts auf die „Befreiung" von Verlusten nach den Doppelbesteuerungsabkommen, S. 91; *Wassermeyer* in Debatin/Wassermeyer, DBA, MA Art. 23 Rz. 57. Eine solche Nachversteuerung sah § 2 a Abs. 3 EStG a. F. vor. Diese Regelung wurde jedoch durch das Steuerentlastungsgesetz 1999/2000/2002 mit der Begründung gestrichen, dass die „systemwidrige Regelung" den Finanzämtern erhebliche Schwierigkeiten bereitet habe und dass durch den weiterhin möglichen negativen Progressionsvorbehalt Verluste ausländischer Betriebsstätten hinreichend berücksichtigt werden, BT-DruckS. 14/265, S. 168.

402 *Kessler/Schmitt/Janson*, IStR 2001, S. 731; *Mössner*, Die Methoden zur Vermeidung der Doppelbesteuerung, S. 147 ff., 153 f.; *Vogel* in Vogel/Lehner, DBA, Art. 23 Rz. 48; *Wassermeyer* in Debatin/Wassermeyer, DBA, MA Art. 23 Rz. 22.

403 *Kessler/Schmitt/Janson*, IStR 2001, S. 732; *Kluge*, Das Internationale Steuerrecht, S 323; *Wassermeyer* in Debatin/Wassermeyer, DBA, MA Art. 23 Rz. 57.

404 Z. B. berücksichtigen die Niederlande, die Schweiz oder Belgien ausländische Betriebsstättenverluste, *Vogel* in Vogel/Lehner, DBA, Art. 23 Rz. 49.

405 OECD-MK, Art. 23 Rz. 44.

keit führen.[406] *Vogel* zeigt auf, dass die durch die Versagung des Verlustausgleichs bedingte höhere Besteuerung gegenüber einem rein inländischen Sachverhalt einen Verstoß gegen Art. 3 GG darstellt.[407]

Als weiteres Argument für eine einkommensmindernde Verlustberücksichtigung wird angeführt, dass andernfalls eine nach innerstaatlichem Recht gar nicht bestehende Steuerpflicht begründet bzw. eine niedrigere Steuer erhöht würde.[408] Dies widerspreche der sowohl im Schrifttum[409] als auch von der Rechtsprechung[410] vertretenen Auffassung, dass durch ein DBA eine innerstaatliche Steuerpflicht nur begrenzt, nicht jedoch begründet oder verschärft werden kann, so dass das Verlustausgleichsverbot des BFH dem Sinn und Zweck der DBA entgegenstehe.[411]

(iii) Urteil des Österreichischen Verwaltungsgerichtshof (öVwGH)

Der öVwGH hat für das DBA Deutschland-Österreich in einem Urteil v. 25.9.2001[412] entschieden, dass ein Verlust, den eine in Österreich ansässige Steuerpflichtige als Mitunternehmerin einer deutschen OHG erzielt hatte, bei der Ermittlung des Einkommens, und damit bei der Berechnung der österreichischen Einkommensteuer, trotz der für Be-

406 *Schaumburg*, Internationales Steuerrecht, Rz. 16.539; *Kessler/Schmitt/Janson*, IStR 2001, S. 733; *Lechner*, Befreiungsmethode und Einkommensermittlung, S. 144, 148.

407 *Vogel*, IStR 2002, S. 93; so auch *Kessler/Schmitt/Janson*, IStR 2003, S. 308.

408 *Kessler/Schmitt/Janson*, IStR 2001, S. 732; *Vogel* in Vogel/Lehner, DBA, Art. 23 Rz. 48; *Wassermeyer* in Debatin/Wassermeyer, DBA, MA Art. 23 Rz. 57.

409 *Bühler*, Prinzipien des internationalen Steuerrecht, S. 61; *Gloria*, Verständigungsverfahren, S. 61; *Kluge*, Das Internationale Steuerrecht, S 17; *Mössner* in FS Seidl-Hohenveldern, S. 403, 414; *Piltz*, Personengesellschaften, S. 120; *Schaumburg*, Internationales Steuerrecht, Rz. 16.40 m. w. N.; *Vogel* in Vogel/Lehner, DBA, Einl. Rz. 72; *Wassermeyer* in Debatin/Wassermeyer, DBA, MA Art. 1 Rz. 10; *Wassermeyer*, StuW 1990, S. 404, 411.

410 RFH v. 3.10.1935, RStBl. 1935, 1399; BFH v. 12.3.1980, BStBl. II 1980, 531.

411 *Kessler/Schmitt/Janson*, IStR 2001, S. 732; *Lechner*, Befreiungsmethode und Einkommensermittlung, S. 145; *Wassermeyer* in Debatin/Wassermeyer, DBA, MA Art. 23 Rz. 57.

412 öVwGH v. 25.9.2001, IStR 2001, S. 754 f.

triebstätteneinkünfte zur Anwendung kommenden Freistellungsmethode zu berücksichtigen ist, da das Doppelbesteuerungsabkommen ausschließlich die Vermeidung von Doppelbesteuerungen gewährleisten solle. Da die Steuerpflichtige durch die Berücksichtigung des Verlustes bei der Ermittlung des österreichischen Einkommens nicht i. S. d. Art. 1 Abs. 1 DBA Österreich-Deutschland „doppelt zu Steuer herangezogen" werde, stehe das DBA dem Verlustabzug nicht entgegen. Zudem begrenze ein DBA lediglich eine sich aus dem innerstaatlichen Steuerrecht ergebende Steuerpflicht, begründe aber nicht „einen im innerstaatlichen Steuerrecht gar nicht bestehenden Besteuerungsanspruch".[413] Das innerstaatliche österreichische Steuerrecht erfasse als Bemessungsgrundlage „nur das um den in Deutschland erwirtschafteten Verlust verminderte Einkommen".[414]

Die Entscheidung ist im Schrifttum[415] nicht nur im Ergebnis, sondern auch wegen der diesbezüglichen Begründung auf Zustimmung gestoßen, denn sie entspricht dem, was von den Kritikern der bisherigen BFH Rechtsprechung bereits ausgeführt worden ist.

Der öVwGH führt des Weiteren aus, dass Zweck eines DBA auch die Vermeidung einer begünstigenden Wettbewerbsverzerrung durch Nichtbesteuerung bestimmter Einkünfte sei, weshalb sichergestellt seien müsse, dass ein Verlust nicht doppelt, d. h. sowohl im Ansässigkeitsstaat als auch im Betriebstättenstaat, verwertet werde. Daher habe der Ansässigkeitsstaat soweit in einem Folgejahr im Quellenstaat ein Gewinn entstehe, welcher im Rahmen der Einkommensbesteuerung im Quellenstaat nach dessen innerstaatlichen Recht um den Verlustvortrag gekürzt werde, diesen Gewinn nur in der um den Verlustvortrag gekürzten Höhe freizustellen.[416]

413 öVwGH v. 25.9.2001, IStR 2001, S. 755.

414 öVwGH v. 25.9.2001, IStR 2001, S. 755.

415 *Kessler/Schmitt/Janson*, IStR 2001, S. 732; *dies.*, IStR 2003, S. 307; *Loukota*, SWI 2001, S. 467; *Wassermeyer* in Debatin/Wassermeyer, DBA, MA Art. 23 Rz. 57a; *ders.*, IStR 2001, S. 755 f.; *Vogel*, IStR 2002, S. 93; a. A. *Hahn*, IStR 2002, S. 681, 683 f.

416 öVwGH v. 25.9.2001, IStR 2001, S. 755.

Diese Auffassung hat in der Literatur zu Kritik geführt.[417] So ist *Vogel* darin zuzustimmen, dass eine Pflicht zur Nachversteuerung nicht aus dem DBA selbst abgeleitet werden kann, sondern eine entsprechende Regelung im nationalen Steuerrecht des Ansässigkeitsstaates voraussetzt.[418] Des Weiteren kann bei einer im nationalen Steuerrecht des Ansässigkeitsstaates vorhandenen Nachversteuerungsregel die Verlustverrechnung im Quellenstaat keinen Einfluss auf die Höhe der im Ansässigkeitsstaat zu besteuernden Gewinne haben, denn die Einkünfteermittlung richtet sich ausschließlich nach dem jeweiligen innerstaatlichen Recht des Anwendestaates, so dass die beiden Vertragsstaaten die Verluste regelmäßig in unterschiedlicher Höhe ermitteln werden. Maßgeblich ist dann aber der im Ansässigkeitsstaat verrechnete Verlust, und nicht der im Quellenstaat gewährte Verlustabzug.[419]

Das Urteil des öVwGH steht in Gegensatz zu der bisherigen Rechtsprechung des BFH. Auch im Vorlagebeschluss v. 13.11.2002[420] folgt der BFH der vom öVwGH vertretenen Auffassung für das DBA Deutschland-Frankreich nicht. Begründet wird dies mit dem abweichenden Wortlaut des DBA Deutschland-Frankreich, wonach „von der *Bemessungsgrundlage* der deutschen Steuer [...] die aus Frankreich stammenden Einkünfte [...] ausgenommen [werden], die nach diesem Abkommen in Frankreich besteuert werden können." Nach Ansicht des BFH ist damit unstreitig, dass darin nicht nur positive, sondern auch negative Einkünfte einbezogen sind, so dass die Nichtberücksichtigung des Verlustes durch den Wortlaut des DBA Deutschland-Frankreich gedeckt sei.[421]

417 *Loukota*, SWI 2001, S. 470 f.; *Vogel*, IStR 2002, S. 93; *Wassermeyer* in Debatin/Wassermeyer, DBA, MA Art. 23 Rz. 57a; *ders.*, IStR 2001, S. 756.

418 *Vogel*, IStR 2002, S. 93.

419 *Vogel*, IStR 2002, S. 93; *Wassermeyer* in Debatin/Wassermeyer, DBA, MA Art. 23 Rz. 57a; *ders.*, IStR 2001, S. 756.

420 BFH v. 13.11.2002, BStBl. II 2003, 795.

421 So auch *Kessler/Schmitt/Janson*, IStR 2001, S. 731; *Wassermeyer* in Debatin/Wassermeyer, DBA, MA Art. 23 Rz. 57.

(iv) EU-Rechtswidrigkeit

Die von Deutschland abgeschlossenen DBA sehen grundsätzlich eine Freistellung unter Progressionsvorbehalt vor, so dass im Fall nicht berücksichtigter Verluste ein negativer Progressionsvorbehalt zur Anwendung kommt. Allerdings enthält das deutsche Steuerrecht mit § 2a EStG eine Verlustausgleichsbeschränkung für bestimmte ausländische Verluste, die der Anwendung des negativen Progressionsvorbehalts auf diese ausländischen Verluste entgegensteht. Nach Auffassung des BFH[422] und der h. M.[423] im Schrifttum widerspricht die durch § 2a EStG bedingte unterschiedliche Behandlung ausländischer negativer Einkünfte einerseits und inländischer negativer Einkünfte andererseits bei der Ermittlung der Einkommensteuerbemessungsgrundlage bzw. des zu versteuernden Einkommens zur Berechnung des besonderen Steuersatzes gem. § 32b Abs. 1 Nr. 2 und Abs. 2 Nr. 2 EStG der Rechtsprechung des EuGH und ist gemeinschaftsrechtswidrig. Der BFH hat dem EuGH daher die Frage zur Vorabendscheidung vorgelegt, ob die sich aus dem nationalen Recht ergebende Nichtberücksichtigung ausländischer Verluste den Bestimmungen der Art. 43 (ex Art. 52) und Art. 56 (ex Art. 73b) EGV entgegenstehe.[424]

Sollte der EuGH die Regelung des § 2a EStG als gemeinschaftsrechtswidrig qualifizieren, so schließt sich die Frage an, ob auch ein abkommensrechtliches Verlustausgleichsverbot, wie es sich z. B. aus dem DBA-Frankreich ableiten lässt, gegen EU-Recht verstößt, denn auch DBA-Normen können nur insoweit angewendet werden, wie sie

422 BFH v. 13.11. 2002, BStBl. II 2003, 795; anders noch BFH v. 17.10.1990, BStBl. II 1991, 136.

423 *Cordewener*, IStR 2003, S. 416, 418; *Dautzenberg*, FR 2001, S. 809 ff.; *Gosch* in Kirchhof, EStG, § 2a Rn. 2, 4; *Kluge*, Das Internationale Steuerrecht, N 18; *Mössner* in Kirchhof/Söhn/Mellinghoff, EStG, § 2a Rdnr. A 45; *Probst* in Herrmann/Heuer/Raupach, EStG, § 2a Anm. 12; *Rädler/Lausterer* in FS Müller, S. 339 ff.; *Schaumburg*, Besteuerung von Kapitalerträgen, S. 225, 243 f.; *Wassermeyer* in Debatin/Wassermeyer, DBA, MA Art. 23 Rz. 57.

424 BFH v. 13.11. 2002, BStBl. II 2003, 795.

mit den Grundfreiheiten des EGV vereinbar sind.[425] Zwischen dem Fall der „Freistellung“ ausländischer Verluste durch Doppelbesteuerungsabkommen und der in § 2a EStG getroffenen Regelung besteht allerdings insofern ein Unterschied, als dass in diesem Fall der Fiskus uneingeschränkten Zugriff auf die im Ausland realisierten Gewinne hat, während in jenem Fall der deutsche Fiskus gleichmäßig ausländische Gewinne nicht besteuert und ausländische Verluste nicht zur Kenntnis nimmt. Daher ist fraglich, ob auch im Fall der „Freistellung“ aufgrund eines DBA eine „Ungleichbehandlung“ gleichartiger inländischer und ausländischer Situationen gegeben ist oder ob hier wesentlich „ungleiche“ Sachverhalte gegeben sind, die auch in den weiteren Rechtsfolgen unterschiedlich behandelt werden dürfen.

Das Schrifttum ist in dieser Frage nicht einhellig. Nach h. M. sind auch unter Geltung der Freistellungsmethode in- und ausländische Verluste im Grundsatz vergleichbar, so dass sich der Ausschluss des Verlustausgleichs als Benachteiligung des grenzüberschreitenden Engagements und damit im Verhältnis zu anderen EU-Mitgliedstaaten als EU-rechtswidrig darstellt.[426]

425 *Dautzenberg*, DB 1997, S. 1354; *ders.*, FR 2001, S. 812 f.; *Kessler/Schmitt/Janson*, IStR 2001, S. 735 f.; *dies.*, IStR 2003, S. 309 mit Hinweis auf EuGH-Urteil v. 28.1.1986, Slg. 1986, 273 (avoir fiscal); EuGH-Urteil v. 21.9.1999, IStR 1999, S. 592, 596 (St. Gobain); *Lang*, Die Bindung der Doppelbesteuerungsabkommen an die Grundfreiheiten des EU-Rechts, S. 30; *Lechner*, Die Auswirkungen des EU-Rechts auf die „Befreiung“ von Verlusten nach den Doppelbesteuerungsabkommen, S. 92; *Lehner*, RIW 2001, S. 387; a. A. *Bernhard*, IStR 2001, S. 367 f.; *Hahn*, IStR 2002, S. 685 ff.; *ders.*, IStR 2003, 735 f.; hierzu kritisch *Kessler/Schmitt/Janson*, IStR 2003, S. 308 f.

426 BFH v. 13.11.2002, BStBl. II 2003, 795; *Dautzenberg*, FR 2001, S. 812 f.; *Kessler/Schmitt/Janson*, IStR 2001, S. 736; *dies.*, IStR 2003, S. 309; *Lechner*, Befreiungsmethode und Einkommensermittlung, S. 149; *ders.*, Die Auswirkung des EU-Rechts auf die „Befreiung“ von Verlusten nach den Doppelbesteuerungsabkommen, S. 94 ff.; *Lehner*, RIW 2001, S. 387; *Ritter*, IStR 2001, S. 434; *Saß*, DB 2000, S. 1252 f.; *ders.*, DB 2001, S. 508 ff.; *Tumpel*, SWI 2001, S. 57 ff.; a. A. *Jacobs*, Internationale Unternehmensbesteuerung, S. 250 f.; *Thömmes*, JbFfSt 2001/2002, S. 88 f.; *Hahn*, IStR 2002, S. 681, 685 jedoch mit m. E. unzutreffender Begründung. Bei dem hier betrachteten Fall der Nichtberücksichtigung der Betriebsstättenverluste erfolgt nämlich eine Beschränkung der Niederlassungsfreiheit durch den Herkunftsstaat. Das von *Hahn* angeführte Beispiel betrifft hingegen eine Regelung des Betriebsstättenstaates. Für die Feststellung, ob eine Regelung

Begründet wird dies u. a. mit der in der Rechtssache „AMID“ ergangenen Entscheidung des EuGH.[427] Diesem Urteil lag der Fall zugrunde, dass der belgische Fiskus einem belgischen Unternehmen den Verlustvortrag auf den inländischen Gewinn des Folgejahrs mit der Begründung verweigerte, der Verlust müsse im Jahr der Entstehung zunächst mit dem – im Inland freigestellten – Gewinn der luxemburgischen Betriebstätte verrechnet werden. Der EuGH sah in der Beschränkung der Verlustverrechnung einen Verstoß gegen die Niederlassungsfreiheit, da diese nicht nur die Inländergleichbehandlung im Aufnahmemitgliedesstaat sichern solle, sondern auch dem Herkunftsstaat verbiete, eine Niederlassung seiner Staatsangehörigen oder nach seinem Recht gegründeten Gesellschaften in einem anderen Mitgliedstaat zu behindern.[428]

Die Rechtssache AMID lässt für den hier betrachteten „umgekehrten“ Fall der Verrechnung ausländischer Betriebstättenverluste mit inländischen Gewinnen gemeinschaftsrechtliche Rückschlüsse zu.[429] So vergleicht der EuGH in der AMID-Entscheidung die Situation einer Gesellschaft mit inländischer Betriebstätte mit der einer Gesellschaft mit ausländischer Betriebstätte und kommt zu dem Ergebnis, dass eine Benachteiligung vorliegt, weil bei einer inländischen Betriebstätte die Verlustverrechnung möglich gewesen wäre, im Fall einer ausländischen

---

des Betriebsstättenstaates die Niederlassungsfreiheit eines Unternehmens des Herkunftsstaates beschränkt, ist jedoch nicht entscheidend, dass die Regelung eine im Betriebsstättenstaat gelegene Betriebsstätte dieses Unternehmens im Vergleich zu einer im Herkunftsstaat gelegenen Betriebsstätte dieses Unternehmens schlechter stellt, sondern dass die im Betriebsstättenstaat gelegene Betriebsstätte dieses ausländischen Unternehmens gegenüber einer im Betriebsstättenstaat gelegenen Betriebsstätte eines inländischen Unternehmens diskriminiert wird, denn Vergleichsmaßstab für den grenzüberschreitenden Fall ist der vergleichbare Inlandsfall. Entgegen der von *Hahn* vertretenen Auffassung ist in dem von ihm angeführten Beispiel keine Beschränkung der Niederlassungsfreiheit gegeben. Zur Kritik an diesem Beispiel siehe auch *Kessler/Schmitt/Janson*, IStR 2003, S. 308.

427 EuGH v. 14.12.2000, BFH/NV Beilage 2001, 1.

428 EuGH v. 14.12.2000, BFH/NV Beilage 2001, 1 m. w. N.

429 *Kessler/Schmitt/Janson*, IStR 2001, S. 736; *Menhorn*, SWI 2001, S. 64 f.; *Ritter*, IStR 2001, S. 434; *Saß*, DB 2001, S. 508; a. A. *Hahn*, IStR 2001, S. 465, 468 f.; *ders.*, IStR 2002, S. 681, 686; *Jacobs*, Internationale Unternehmensbesteuerung, S. 251.

Betriebstätte hingegen nicht. Nach Ansicht des EuGH ist also nicht entscheidend, in welche Richtung Verluste verrechnet werden sollen, sondern vielmehr, dass eine solche Verrechnung überhaupt behindert wird. Somit ist der hier betrachtete Fall hinsichtlich der Beschränkung der Niederlassungsfreiheit mit dem von EuGH entschiedenen AMID-Fall vergleichbar, denn auch im Fall eines DBA mit Freistellungsmethode ist die Verrechnung eines Betriebstättenverlustes mit dem inländischen Gewinn möglich, wenn die Betriebstätte im Inland liegt, jedoch nicht, wenn die Betriebstätte im Ausland liegt.[430]

Stellt die abkommensrechtliche Nichtberücksichtigung ausländischer Verluste eine Ungleichbehandlung dar, so ist zu prüfen, ob diese durch sachliche Gründe gerechtfertigt ist.[431] Als Rechtfertigungsgrund kommt insbesondere der Umstand in Betracht, dass der Ansässigkeitsstaat aufgrund der Anwendung der Freistellungsmethode die Betriebstättengewinne nicht besteuert.[432] Es könnte somit argumentiert werden, dass zwischen der Freistellung der Gewinne und der Nichtberücksichtigung der Verluste eine innere Verknüpfung im Sinne einer steuerlichen Kohärenz besteht, deren Wahrung es rechtfertige, den Verlustausgleich nur dann zu gewähren, wenn die Besteuerung später anfallender Gewinne sichergestellt ist.[433] Inwieweit der EuGH das in der *Bachmann*-Entscheidung[434] entwickelte Kriterium der Kohärenz noch als Rechtfertigungsargument anerkennt, ist allerdings unklar.[435] Im *Wielockx*-

430 *Kessler/Schmitt/Janson*, IStR 2001, S. 736.

431 *Tumpel*, SWI 2001, S. 58.

432 Hinsichtlich weiterer Rechtfertigungsgründe siehe *Tumpel*, SWI 2001, S. 58 ff., die dieser aber m. E. zu Recht ablehnt.

433 *Kessler/Schmitt/Janson*, IStR 2001, S. 736; *Lechner*, Die Auswirkungen des EU-Rechts auf die „Befreiung" von Verlusten nach den Doppelbesteuerungsabkommen, S. 96.

434 EuGH v. 28.1.1992, Slg. 1992, I-249.

435 EuGH 14.2.1995, Slg. 1995, I-225; *Jann*, Die Auswirkungen des EU-Rechts auf die Abkommensberechtigung von beschränkt Steuerpflichtigen, S. 74 ff.; *Kessler/Schmitt/Janson*, IStR 2001, S. 736; *Lang*, Die Bindung der Doppelbesteuerungsabkommen an die Grundfreiheiten des EU-Rechts, S. 38 ff.; *Lechner*, Die Auswirkungen des EU-Rechts auf die „Befreiung" von Verlusten nach den Doppelbesteuerungsabkommen, S. 96; *Toifl*, Die EU-Grundfreiheiten und die Diskriminierungsverbote der Doppelbesteuerungsabkommen, S. 171 ff.

Urteil[436] hat der EuGH den Grundsatz der steuerlichen Kohärenz als Rechtfertigungsgrund abgelehnt, wenn diese „auf der Grundlage eines mit einem anderen Mitgliedstaat geschlossenen bilateralen Abkommens gewährleistet wird". Demnach kann sich ein Mitgliedstaat zur Rechtfertigung einer Diskriminierung nicht auf die seine nationalen Besteuerungsrechte einschränkenden abkommensrechtlichen Regelungen berufen.[437] Genau so liegt es jedoch in dem hier diskutierten Fall der Nichtberücksichtigung von Betriebstättenverlusten aufgrund der abkommensrechtlichen Freistellung ausländischer Betriebstättengewinne.[438]

bb) Anrechnungsmethode

Für Unternehmensgewinne sehen die DBA in der Regel die Freistellungsmethode vor. Viele der jüngeren DBA enthalten aber eine Aktivitätsklausel, wonach die Unternehmensgewinne nur insoweit freigestellt werden, als sie aus einer aktiven Tätigkeit stammen. Stammen die Einkünfte aus passiven Tätigkeiten, kommt hingegen die Anrechnungsmethode zur Anwendung. Diese Grundsätze werden im Betriebstättenerlass[439] bestätigt, so dass sich insoweit keine Besonderheiten ergeben.

4. Abkommensrechtliche Behandlung bei einheitlicher Qualifikation des Steuersubjekts, aber unterschiedlicher Qualifikation der Sondervergütungen

Bei einheitlicher Qualifikation des Steuersubjekts und unterschiedlicher Qualifikation der Sondervergütungen behandeln sowohl der Ansässigkeitsstaat der Gesellschafter (Deutschland) als auch der Sitzstaat der Gesellschaft die Personengesellschaft als steuerrechtlich transparent, qualifizieren jedoch Leistungsbeziehungen zwischen der Personengesellschaft und den Gesellschaftern bzw. die daraus fließenden Einkünfte

436 EuGH v. 11.8.1995, Slg. 1995, I-2493.

437 *Jann*, Die Auswirkungen des EU-Rechts auf die Abkommensberechtigung von beschränkt Steuerpflichtigen, S. 77.

438 *Kessler/Schmitt/Janson*, IStR 2001, S. 736.

439 BMF v. 24.12.1999, BStBl. I 1999, 1076.

steuerrechtlich unterschiedlich. Der ausländische Sitzstaat der Gesellschaft erfasst abweichend vom innerstaatlichen deutschen Steuerrecht die von der Gesellschaft an die Gesellschafter gezahlten Sondervergütungen nach seinem nationalen Steuerrecht generell oder zumindest teilweise als Leistungen an einen Dritten. Diese Vergütungen werden somit bei der Gewinnermittlung der Gesellschaft als abzugsfähige Betriebsausgaben anerkannt und beim Gesellschafter entsprechend der zugrunde liegenden Tätigkeit qualifiziert.

a) *Vorliegen konkreter Abkommensbestimmungen*

Die unterschiedliche Qualifikation der Sondervergütungen führt abkommensrechtlich zu keinem Qualifikationskonflikt, wenn das einschlägige DBA konkrete Bestimmungen zur Behandlung von Sondervergütungen enthält. Dies ist beispielsweise im DBA Deutschland-Schweiz der Fall, in dem Art. 7 Abs. 7 bestimmt, dass für die abkommensrechtliche Qualifikation der Sondervergütungen das innerstaatliche Steuerrecht des Betriebstättenstaates maßgeblich ist. Zinsen für die Hingabe eines Darlehen, die die Personengesellschaft an den Mitunternehmer zahlt, werden nach Schweizer Steuerrecht als Betriebsausgaben anerkannt und sind seitens des Gesellschafters als Kapitalerträge zu versteuern. Erhält ein in Deutschland ansässiger Gesellschafter von seiner Schweizer Personengesellschaft Vergütungen für die Überlassung von Kapital, so kommt abkommensrechtlich der Zinsartikel zur Anwendung, der Deutschland als Ansässigkeitsstaat des Nutzungsberechtigten das Besteuerungsrecht zuweist. Die als Zinsen erzielten Sondervergütungen werden in Deutschland dann als mitunternehmerische gewerbliche Einkünfte i. S. d. § 15 Abs. 1 S. 1 Nr. 2 EStG erfasst, da die abkommensrechtliche Einordnung der Einkünfte als Zinsen keine Wirkung auf die Einordnung nach nationalem Recht hat. Die Zuordnung zu den Einkunftsarten des EStG erfolgt vielmehr ausschließlich nach den Kriterien des deutschen Rechts, da dies eine Frage der Begründung des Steueranspruchs ist und die DBA selbst keine Steueransprüche dem Grunde nach schaffen.[440]

440 *Brenner*, Personengesellschaften im internationalen Steuerrecht, S. 67 f.; *Piltz*, Personengesellschaften, S. 124.

Wegen der Maßgeblichkeit des innerstaatlichen Steuerrechts des Betriebstättenstaates verbleibt das Besteuerungsrecht auch im umgekehrten Fall einer Beteiligung eines in der Schweiz ansässigen Mitunternehmers an einer deutschen Personengesellschaft in Deutschland.[441]

b) Abkommensrechtlicher Qualifikationskonflikt

Enthalten die DBA keine konkreten Bestimmungen zur Behandlung von Sondervergütungen, so muss eine Auslegung der Abkommensnormen erfolgen. Folgen nun beide Staaten bei der Auslegung einzelner DBA-Vorschriften den jeweiligen Wertungen ihres nationalen Steuerrechts, so werden die Differenzen in der Behandlung der Sondervergütungen von der nationalen Ebene auf die bilaterale Ebene gehoben, so dass abkommensrechtlich ein Qualifikationskonflikt entsteht. Hierbei lassen sich zwei Fälle unterscheiden, die der OECD-Report aufgegriffen, und anhand der folgenden Beispiele dargestellt hat.

aa) Doppelbesteuerung aufgrund des Qualifikationskonflikts

Der im Staat R ansässige Gesellschafter einer Personengesellschaft des Staates P gewährt der Personengesellschaft ein Darlehen, für das er Zinsen erhält. Der Staat der Personengesellschaft (Staat P) behandelt die ausbezahlten Sondervergütungen als Unternehmensgewinne i. S. v. Art. 7 OECD-MA, während der Ansässigkeitsstaat des Gesellschafters (Staat R) insoweit von Zinsen i. S. v. Art. 11 OECD-MA ausgeht. Da Staat P die Sondervergütungen als Unternehmensgewinne i. S. v. Art. 7 OECD-MA behandelt, unterwirft er die Zinszahlungen als Teil des inländischen Betriebstättengewinns der Besteuerung. Gleichzeitig erachtet sich aber auch der Staat R aufgrund seiner Einordnung als Zinsen i. S. v. Art. 11 MA zur Besteuerung dieser Einkünfte berechtigt, womit es für die Sondervergütungen zur Doppelbesteuerung kommt. Diese Dop-

441 *Brenner*, Personengesellschaften im internationalen Steuerrecht, S. 68.

pelbesteuerung wird zwar insoweit gemildert, als R die in P erhobene Steuer anrechnet. Eine solche Anrechnungsverpflichtung besteht aus der Sicht von R jedoch nur insoweit, als P nach Art. 11 Abs. 2 MA ein Besteuerungsrecht zusteht. Soweit die Besteuerung in Staat P dieses Ausmaß übersteigt, kommt es zur Doppelbesteuerung.[442]

bb) Doppelte Nichtbesteuerung aufgrund des Qualifikationskonflikts

Der im Staat R ansässige Gesellschafter einer Personengesellschaft des Staates P gewährt der Personengesellschaft ein Darlehen, für das er Zinsen erhält. Der Staat der Personengesellschaft (Staat P) behandelt die ausbezahlten Sondervergütungen als Zinsen i. S. d. Art. 11 OECD-MA, während der Ansässigkeitsstaat des Gesellschafters (Staat R) von einem Unternehmensgewinn i. S. v. Art. 7 OECD-MA ausgeht. Staat P ist entsprechend der von ihm vorgenommenen Anwendung von Art. 11 OECD-MA nur zu einem begrenzten Quellenbesteuerungsrecht ermächtigt. Gleichzeitig liegt aus der Sicht des Staates R aufgrund der Einordnung als Unternehmensgewinn i. S. v. Art. 7 OECD-MA ein einer ausländischen Betriebstätte zuzuordnender Gewinnanteil vor. Sieht das DBA zwischen den Staaten P und R zur Vermeidung der Doppelbesteuerung die Freistellungsmethode vor, kommt es daher im Staat R zur Befreiung der Zinszahlungen ggf. unter Progressionsvorbehalt. Sieht man von einer Quellenbesteuerung im Staat P ab, tritt für die Sondervergütungen im Ergebnis eine doppelte Nichtbesteuerung ein.[443]

c) Rechtsprechung des BFH

Bis 1991 vertrat der BFH die Auffassung, dass für die abkommensrechtliche Einordnung der Sondervergütungen gem. Art. 3 Abs. 2 OECD-MA das nationale Steuerrecht des jeweiligen Anwendestaates maßgeblich sei, da es an einer ausdrücklichen Abkommensregelung für die

442 *OECD-Partnership-Report*, Rz. 120 ff.
443 *OECD-Partnership-Report*, Rz. 96 ff.

Einordnung fehle. Da Sondervergütungen gem. § 15 Abs. 1 S. 1 Nr. 2 EStG gewerbliche Einkünfte darstellen, wurden sie aus deutscher Sicht abkommensrechtlich als Unternehmensgewinne i. S. d. Art. 7 MA qualifiziert, so dass aufgrund des Betriebstättenprinzips dem Sitzstaat der Personengesellschaft das Besteuerungsrecht zustand.[444] Dies hatte für die hier betrachtete Konstellation der Beteiligung eines in Deutschland ansässigen Gesellschafters an einer ausländischen Personengesellschaft einen negativen Qualifikationskonflikt zur Folge.

Mit Urteil vom 27.2.1991 hat der BFH seine Auffassung revidiert und Zinsen, die eine amerikanische Personengesellschaft einem in Deutschland unbeschränkt steuerpflichtigen Mitunternehmer für die Hingabe eines Darlehens zahlte, als Zinsen i. S. d. Art. 11 DBA-USA qualifiziert, da es für die DBA-rechtliche Einordnung als Zinsen auf die zivilrechtliche Beurteilung ankomme.[445] Bei den in Frage stehenden Einkünften handele es sich um Vergütungen für die Überlassung von Kapital im Rahmen eines „Gläubiger-Schuldner-Verhältnisses", denn der Gesellschafter habe der Gesellschaft ein Darlehen gewährt, was zu einer zivilrechtlichen Schuldverpflichtung der Gesellschaft führe. Zwar stelle die Beteiligung des Gesellschafters an der ausländischen Personengesellschaft abkommensrechtlich ein „deutsches Unternehmen" dar, doch schließe dies das Vorliegen einer zivilrechtlichen Verpflichtung zwischen der Gesellschaft und ihrem Gesellschafter nicht aus.

Der Qualifikation als Zinsen stehe auch nicht entgegen, dass diese Einnahmen nach innerstaatlichem deutschen Steuerrecht gem. § 15 Abs. 1 S. 1 Nr. 2 EStG gewerbliche Gewinne darstellen. Denn die im Abkommen nicht definierten Begriffe seien nur insoweit nach dem nationalen Recht auszulegen, als sich aus dem Abkommenszusammenhang nicht etwas anderes ergebe. Der abkommensrechtliche Begriff des „gewerblichen Gewinns" umfasse nach der ausdrücklichen Begriffsbeschränkung nicht die Zinseinkünfte. Diese im Abkommen selbst enthaltene Begriffsabgrenzung löse für die Anwendung des Abkommens

444 BFH v. 18.5.1983, BStBl. II 1983, 771; BFH v. 10 11.1983, BStBl. II 1984, 605; BFH v. 19.5.1987, BFH/NV 1987, 640; BFH v.17.10.1990, BStBl. II 1991, 211.

445 BFH v. 27.2.1991, BStBl. II 1991, 444.

die Zinsen aus den gewerblichen Gewinnen heraus. Aufgrund seines Vorrangs fänden daher die Rechtfolgen des Zinsartikels Anwendung, solange nicht auch gleichzeitig die Voraussetzungen des in diesem Artikel normierten Betriebstättenvorbehalts erfüllt seien. Danach fände nicht der Zinsartikel, sondern Art. 7 MA Anwendung, wenn der Nutzungsberechtigte der Zinsen im Quellenstaat eine Betriebstätte unterhalte und die Forderung, für die die Zinsen gezahlt werden, tatsächlich zu dieser Betriebstätte gehöre. Eine solche tatsächliche Zugehörigkeit der den Sondervergütungen zugrunde liegenden Forderung zur Betriebstätte lehnte der BFH im Urteilsfall jedoch ab, da § 15 Abs. 1 S. 1 Nr. 2 EStG grundsätzlich nur eine rechtliche Zugehörigkeit begründe und die Forderung nicht tatsächlich zum Vermögen der Betriebstätte gehören könne, da es sich nicht um eine Forderung der Gesellschaft, sondern um eine Forderung des Gesellschafters gegen die Gesellschaft handele, weshalb die Gesellschaft eine Verbindlichkeit auszuweisen habe.

Die Entscheidung wurde in nachfolgenden Urteilen[446] zu ausländischen Personengesellschaften bestätigt und auf Fälle deutscher Personengesellschaften mit im Ausland ansässigen Mitunternehmer entsprechend angewandt.[447] In der Literatur wurde die Rechtsprechung des BFH sowohl befürwortet,[448] als auch kritisiert.[449]

446 BFH v. 27.2.1991, BFH/NV 1992, 385; BFH v. 31.5.1995, BStBl. II 1995, 683; BFH v. 23.10.1996, BStBl. II 1997, 313; BFH v. 16.10.2002, BStBl. II 2003, 631.

447 BFH v. 26.2.1992, BStBl. II 1992, 937; BFH v. 16.10.2002, BStBl. II 2003, 631.

448 *Fischer-Zernin*, RIW 1991, S. 493; *Lüdicke*, StbJb 1997/1998, S. 472 ff.; *Schaumburg*, Internationales Steuerrecht, Rz. 18.59 ff.

449 *Debatin*, BB 1992, S. 1185 ff.; *Hemmelrath*, IStR 1995, S. 572; *Köhler*, RIW 1991, S. 1032 ff.; *Krabbe*, IWB 1998, F. 3 Gr. 2, S. 771.

d) *Schrifttum*

aa) *Anwendung des Betriebstättenprinzips*

(1) *Meinungsstand*

Sowohl *Vogel*[450] als auch *Debatin*[451] qualifizieren Sondervergütungen als Unternehmensgewinne i. S. d. Art. 7 MA, was sich aus der Anwendung des Betriebstättenprinzip ergebe. Da es sich bei dem von der Personengesellschaft betriebenen Unternehmen um ein solches des Ansässigkeitsstaates der Gesellschafter handele, für das die Personengesellschaft in seinem Sitzstaat eine Betriebstätte unterhalte, dürften nach den Grundsätzen über die Gewinnabgrenzung zwischen Stammhaus und Betriebstätte Vergütungen, die die Betriebstätte an das Stammhaus gezahlt habe, den Betriebstättengewinn nicht mindern, sondern seien vielmehr Teil dieses Betriebstättengewinns.[452]

In ähnlicher Weise argumentiert *Riemenschneider,*[453] wenn er aus dem Umstand, dass die Personengesellschaft abkommensrechtlich keine ansässige Person, sondern lediglich die Betriebstätte eines Unternehmens des Ansässigkeitsstaats der Gesellschafter darstellt, den Schluss zieht, dass das DBA die Gesellschaft auf der einen Seite und ihre Gesellschafter auf der anderen Seite nicht als von einander getrennte Personen, sondern als ein zusammengehörendes Unternehmen einstufte. Nach der Wertung des DBA könnten sich der Gesellschafter und die Personengesellschaft daher nicht als Gläubiger und Schuldner der Sondervergütungen gegenüberstehen. Damit sei die Subsumtion der Sondervergütungen unter eine Einkunftsart, die gegenüber den Unternehmensgewinnen i. S. d. Art. 7 MA vorrangig ist, ausgeschlossen, weil dieses die abkommensrechtliche Anerkennung eines Schuldverhältnis-

450 *Vogel*, DBA 2. Aufl., Einl. Rz. 180; *ders.*, DBA 3. Aufl., Art. 1 Rz. 27f.; so auch *Prokisch* in Vogel/Lehner, DBA, Art. 1 Rz. 43.

451 *Debatin*, BB 1992, S. 1184 f.

452 Ebenso *Hemmelrath*, IStR 1995, S. 571 f.; *Köhler*, RIW 1991, S. 1029 f.; *Krabbe*, IWB 1998, F. 3 Gr. 2, S. 771.

453 *Riemenschneider*, Abkommensberechtigung, S. 149 ff.; ebenso *Köhler*, RIW 1991, S. 1033; *Mittermaier*, Besteuerung von Personengesellschaften im Verhältnis USA-Deutschland, S. 313 ff.

ses zwischen der Personengesellschaft und den Gesellschaftern voraussetze. Auf Abkommensebene käme hinsichtlich der Sondervergütungen daher Art. 7 MA zur Anwendung, und zwar unabhängig davon, ob das Zivilrecht des Quellenstaates (Sitzstaat der Gesellschaft) ein solches Schuldverhältnis anerkenne bzw. die Sondervergütungen steuerrechtlich als Leistungen wie an einen Dritten zum Betriebsausgabenabzug zugelassen seien.

Auch *Lang*[454] vertritt die Ansicht, dass mangels Steuerrechtssubjektivität des Schuldners das Bestehen einer Forderung des Gesellschafters gegenüber der Personengesellschaft abkommensrechtlich nicht möglich sei. Er zieht daraus die Konsequenz, dass eine Forderung gegenüber einer Personengesellschaft für abkommensrechtliche Zwecke in Forderungen gegenüber den einzelnen ansässigen Gesellschaftern aufzuspalten sei, so dass abkommensrechtlich mehrere Forderungen gegeben seien. Dies hat nach Ansicht von *Lang* zur Folge, dass, soweit die übrigen Gesellschafter als Schuldner der Sondervergütungen anzusehen sind, Art. 11 MA zur Anwendung kommt. Hinsichtlich des Zinsanteils, der auf den Gesellschaftsanteil des Zinsempfängers entfalle, sei eine Subsumtion unter Art. 11 MA hingegen ausgeschlossen, da es an der erforderlichen Steuersubjektverschiedenheit fehle. Insoweit sei auf die Sondervergütungen Art. 7 MA anzuwenden.

(2) Stellungnahme

Den eben dargestellten Auffassungen kann nicht gefolgt werden. Zunächst ist darauf hinzuweisen, dass das Betriebstättenprinzip erst dann zur Anwendung kommt, wenn in einem vorgelagerten Schritt der Einkunftsqualifikation festgestellt wurde, dass die abkommenrechtliche Einkunftsart „Unternehmensgewinne" i. S. d. Art. 7 OECD-MA vorliegt.[455] Darüber hinaus wird durch die Anwendung der für Stammhaus und Betriebstätte geltenden Gewinnabgrenzungsgrundsätze unterstellt, dass das Verhältnis des Gesellschafters zur Personengesellschaft dem

454 *Lang* in FS Fischer, S. 724 f.; *ders.,* in FS Vogel, S. 911 f.
455 *Piltz*, Personengesellschaften, S. 172.

Verhältnis von Stammhaus zu Betriebstätte entspricht.[456] Dass dem nicht so ist, wurde bereits im Zusammenhang mit der Anwendung des „dealing-at-arm's-length"-Prinzips auf nicht abkommensberechtigte Personengesellschaften ausführlich dargelegt.[457] Das DBA qualifiziert die Gesellschafter und die Personengesellschaft nicht wie Stammhaus und Betriebstätte als Unternehmensteile eines „zusammengehörenden Unternehmens", vielmehr wird der Gesellschafter mangels Ansässigkeit der Personengesellschaft lediglich abkommensrechtlich als Unternehmensbetreiber eingestuft.

Des Weiteren gehen o.a. Auffassungen davon aus, dass die Annahme eines Gläubiger-Schuldner-Verhältnisses abkommensrechtlich voraussetzt, dass der Schuldner abkommensberechtigt, d. h. eine *ansässige* Person ist. Es ist jedoch hinreichend, dass es sich bei dem Schuldner um eine Person i. S. d. Abkommens handelt.[458] Dies ergibt sich für ein Darlehensverhältnis daraus, dass Art. 11 Abs. 1 MA lediglich fordert, dass der *Nutzungsberechtigte* der Zinsen, hier also der Gesellschafter, eine in einem Vertragstaat ansässige Person i. S. d. Abkommens ist und die Zinsen aus dem anderen Vertragsstaat stammen. Nach Art. 11 Abs. 5 S. 2 MA gelten Zinsen „ohne Rücksicht darauf, ob er (der Schuldner) in einem Vertragsstaat ansässig ist oder nicht" als aus dem anderen Vertragsstaat stammend, wenn der Schuldner dort eine Betriebstätte unterhält und die Schuld, für die die Zinsen gezahlt werden, für Zwecke der Betriebstätte eingegangen worden ist und diese die Zinsen trägt.[459]

Eine andere Sichtweise hätte darüber hinaus zur Konsequenz, dass, selbst wenn nach dem innerstaatlichen Recht beider Staaten zivilrechtlich eine Schuldverhältnis anerkannt wird, abkommensrechtlich die Annahme eines Gläubiger-Schuldner-Verhältnisses scheitert, weil der Schuldner nicht ansässig, d. h. nicht in einem der beiden Staaten aufgrund eines ortsbezogenen Merkmals steuerpflichtig ist. Weshalb die Steuerpflicht des Schuldners für die Annahme eines Schuldverhältnis-

456 So ausdrücklich *Prokisch* in Vogel/Lehner, DBA, Art. 1 Rz. 43.

457 § 5 III 3 a) cc) (2).

458 So auch *Piltz* in Debatin/Wassermeyer, DBA, MA Art. 7 Rz. 109a; *Weggenmann*, Einordnungskonflikte, S. 274 f.; *ders.*, IStR 2002, S. 7; *Wassermeyer* in Debatin/Wassermeyer, DBA, MA Art. 11 Rz. 79a.

459 A. A. *Lang* in FS Fischer, S. 724; *ders.,* in FS Vogel, S. 911.

ses entscheidend sein soll, leuchtet nicht ein. Dies gilt insbesondere dann, wenn man sich vergegenwärtigt, dass einzelne DBA steuerrechtlich transparenten Personengesellschaften die Abkommensberechtigung zuerkennen. In diesen Fällen könnte dann auch abkommensrechtlich ein Schuldverhältnis angenommen werden, so dass eine Subsumtion unter einen der spezielleren Abkommensartikel möglich wäre, obwohl in diesen Fällen die Personengesellschaft nach dem nationalen Steuerrecht der Anwendestaaten kein Steuersubjekt ist.

bb) Qualifikationsverkettung

Unter Qualifikationsverkettung[460] wird die Auffassung verstanden, dass der Ansässigkeitsstaat für die Abkommensanwendung an die Qualifikation der Einkünfte durch den Quellenstaates gebunden ist, falls das DBA keine konkreten Bestimmungen zur Behandlung der Sondervergütungen enthält.[461]

Die Maßgeblichkeit der Qualifikation des Quellenstaates wird i. d. R. mit dem Wortlaut des Abkommens und dem Regelungszusammenhang zwischen dem Methodenartikel und der jeweiligen Verteilungsnorm begründet. Darüber hinaus wird als Begründung der Sinn und Zweck des Abkommens herangezogen. Im Einzelnen sind folgende Fälle zu unterscheiden:

460 Allgemein zur Theorie der Qualifikationsverkettung *Debatin*, DB 1985 Beilage 23, S. 4 f.

461 *Knobbe-Keuk*, RIW 1991, S. 311 f.; *Krabbe*, IWB 1998, F. 3 Gr. 2, S. 771 f.; *Piltz*, Personengesellschaften, S. 146 ff., 173; *Schaumburg*, Stbg 1999, S. 159; *Schröder*, StBp 1989, S. 28 f.; *Selent*, Ausländische Personengesellschaften im Ertrag- und Vermögensteuerrecht, S. 313 f.; *Storck/Selent*, RIW/AWD 1980, S. 339; Differenzierend in Abhängigkeit von der einschlägigen Verteilungsnorm und/oder aufgrund des Wortlauts des Methodenartikels *Debatin*, DB 1977 Beilage 13, S. 6; *ders.*, BB 1978, S. 673, *ders.*, FR 1979, S. 496 f.; *ders.*, RIW/AWD 1980, S. 5; *ders.*, DB 1985 Beilage 23, S. 5; *Manke*, JbFfSt 1978/1979, S. 341; *Mittermaier*, Besteuerung von Personengesellschaften im Verhältnis USA-Deutschland, S. 279 ff.; *Riemenschneider*, Abkommensberechtigung, S. 160 ff., *Schlütter*, JbFfSt 1979/1980, S. 168.

(1) *Verweis auf das innerstaatliche Recht des Quellenstaates innerhalb der Verteilungsnorm*

Eine Übernahme der Qualifikation im Quellenstaat durch den Ansässigkeitsstaat wird dann als zwingend angesehen, wenn zum einen die einschlägige Verteilungsnorm des Abkommens auf das Recht des Quellenstaates verweist und zum anderen die betreffende Verteilungsnorm in der an den Ansässigkeitsstaat gerichteten Vorschrift über die Methode zur Vermeidung der Doppelbesteuerung (Art. 23 MA) ausdrücklich genannt wird.[462] Dies galt beispielsweise im OECD-MA 1963 hinsichtlich der Zinseinkünfte. So lautete Art. 11 Abs. 3 dieses Abkommens: „Der in diesem Artikel verwendete Ausdruck „Zinsen" bedeutet Einkünfte aus öffentlichen Anteilen [...] und aus Forderungen jeder Art, sowie alle anderen Einkünfte, die nach dem Steuerrecht des Staates, aus dem sie stammen, den Einkünften aus Darlehen gleichgestellt sind." Eine ähnliche Regelung enthält das OECD-MA 2003 im Dividendenartikel. So sind gem. Art. 10 Abs. 3 MA Dividenden „Einkünfte aus Aktien, [...] sowie aus sonstigen Gesellschaftsanteilen stammende Einkünfte, die nach dem Recht des Staates, in dem die ausschüttende Gesellschaft ansässig ist, den Einkünften aus Aktien steuerlich gleichgestellt sind." Indem die Verteilungsnorm auf das innerstaatliche Recht des Quellenstaates verweist, wird dieses zum Abkommensrecht erhoben. Infolgedessen hat auch der Ansässigkeitsstaat die Einkünfte, die nach dem Recht des Quellenstaates Zinsen oder Dividenden darstellen, auf Abkommensebene als solche zu qualifizieren.[463] [464] Räumt nun das einschlägige DBA ent-

462 *Mittermaier*, Besteuerung von Personengesellschaften im Verhältnis USA-Deutschland, S. 281 f.; *Riemenschneider*, Abkommensberechtigung, S. 160 f., a. A. *Diehl*, FR 1978, S. 522 f.

463 *Mittermaier*, Besteuerung von Personengesellschaften im Verhältnis USA-Deutschland, S. 281 f.; *Riemenschneider*, Abkommensberechtigung, S. 160 f.; *Tischbirek* in Vogel/Lehner, DBA, Art. 10 Rz. 184, *Vogel*, DBA 3. Aufl., Art. 10 Rz. 184; *Wassermeyer* in Debatin/Wassermeyer, DBA, MA Art. 10 Rz. 114.

464 Nach Auffassung von *Mittermaier, Piltz* und *Riemenschneider* ist der Ansässigkeitsstaat auch hinsichtlich der Einkünfte aus unbeweglichem Vermögen i. S. d. Art. 6 MA an die Qualifikation des Quellenstaates gebunden. Dies ergibt sich ihrer Ansicht nach aus der in Art. 6 Abs. 2 OECD-MA enthaltenen Regelung, wonach der Ausdruck „unbewegliches Vermögen" die Bedeutung hat, „die ihm nach

sprechend der Regelung in Art. 10 Abs. 2, Art. 11 Abs. 2 MA dem Quellenstaat ein Besteuerungsrecht für die Dividenden bzw. Zinsen ein, so ist die in Art. 23 A Abs. 2 MA geforderte Voraussetzung, dass die Einkünfte „nach den Art. 10 und 11 im anderen Vertragstaat besteuert werden können", erfüllt, so dass der Ansässigkeitsstaat die Quellensteuer anrechnen muss. Sollte das einschlägige DBA in der jeweiligen Verteilungsnorm hingegen für Dividenden oder Zinsen kein Quellensteuerrecht vorsehen, so wäre die Voraussetzung des Art. 23 A Abs. 2 MA nicht erfüllt, so dass der Ansässigkeitsstaat uneingeschränkt gem. Art. 10 Abs. 1 bzw. Art. 11 Abs. 1 MA besteuern dürfte. Die dargestellte Qualifikationsverkettung hat somit zur Folge, dass sowohl eine Doppelbesteuerung als auch eine doppelte Nichtbesteuerung vermieden wird.

(2) Bindung gem. Art. 23 Abs. 2 MA

Teile des Schrifttums befürworten eine Bindung des Ansässigkeitsstaates an die Einkunftsqualifikation des Quellenstaates auch dann, wenn die aus Sicht des Quellenstaates einschlägige Verteilungsnorm zur Definition der abkommensrechtlichen Einkunftsart nicht auf das innerstaatliche Recht des Quellenstaates verweist. In diesen Fällen wird mangels Bezugnahme auf das innerstaatliche Recht des Quellenstaates eine Bindung des Ansässigkeitsstaates mit dem Wortlaut des Methodenartikels (Art. 23 MA) bzw. mit dem Sinn und Zweck des Abkommens begründet.

---

dem Recht des Vertragsstaates zukommt, in dem das Vermögen liegt." *Mittermaier*, Besteuerung von Personengesellschaften im Verhältnis USA-Deutschland, S. 284 f.; *Piltz*, Personengesellschaften, S. 138 f.; *Riemenschneider*, Abkommensberechtigung, S. 161 f. Dieser Verweis auf das innerstaatliche Recht des Quellenstaates bezieht sich jedoch lediglich auf die Definition des unbeweglichen Vermögens selbst, hingegen nicht auf die damit erzielten Einkünfte. Auch *Wassermeyer* meint, dass die Frage welche Einkünfte als solche aus unbeweglichem Vermögen zu beurteilen sind, sich vorrangig aus Art. 6 Abs. 3 MA und aus dem Recht des Anwendestaates beantwortet. *Wassermeyer* in Debatin/Wassermeyer, DBA, MA Art. 6 Rz 18.

Schlütter[465] geht ohne nähere Begründung davon aus, dass die Voraussetzungen der im Methodenartikel geregelten Steueranrechnung stets vorliegen, wenn der Quellenstaat die Sondervergütungen als Zinsen i. S. d. Art. 11 MA qualifiziert, denn dann können die Einkünfte, wie von Art. 23 A Abs. 2 MA gefordert, nach Art. 11 MA im anderen Vertragstaat besteuert werden.

Piltz[466] und ihm folgend *Riemenschneider*[467] bemerken zutreffend, dass der Wortlaut des Art. 23 A Abs. 2 MA eine solche Auslegung zwar zulässt, diese aber nicht zwingend fordert. Die Norm verweise zwar u. a. auf Art. 11 MA, jedoch stelle der Methodenartikel für die Frage, ob Zinsen i. S. d. Art. 11 MA vorliegen, nicht ausdrücklich auf die Einkünftequalifikation des Quellenstaates ab, denn Art. 23 A Abs. 2 MA lautet: „Einkünfte, die nach Art. 10 und 11 im anderen Vertragstaat besteuert werden können", jedoch nicht „Einkünfte, die der andere Vertragsstaat als Zinsen i. S. d. Art. 11 MA qualifiziert hat". Mangels eindeutiger Wortlautauslegung habe eine Auslegung nach dem Sinn und Zweck der Vorschrift zu erfolgen. Der Sinn und Zweck spreche dafür, die Norm i. S.e. Qualifikationsverkettung auszulegen. Denn hierdurch würden „doppelte Nichtbesteuerungen" bzw. „offensichtliche Minderbesteuerungen" vermieden, welche mit dem Sinn und Zweck des Abkommens nicht vereinbar seien, soweit sie auf einer unterschiedlichen abkommensrechtlichen Einkunftsqualifikation durch die Vertragsstaaten beruhen.[468]

(3) Bindung gem. Art. 23 Abs. 1 MA

Gem. 23 Abs. 1 MA nimmt der Ansässigkeitsstaat diejenigen Einkünfte von der Besteuerung aus, die der Quellenstaat „nach diesem Abkommen" besteuern darf. Die Norm nimmt nicht wie Art. 23 A Abs. 2 MA auf eine bestimmte abkommensrechtliche Einkunftsart Bezug, sondern verweist nur allgemein auf die Steuerberechtigung des Quellen-

465 *Schlütter*, JbFfSt 1979/1980, S. 168 f.

466 *Piltz*, Personengesellschaften, S. 143 f.

467 *Riemenschneider*, Abkommensberechtigung, S. 164 f.

468 *Piltz*, Personengesellschaften, S. 146 f.; *Riemenschneider*, Abkommensberechtigung, S. 165 ff.; so auch *Schaumburg*, Stbg 1999, S. 159.

staates. Teile des Schrifttums legen diese Formulierung in gleicher Weise wie Art. 23 Abs. 2 MA dahingehend aus, dass der Ansässigkeitsstaat an die Qualifikation der Einkünfte im Quellenstaat gebunden ist, da der Wortlaut des Art. 23 Abs. 1 MA eine solche Auslegung zulasse und der Sinn und Zweck des Abkommens dies gebiete.[469] Hingegen lehnt *Riemenschneider* eine solche Bindung ab, denn auch ein aus dem Sinn und Zweck des DBA hergeleitetes Auslegungsergebnis sei nur dann mit der Aussage des DBA zu vereinbaren, wenn der Wortlaut der jeweiligen Abkommensvorschrift einen Anhaltspunkt für eine derartige Auslegung enthalte, was für Art. 23 A Abs. 1 MA nicht zutreffe.[470]

e) Betriebstättenerlass

Im Betriebstättenerlass vertritt die Finanzverwaltung die Auffassung, dass Sondervergütungen eines inländischen Gesellschafters einer ausländischen Personengesellschaft und Sondervergütungen eines ausländischen Gesellschafters einer inländischen Personengesellschaft als Unternehmensgewinne i. S. d. Art. 7 MA zu behandeln sind, auch wenn das DBA keine ausdrückliche Regelung in diesem Sinne enthalte. Qualifiziert der ausländische Quellenstaat die Sondervergütungen abweichend vom deutschen Steuerrecht, z. B. als Zinsen oder als Lizenzgebühren, schließt sich die Finanzverwaltung zur Vermeidung weißer Einkünfte jedoch im Ergebnis der Rechtsprechung des BFH an. Falls der Quellenstaat sich aufgrund seiner Qualifikation der Einkünfte dazu angehalten sieht, die Einkünfte von der Steuer zu befreien oder

469 *Knobbe-Keuk*, RIW 1991, S. 311; *Krabbe*, IWB 1998, F. 3 Gr. 2, S. 769, 771 f.; *ders.*, IStR 1999, S. 591 f.; *Manke*, JbFfSt 1978/1979, S. 341; *Menck*, IStR 1999, S. 148; *Piltz*, Personengesellschaften, S. 143 ff.; *Schaumburg*, Stbg 1999, S. 159; *Schröder*, StBp 1989, S. 28 f.; *Selent*, Ausländische Personengesellschaften im Ertrag- und Vermögensteuerrecht, S. 314; *Storck/Selent*, RIW/AWD 1980, S. 338 f.; *Weggenmann*, Einordnungskonflikte, S. 238 ff., 252; *ders.*, IStR 2002, S. 618.

470 *Riemenschneider*, Abkommensberechtigung, S. 170 f.; so auch *Hemmelrath*, IStR 1995, S. 572; *Kappe*, DStR 1987, S. 481 f.; *Krabbe*, FR 1981, S. 394; *Mittermaier*, Besteuerung von Personengesellschaften im Verhältnis USA-Deutschland, S. 287 f.; *Ostendorf*, Behandlung von Sondervergütungen, S. 144, 160.

nur begrenzt zu besteuern, werden nämlich die Einkünfte nach dem Methodenartikel des anzuwendenden DBA nicht von der deutschen Besteuerung ausgenommen.[471]

f) OECD

aa) Lösungsansatz des OECD-Partnership-Reports

Nach dem OECD-Report soll im Fall eines positiven Qualifikationskonflikts die Doppelbesteuerung dadurch vermieden werden, dass der Ansässigkeitsstaat bei der Anwendung des Methodenartikels die abkommensrechtliche Beurteilung der Einkünfte durch den Quellenstaat berücksichtigt.[472] Der Ansässigkeitsstaat hat daher die Sondervergütungen, die er abweichend vom Quellenstaat als Zinsen qualifiziert, entweder freizustellen oder die gesamte vom Quellenstaat erhobene Steuer anzurechnen.[473] Diese Lösung leitet der Fiskalausschuss aus dem Wortlaut des an den Ansässigkeitsstaat gerichteten Art. 23 MA ab. Die Regelung sieht vor, dass eine Doppelbesteuerung in allen Fällen vermieden wird, in denen „Einkünfte [...] nach diesem Abkommen im anderen Vertragsstaat besteuert werden" können. Damit habe der Ansässigkeitsstaat die vertragliche Verpflichtung, die Freistellungsmethode oder die Anrechnungsmethode in allen Fällen anzuwenden, in denen der Quellenstaat eine Besteuerung der Einkünfte in Übereinstimmung mit dem DBA vorgenommen hat.[474] Eine solche abkommenskonforme Besteuerung liegt nach Ansicht des Fiskalausschusses vor, wenn der Quellenstaat entsprechend Art. 3 Abs. 2 MA für die abkommensrechtliche Qualifikation der Einkünfte auf sein nationales Recht zurückgreift.[475]

Anders liegt es nach Auffassung des Fiskalausschusses, wenn der Qualifikationskonflikt nicht auf Unterschieden im nationalen Recht des Quellen- und des Ansässigkeitsstaates beruht, sondern aus einer unter-

471 BMF v. 24.12.1999, BStBl. I 1999, 1076 Tz. 1.2.3.
472 *OECD-Partnership-Report*, Rz. 103.
473 *OECD-Partnership-Report*, Rz. 123.
474 *OECD-Partnership-Report*, Rz. 104.
475 *OECD-Partnership-Report*, Rz. 105.

schiedlichen Beurteilung der Tatsachen oder einer unterschiedlichen Auslegung der Abkommensbestimmungen resultiert. In diesen Fällen könne der Ansässigkeitsstaat argumentieren, dass der Quellenstaat seine Steuer nicht in Übereinstimmung mit dem DBA erhoben habe, so dass der Ansässigkeitsstaat nicht verpflichtet sei, die Doppelbesteuerung gem. Art. 23 MA zu vermeiden. Eine hieraus resultierende Doppelbesteuerung soll daher durch ein Verständigungsverfahren gem. Art. 25 MA gelöst werden.[476]

Liegt ein negativer Qualifikationskonflikts vor, soll der Ansässigkeitsstaat bei der Anwendung des Art. 23 MA DBA davon ausgehen, dass die Einkünfte *nicht* i. S. d. Methodenartikels im Quellenstaat besteuert werden können, wenn dieser die Einkünfte nach der aus seinem nationalen Recht resultierenden Anwendung einer der Verteilungsnormen nicht bzw. nur eingeschränkt besteuert. Der Ansässigkeitsstaat ist demnach nicht verpflichtet, die Einkünfte freizustellen. Dies soll auch dann gelten, wenn der Ansässigkeitsstaat in der Situation des Quellenstaates das Abkommen so angewendet hätte, dass er die Einkünfte besteuert hätte. Dieses Ergebnis steht nach Auffassung des Fiskalausschusses im Einklang mit der Grundfunktion des Art. 23 MA, die Doppelbesteuerung zu vermeiden.[477]

Hiervon sind Fälle doppelter Nichtbesteuerung abzugrenzen, die nicht aus Unterschieden im nationalen Recht der Anwendestaaten resultieren, sondern das Ergebnis von Meinungsverschiedenheiten zwischen dem Ansässigkeitsstaat und dem Quellenstaat hinsichtlich der Sachverhaltsinterpretation oder der Auslegung der Abkommensbestimmungen sind. Um eine daraus resultierende doppelte Nichtbesteuerung zu vermeiden, wurde Absatz 4 in Art. 23 A MA eingefügt, wonach Absatz 1 nicht für Einkünfte einer in einem Vertragsstaat ansässigen Person gilt, wenn der andere Vertragsstaat (Quellenstaat) dieses Abkommen so anwendet, dass er diese Einkünfte von der Besteuerung ausnimmt oder Abs. 2 des Art. 10 oder des Art. 11 auf die Einkünfte anwendet.[478]

476 *OECD-Partnership-Report*, Rz. 108.
477 *OECD-Partnership-Report*, Rz. 109.
478 *OECD-Partnership-Report*, Rz. 112, 113.

Die Vermeidung der doppelten Nichtbesteuerung durch Nichtanwendung des Art. 23 A Abs. 1 bzw. durch Anwendung des Art. 23 A Abs. 4 MA gilt jedoch nur für die Fälle, in denen der Quellenstaat ein grundsätzlich bestehendes Besteuerungsrecht nach dem DBA für ausgeschlossen hält, nicht aber dann, wenn das DBA dem Quellenstaat das Besteuerungsrecht für bestimmte Einkünfte zuweist, der Quellenstaat aber nach seinem nationalen Recht auf diese keine Steuern erhebt. In diesem Fall muss der Ansässigkeitsstaat, falls das konkrete DBA keine „subject-to-tax"-Klausel enthält, die Einkünfte weiter nach Art. 23 MA freistellen.[479]

Im Fall der Sondervergütungen ist der Ansässigkeitsstaat nach dem OECD-Report somit nicht zur Freistellung verpflichtet, da der Quellenstaat die Sondervergütungen unter Rückgriff auf sein nationales Recht als Zinsen i. S. d. Art. 11 MA qualifiziert und der Qualifikationskonflikt somit auf Unterschiede im nationalen Recht der beiden Anwendestaaten zurückgeht. Der Ansässigkeitsstaat kann die Einkünfte besteuern und hat dann zur Vermeidung einer Doppelbesteuerung die im Quellenstaat gegebenenfalls erhobene Quellensteuer anzurechnen.[480]

Als Ergebnis lässt sich Folgendes festhalten: Der OECD-Report führt Qualifikationskonflikte grundsätzlich auf drei Ursachen zurück und versucht sie nach diesen differenziert aufzulösen. Doppelbesteuerungen bzw. Doppelfreistellungen aufgrund unterschiedlicher Sachverhaltsinterpretationen bzw. aufgrund unterschiedlicher Auslegungen der Abkommensbestimmungen sollen durch Verständigungsverfahren gem. Art. 25 MA bzw. durch Anwendung des Art. 23 Abs. 4 MA vermieden werden. Bei Qualifikationskonflikten, die auf Unterschieden im nationalen Steuerrecht der Anwendestaaten beruhen, soll die Doppelbesteuerung bzw. Doppelfreistellung hingegen durch eine entsprechende Auslegung des Methodenartikels (Art. 23 MA) vermieden werden. Hier befürwortet der OECD-Partnership-Report im Ergebnis eine Bindung des Ansässigkeitsstaates an die Einordnung der Einkünfte durch den Quellenstaat i. S. e. Qualifikationsverkettung.

479 *OECD-Partnership-Report*, Rz. 111, 114.
480 *OECD-Partnership-Report*, Rz. 119.

bb) Stellungnahme

Der Lösungsansatz des OECD-Reports birgt mehrere Probleme und wird von Teilen des Schrifttums kritisiert.[481]

Die vom Fiskalausschuss vorgenommene Differenzierung nach drei unterschiedlichen Ursachen für die Qualifikationskonflikte lässt die nötige Trennschärfe vermissen. Der Ansässigkeitsstaat wird in den meisten Fällen anhand des bloßen Auslegungsergebnisses nicht erkennen können, ob der Quellenstaat dieses Ergebnis auf dem Wege einer DBA-autonomen Auslegung oder durch Rückgriff auf das nationale Recht gem. Art. 3 Abs. 2 MA erzielt hat.[482] Damit wird der vom OECD-Report vorgeschlagene Lösungsmechanismus für Qualifikationskonflikte häufig nicht anwendbar sein.

Der OECD-Report löst einen Qualifikationskonflikt, der auf Unterschiede im nationalen Recht der Anwendestaaten zurückzuführen ist, durch eine Qualifikationsverkettung zwischen Quellenstaat und Ansässigkeitsstaat. Durch diese Qualifikationsverkettung, die auch von Teilen des Schrifttums[483] befürwortet wird, wird lediglich erreicht, dass der Ansässigkeitsstaat die Folgen des Qualifikationskonfliktes verhindert, indem er die Qualifikation des Quellenstaates als abkommenskonform akzeptieren und von seinem eigenen Standpunkt abweichen muss. Der Qualifikationskonflikt selbst wird hingegen nicht gelöst, denn seine Ursache – die abweichende Subsumtion der Sondervergütungen unter die DBA-Verteilungsnormen durch die beiden Anwendestaaten – wird durch den Lösungsansatz des OECD-Reports nicht beseitigt.[484]

481 *Aigner/Züger*, Lösung des OECD-Steuerausschusses, S. 47 ff.; *Günkel/Lieber*, FR 2000, S. 855 ff.; *Lang*, The Application, S. 79 ff.; *ders.*, in FS Vogel, S. 915 ff.; *Lüdicke,* Die Besteuerung von international tätigen Personengesellschaften, S. 23; *Schuch/Bauer*, Überlegungen des OECD-Steuerausschusses, S. 27 ff.; *Staringer*, Leistungsbeziehungen, S. 112 ff. Der im OECD-Report vertretenen Auffassung zustimmend *Vogel* in Vogel/Lehner, DBA, Art. 23 Rz. 37, anders noch *Vogel*, DBA 3. Aufl., Art. 3 Rz. 66.

482 *Aigner/Züger*, Lösung des OECD-Steuerausschusses, S. 53 f.; *Lang* in FS Vogel, S. 918 f.; *Schuch/Bauer*, Überlegungen des OECD-Steuerausschusses, S. 31 f.; *Staringer*, Leistungsbeziehungen, S. 116; *Weggenmann*, Einordnungskonflikte, S. 243; *ders.*, IStR 2002, S. 619 f.

483 § 5 III 4 d) bb).

484 *Rottgardt*, Sondervergütungen, S. 165; *Staringer*, Leistungsbeziehungen, S. 114.

Die eigentliche Problematik dieses Lösungsansatzes liegt in der Auslegung des Art. 23 A Abs. 1 MA, die nach dem Wortlaut zwar möglich, jedoch nicht zwingend ist, da der Methodenartikel keine Anhaltspunkte enthält, die für eine Bindungswirkung sprechen.[485] Die Norm kann vielmehr auch so ausgelegt werden, dass eine Besteuerung des Quellenstaates nur dann als in Übereinstimmung mit dem Abkommen i. S. d. Art. 23 A Abs. 1 MA anzusehen ist, wenn aus Sicht des Rechts des Ansässigkeitsstaates für den Quellenstaat ein Besteuerungsrecht besteht.[486]

Die Befürworter der Qualifikationsverkettung begründen ihre Auffassung insbesondere damit, dass hierdurch Doppelbesteuerungen und doppelte Nichtbesteuerungen vermieden würden, so dass diese Auslegung den Sinn und Zweck des Abkommens am ehesten erfülle und daher im Zweifel gegenüber anderen möglichen Interpretationen vorzuziehen sei.[487]

Hiergegen wird eingewendet, dass zumindest die Vermeidung einer doppelten Nichtbesteuerung kein generelles Ziel der DBA sei.[488] Dafür spreche insbesondere, dass einzelne DBA „subject-to-tax"-Klauseln enthielten, deren expliziter Vereinbarung es nicht bedurft hätte, wenn die DBA stets eine doppelte Nichtbesteuerung vermeiden wollten und Art. 23 A Abs. 1 MA in diesem Sinne eine ungeschriebene „subject-to-tax"-Klausel enthalten würde.[489] Auch die in einzelnen

485 *Günkel/Lieber*, FR 2000, S. 856; *dies.*, FR 2001, S. 132; *Wassermeyer* in Debatin/Wassermeyer, DBA, MA Art. 3 Rz. 80a, Art. 23 Rz. 46.

486 *Lang* in FS Vogel, S. 916; *Piltz* in Debatin/Wassermeyer, DBA, MA Art. 7 Rz. 97; *Staringer*, Leistungsbeziehungen, S. 115; *Wassermeyer* in Debatin/Wassermeyer, DBA, MA Art. 23 Rz. 46.

487 *Knobbe-Keuk*, RIW 1991, S. 311; *Krabbe*, IWB 1998, F. 3 Gr. 2, S. 769, 771 f.; *ders.*, IStR 1999, S. 591 f.; *Loukota*, SWI 1999, S. 75; *Manke*, JbFfSt 1978/1979, S. 341; *Menck*, IStR 1999, S. 148; *Piltz*, Personengesellschaften, S. 143 ff., S. 146 f.; *Riemenschneider*, Abkommensberechtigung, S. 165 ff.; *Schaumburg*, Stbg 1999, S. 159; *Selent*, Ausländische Personengesellschaften im Ertrag- und Vermögensteuerrecht, S. 314; *Storck/Selent*, RIW/AWD 1980, S. 338 f.; *Weggenmann*, Einordnungskonflikte, S. 238 ff., 252; *ders.*, IStR 2002, S. 618.

488 *Lang*, The Application, S. 29; *ders.*, SWI 2000, S. 211 f.

489 *Lang* in FS Vogel, S. 917; *ders.*, The Application, S. 29; *ders.*, SWI 2000, S. 212; *Lüdicke*, Die Besteuerung von international tätigen Personengesellschaften, S. 32; *Schuch/Bauer*, Überlegungen des OECD-Steuerausschusses, S. 35, 37.

Verteilungsnormen, wie z. B. Art. 6 Abs. 2 MA oder Art. 10 Abs. 3 MA, enthaltenen Verweise auf das originär innerstaatliche Recht des Quellenstaates sprächen dagegen, Art. 23 A Abs. 1 MA im Sinne einer generellen Bindung des Ansässigkeitsstaates an die Einordnung der Einkünfte durch den Quellenstaat auszulegen, da anderenfalls der einzelne Verweis auf das innerstaatliche Recht überflüssig wäre.[490]

Problematisch am Lösungsansatz der OECD ist weiter, dass die Annahme einer Qualifikationsverkettung die Anwendung des Methodenartikels durch den Ansässigkeitsstaat voraussetzt. Bei Verteilungsnormen mit abschließender Rechtsfolge ergibt sich die Befreiung der Einkünfte durch einen der Anwendestaaten jedoch unmittelbar aus der Norm, so dass es einer Anwendung des Art. 23 A Abs. 1 MA nicht bedarf. Wendet der Ansässigkeitsstaat eine solche Norm an, ist es folglich nicht möglich, eine Bindung des Ansässigkeitsstaates an die Qualifikation des Quellenstaates herzuleiten.[491] Wendet nun der Quellenstaat aufgrund von Unterschieden im nationalen Recht eine andere Abkommensnorm an, so dass es zu einem Qualifikationskonflikt kommt, kann eine daraus resultierende Doppelbesteuerung oder doppelte Nichtbesteuerung durch den Lösungsansatz der OECD nicht vermieden werden.[492] Diese an sich konsequente Schlussfolgerung zieht der OECD-Steuerausschuss indes nicht, sondern geht m. E. zu Unrecht auch bei Anwendung einer Verteilungsnorm mit abschließender Rechtsfolge durch den Ansässigkeitsstaat von einer sich aus Art. 23 MA ergebenden Freistellungs- bzw. Anrechnungsverpflichtung dieses Staates aus.[493]

490 *Lang* in FS Vogel, S. 916; *Schuch/Bauer*, Überlegungen des OECD-Steuerausschusses, S. 36.

491 *Lang* in FS Vogel, S. 919; *Schuch/Bauer*, Überlegungen des OECD-Steuerausschusses, S. 36.

492 So auch *Vogel* in Vogel/Lehner, DBA, Art. 3 Rz. 115.

493 In Beispiel 14 wird der Fall behandelt, dass der im Staat R ansässige Gesellschafter seinen Anteil an der Personengesellschaft, die ihren Sitz in Staat P hat, an D veräußert. Da Staat R nach seinem nationalen Recht die Personengesellschaft als steuerrechtlich intransparent behandelt, stellt die Veräußerung des Anteils aus seiner Sicht die Veräußerung eines Anteils an einer Kapitalgesellschaft dar, so dass aus Sicht des Ansässigkeitsstaates des Gesellschafters Art. 13 Abs. 4 MA zur Anwendung kommt. Hiernach steht ausschließlich dem Ansässigkeitsstaat des Veräußerers ein Besteuerungsrecht zu. Aus Sicht des Staat R würde es einer Anwendung des Art. 23 MA gar nicht bedürfen. Nach dem nationalen Recht des Staates

Woraus sich die Anwendung des Art. 23 MA in diesen Fällen ergeben soll, wird im OECD-Report allerdings nicht dargelegt.

Die aufgezeigte Problematik des OECD-Lösungsansatzes resultiert letztlich aus den selbst gesetzten Prämissen:[494]

So erachtet der Steuerausschuss die Besteuerung von Einkünften durch den Quellenstaat stets als abkommenkonform i. S. d. Art. 23 A Abs. 1 MA, wenn der Quellenstaat die ihm das Besteuerungsrecht zuweisende Verteilungsnorm aufgrund einer Auslegung nach seinem innerstaatlichen Recht anwendet.[495] Ob eine Auslegung aus dem Abkommenszusammenhang zur Anwendung einer anderen Verteilungsnorm geführt hätte, wodurch ggf. gar kein Qualifikationskonflikt entstanden wäre, wird im OECD-Report überhaupt nicht erörtert.[496] Dies zeigt – auch wenn es im OECD-Report nicht explizit zum Ausdruck gebracht wird –, dass der OECD-Steuerausschuss Art. 3 Abs. 2 MA dahingehend interpretiert, dass eine am innerstaatlichen Recht des Anwendestaates orientierte Abkommensauslegung zumindest auf der gleichen Stufe steht wie eine abkommensautonome Auslegung.[497]

Nach hier vertretener Auffassung[498] ist Art. 3 Abs. 2 MA dahingehend auszulegen, dass jeder im Abkommen selbst definierte Ausdruck für die Vertragsstaaten verbindlich ist, wobei der Ausdruck „definiert" in einem weiten Sinne zu verstehen ist. Ist eine abkommensautonome

---

P ist die Personengesellschaft steuerrechtlich transparent, so dass es sich aus Sicht des Quellenstaates um die Veräußerung eines Betriebes handeln würde, auf die Art. 13 Abs. 2 MA anzuwenden wäre. Hierbei handelt es sich um eine Verteilungsnorm mit offener Rechtsfolge, so dass sowohl der Ansässigkeitsstaat des Veräußerers als auch der Quellenstaat besteuern dürfte. Nach Auffassung des Steuerausschusses ist der Ansässigkeitsstaat dazu verpflichtet, die daraus resultierende Doppelbesteuerung durch Freistellung oder Anrechnung der ausländischen Steuer entsprechend Art. 23 MA zu vermeiden, obwohl Art. 23 MA aus Sicht des Ansässigkeitsstaates gar nicht zur Anwendung kommt. *OECD-Partnership-Report*, Rz. 107.

494 *Günkel/Lieber*, FR 2000, S. 855; *Lang*, The Application, S. 80; *Staringer*, Leistungsbeziehungen, S. 116.

495 *OECD-Partnership-Report*, Rz. 97, 104, 105, 121.

496 *Lang*, The Application, S. 80 f.

497 *Günkel/Lieber*, FR 2000, S. 855; *Rottgardt*, Sondervergütungen, S. 170; *Staringer*, Leistungsbeziehungen, S. 116.

498 Ausführlich hierzu § 5 I 4 c) cc).

Begriffsdefinition nicht gegeben, so ist einer Auslegung der Verteilungsnormen aus dem Abkommenzusammenhang stets Vorrang vor einer Auslegung nach dem innerstaatlichen Recht des Anwendestaates einzuräumen, falls durch Rückgriff auf das jeweilige innerstaatliche Recht der Anwendestaaten der Sinn und Zweck der DBA nicht erreicht wird. Genau dies ist aber hinsichtlich der Sondervergütungen der Fall, wenn die beiden Vertragsstaaten diese Einkünfte unter Rückgriff auf ihr innerstaatliches Recht unter verschiedene Verteilungsnormen subsumieren und daher ein positiver oder negativer Qualifikationskonflikt ausgelöst wird. Da die Lösung des OECD-Reports somit bereits vom Ansatz her verfehlt ist, kann ihr nicht gefolgt werden.

g) Eigene Ansicht

Die Lösung für die Qualifikation der Sondervergütungen liegt nicht in einer Bindung des Ansässigkeitsstaats an den Quellenstaat. Ob Einkünfte im Sinne des Art. 23 A Abs. 1 MA im anderen Staat besteuert werden können, hängt von der abkommensrechtlichen Qualifikation der Einkünfte und damit von der Auslegung der Verteilungsnorm ab. Diese hat vorrangig abkommensautonom zu erfolgen. Die beiden Vertragstaaten haben jeden im Abkommen definierten Begriff als verbindlich anzusehen und, soweit eine abkommensautonome Begriffsdefinition nicht gegeben ist, eine Auslegung aus dem Abkommenszusammenhang vorzunehmen, und zwar unabhängig davon, ob diese Auslegung im Ergebnis dem innerstaatlichen Recht des jeweiligen Vertragsstaates entspricht.[499] Hierdurch kommen beide Vertragsstaaten zu einem übereinstimmenden Auslegungsergebnis, so dass ein Qualifikationskonflikt, der durch eine Qualifikationsverkettung gelöst werden müsste, nicht auftritt.[500] Sollte dennoch ein Qualifikationskonflikt auftreten, ist dieser entweder auf eine fehlerhafte Auslegung des Abkommens durch einen der beiden Staaten oder aber auf eine abweichende Sachverhaltsinterpretation

499 So im Ergebnis auch *Günkel/Lieber*, FR 2000, S. 855.

500 So auch *Ostendorf*, Behandlung von Sondervergütungen, S. 161; *Rottgardt*, Sondervergütungen, S. 171 f.; *Schuch/Bauer*, Überlegungen des OECD-Steuerausschusses, S. 39 f.

zurückzuführen. In diesem Fall ist ein positiver Qualifikationskonflikt durch ein Verständigungsverfahren (Art. 25 MA) und ein negativer Qualifikationskonflikt über den neu eingefügten Art. 23 Abs. 4 MA zu lösen.

Ist ausnahmsweise eine Auslegung aus dem Abkommen selbst nicht möglich, so ist die betreffende Norm unter Rückgriff auf das innerstaatliche Recht auszulegen. Sollte es hierdurch zu einem Qualifikationskonflikt kommen, ist fraglich, ob in diesem speziellen Fall nicht doch eine Bindung des Ansässigkeitsstaates an die Qualifikation des Quellenstaates gelten sollte.[501]

Dagegen spricht, dass sich eine Qualifikationsverkettung aus dem Wortlaut des Art. 23 MA nicht ableiten lässt.[502] Auch aus dem Abkommenszusammenhang ergibt sich eine solche Auslegung nicht. Vielmehr steht einer Auslegung des Art. 23 MA i. S. e. Qualifikationsverkettung die Regelung des Art. 3 Abs. 2 MA entgegen, die für die Klärung von im Abkommen nicht definierten Begriffen auf das innerstaatliche Recht des Anwendestaates verweist. Nach dem Wortlaut trifft Art. 3 Abs. 2 MA keine Unterscheidung in Quellen- und Ansässigkeitsstaat, sondern stellt auf den Abkommen anwendenden Staat ab. Dies sind bei Verteilungsnormen beide Staaten. Nach der Lösung des OECD-Steuerausschusses wird Art. 3 Abs. 2 MA hingegen so interpretiert, dass nur das innerstaatliche Recht des Quellenstaates maßgeblich sein soll, wodurch die lex-fori-Regel im Ergebnis auf den Quellenstaat beschränkt wird.[503] Eine Qualifikationsverkettung ist daher auch in den Fällen abzulehnen, in denen der Qualifikationskonflikt aus Unterschieden im innerstaatlichen Recht resultiert. Ein solcher Qualifikationskonflikt ist daher gem. Art. 25 MA im Wege des Verständigungsverfahrens bzw. über Art. 23 Abs. 4 MA zu lösen.

Bei einem negativen Qualifikationskonflikt spricht für diese Auffassung auch der Wortlaut des Art. 23 Abs. 4 MA. Diese Norm regelt, dass eine Freistellung i. S. d. Art. 23 Abs. 1 MA nicht für Einkünfte einer in einem Vertragsstaat ansässigen Person gilt, „wenn der andere

501 So der OECD-Steuerausschuss.

502 § 5 III 4 d) bb) (2), (3).

503 *Menck*, IStR 1999, S. 148; *Schuch/Bauer*, Überlegungen des OECD-Steuerausschusses, S. 36.

Vertragstaat dieses Abkommen so anwendet, dass er diese Einkünfte oder dieses Vermögen von der Besteuerung ausnimmt oder Absatz 2 des Artikel 10 oder des Artikel 11 auf diese Einkünfte anwendet." Aus dem Wortlaut ergibt sich, dass es sich bei Art. 23 Abs. 4 MA nicht um eine „subject-to-tax"-Klausel handelt, denn die Freistellung soll nur dann nicht erfolgen, wenn der Quellenstaat aufgrund seiner Abkommensanwendung die Einkünfte nicht besteuert.[504] Die Norm differenziert jedoch nicht hinsichtlich des Grundes, der den Quellenstaat dazu veranlasst, das Abkommen so anzuwenden, dass er für sich kein Besteuerungsrecht annimmt. Dem Wortlaut lassen sich demnach keine Anhaltspunkte für die vom Steuerausschuss vertretene Differenzierung entnehmen, wonach der Absatz 4 nur auf Qualifikationskonflikte wegen unterschiedlicher Sachverhaltsbeurteilung und unterschiedlicher Abkommensauslegung anzuwenden ist.[505] Die Vorschrift ist daher m. E. auch in den Fällen anwendbar, in denen die einen Qualifikationskonflikt auslösende Abkommensanwendung unter Rückgriff auf das innerstaatliche Recht erfolgte.

Als Ergebnis lässt sich festhalten, dass durch eine konsequente Auslegung des Abkommens aus sich selbst heraus Qualifikationskonflikte weitgehend vermieden werden. Die DBA enthalten eigene Einkunftsarten, die unabhängig von denen des innerstaatlichen Rechts der Vertragsstaaten sind. Somit ist nachfolgend zu prüfen, unter welche abkommensrechtliche(n) Einkunftsarte(n) die Sondervergütungen zu subsumieren sind. Zu berücksichtigen ist hierbei, dass die Verteilungsnormen in einem Verhältnis der Spezialität stehen.[506] Daher sind auch die Sondervergütungen daraufhin zu untersuchen, ob sie nach ihrer

504 Damit sind von der Regelung die Fälle ausgenommen, in denen im Quellenstaat trotz eines abkommensrechtlichen Besteuerungsrechts nach dessen innerstaatlichem Recht keine Besteuerung der Einkünfte erfolgt. So auch OECD- Partnership-Report, Rz. 111, 114; *Wassermeyer* in Debatin/Wassermeyer, DBA, MA Art. 23 Rz. 146; *Vogel* in Vogel/Lehner, DBA, Vor Art. 6–22 Rz. 20, Art. 23 Rz. 247. Die Regelung des Art. 23 Abs. 4 MA entspricht einer „switch-over"-Klausel *Keller*, Die Bedeutung des neuen Art. 23 A Abs. 4 OECD-MA, S. 265; *Vogel* in Vogel/Lehner, DBA, Art. 23 Rz. 248.

505 *Schuch/Bauer*, Überlegungen des OECD-Steuerausschusses, S. 42; *Weggenmann*, Einordnungskonflikte, S. 243.

506 § 5 I 3.

Natur unter einen der anderen Abkommensartikel fallen, denn wenn das der Fall ist, ist gem. Art. 7 Abs. 7 MA dieser Artikel einschlägig.

aa) Vergütungen für die Hingabe von Darlehen

(1) Zinsen i. S. d. Art. 11 Abs. 3 MA

Nach Art. 11 Abs. 3 MA sind Zinsen Einkünfte aus Forderungen jeder Art. Aus dem Abkommenszusammenhang und dem MK ergibt sich, dass es sich hierbei um Vergütungen für die Überlassung von Kapital handelt.[507] Der Begriff „Forderung" setzt das Bestehen eines Gläubiger-Schuldner-Verhältnisses voraus, wobei Gläubiger und Schuldner zwei verschiedene Personen sein müssen.[508] Art. 11 MA enthält keine besonderen Vorschriften für Personengesellschaften, so dass eine Forderung auch zwischen einem Gesellschafter und seiner Personengesellschaft bestehen kann, denn die gesellschaftsrechtliche Beziehung schließt nicht aus, dass die Person daneben schuldrechtliche Beziehungen zu der Personengesellschaft unterhält.[509] Entgegen der Auffassung von *Riemenschneider* und *Lang* gilt dies auch dann, wenn die Personengesellschaft mangels Steuersubjektivität nicht ansässig i. S. d. Art. 4 MA ist.[510] Für die abkommensrechtliche Anerkennung eines Gläubiger-Schuldner-Verhältnisses ist es hinreichend, wenn der Schuldner eine Person im abkommensrechtlichen Sinne ist.[511] Dies ergibt sich für ein Darlehensverhältnis daraus, dass Art. 11 Abs. 1 MA lediglich fordert, dass der *Nutzungsberechtigte* der Zinsen, hier also der Gesellschafter, eine in einem Vertragstaat ansässige Person i. S. d. Abkommens ist und die Zinsen aus dem anderen Vertragsstaat stammen. Nach

507 *Pöllath* in Vogel/Lehner, DBA, Art. 11 Rz. 56; *Wassermeyer* in Debatin/Wassermeyer, DBA, MA Art. 11 Rz. 73, 79.

508 BFH v. 27.2.1991, BStBl. II 1991, 444; *Wassermeyer* in Debatin/Wassermeyer, DBA, MA Art. 11 Rzn. 79, 79a.

509 *Wassermeyer* in Debatin/Wassermeyer, DBA, MA Art. 11 Rz. 95.

510 *Wassermeyer* in Debatin/Wassermeyer, DBA, MA Art. 11 Rz. 79a; § 5 III 4 d) aa).

511 So auch *Piltz* in Debatin/Wassermeyer, DBA, MA Art. 7 Rz. 109a; *Weggenmann*, Einordnungskonflikte, S. 274 f.; *ders.*, IStR 2002, S. 7; *Wassermeyer* in Debatin/Wassermeyer, DBA, MA Art. 11 Rz. 79a.

Art. 11 Abs. 5 S. 2 MA gelten Zinsen „ohne Rücksicht darauf, ob er (der Schuldner) in einem Vertragsstaat ansässig ist oder nicht“ als aus dem anderen Vertragsstaat stammend, wenn der Schuldner dort eine Betriebstätte unterhält und die Schuld, für die die Zinsen gezahlt werden, für Zwecke der Betriebstätte eingegangen worden ist und diese die Zinsen trägt. Gewährt ein Gesellschafter seiner Personengesellschaft ein Darlehen, so steht er ihr demnach als Gläubiger einer Kapitalforderung gegenüber; die hierfür gezahlten Vergütungen sind abkommensrechtlich als Zinsen i. S. d. Art. 11 Abs. 3 MA zu qualifizieren.[512]

(2) Betriebstättenvorbehalt

Allerdings ist der in Art. 11 Abs. 4 MA enthaltene Betriebstättenvorbehalt zu berücksichtigen. Danach ist auf Zinsen Art. 7 MA anzuwenden, wenn der Nutzungsberechtigte im Quellenstaat eine Geschäftstätigkeit durch eine dort gelegene Betriebstätte ausübt und die Forderung, für die die Zinsen gezahlt werden, tatsächlich zu dieser Betriebstätte gehört. Es ist fraglich, ob und inwieweit der Betriebstättenvorbehalt hinsichtlich der Sondervergütungen zur Anwendung kommt. Der OECD-MK führt aus, dass Zinsen im Quellenstaat dann als Teil der Gewinne der dort gelegenen Betriebstätte des im anderen Staat ansässigen Gläubigers besteuert werden können, wenn sie für Forderungen gezahlt werden, die Teil des Vermögens der Betriebstätte darstellen oder auf andere Weise tatsächlich zu dieser Betriebstätte gehören.[513]

Gem. § 95 Abs. 1 BewG umfasst das Betriebsvermögen alle Teile eines Gewerbebetriebes im Sinne des § 15 Abs. 1 und 2 EStG, die bei der steuerlichen Gewinnermittlung zum Betriebsvermögen gehören. Damit könnte unter Rückgriff auf das innerstaatliche Recht aus deutscher Sicht eine Zugehörigkeit der Forderung zu Betriebstätte angenommen werden.

512 *Pyszka*, IStR 1998, S. 747 f.; *Ostendorf*, Behandlung von Sondervergütungen, S. 147; *Wassermeyer* in Debatin/Wassermeyer, DBA, MA Art. 11 Rz. 95.

513 OECD-MK, Art. 11 Rz. 24.

Der BFH führt in seinem Urteil v. 27.2.1991[514] aus, dass durch den Betriebstättenvorbehalt Erträge aus Wirtschaftsgütern, die von der Betriebstätte genutzt werden und zu ihrem Betriebsergebnis beigetragen haben, dem Betriebstättenstaat zur Besteuerung zugewiesen werden sollen. Bei Kreditgewährungen sei dabei nicht entscheidend, ob das darlehensweise überlassene Kapital in der Betriebstätte genutzt wird, sondern ob die Darlehensforderung tatsächlich zur Betriebstätte gehöre. Der BFH lehnte eine solche tatsächliche Zugehörigkeit der den Sondervergütungen zugrunde liegenden Forderung zur Betriebstätte ab, da es sich nicht um eine Forderung der Gesellschaft, sondern um eine Forderung des Gesellschafters gegen die Gesellschaft handele, weshalb die Gesellschaft eine Verbindlichkeit auszuweisen habe.

Der Ausweis einer Verbindlichkeit bei der Personengesellschaft kann im Ergebnis nicht entscheidend sein. Es geht um die tatsächliche Zugehörigkeit des Vermögenswertes des Gesellschafters zu der Betriebstätte der Personengesellschaft. Dafür macht es keinen Unterschied, ob die Gesellschaft eine korrespondierende Verbindlichkeit passivieren muss oder ob sich die ihr bspw. eingeräumte Nutzung eines Patents bilanziell nicht niederschlägt. Sowohl die Darlehensforderung als auch das Patent des Gesellschafters werden nach deutschem Steuerrecht als Sonderbetriebsvermögen qualifiziert, so dass eine Differenzierung, die lediglich am Vorhandensein einer korrespondierenden bilanziellen Verbindlichkeit bei der Personengesellschaft anknüpft, dem wirtschaftlich vergleichbaren Gehalt der Sachverhalte nicht gerecht wird.[515]

Die steuerliche Behandlung von im Eigentum der Gesellschafter stehenden Wirtschaftsgütern als Sonderbetriebsvermögen resultiert aus der Regelung des § 15 Abs. 1 S. 1 Nr. 2 HS 2 EStG, denn eine unterschiedliche steuerliche Qualifikation von Einkünften und der diesen zugrunde liegenden Einkunftsquelle ist nach Ansicht des BFH nicht möglich, weshalb die Qualifizierung der Vergütungen als Einkünfte aus Gewerbebetrieb auch das zugrundeliegende Vermögen erfassen müs-

514 BFH v. 27.2.1991, BStBl. II 1991, 444.

515 *Günkel/Lieber*, FR 2000, S. 854; *Lüdicke*, StbJb 1997/1998, S. 475; so auch *Wassermeyer*, wenn er ausführt, dass die Betriebsstättenvorbehalte im Grundsatz einheitlich auszulegen sind, *Wassermeyer* in Debatin/Wassermeyer, DBA, MA Art. 10 Rz. 134.

se.[516] Die Umqualifizierung der schuldrechtlich vereinbarten Vergütungen in gewerbliche Einkünfte erfolgte aus gewerbesteuerlichen Erwägungen.[517] Ein Stammrecht gehört also nicht schon deshalb tatsächlich zur Betriebstätte, weil es Sonderbetriebsvermögen des Gesellschafters darstellt, denn wie der BFH zutreffend ausführt, begründet § 15 Abs. 1 S. 1 Nr. 2 EStG grundsätzlich nur eine rechtliche Zugehörigkeit, die nicht mit der tatsächlichen Zugehörigkeit i. S. d. DBA gleichgesetzt werden kann.[518]

Fraglich ist jedoch, ob die Forderung nicht, wie es der OECD-MK formuliert, „auf andere Weise" tatsächlich zu dieser Betriebstätte gehört. Das Kernproblem des Betriebstättenvorbehaltes betrifft die Rechtsfrage, unter welchen Voraussetzungen von der tatsächlichen Zugehörigkeit eines Vermögenswerts oder Rechtes zu einer Betriebstätte ausgegangen werden kann. In der Literatur finden sich vielfältige Umschreibungen dessen, was unter der tatsächlichen Zugehörigkeit eines Wirtschaftsgutes zu verstehen ist. So soll der Begriff „tatsächlich" nicht in einem Gegensatz zu „rechtlich" sondern i. S. v. „wirklich" zu verstehen sein. Es sei entscheidend, dass das Stammrecht seiner Substanz und nicht nur seiner Form nach zur Betriebstätte gehöre.[519] Die Vermögenszurechnung zur Betriebstätte habe daher nicht nach formal-rechtlichen, sondern nach materiell-wirtschaftlichen Gesichtspunkten zu erfolgen. Hierfür sei auf die Tätigkeit der Betriebstätte abzustellen und nach wirtschaftlichen Grundsätzen festzustellen, ob das fragliche Wirtschaftsgut zu dieser Tätigkeit „passt".[520] Unter Bezug auf den Fremdvergleichsgrundsatz und Art. 22 Abs. 2 MA wird des Weiteren darauf abgestellt, ob ein selbständiger Gewerbebetrieb am gleichen Ort und unter gleichen oder ähnlichen Bedingungen zur Erzielung eines vergleichbaren

516 BFH v. 6.7.1978, BStBl. II 1978, 647; BFH v. 18.7.1979, BStBl. II 1979, 750; BFH v. 25.4.1985; BStBl. II 1985, 622; BFH v. 1.3.1994, BStBl. II 1995, 241.

517 Vgl. Begründung EStG 1934, RStBl. 1935, 33, 42 f.

518 BFH v. 27.2.1991, BStBl. II 1991, 444; BFH v. 27.2.1991, BFH/NV 1992, 385; BFH v. 31.5.1995, BStBl. II 1995, 683; BFH v. 16.10.2002, BStBl. II 2003, 631; anders noch BFH v. 18.5.1983, BStBl. II 1983, 771; BFH v. 10.11.1983, BStBl. II 1984, 605.

519 *Vogel* in Vogel/Lehner, DBA, Vor Art. 10 – 12 Rz. 40; *Wassermeyer* in Debatin/Wassermeyer, DBA, MA Art. 12 Rz. 102.

520 *Staringer*, Betriebsstättenvorbehalt, S. 235.

Geschäftserfolges das betreffende Wirtschaftsgut benötigen würde, welches somit der Betriebstätte diene.[521] Hierfür soll auch entscheidend sein, dass das Wirtschaftsgut die wirtschaftliche Ertragskraft der Betriebstätte stärkt.[522]

Nach Auffassung des BFH[523] verlangt die tatsächliche Zugehörigkeit eines Vermögenswertes zu einer Betriebstätte, dass dieser in einem funktionalen Zusammenhang zu der in der Betriebstätte ausgeübten Unternehmenstätigkeit steht. Daher sei auf die Tätigkeit abzustellen, der nach der allgemeinen Verkehrsauffassung das Hauptgewicht innerhalb der Betriebstätte zukomme. Daher seien Zinsen, Lizenzgebühren und Beteiligungserträge nur dann Unternehmensgewinne i. S. d. Art. 7 MA, wenn es sich um Nebenerträge der eigentlichen Betriebstättentätigkeit handele.

Diese Umschreibungen sind allesamt unscharf, und die Voraussetzungen einer tatsächlichen Zugehörigkeit werden nicht hinreichend klar formuliert.[524] Ob ein Stammrecht tatsächlich zur Betriebstätte gehört, kann letztlich nur aus dem Sinn und Zweck des Betriebstättenvorbehaltes und der dort geforderten tatsächlichen Zugehörigkeit abgeleitet werden. Durch das Erfordernis der tatsächlichen Zugehörigkeit wird klargestellt, dass von der Betriebstätte keine Attraktivkraft ausgeht.[525] Als Konsequenz können vom Betriebstättenstaat nur die Einkünfte eines Unternehmens als Betriebstättenerfolg besteuert werden, die durch die eigene Aktivität bzw. Tätigkeit der Betriebstätte verursacht werden, aber nicht solche, die das Stammhaus im Quellenstaat durch Direktgeschäfte der verschiedenen Art erzielt.[526]

521 *Vogel* in Vogel/Lehner, DBA, Vor Art. 10–12 Rz. 40; *Portner* in Becker/Höppner/Grotherr/Kroppen, DBA, Vor Art. 10–12 Rn. 49.

522 *Wingert* in Flick/Wassermeyer/Wingert/Kempermann, DBA Deutschland-Schweiz, Art. 11 Anm. 60; a. A. *Vogel* in Vogel/Lehner, DBA, Vor Art. 10–12 Rz. 40.

523 BFH v. 26.2.1992, BStBl. II 1992, 937; BFH v. 30.8.1995, BFHE 179, 48.

524 So auch *Staringer*, Betriebsstättenvorbehalt, S. 236; *Wassermeyer* in Debatin/Wassermeyer, DBA, MA Art. 12 Rz. 102.

525 OECD-MK, Art. 7 Rz. 5; Art. 10 Rz. 31, Art. 11 Rz. 24, Art. 12 Rz. 20, siehe hierzu auch § 5 III 3 a) dd) (3).

526 *Hemmelrath* in Vogel/Lehner, DBA, Art. 7 Rz. 42; *Jacobs*, Internationale Unternehmensbesteuerung, S. 485.

Übertragen auf die in einem Staat ansässigen Gesellschafter einer Personengesellschaft des anderen Staates bedeutet dies, dass dem Betriebstättenstaat, d. h. dem Sitzstaat der Gesellschaft, kein Besteuerungsrecht für solche Einkünfte zusteht, die der Gesellschafter zwar aus dem Betriebstättenstaat erzielt, die jedoch nicht durch die Aktivität der Personengesellschaft bzw. der von ihr unterhaltenen Betriebstätte erwirtschaftet werden.[527] Die Sonderbetriebseinnahmen in Form von Zinsen, Lizenzgebühren etc. werden vom Gesellschafter gerade nicht durch die Aktivität der Personengesellschaft bzw. der Betriebstätte, sondern vielmehr durch eine eigene Tätigkeit (Darlehenshingabe oder Nutzungsüberlassung eines Vermögenswertes) gegenüber der Personengesellschaft erzielt. Aus dem Sinn und Zweck der im Betriebstättenvorbehalt geforderten tatsächlichen Zugehörigkeit ergibt sich somit, dass Wirtschaftsgüter die der Gesellschafter seiner Personengesellschaft zur Nutzung überlässt, niemals eine tatsächliche Zugehörigkeit begründen können.[528]

(3) Konsequenzen

Da bei einer abkommensautonomen Auslegung der Verteilungsnormen für die Einordnung von Einkünften zu einer abkommensrechtlichen Einkunftsart nicht entscheidend ist, welcher Staat Quellenstaat und welcher Staat Ansässigkeitsstaat ist, muss diese Sichtweise auch für den umgekehrten Fall der Beteiligung eines ausländischen Gesellschafters an einer deutschen Personengesellschaft gelten. Gewährt der Gesellschafter der Personengesellschaft ein Darlehen, so sind die von der Gesellschaft gezahlten Zinsen abkommensrechtlich gleichfalls unter Art. 11 MA zu subsumieren.[529] Deutschland als Quellenstaat der Zinsen

527 *Jacobs*, Internationale Unternehmensbesteuerung, S. 584.

528 Im Ergebnis so auch *Günkel/Lieber*, FR 2000, S. 854; *Lüdicke*, StbJb 1997/1998, S. 475.

529 So auch BFH v. 26.2.1992, BStBl. II 1992, 937; *Günkel/Lieber*, FR 2001, S. 132; *Jacobs*, Internationale Unternehmensbesteuerung, S. 456; *Lüdicke*, StbJb 1997/1998, S. 473; *Mittermaier*, Besteuerung von Personengesellschaften im Verhältnis USA-Deutschland, S. 315; *Mössner*, Die Auslegung von Doppelbesteuerungsabkommen, S. 33; *Piltz*, Qualifikationskonflikte, S. 44; *ders.*, in Debatin/Wasser-

steht dann in Abhängigkeit von der konkreten Ausgestaltung des Zinsartikels entweder ein begrenztes Quellensteuerrecht zu oder das Besteuerungsrecht steht ausschließlich dem Ansässigkeitsstaat zu.

Weitere Konsequenz einer abkommensautonomen Auslegung ist, dass die abkommensrechtliche Qualifikation der Sonderbetriebseinnahmen als Zinsen i. S. d. Art. 11 MA unabhängig davon gilt, wie diese Zahlungen nach dem innerstaatlichen Steuerrecht des anderen Staat qualifiziert werden.[530] D. h. Sondervergütungen sind auch im Verhältnis zu solchen Staaten abkommensrechtlich als Zinsen zu qualifizieren, die schuldrechtliche Beziehungen zur Personengesellschaft nach ihrem innerstaatlichen Steuerrecht in gleicher Weise negieren wie Deutschland. Der dagegen vorgebrachte Einwand, in diesem Fall werde erst durch die abkommensautonome Auslegung ein Qualifikationskonflikt hervorgerufen, da der andere Staat die Zinsen unter Rückgriff auf sein innerstaatliches Recht abkommensrechtlich als Betriebstättengewinne qualifiziere,[531] ist unzutreffend. Beide Vertragstaaten haben jede im Abkommen enthaltene Definition und daher auch die Zinsdefinition als verbindlich anzusehen und gem. Art. 7 Abs. 7 MA den Zinsartikel im Verhältnis zum Artikel über Unternehmensgewinne vorrangig anzuwenden. Der andere Staat hat die Sondervergütungen daher gleichfalls, unabhängig von seinem innerstaatlichen Recht, abkommensrechtlich als Zinsen zu qualifizieren, so dass auch im Verhältnis zu solchen Staaten, deren Steuerrecht hinsichtlich der Behandlung von Sondervergütungen dem deutschen Steuerrecht entspricht, kein Qualifikationskonflikt entsteht.[532]

Aus der abkommensrechtlichen Subsumtion der dem Gesellschafter gezahlten Vergütungen unter den Zinsartikel folgt des Weiteren, dass

---

meyer, DBA, MA Art. 7 Rz. 111, 114; *ders.*, in Mössner, Steuerrecht international tätiger Unternehmen, F 40; *ders.*, Grenzüberschreitende Sondervergütungen, S. 151; *Pyszka*, IStR 1998, S. 746.

530 So auch *Lüdicke*, StbJb 1997/1998, S. 473; wohl auch *Schaumburg*, Stbg 1999, S. 158 f.; a. A. *Krabbe*, StbJb 2000/2001, S. 199; *ders.*, FR 2001, S. 130.

531 *Piltz*, Qualifikationskonflikte, S. 46.

532 Dem steht das Urteil des BFH v. 24.3.1999, BStBl. II 2000, 399 nicht entgegen. In diesem Fall lag es nämlich so, dass das DBA Deutschland-Österreich anzuwenden war, welches keine dem Art. 7 Abs. 7 MA entsprechende Bestimmung enthält. Kritisch zu diesem Urteil *Weggenmann*, IStR 2002, S. 3.

nicht nur die ins Inland fließenden Zinsen der deutschen Besteuerung zugewiesen werden, sondern dass auch die den Zinsen zugrunde liegende Forderung mangels tatsächlicher Zugehörigkeit nicht zum freizustellenden Betriebstättenvermögen, sondern zu dem der deutschen Besteuerung zugewiesenen Betriebsvermögen gehört.[533] Dies hat zur Folge, dass sich sowohl Wertveränderungen der Kapitalforderung selbst als auch solche der Zinsforderung auf die deutsche Besteuerung auswirken können.[534]

Hinsichtlich Wertveränderungen der Zinsforderung hat der BFH diese Konsequenz im Urteil v. 31.5.1995[535] gezogen. Dem Urteil lag folgender Sachverhalt zu Grunde: Eine deutsche KG gewährte einer US-Corporation, an der sie atypisch still beteiligt war, ein verzinsliches Fremdwährungsdarlehen. Der BFH entschied, dass Währungsgewinne aufgrund von Kursdifferenzen der deutschen Besteuerung unterliegen, da die KG damit „zusätzliche Sondervergütungen aus der Mitunternehmerschaft i. S. d. § 15 Abs. 1 Nr. 2 EStG erzielt" habe, die ihr „wie nachträgliche Sonderzahlungen oder Prämien im Jahr der Zinszahlung zuzurechen" seien.

Ob der BFH diese Konsequenz auch in Bezug auf Wertveränderungen der Darlehensforderung gezogen hat, kann der dazu ergangenen Rechtsprechung nicht eindeutig entnommen werden, jedoch lässt sie dies vermuten.[536] Mit Urteil v. 19.5.1993[537] hatte der BFH über die steuerliche Berücksichtigung von Wechselkurs bedingten Wertminderungen einer Fremdwährungsforderung einer deutschen KG gegen eine französische OHG, an der die KG beteiligt war, zu entscheiden. Er lehnte eine solche unter Hinweis auf seine bisherige Rechtsprechung zur gewinnmindernden Wertberichtigung von Gesellschafterdarlehen an

533 *Greif* in Mössner, Steuerrecht international tätiger Unternehmen, E 73; *Lüdicke*, StbJb 1997/1998, S. 487; *ders.*, IStR 1999, S. 410; *Piltz*, Qualifikationskonflikte, S. 43.

534 *Greif* in Mössner, Steuerrecht international tätiger Unternehmen, E 73; *Mittermaier*, Besteuerung von Personengesellschaften im Verhältnis USA-Deutschland, S. 317; *Piltz*, Qualifikationskonflikte, S. 43 f.

535 BFH v. 31.5.1995, BStBl. II 1995, 683.

536 A. A. *Mittermaier*, Besteuerung von Personengesellschaften im Verhältnis USA-Deutschland, S. 317.

537 BFH v. 19.5.1993, BStBl. II 1993, 714.

eine Personengesellschaft ab.[538] Der BFH führte aus, dass selbst wenn nach dem einschlägigen DBA ein Besteuerungsrecht Deutschlands für Wertveränderungen der Darlehensforderung bestehen sollte, diese Wertveränderungen wegen der Besonderheiten des innerstaatlichen Rechts nicht berücksichtigt werden könnten.[539] Im Urteil v. 17.11.1999[540] heißt es, „es kann daher dahingestellt bleiben, ob die genannten Entscheidungen,[541] die zur Besteuerung von Zinseinnahmen aus Darlehen ergangen sind, auch Wertverluste der Darlehensforderung selbst erfassen". Im Entscheidungsfall stehe der Berücksichtigung des Darlehensverlustes nämlich die Regelung des § 2a Abs. 1 Nr. 2 EStG entgegen. Die in den genannten Entscheidungen formulierten Grundsätze zur tatsächlichen Zugehörigkeit im abkommensrechtlichen Sinne würden im Rahmen des § 2a Abs. 1 Nr. 2 EStG nicht gelten. Abkommensrecht und nationales Recht bewegten sich insoweit auf unterschiedlichen Ebenen mit jeweils eigenem Begriffsverständnis. Für die Nichtberücksichtigung der Wertminderung war somit in beiden Fällen nicht das Abkommensrecht, sondern das innerstaatliche Recht entscheidend.

Werden die Zinszahlungen abkommensrechtlich als Zinsen i. S. d. Art. 11 Abs. 3 MA qualifiziert, so steht dem Ansässigkeitsstaat des Nutzungsberechtigten gem. Art. 11 Abs. 1 MA ein Besteuerungsrecht zu. Die abkommensrechtliche Qualifikation der Einkünfte hat jedoch keinen Einfluss auf die Qualifikation nach innerstaatlichem Recht. Deutschland als Ansässigkeitsstaat qualifiziert die Zinsen als Sondervergütungen, d. h. sie unterliegen als Einkünfte aus Gewerbebetrieb i. S. d. § 15 Abs. 1 S. 1 Nr. 2 EStG der Besteuerung. Da sich die Ermittlung der Einkünfte ausschließlich nach innerstaatlichem Recht richtet, mindern die mit den Sondervergütungen in wirtschaftlichem Zusammenhang stehenden Aufwendungen wie bspw. Refinanzierungsaufwendungen als Sonderbetriebsausgaben die steuerpflichtigen Einkünfte.[542]

538 So auch BFH v. 24.3.1999, BStBl. II 2000, 399.

539 So auch BFH v. 24.3.1999, BStBl. II 2000, 399; a. A. *Lüdicke*, StbJb 1997/1998, S. 486 ff.; *ders.*, IStR 1999, S. 409 f.

540 BFH v. 17.11.1999, BStBl. II 2000, 903.

541 BFH v. 27.2.1991, BStBl. II 1991, 444; BFH v. 31.5.1995, BStBl. II 1995, 683.

542 So auch *Greif*, Steuergestaltung, S. 103.

Art. 11 Abs. 2 MA enthält keine Regelung über die Art der Besteuerung im Quellenstaat. Diesem steht es frei, sein eigenes Recht anzuwenden und insbesondere die Steuer entweder durch Abzug an der Quelle oder aber auf dem Veranlagungswege zu erheben.[543] Inwieweit Sonderbetriebsausgaben im ausländischen Quellenstaat bei der Besteuerung der Zinsen einkünftemindernd berücksichtigt werden, hängt demnach von dessen innerstaatlichem Steuerrecht ab. Die vom Quellenstaat erhobene Steuer darf allerdings gem. Art. 11 Abs. 2 MA zehn vom Hundert des Bruttobetrags der Zinsen nicht übersteigen.

bb) Vergütungen für die Überlassung immaterieller Wirtschaftsgüter

(1) Lizenzgebühren i. S. d. Art. 12 Abs. 2

Immaterielle Wirtschaftsgüter, die der Gesellschafter seiner Personengesellschaft überlässt, können insbesondere Patente, Lizenzen und sonstige Nutzungsrechte sein. Art. 12 Abs. 2 MA enthält eine abkommensrechtliche Legaldefinition des Bergriffs „Lizenzgebühren". Danach sind Lizenzgebühren Vergütungen jeder Art, die für die Benutzung oder für das Recht auf Benutzung von Urheberrechten an literarischen, künstlerischen oder wissenschaftlichen Werken, einschließlich kinematographischer Filme, von Patenten, Marken, Mustern oder Modellen, Plänen, geheimen Formeln oder Verfahren oder für die Mitteilung gewerblicher, kaufmännischer oder wissenschaftlicher Erfahrungen gezahlt werden.[544] Die Legaldefinition ist abschließend, so dass ein Rückgriff auf das innerstaatliche Recht ausgeschlossen ist.[545] Überlässt ein Gesellschafter seiner Personengesellschaft ein Patent zur

543 OECD-MK, Art. 11 Rz. 9.

544 Bis zur Änderung des OECD-MK 1992 umfasste der Lizenzbegriff auch „das Recht auf Benutzung gewerblicher, kaufmännischer oder wissenschaftlicher Ausrüstungen". Damit erfasste Art. 12 MA nicht nur die Überlassung von immateriellen Wirtschaftsgütern, sondern auch Miet- und Pachtentgelte für die Überlassung beweglicher materieller Gegenstände, sofern diese Wirtschaftsgüter zu gewerblichen, kaufmännischen oder wissenschaftlichen Zwecken dienten.

545 *Wassermeyer* in Debatin/Wassermeyer, DBA, MA Art. 12 Rz. 4, 10, 55; *Pöllath* in Vogel/Lehner, DBA, Art. 12 Rz. 42 m. w. N.

Nutzung, so stellen demnach die hierfür von der Gesellschaft an den Gesellschafter gezahlten Sondervergütungen Lizenzgebühren i. S. d. Art. 12 Abs. 2 MA dar.[546] Diese können gem. Art. 12 Abs. 1 MA nur im Ansässigkeitsstaat des Gesellschafters besteuert werden, denn dieser ist der Nutzungsberechtigte der Lizenzgebühren, und auch die weitere Voraussetzung, dass die Einkünfte aus dem anderen Staat, d. h. dem Sitzstaat der Personengesellschaft, stammen, ist erfüllt. Zwar enthält Art. 12 MA im Gegensatz zu Art. 11 Abs. 5 MA keine Definition für die Herkunft der Lizenzgebühren, jedoch bestimmt sich deren Herkunft nicht anders als die von Zinsen. Einer Herkunftsdefinition in Art. 12 MA bedarf es auch nicht, da das MA für Lizenzgebühren, anders als für Zinsen, kein Quellensteuerrecht des Herkunftsstaates vorsieht.[547] Obwohl die Personengesellschaft als Schuldner der Sondervergütungen keine in ihrem Sitzstaat ansässige Person im Sinne des Abkommens ist,[548] stammen die Lizenzgebühren aus diesem Staat, denn die Personengesellschaft unterhält dort eine Betriebstätte, und das Patent für das die Lizenzgebühren gezahlt werden, wird für Zwecke der Betriebstätte überlassen.

(2) Betriebstättenvorbehalt

Allerdings enthält Art. 12 Abs. 3 MA ebenso wie der Zinsartikel einen Betriebstättenvorbehalt. Hiernach ist Art. 7 MA anzuwenden, wenn der in einem Vertragsstaat ansässige Nutzungsberechtigte im anderen Vertragsstaat, aus dem die Lizenzgebühren stammen, eine Geschäftstätigkeit durch eine dort gelegene Betriebstätte ausübt und die Rechte oder Vermögenswerte, für die die Lizenzgebühren gezahlt werden, tatsächlich zu dieser Betriebstätte gehören. Vereinzelt wird die tatsächliche

546 *Ostendorf*, Behandlung von Sondervergütungen, S. 150, 173.

547 *Kluge*, Das Internationale Steuerrecht, S 230; *Pöllath* in Vogel/Lehner, DBA, Art. 12 Rz. 20; *Wassermeyer* in Debatin/Wassermeyer, DBA, MA Art. 12 Rz. 28; a. A. *Portner* in Becker/Höppner/Grotherr/Kroppen, DBA, Art. 12 Rn. 30, die Art. 3 Abs. 2 MA anwendet.

548 Es wurde bereits gezeigt, dass dies der Annahme eines Gläubiger-Schuldner-Verhältnisses zwischen Gesellschaft und Gesellschafter abkommensrechtlich nicht entgegensteht, siehe ausführlich § 5 III 4 d) aa).

Zugehörigkeit eines Patentes, welches ein Mitunternehmer seiner Personengesellschaft zur Nutzung überlässt, zum Betriebstättenvermögen für möglich gehalten wird.[549] Im Zusammenhang mit zum Sonderbetriebsvermögen gehörenden Forderungen wurde bereits dargelegt, dass sich aus dem Sinn und Zweck der im Betriebstättenvorbehalt geforderten tatsächlichen Zugehörigkeit ergibt, dass Wirtschaftsgüter die der Gesellschafter seiner Personengesellschaft zur Nutzung überlässt, niemals eine tatsächliche Zugehörigkeit im abkommensrechtlichen Sinne begründen können.[550]

Da der Betriebstättenvorbehalt somit bei Lizenzgebühren, die eine Personengesellschaft an ihren Gesellschafter zahlt, nicht greift, sind die Sondervergütungen nicht unter Art. 7 MA, sondern unter Art. 12 MA zu subsumieren.[551] Demnach können diese nur im Ansässigkeitsstaat des Gesellschafters besteuert werden. Bei der Personengesellschaft mindern die Vergütungen für die Nutzungsüberlassung als Betriebsausgaben die Betriebstätteneinkünfte, deren Besteuerung gem. Art. 7 Abs. 1 S. 2 MA dem Sitzstaat der Personengesellschaft als Betriebstättenstaat zusteht.

cc) Vergütungen für die Überlassung beweglicher materieller Wirtschaftsgüter

Bis zur Änderung der Definition von „Lizenzgebühren" im Jahre 1992 umfasste Art. 12 Abs. 2 MA auch Vergütungen „für die Benutzung oder das Recht auf Benutzung gewerblicher, kaufmännischer oder wissenschaftlicher Ausrüstungen". Damit wurden von Art. 12 MA nicht nur Vergütungen für die Überlassung von immateriellen Wirtschaftsgütern erfasst, sondern auch Miet- und Pachtentgelte für die Überlassung beweglicher materieller Wirtschaftsgüter, soweit sie den im Art. 12 Abs. 2 MA genannten Zwecken dienten. Soweit das betreffende DBA noch die frühere Definition der Lizenzgebühren enthält, sind Vergütun-

549 *Rottgardt*, Sondervergütungen, S. 173; *Fischer* in FS Vogel, S. 968.
550 § 5 III 4 g) aa) (2).
551 So auch FG Köln v. 18.2.1998, EFG 1998, 930; *Krabbe*, FR 1981, S. 394; *Pyszka*, IStR 1998, S. 746.

gen die der Gesellschafter für die Vermietung oder Verpachtung solcher beweglichen materiellen Wirtschaftsgüter von seiner Personengesellschaft erhält, unter den Lizenzartikel zu subsumieren, so dass auf die obigen Ausführungen verwiesen werden kann.

Soweit ein DBA die geänderte Fassung des Lizenzartikels enthält, sind Vergütungen für die Vermietung und Verpachtung gewerblicher, kaufmännischer und wissenschaftlicher Ausrüstungen unter Art. 7 MA zu subsumieren.[552]

Vergütungen für die Vermietung oder Verpachtung anderer Wirtschaftsgüter sind unter Art. 21 MA zu subsumieren. Hiernach steht das Besteuerungsrecht ausschließlich dem Ansässigkeitsstaat des Einkünfteempfängers zu. Auch der Art. 21 Abs. 2 MA enthält einen Betriebstättenvorbehalt, wonach Art. 7 MA anzuwenden ist, wenn der Einkünfteempfänger im anderen Vertragsstaat eine Betriebstätte unterhält und die Vermögenswerte, für die die Einkünfte gezahlt werden, tatsächlich zu dieser Betriebstätte gehören. Art. 21 Abs. 2 MA entspricht dem in Art. 11 Abs. 4 MA enthaltenen Betriebstättenvorbehalt, so dass Wirtschaftsgüter, die der Gesellschafter seiner Personengesellschaft zur Nutzung überlässt, wie dargelegt, eine tatsächliche Zugehörigkeit zur Betriebstätte der Personengesellschaft nicht begründen können. Eine Anwendung des Art. 7 MA auf Sondervergütungen, die der Gesellschafter aus der Überlassung von beweglichen materiellen Wirtschaftsgütern erzielt, ist damit ausgeschlossen.

dd) Vergütungen für die Überlassung unbeweglicher Wirtschaftsgüter

Der Begriff des unbeweglichen Vermögens wird in Art. 6 Abs. 2 MA durch Verweis auf das innerstaatliche Recht des Belegenheitsstaates definiert. Die vom Belegenheitsstaat vorgenommene Qualifikation des unbeweglichen Vermögens ist damit für den anderen Staat bindend. Ergänzend enthält Art. 6 Abs. 2 S. 2 MA eine abkommensautonome Teilbegriffsbestimmung in Form eines Katalogs von Vermögenswerten, die unabhängig vom innerstaatlichen Recht des Quellenstaates stets als

552 OECD-MK, Art. 12 Rz. 9. Kritisch hierzu *Weggenmann*, Einordnungskonflikte, S. 276.

unbewegliches Vermögens anzusehen sind. Als Einkünfte aus unbeweglichem Vermögen definiert Art. 6 Abs. 3 MA abkommensautonom die Einkünfte aus der unmittelbaren Nutzung, der Vermietung und Verpachtung sowie jeder anderen Art der Nutzung des unbeweglichen Vermögens.[553] Diese Einkünfte kann der Belegenheitsstaat gem. Art. 6 Abs. 1 MA uneingeschränkt besteuern. Dies gilt gem. Art. 6 Abs. 4 MA auch für die Einkünfte aus unbeweglichem Vermögen, die ein Unternehmen erzielt. Art. 6 Abs. 1 MA ist also unabhängig davon, ob das Unternehmen im Belegenheitsstaat eine Betriebstätte unterhält, der das unbewegliche Vermögen zuzuordnen ist, anwendbar, weshalb von einem Vorrang des Belegenheitsprinzips gegenüber dem Betriebstättenprinzip gesprochen wird.[554]

Überlässt der Gesellschafter seiner Personengesellschaft bspw. ein Grundstück zur Nutzung, welches im Sitzstaat der Personengesellschaft belegen ist, so können die dafür gezahlten Sondervergütungen gem. Art. 6 Abs. 1 MA als Einkünfte aus unbeweglichem Vermögen uneingeschränkt im Belegenheitsstaat besteuert werden. Der Ansässigkeitsstaat hat die dadurch eintretende Doppelbesteuerung durch Anrechnung oder Freistellung zu vermeiden.[555]

553 A. A. *Riemenschneider*, Abkommensberechtigung, S. 161 f. Er führt aus, dass aufgrund des in Art. 6 Abs. 2 MA enthaltenen Verweises auf das innerstaatliche Recht des Belegenheitsstaates Einkünfte, die nach dem Recht des Quellenstaates (Belegenheitsstaates) solche aus unbeweglichem Vermögen darstellen, auch vom Ansässigkeitsstaat bei der Anwendung des Abkommens als solche zu behandeln sind. Dies ist unzutreffend, denn Art. 6 Abs. 2 MA definiert nur den Begriff „unbewegliches Vermögen“, nicht jedoch den der „Einkünfteerzielung“ aus unbeweglichem Vermögen, so dass der Verweis auf das innerstaatliche Recht des Belegenheitsstaates nur bedeutet, dass nach diesem die Existenz von unbeweglichem Vermögen zu beurteilen ist, nicht jedoch die Einkünfteerzielung aus unbeweglichem Vermögen, *Wassermeyer* in Debatin/Wassermeyer, DBA, MA Art. 6 Rz. 15.

554 *Ellsel* in Becker/Höppner/Grotherr/Kroppen, DBA, Art. 6 Rn. 286 f.; *Reimer* in Vogel/Lehner, DBA, Art. 6 Rz. 200 f.; *Wassermeyer* in Debatin/Wassermeyer, DBA, MA Art. 6 Rz. 102.

555 BFH v. 14.7.1993, BFHE 172, 422; *Mittermaier*, Besteuerung von Personengesellschaften im Verhältnis USA-Deutschland, S. 285; *Ostendorf*, Behandlung von Sondervergütungen, S. 151; *Wassermeyer* in Debatin/Wassermeyer, DBA, MA Art. 6 Rz. 19a; *Weggenmann*, Einordnungskonflikte, S. 279 f.

Die Ermittlung der Einkünfte aus unbeweglichem Vermögen richtet sich nach dem innerstaatlichen Recht des Anwendestaates, so dass es vom innerstaatlichen Recht des Belegenheitsstaates abhängt, ob und inwieweit Aufwendungen, die nach deutschem Steuerrecht Sonderbetriebsausgaben darstellen, die dem Belegenheitsstaat zu Besteuerung zugewiesenen Einkünfte mindern. Deutschland als Ansässigkeitsstaat stellt i. d. R. zur Vermeidung der Doppelbesteuerung die Einkünfte aus unbeweglichem Vermögen frei, wobei Sonderbetriebsausgaben die im Rahmen des Progressionsvorbehaltes zu berücksichtigenden Einkünfte mindern. Bei der Personengesellschaft mindern die Vergütungen für die Nutzungsüberlassung als Betriebsausgaben die Betriebstätteneinkünfte, deren Besteuerung gem. Art. 7 Abs. 1 S. 2 MA dem Sitzstaat der Personengesellschaft, also ebenfalls dem Belegenheitsstaat, zustehen.

ee) Vergütungen für eine selbständige Tätigkeit

Vergütungen für eine selbständige Tätigkeit waren bisher unter Art. 14 MA a. F. zu subsumieren, wenn sich die Tätigkeit als Ausübung eines freien Berufs oder als sonstige selbständige Tätigkeit darstellte. Als freie Berufe nannte Art. 14 Abs. 2 MA a. F. exemplarisch die selbständig ausgeübte wissenschaftliche, literarische, künstlerische, erzieherische oder unterrichtende Tätigkeit sowie die selbständige Tätigkeit der Ärzte, Rechtsanwälte, Ingenieure, Architekten, Zahnärzte und Buchsachverständigen. Den Begriff der „sonstigen selbständigen Tätigkeit“ erläuterte Art. 14 MA a. F. hingegen nicht, so dass gem. Art. 3 Abs. 2 MA unter Berücksichtigung des Abkommenzusammenhangs, also durch Abgrenzung gegenüber den anderen abkommensrechtlichen Einkunftsarten, auf die lex fori zurückzugreifen war. Erhielt der Gesellschafter von seiner Gesellschaft Einkünfte aus selbständiger Arbeit, so konnten diese gem. Art. 14 Abs. 1 MA a. F. nur im Ansässigkeitsstaat des Gesellschafters besteuert werden, es sein denn, der Gesellschafter unterhielt im Sitzstaat der Personengesellschaft eine feste Einrichtung und die Einkünfte konnten dieser festen Einrichtung zugerechnet werden. Mit der Neufassung des OECD-MA 2000 wurde Art. 14 MA a. F. gestrichen. Soweit die nach dieser Änderung abgeschlossenen DBA keine dem Art. 14 MA a. F. entsprechende Regelung mehr enthalten, ist auf die Einkünfte aus selbständiger Arbeit Art. 7 MA anzuwenden.[556]

Erbringt der Gesellschafter die selbständige Tätigkeit gegenüber der Personengesellschaft über ein von ihm betriebenes Unternehmen, so sind die Einkünfte unter Art. 7 MA zu subsumieren. Die Einkünfte können in diesem Fall gem. Art. 7 Abs. 1 MA nur im Ansässigkeitsstaat des Gesellschafters besteuert werden. Soweit der Gesellschafter seine Tätigkeit jedoch über eine im Sitzstaat der Personengesellschaft belegene Betriebstätte seines Unternehmens ausübt, können die Tätigkeitsvergütungen gem. Art. 7 Abs. 1 S. 2 MA im Sitzstaat der Personengesellschaft besteuert werden. Der Ansässigkeitsstaat des Gesellschafters hat die Doppelbesteuerung dann in Abhängigkeit vom anzuwendenden Methodenartikel durch Anrechnung oder Freistellung zu vermeiden.

ff) Vergütungen für eine unselbständige Tätigkeit

(1) Unselbständige Arbeit i. S. d. Art. 15 MA

Auf Vergütungen aus unselbständiger Arbeit ist Art. 15 MA anzuwenden. Die Regelung ist gegenüber den Verteilungsnormen für Aufsichtsrats- und Verwaltungsvergütungen (Art. 16 MA), Künstler und Sportler (Art. 17 MA), Ruhegehälter (Art. 18 MA) und Vergütungen aus dem öffentlichen Dienst (Art. 19) subsidiär.[557] Das MA enthält keine Definition des Begriffs der unselbständigen Arbeit, aber aus dem Wortlaut „Gehälter, Löhne und andere Vergütungen" ergibt sich, dass die Existenz eines Dienstverhältnisses vorausgesetzt wird.[558] Des Weiteren ist der Inhalt des Begriffs aus dem Abkommenszusammenhang, insbesondere durch Abgrenzung gegenüber der selbständigen Arbeit i. S. d. Art. 14 MA a. F. und den Unternehmensgewinnen i. S. d. Art. 7 MA, abzuleiten.[559] Eine unselbständige Arbeit wird daher jedenfalls dann

556 *Wassermeyer* in Debatin/Wassermeyer, DBA, MA Art. 14.

557 *Wassermeyer* in Debatin/Wassermeyer, DBA, MA Art. 1 Rz. 51.

558 *Prokisch* in Vogel/Lehner, DBA, Art. 15 Rz. 15.

559 *Wassermeyer* in Debatin/Wassermeyer, DBA, MA Art. 15 Rzn. 53 f., 63; *Zehetner*, Arbeitgebereigenschaft von Personengesellschaften, S. 156.

vorliegen, wenn Weisungsgebundenheit gegeben ist, kein Unternehmerwagnis getragen wird und die betreffende Person organisatorisch in einen Betrieb eingegliedert ist.[560] Bezieht der Gesellschafter einer Personengesellschaft im Rahmen eines Dienstverhältnisses ein Gehalt für eine Tätigkeit, die er gegenüber der Gesellschaft erbringt, so wird regelmäßig Art. 15 MA anwendbar sein.[561]

(2) Arbeitsortprinzip

Gem. Art. 15 Abs. 1 MA hat grundsätzlich der Ansässigkeitsstaat des Einkünfteempfängers das alleinige Besteuerungsrecht. Wird die Arbeit allerdings im anderen Vertragsstaat ausgeübt, steht dem Tätigkeitsstaat das Besteuerungsrecht zu, d. h. es gilt das Arbeitsortprinzip. Der Ansässigkeitsstaat hat dann die Doppelbesteuerung entsprechend dem Methodenartikel entweder durch Freistellung oder Anrechnung zu vermeiden.

560 OECD-MK, Art. 15 Rz. 8; *Prokisch* in Vogel/Lehner, DBA, Art. 15 Rzn. 27 f.; *Wassermeyer* in Debatin/Wassermeyer, DBA, MA Art. 15 Rz. 65; *Zehetner*, Arbeitgebereigenschaft von Personengesellschaften, S. 156.

561 BFH v. 21.7.1999, BStBl. II 2000, 336; *Lüdicke*, StbJb 1997/1998, S. 476 f.; *Prokisch* in Vogel/Lehner, DBA, Art. 15 Rz. 30; *Schaumburg*, Stbg 1999, S. 164; *Wassermeyer* in Debatin/Wassermeyer, DBA, MA Art. 15 Rzn. 65 f. Auch aus dem Urteil des BFH v. 10.7.2002, BStBl. II 2003, 191 ergibt sich nichts anderes. Im Urteilsfall wendete der BFH den Artikel über Unternehmensgewinne auf Vergütungen an, die eine deutsche KG an ihren in der Schweiz ansässigen Kommanditisten für von ihm erbrachte unselbständige Arbeit zahlt. Die Anwendung dieses Artikels ist jedoch durch die vom Musterabkommen abweichende Sonderbestimmung des Art. 7 Abs. 7 DBA-Schweiz bedingt, welche im Urteilsfall zur Anwendung kam. Denn gem. Art. 7 Abs. 7 DBA-Schweiz erstreckt sich der Artikel über Unternehmensgewinne auch auf Vergütungen, die ein Gesellschafter einer Personengesellschaft von der Gesellschaft für seine Tätigkeit im Dienste der Gesellschaft bezieht, wenn diese Vergütungen nach dem Steuerecht des Betriebsstättenstaates den Einkünften des Gesellschafters aus dieser Betriebsstätte zugerechnet werden.

(3) Ausnahme vom Arbeitsortprinzip

Eine wesentliche Ausnahme zum Arbeitsortprinzip enthält Art. 15 Abs. 2 MA. Danach verbleibt trotz Ausübung der Tätigkeit im anderen Staat das alleinige Besteuerungsrecht beim Ansässigkeitsstaat, wenn folgende Voraussetzungen kumulativ erfüllt sind: Der Empfänger der Vergütung hält sich im anderen Staat insgesamt nicht länger als 183 Tage innerhalb eines Zeitraumes von 12 Monaten auf (Art. 15 Abs. 2 lit. a MA), die Vergütungen werden von einem oder für einen Arbeitgeber gezahlt, der nicht im Tätigkeitsstaat ansässig ist (Art. 15 Abs. 2 lit. b MA) und die Vergütungen werden nicht von einer Betriebstätte getragen, die der Arbeitgeber im Tätigkeitsstaat unterhält (Art. 15 Abs. 2 lit. c MA).

Der Grund für diese Ausnahme vom Arbeitsortprinzip ist darin zu sehen, dass durch eine nur vorübergehende Tätigkeit keine hinreichend enge Verbindung zum Tätigkeitsstaat begründet wird, die eine Quellenbesteuerung rechtfertigen würde. Auch wird eine Verwaltungsvereinfachung erreicht, wenn bei nur kurzfristiger Auslandsentsendung das Besteuerungsrecht bei nur einem Staat verbleibt.[562] Andererseits soll der Tätigkeitsstaat sein Besteuerungsrecht – auch bei einem nur kurzen Aufenthalt – nur dann verlieren, wenn die Tätigkeitsvergütungen weder von einem oder für einen im Tätigkeitsstaat ansässigen Arbeitgeber gezahlt werden, noch von einer Betriebstätte des Arbeitgebers im Tätigkeitsstaat getragen werden. Durch diese Einschränkung soll sichergestellt werden, dass der Tätigkeitsstaat das Besteuerungsrecht für die an den Arbeitnehmer gezahlten Vergütungen behält, wenn diese als Betriebsausgaben den Gewinn des Arbeitgebers, der im Tätigkeitsstaat der Besteuerung unterliegt, bzw. den Gewinn einer im Tätigkeitsstaat belegenen Betriebstätte gemindert haben.[563] Hinsichtlich der Besteue-

562 *Komarek*, Personengesellschaft als Arbeitgeber, S. 242; *Prokisch* in Vogel/Lehner, DBA, Art. 15 Rz. 6; *Wassermeyer* in Debatin/Wassermeyer, DBA, MA Art. 15 Rzn. 31, 34, 37.

563 *Komarek*, Personengesellschaft als Arbeitgeber, S. 243; *Prokisch* in Vogel/Lehner, DBA, Art. 15 Rz. 57 f.; *Wassermeyer* in Debatin/Wassermeyer, DBA, MA Art. 15 Rzn. 34, 40; *Zehetner*, Arbeitgebereigenschaft von Personengesellschaften, S. 157 f.

rung von Vergütungen, die der Gesellschafter für die im Rahmen eines Dienstverhältnisses erbrachte Leistung von seiner Personengesellschaft erhält, ist daher entscheidend, ob die Personengesellschaft als im Tätigkeitsstaat, d. h. in ihrem Sitzstaat, ansässige Arbeitgeberin anzusehen ist.

Der Begriff des „Arbeitgebers" ist im MA nicht definiert, so dass sein Inhalt aus dem Vorschriftenzusammenhang abzuleiten ist.[564] Da die Existenz eines Arbeitgebers Voraussetzung für das Bestehen eines Dienst- oder Arbeitsverhältnisses ist, ergeben sich die entscheidenden Kriterien für die Bestimmung des abkommensrechtlichen Arbeitgebers somit aus den Merkmalen der unselbständigen Arbeit i. S. d. Art. 15 MA sowie aus der Umkehrung des Arbeitnehmerbegriffs.[565] Danach ist Arbeitgeber derjenige, dem die Arbeitsleistung geschuldet wird, unter dessen Leitung der Arbeitnehmer tätig wird und dessen Weisungen er zu folgen hat.[566] Dementsprechend gehen das Schrifttum[567] und die Rechtsprechung[568] überwiegend davon aus, dass der Personengesellschaft die Arbeitgebereigenschaft zukommt. Die Qualifikation der Personengesellschaft als Arbeitgeber, hat im Fall einer transparent besteuerten Personengesellschaft zur Folge, dass die Voraussetzung des Art. 15 Abs. 2 lit. b MA stets erfüllt ist, da die Personengesellschaft in keinem

564 BFH v. 21.8.1985, BStBl. II 1986, 4; OECD-MK, Art. 15 Rz. 8; *Prokisch* in Vogel/Lehner, DBA, Art. 15 Rz. 49.

565 BFH v. 8.9.1982, BStBl. II 1983, 71; BFH v. 21.8.1985, BStBl. II 1986, 4; BFH v. 24.3.1999, BStBl. II 2000, 41; *Prokisch* in Vogel/Lehner, DBA, Art. 15 Rz. 49; *Zehetner*, Arbeitgebereigenschaft von Personengesellschaften, S. 158 f.

566 OECD-MK, Art. 15 Rz. 8; *Prokisch* in Vogel/Lehner, DBA, Art. 15 Rz. 49; *Wassermeyer* in Debatin/Wassermeyer, DBA, MA Art. 15 Rz. 114; *Zehetner*, Arbeitgebereigenschaft von Personengesellschaften, S. 159 f.

567 *v. Bornhaupt*, BB 1985 Beilage 16, S. 14; *Debatin*, DStZ 1987, S. 215; *ders.*, BB 1989, Beilage 2 S. 3 f.; *Kempermann*, DStZ 1982, S. 144; *Komarek*, Personengesellschaft als Arbeitgeber, S. 251 f.; *Rottgardt*, Sondervergütungen, S. 173 f.; *Schaumburg*, Internationales Steuerrecht, Rz. 16.436; *Selent/Endres*, DB 1984, S. 85 ff.

568 BFH v. 21.7.1999, BStBl. II 2000, 336.

Staat i. S. d. Art. 4 Abs. 1 MA ansässig ist.[569] Art. 15 Abs. 2 lit. b MA verlangt nämlich nur die Nicht-Ansässigkeit des Arbeitgebers im Tätigkeitsstaat, unerheblich für die Norm ist hingegen, ob der Arbeitgeber im anderen Vertragsstaat, in einem Drittstaat oder überhaupt nicht ansässig ist.

Der OECD-Partnership-Report[570] lehnt die Arbeitgebereigenschaft einer transparent besteuerten Personengesellschaft dagegen aus teleologischen Gründen ab, da Art. 15 Abs. 2 lit. b MA bei Anwendung auf Ebene der Personengesellschaft völlig bedeutungslos wäre. Zur Bestimmung des abkommensrechtlichen Arbeitgebers und von dessen Ansässigkeit ist nach Ansicht des OECD-Steuerausschusses vielmehr auf die einzelnen Gesellschafter abzustellen, d. h. der einzelne Mitunternehmer ist als Arbeitgeber anzusehen. Der OECD-Steuerausschuss räumt allerdings ein, dass diese Abkommensauslegung zu Problemen führen kann, insbesondere wenn die Gesellschafter in verschiedenen Staaten ansässig sind. Als Lösung wird hier lediglich auf die Möglichkeit eines Verständigungsverfahrens verwiesen.[571] Auch ergibt sich aus dem OECD-Partnership-Report nicht, ob die abkommensrechtliche Arbeitgebereigenschaft für Zwecke des Art. 15 Abs. 2 MA den Gesellschaftern anteilig zuzurechen ist, so dass jeder Gesellschafter hinsichtlich eines bestimmten Teils der gezahlten Arbeitsvergütungen als Arbeitgeber des betreffenden Arbeitnehmers anzusehen ist,[572] oder ob die

569 A.A. *Komarek*, Personengesellschaft als Arbeitgeber, S. 253; *Prokisch* in Vogel, DBA 3. Aufl., Art. 15 Rz. 29a; *Schaumburg*, Internationales Steuerrecht, Rz. 16.437. Diese verstehen den Begriff „ansässig" in Art. 15 Abs. 2 lit. b MA nicht i. S. d. Art. 4 Abs. 1 MA, sondern messen ihm einen anderen Inhalt in dem Sinne bei, dass eine transparente Personengegesellschaft in entsprechender Anwendung der für Körperschaften geltenden Regeln dort als ansässiger Arbeitgeber anzusehen ist, wo sich der Ort der tatsächlichen Geschäftsleitung befindet. Diese Auffassung ist unzutreffend. Weder der Wortlaut des Art. 15 Abs. 2 lit. b MA noch die Systematik des DBA geben Anlass für die Bestimmung des „ansässigen Arbeitgeber" i. S. d. Art. 15 Abs. 2 lit. b MA, die allgemeine abkommensrechtliche Definition des Art. 4 Abs. 1 MA nicht heranzuziehen. *Zehetner*, Arbeitgebereigenschaft von Personengesellschaften, S. 161 f.

570 *OECD-Partnership-Report*, Rz. 91; OECD-MK, Art. 15 Rz. 6.1, 6.2. So auch *Zehetner*, Arbeitgebereigenschaft von Personengesellschaften, S. 168 ff.

571 *OECD-Partnership-Report*, Rz. 92; OECD-MK, Art. 15 Rz. 6.2.

572 So *Zehetner*, Arbeitgebereigenschaft von Personengesellschaften, S. 172 f.

Arbeitgebereigenschaft nur einem Gesellschafter, z. B. demjenigen der die Mehrheit der Kapitalanteile hält, zuzusprechen ist.[573]

M. E. ist für die Anwendung des Art. 15 Abs. 2 lit. b MA ein Durchgriff auf die Gesellschafter weder aus teleologischen noch aus sonstigen Gründen erforderlich. Richtig ist, dass die Voraussetzung des Art. 15 Abs. 2 lit. b MA stets erfüllt ist, wenn man die Personengesellschaft als Arbeitgeber ansieht, so dass hierdurch ein Besteuerungsrecht des Tätigkeitsstaates nicht ausgelöst werden kann. Art. 15 Abs. 2 MA enthält allerdings insgesamt drei Voraussetzungen, die kumulativ erfüllt sein müssen, damit das Besteuerungsrecht beim Ansässigkeitsstaat verbleibt. Gem. Art. 15 Abs. 2 lit. c MA dürfen die Vergütungen nicht von einer Betriebstätte getragen werden, die der Arbeitgeber im Tätigkeitsstaat hat. Die Personengesellschaft unterhält in ihrem Sitzstaat, der zugleich Tätigkeitsstaat i. S. d. Art. 15 MA ist, für das von ihr betriebene Unternehmen eine Betriebstätte. Wird nun ein Gesellschafter im Rahmen eines Dienstverhältnisses für seine Personengesellschaft tätig, so mindern die an ihn gezahlten Sondervergütungen als Betriebsausgaben den Betriebstättengewinn, der dem Tätigkeitsstaat gem. Art. 7 MA zur Besteuerung zusteht. Die Vergütungen werden also von einer Betriebstätte des Arbeitgebers getragen, die dieser im Tätigkeitsstaat unterhält und für deren Gewinn dem Tätigkeitsstaat das Besteuerungsrecht zusteht.[574] Somit ist die Voraussetzung des Art. 15 Abs. 2 lit. c MA nicht erfüllt, so dass dem Tätigkeitsstaat, d. h. dem Sitzstaat der Personengesellschaft, das Besteuerungsrecht für die Arbeitsvergütungen gem. Art. 15 Abs. 2 MA zusteht. Die Qualifikation der Personengesellschaft als Arbeitgeber führt daher zu einer dem Sinn und Zweck des Art. 15 Abs. 2 MA entsprechenden Besteuerung, so dass es keines Durchgriffs auf die Gesellschafter bedarf. Ungeachtet ihrer Qualifikation als transparent oder intransparent ist die Personengesellschaft als Arbeitgeber anzusehen; die an den Gesellschafter gezahlten Sondervergütungen sind immer unter Art. 15 MA zu subsumieren.[575]

573 *Komarek*, Personengesellschaft als Arbeitgeber, S. 250.

574 A. A. *Zehetner*, Arbeitgebereigenschaft von Personengesellschaften, S. 172 f.

575 BFH v. 21.7.1999, BStBl. II 2000, 336; *Debatin*, DStZ 1987, S. 215; *ders.*, BB 1989 Beilage 2, S. 4; *Komarek*, Personengesellschaft als Arbeitgeber, S. 251 f.; *Rottgardt*, Sondervergütungen, S. 173 f.; *Schaumburg*, Internationales Steuerrecht,

gg) Beteiligung an Komplementär-Kapitalgesellschaft

Aus deutscher Sicht stellt sich ein Sonderproblem für Dividenden, die ein Mitunternehmer aus seiner Beteiligung an der Komplementär-Kapitalgesellschaft seiner Personengesellschaft erzielt. Die Beteiligung an der Komplementär-Kapitalgesellschaft stellt nach deutscher steuerrechtlicher Wertung Sonderbetriebsvermögen II dar, und die Dividenden werden als Sondervergütungen nach § 15 Abs. 1 S. 1 Nr. 2 HS 2 EStG als Einkünfte aus Gewerbebetrieb besteuert. Abkommensrechtlich käme die Anwendung des Art. 10 MA oder des Art. 7 MA in Betracht. Das Konkurrenzverhältnis wird gem. Art. 7 Abs. 7 MA dahingehend gelöst, dass der speziellere Dividendenartikel Vorrang vor dem Artikel über Unternehmensgewinne hat.

(1) Dividenden i. S. d. Art. 10 Abs. 3 MA

Nach Art. 10 Abs. 3 MA gehören zu den Dividenden Einkünfte aus Aktien, Genussaktien oder Genussscheinen, Kuxen, Gründeranteilen oder anderen Rechten – ausgenommen Forderungen – mit Gewinnbeteiligung sowie aus sonstigen Gesellschaftsteilen stammende Einkünfte, die nach dem Recht des Staates, in dem die ausschüttende Gesellschaft ansässig ist, den Einkünften aus Aktien steuerlich gleichgestellt sind. Der erste Teil der Definition definiert abschließend und verbindlich bestimmte Gesellschafterbezüge als Dividenden, der zweite Teil verweist auf das innerstaatliche Recht des Quellenstaates, wodurch dieses zu Abkommensrecht erhoben wird und damit für den Wohnsitzstaat verbindlich ist.[576] Die Dividenden, die der Mitunternehmer erzielt, fallen somit unstreitig unter Art. 10 Abs. 3 MA. Sie können gem. Art. 10 Abs. 1 MA im Ansässigkeitsstaat des Gesellschafters besteuert werden. Gem. Art. 10 Abs. 2 MA steht dem Ansässigkeitsstaat der ausschüttenden Gesellschaft ein Quellensteuerrecht zu. Art. 10 MA ist somit eine Verteilungsnorm mit offener Rechtsfolge, so dass der Ansässigkeitsstaat

Rzn. 16.436, 18.59 f.; *Vogelsang* in Becker/Höppner/Grotherr/Kroppen, DBA, Art. 15 Rn. 199 ff.; *Weggenmann*, Einordnungskonflikte, S. 283.

576 *Tischbirek* in Vogel/Lehner, DBA, Art. 10 Rz. 184.

des Nutzungsberechtigten der Dividenden die Doppelbesteuerung gem. Art. 23 A Abs. 2 MA oder Art. 23 B MA durch Anrechnung der Quellensteuer zu vermeiden hat.

(2) Betriebstättenvorbehalt

Auch der Dividendenartikel enthält in seinem Absatz 4 einen Betriebstättenvorbehalt. Danach sind die Absätze 1 und 2 nicht anzuwenden, wenn der in einem Vertragsstaat ansässige Nutzungsberechtigte im anderen Vertragsstaat, in dem die die Dividenden zahlende Gesellschaft ansässig ist, eine Geschäftstätigkeit durch eine dort gelegene Betriebstätte ausübt und die Beteiligung, für die die Dividenden gezahlt wird, tatsächlich zu dieser Betriebstätte gehört. In diesem Fall ist auf die Dividenden Art. 7 MA anzuwenden, so dass dem Quellenstaat als Betriebstättenstaat ein unbegrenztes Besteuerungsrecht für die Dividenden zusteht. Der Methodenartikel wird in diesem Fall für den Ansässigkeitsstaat des Gesellschafters i. d. R. die Freistellung der Einkünfte vorsehen.

Im Zusammenhang mit den Dividenden, die der Mitunternehmer von der Komplementär-Kapitalgesellschaft seiner Personengesellschaft erzielt, ist fraglich, ob der Betriebstättenvorbehalt des Art. 10 Abs. 4 MA greift. Der BFH hat zu dieser Frage mit Urteil[577] v. 26.2.1992 Stellung genommen. Dem Urteil lag folgender Sachverhalt zu Grunde: Eine in der Schweiz ansässige natürliche Person war Alleingesellschafter einer deutschen Komplementär-GmbH und neben sechs weiteren natürlichen Personen auch Kommanditist der deutschen GmbH & Co. KG. Die von der Personengesellschaft unterhaltene Betriebstätte war dem Schweizer Gesellschafter aufgrund seiner Beteiligung an der unternehmerisch tätigen GmbH & Co. KG zuzurechen. Zu klären war, ob die Beteiligung an der Komplementär-GmbH tatsächlich zu dieser Betriebstätte der deutschen Personengesellschaft gehörte und daher der Betriebstättenvorbehalt des Dividendenartikels des DBA-Schweiz erfüllt war.

577 BFH v. 26.2.1992, BStBl. II 1992, 937.

Der BFH führt aus, dass die Beteiligung, für die die Dividenden gezahlt werden, Teil des Vermögens der Betriebstätte darstellen oder auf andere Weise tatsächlich zu dieser Betriebstätte gehören muss. Hierbei könne für die tatsächliche Zugehörigkeit eines Wirtschaftsgutes zu einer Betriebstätte nicht auf die Regelung des § 15 Abs. 1 Nr. 2 EStG abgestellt werden. Diese Regelung sei rein rechtlicher Art und könne nicht mit der tatsächlichen Zugehörigkeit i. S. d. DBA gleichgesetzt werden. Daher sei darauf abzustellen, ob die Beteiligung auf andere Weise tatsächlich zu der Betriebstätte gehört. Dies sei dann anzunehmen, wenn die Beteiligung in einem funktionalen Zusammenhang zu einer in der Betriebstätte ausgeübten aktiven Tätigkeit stehe und sich deshalb die Beteiligungserträge bei funktionaler Betrachtungsweise als Nebenerträge der aktiven Betriebstättentätigkeit darstellten. Davon sei zumindest dann auszugehen, wenn sich die Tätigkeit der GmbH ausschließlich oder fast ausschließlich auf die Geschäftsleitung der Personengesellschaft beschränke.

Im Ergebnis ist die Auffassung des BFH zutreffend. Aus dem Sinn und Zweck des Betriebstättenvorbehaltes ergibt sich, dass dem Betriebstättenstaat nicht für sämtliche Einkünfte, die der Gesellschafter aus diesem Staat erzielt, ein Besteuerungsrecht als Betriebstätteneinkünfte zustehen soll. Vielmehr soll dies nur für solche Einkünfte gelten, die durch die Aktivität der Personengesellschaft bzw. der von ihr unterhaltenen Betriebstätte erwirtschaftet wurden. Daher sind Zinsen und Lizenzgebühren, die der Gesellschafter als Sondervergütungen erhält, nicht als Betriebstätteneinkünfte gem. Art. 7 MA zu behandeln, denn diese werden nicht durch eine Aktivität der Personengesellschaft bzw. der Betriebstätte, sondern vielmehr durch eine eigene Tätigkeit der Gesellschafter (Darlehenshingabe oder der Nutzungsüberlassung eines Vermögenswertes) gegenüber der Personengesellschaft erzielt. Wirtschaftsgüter, die der Gesellschafter seiner Personengesellschaft zur Nutzung überlässt, können somit niemals die im Betriebstättenvorbehalt geforderte tatsächliche Zugehörigkeit begründen.[578]

Im Fall von Dividenden erzielt der Gesellschafter die Sondervergütungen hingegen nicht durch eine Nutzungsüberlassung o.ä. gegenüber seiner Personengesellschaft; die Dividenden werden nicht von der

578 § 5 III 4 g) aa) (1).

Personengesellschaft an den Gesellschafter gezahlt, sondern von der Komplementär-Kapitalgesellschaft an ihn ausgeschüttet. Letztlich entscheidend für die abkommensrechtliche Behandlung der Dividenden ist, ob diese durch die Aktivität der Personengesellschaft verursacht werden. Dies ist unter bestimmten Umständen zumindest mittelbar der Fall: Der Mitunternehmer der Personengesellschaft hält die Beteiligung an der Komplementär-Kapitalgesellschaft i. d. R. grade weil es sich um die Komplementär-Kapitalgesellschaft handelt. Beschränkt sich die Tätigkeit der Komplementär-Kapitalgesellschaft ausschließlich oder fast ausschließlich auf die Geschäftsleitung der Personengesellschaft, so ist ihre Existenz durch die Existenz der Personengesellschaft bedingt. In diesen Fällen erwirtschaftet sie ihren Gewinn ausschließlich oder fast ausschließlich durch ihre Geschäftleitungstätigkeit bei der Personengesellschaft und damit mittelbar durch die Aktivität der Personengesellschaft. Unter diesem Umständen ist – wie auch vom BFH vertreten –eine tatsächlichen Zugehörigkeit der Beteiligung an der ausschüttenden Gesellschaft zur Betriebstätte anzunehmen, so dass für die Dividenden dem Sitzstaat der Personengesellschaft ein Besteuerungsrecht gem. Art. 7 Abs. 1 S. 2 MA zusteht. Beschränkt sich die Tätigkeit der Komplementär-Kapitalgesellschaft hingegen nicht auf die Geschäftsleitung der Personengesellschaft, sondern unterhält sie daneben auch noch einen eigenen aktiven Geschäftsbetrieb, so ist die tatsächliche Zugehörigkeit zu verneinen, da der ausschüttungsfähige Gewinn der Kapitalgesellschaft dann auch durch andere Aktivität erwirtschaftet wird.[579]

5. *Abkommensrechtliche Behandlung bei Vorliegen eines Qualifikationskonflikts bezüglich des Steuersubjekts*

In Folgenden werden Sachverhalte betrachtet, bei denen zwischen dem Sitzstaat der Personengesellschaft und dem Ansässigkeitsstaat der Gesellschafter ein Qualifikationskonflikt bezüglich des Steuersubjektes vorliegt. Hierbei sind zwei Konstellationen zu unterscheiden.

579 So auch *Piltz*, IStR 1996, S. 460.

a) Qualifikation der Personengesellschaft als Steuersubjekt (mit oder ohne Option) im Sitzstaat und als Mitunternehmerschaft in Deutschland

Qualifiziert der Sitzstaat die Personengesellschaft als Steuersubjekt, so besteuert er sie nach dem Kapitalgesellschaftskonzept, wohingegen Deutschland bei der nach dem Typenvergleich als Personengesellschaft qualifizierten ausländischen Gesellschaft nur die hinter der Gesellschaft stehenden Gesellschafter als Steuersubjekte anerkennt, so dass eine Besteuerung nach dem Mitunternehmerkonzept erfolgt. Durch diese abweichende Steuersubjektqualifikation wird der von der Personengesellschaft erwirtschaftete Gewinn im Gewinnerzielungsjahr einerseits im Sitzstaat der Gesellschaft der Körperschaftsteuer unterworfen und unterliegt andererseits im Wohnsitzstaat der Gesellschafter anteilig bei diesen der Besteuerung. Im Fall einer Ausschüttung im Folgejahr wird diese im Sitzstaat der Gesellschaft als Dividende qualifiziert und ggf. mit Quellensteuer belegt. Im Ansässigkeitsstaat der Gesellschafter wird die Ausschüttung dagegen als nicht steuerbare Entnahme gewertet.

Fraglich ist, ob und wie durch ein zwischen dem Gesellschafterstaat und dem Sitzstaat der Gesellschaft abgeschlossenes DBA die Doppelbesteuerung im Fall dieses Subjektqualifikationskonflikts vermieden werden kann. Hierbei bietet sich an, zunächst die Besteuerung der Einkünfteerzielung und sodann die Besteuerung der Einkünfteverwendung zu betrachten.

aa) Einkünfteerzielung

(1) Anwendung des Art. 7 Abs. 1 MA

(i) Sitzstaat der Gesellschaft

Der Sitzstaat der Personengesellschaft qualifiziert diese als Steuersubjekt und rechnet ihr als ansässige Person i. S. d. Art. 4 Abs. 1 MA das Unternehmen zu, d. h. er sieht die Gesellschaft als Unternehmensbetreiberin i. S. d. Art. 3 Abs. 1 lit. d MA an. Daher geht der Sitzstaat der Personengesellschaft davon aus, dass ihm hinsichtlich der Anwendung des Art. 7 MA die Rolle des Ansässigkeitsstaates zukommt, so dass ihm das alleinige Besteuerungsrecht für die Unternehmensgewinne zusteht.[580] Art. 23 MA kommt nicht zur Anwendung, da Art. 7 Abs. 1 S. 1 HS 1 MA eine Verteilungsnorm mit abschließender Rechtsfolge ist. Dem Ansässigkeitsstaat des Gesellschafters steht aus Sicht des Sitzstaates der Personengesellschaft nur im Falle einer späteren Gewinnausschüttung ein Besteuerungsrecht gem. Art. 10 Abs. 1 MA zu.

(ii) Ansässigkeitsstaat der Gesellschafter

Nach einer Mindermeinung[581] sieht der Ansässigkeitsstaat der Gesellschafter abweichend vom Sitzstaat der Personengesellschaft die Gesellschafter als Unternehmensbetreiber i. S. d. Art. 3 Abs. 1 lit. d MA an. Damit qualifiziert der Ansässigkeitsstaat die Beteiligung an der Personengesellschaft abkommensrechtlich als ein inländisches Unternehmen des Gesellschafters, das im Sitzstaat der Personengesellschaft eine Betriebstätte unterhält, die dem Gesellschafter anteilig zuzurechen ist. Der Gesellschafterstaat sieht sich für die Anwendung des Art. 7 MA daher gleichfalls in der Rolle des Ansässigkeitsstaates und beansprucht wegen Art. 7 Abs. 1 S. 1 HS 1 MA das Besteuerungsrecht für die Unternehmensgewinne. Aus Sicht des Gesellschafterstaates kommt dem Sitzstaat der Personengesellschaft als Betriebstättenstaat die Rolle des Quellenstaates zu, dem nach Art. 7 Abs. 1 S. 1 HS 2 MA ein Besteuerungsrecht zusteht, soweit die Unternehmensgewinne der Betriebstätte zuzurechen sind. Zur Vermeidung der Doppelbesteuerung stellt der Gesellschafterstaat gem. Art. 23 MA entweder den der Betriebstätte zuzurechnenden Gewinn unter Progressionsvorbehalt frei oder rechnet die im Betriebstättenstaat erhobene Steuer an.[582] Das Auseinanderfallen der Steuersubjekte im Gesellschafterstaat und im Sitzstaat der Gesellschaft steht einer anteiligen Anrechnung der ausländischen Kör-

580 *Djanani/Brähler/Hartmann,* IStR 2004, S. 484.
581 § 5 III 2 c) bb) (1).
582 *Diehl*, FR 1978, S. 522; *Haas*, BB 1978, S. 55; *ders.*, BB 1978, S. 1254; *ders.*, BB 1979, S. 84; *Krabbe*, IWB 1998, F. 3 Gr. 2, S. 762 f.; *Wassermeyer* in Debatin/Wassermeyer, DBA, MA Art. 1 Rz. 27a, b, Art. 3 Rz. 30; *ders.*, IStR 1998, S. 492.

perschaftsteuer dabei nicht entgegen, denn Grund hierfür sind allein die voneinander abweichenden innerstaatlichen Regeln über die Steuersubjektfähigkeit von Personengesellschaften.[583] [584]

Die Finanzverwaltung hat zu der hier diskutierten Problematik in mehreren Erlassen[585] Stellung genommen. Im Ergebnis folgt sie der o. a. Mindermeinung. So soll die Beteiligung einer unbeschränkt steuerpflichtigen Person an einer intransparenten ausländischen Personengesellschaft nach deutscher Rechtswertung als Unternehmen dieser Person i. S. d. Art. 7 des jeweiligen DBA zu behandeln sein. Der dem inländischen Gesellschafter zuzurechnende Gewinnanteil ist sodann gem. Art. 23 Abs. 1 des betreffenden DBA unter Beachtung des Progressionsvorbehaltes von der deutschen Steuer freizustellen.

Nach Auffassung des Steuerausschusses der OECD muss der Gesellschafterstaat die im Sitzstaat der Gesellschaft besteuerten Gewinne der Personengesellschaft entweder unter Progressionsvorbehalt freistellen oder bei Anrechnung die auf Ebene der Gesellschaft erhobene ausländische Körperschaftsteuer auf die Einkommensteuer der einzelnen Gesellschaftern anteilig anrechen.[586] Der Anrechnung stehe dabei nicht entgegen, dass die Einkünfte formal bei unterschiedlichen Steuersubjekten besteuert werden, denn dies sei allein eine Folge unterschiedlicher Steuersubjektqualifikation in den beiden Staaten. Da beide Staaten im Ergebnis dieselben Einkünfte besteuerten, sei zur Vermeidung einer Doppelbesteuerung eine Anrechnung der ausländischen Steuer geboten.

583 *Diehl*, FR 1978, S. 520; *Krabbe*, IWB 1998, F. 3 Gr. 2, S. 763 f.; *Vogel* in Vogel/Lehner, DBA, Art. 23 Rz. 134; *Wassermeyer* in Debatin/Wassermeyer, DBA, MA Art. 1 Rz. 27b, Art. 3 Rz. 84; *ders.*, IStR 1998, S. 492 f.

584 Ob eine im Sitzstaat der Personengesellschaft auf die Ausschüttung erhobene Quellensteuer (Kapitalertragsteuer) auf die im Ansässigkeitsstaat der Gesellschafter erhobenen Steuer angerechnet werden kann bzw. muss, wird im nächsten Abschnitt erörtert.

585 BMF v. 10.1.1997, BStBl. I 1997, 97 (tschechische/slowakische Personengesellschaft betreffend); BMF v. 25.8.1997, BStBl. I 1997, 796 (tunesische Personengesellschaft betreffend); BFH v. 1.10.1997, BStBl. I 1997, 863 (rumänische Personengesellschaft betreffend); BFH v. 28.5.1998, BStBl. I 1998, 557 (spanische Personengesellschaft betreffend); BMF v. 19.3.2004, BStBl. I 2004, 411 (US-LLC betreffend).

586 *OECD-Partnership-Report*, Rz. 135.

Im Fall der Freistellung der Einkünfte im Gesellschafterstaat stelle sich die Frage der Anrechnung der ausländischen Körperschaftsteuer hingegen gar nicht.[587]

Die vom Steuerausschuss vorgeschlagene Anwendung des Art. 23 MA durch den Ansässigkeitsstaat der Gesellschafter setzt voraus, dass der Gesellschafterstaat sich für die Anwendung des Art. 7 Abs. 1 MA in der Rolle des Ansässigkeitsstaates sieht. Implizit geht damit auch der Steuerausschuss davon aus, dass aus Sicht des Gesellschafterstaates die Gesellschafter die abkommensrechtlichen Unternehmensbetreiber darstellen.

In Übereinstimmung mit der h. M. im Schrifttum[588] hat nach hier vertretener Auffassung[589] auch der Ansässigkeitsstaat der Gesellschafter die Personengesellschaft als Unternehmensbetreiber i. S. d. Art. 3 Abs. 1 lit. d MA anzuerkennen, so dass beide Vertragsstaaten das Unternehmen dem Sitzstaat der Personengesellschaft zuordnen. Diesem steht gem. Art. 7 Abs. 1 S. 1 HS 1 MA das ausschließliche Besteuerungsrecht für die Gewinne der Personengesellschaft zu, soweit die Personengesellschaft nicht im Ansässigkeitsstaat des Gesellschafters eine Betriebstätte unterhält und dieser ein Teil des Gewinns zuzurechnen ist.[590] Da dem Ansässigkeitsstaat der Gesellschafter wegen der abschließenden Rechtfolge der Verteilungsnorm des Art. 7 Abs. 1 S. 1 HS 1 MA kein Besteuerungsrecht zusteht, kommt es zu keiner Doppelbesteuerung des von der Personengesellschaft erzielten Gewinns, so dass es einer Anwendung des Methodenartikels nicht bedarf.

587 *OECD-Partnership-Report*, Rz. 139.

588 § 5 III 2 c) bb) (1).

589 § 5 III 2 c) bb) (2).

590 *Debatin*, DB 1977 Beilage 13, S. 5; *Fahrenberg/Henke* IStR 2004, S. 489; *Greif*, Steuergestaltung, S. 99; *Knobbe-Keuk*, RIW 1991, S. 314 f.; *Menhorn*, Die abkommensrechtliche Behandlung von Beteiligungserträgen an einer ausländischen Personengesellschaft, S. 117; *Mittermaier*, Besteuerung von Personengesellschaften im Verhältnis USA-Deutschland, S. 329 f.; *Ostendorf*, Behandlung von Sondervergütungen, S. 165; *Piltz*, Personengesellschaften, S. 175 ff.; *Prokisch* in Vogel/Lehner, DBA, Art. 1 Rz. 33; *Riemenschneider*, Abkommensberechtigung, S. 183; *Schlütter*, JbFfSt 1979/1980, S. 164 f.; *Schmidt*, *Ch.*, Steuerliche Probleme, S. 67 f.; *ders.*, IStR 1996, S. 18; *Vogel*, DBA 3. Aufl., Art. 1 Rz. 24b; *Weggenmann*, Einordnungskonflikte, S. 308 ff.

(2) Anwendung des Progressionsvorbehaltes

Streitig ist, ob die Freistellung der Unternehmensgewinne durch den Ansässigkeitsstaat der Gesellschafter unter Progressionsvorbehalt zu erfolgen hat. Einige Autoren vertreten die Auffassung, dass der Progressionsvorbehalt anzuwenden sei. Dies ist aus Sicht der Vertreter der Mindermeinung, die den Gesellschafterstaat für die Anwendung des Art. 7 MA als Ansässigkeitsstaat werten, konsequent, denn bei dieser Sichtweise steht neben dem Ansässigkeitsstaat der Gesellschafter auch dem Sitzstaat der Personengesellschaft als Quellenstaat ein Besteuerungsrecht der Gewinne zu, die der dort gelegenen Betriebstätte zuzurechnen sind, so dass der Gesellschafterstaat gem. Art. 23 MA die Doppelbesteuerung zu vermeiden hat. Sieht der Methodenartikel die Freistellungsmethode vor, kommt es somit gem. Art. 23 Abs. 3 MA i. V. m. § 32 Abs. 1 Nr. 3 EStG zur Anwendung des Progressionsvorbehaltes.

Auch Vertreter der h. M., wonach beide Vertragsstaaten übereinstimmend die Personengesellschaft als Unternehmensbetreiber anzusehen haben, wollen den Progressionsvorbehalt durch den Ansässigkeitsstaat der Gesellschafter angewendet wissen.[591]

Nach Art. 23 A Abs. 3 MA bezieht sich der Progressionsvorbehalt auf Einkünfte, „die nach dem Abkommen von der Besteuerung in diesem Staat auszunehmen sind“. Dem Wortlaut nach betrifft der Progressionsvorbehalt also nicht nur Einkünfte, die nach Art. 23 A Abs. 1 MA von der Besteuerung im Ansässigkeitsstaat freigestellt sind, sondern auch solche, die aufgrund einer Verteilungsnorm von der Besteuerung auszunehmen sind.[592] Für die Anwendung des Progressionsvorbehalts

591 *Debatin*, DB 1977 Beilage 13, S. 5; *ders.*, BB 1978, S. 671 f.; *ders.*, BB 1989 Beilage 2, S. 9; *Greif* in Mössner, Steuerrecht international tätiger Unternehmen, E 20; *Lüdicke*, StbJb 1997/1998, S. 461 m. w. N.; *Piltz*, Personengesellschaften, S. 179 f.; *Schlütter*, JbFfSt 1979/1980, S. 166; *Storck/Selent*, RIW/AWD 1980, S. 339.

592 *Vogel* in Vogel/Lehner, DBA, Art. 23 Rz. 209; Anders noch das MA von 1963, welches den Progressionsvorbehalt auf Freistellungen nach Art. 23 Abs. 1 MA beschränkte. Damit war die Anwendung des Progressionsvorbehaltes durch den Wohnsitzstaat des Gesellschafters abkommensrechtlich bereits dadurch ausgeschlossen, dass dieser wegen der abschließenden Regelung des Art. 7 Abs. 1 S. 1 HS 1 MA den Methodenartikel Art. 23 Abs. 1 MA gar nicht anwenden konnte.

ist es somit irrelevant, aufgrund welcher Norm die Einkünfte freizustellen sind.

Art. 23 A Abs. 3 MA wendet sich jedoch allein an den Vertragsstaat, dem für die Anwendung der Verteilungsnorm die Rolle des Ansässigkeitsstaates zukommt.[593] Für Art. 7 MA ist dies im vorliegenden Fall der Sitzstaat der Personengesellschaft; dem Ansässigkeitsstaat der Gesellschafter kommt nur die Position des Quellenstaates zu. Folglich wird die vom Gesellschafterstaat aufgrund des Art. 7 Abs. 1 MA zu gewährende Freistellung vom Anwendungsbereich des Art. 23 A Abs. 3 MA nicht erfasst. Die Anwendung des Progressionsvorbehaltes durch den Gesellschafterstaat ist abkommensrechtlich damit ausgeschlossen.[594]

Piltz[595] befürwortet eine Anwendung des Progressionsvorbehaltes und leitet dies aus der Regelung des § 32 b EStG ab. Die Norm verlange nur, dass die aus einem ausländischen Vertragsstaat stammenden Einkünfte nach einem DBA steuerfrei sein. Dies sei der Fall, denn der inländische Gesellschafter erziele nach deutschem Recht steuerbare gewerbliche Einkünfte i. S. d. § 15 Abs. 1 S. 1 Nr. 2 EStG, die nach DBA freizustellen seien. Aus welcher Vorschrift des Abkommens sich die Freistellung ergebe, spiele für die Anwendung des § 32b EStG hingegen keine Rolle. Dem steht der Wortlaut des § 32b Abs. 1 Nr. 3 EStG entgegen,[596] nach dem in den Progressionsvorbehalt nur solche Einkünfte einzubeziehen sind, „die nach einem Abkommen zur Vermeidung der Doppelbesteuerung [...] unter dem Vorbehalt der Einbeziehung bei der Berechnung der Einkommensteuer steuerfrei sind". Sind

593 *Vogel* in Vogel/Lehner, DBA, Art. 23 Rz. 209.

594 So auch *Fahrenberg/Henke*, IStR 2004, S. 489; *Knobbe-Keuk*, RIW 1991, S. 315; *Menhorn*, Die abkommensrechtliche Behandlung von Beteiligungserträgen an einer ausländischen Personengesellschaft, S. 117; *Riemenschneider*, Abkommensberechtigung, S. 186 ff.; *Mittermaier*, Besteuerung von Personengesellschaften im Verhältnis USA-Deutschland, S. 330 ff.; *Möbus*, US-Limited Liability Company, S. 187; *Schmidt, Ch.*, Steuerliche Probleme, S. 70; *ders.*, IStR 1996, S. 18 f.; *Weggenmann*, Einordnungskonflikte, S. 314.

595 *Piltz*, Personengesellschaften, S. 179 f.

596 *Frenz* in Kirchhof/Söhn/Mellinghoff, EStG, § 32b Rz. A 57; *Probst* in Herrmann/Heuer/Raupach, EStG, § 32b Anm. 27, 88.

die Voraussetzungen des abkommensrechtlichen Progressionsvorbehalt nicht erfüllt, können durch DBA freigestellte Einkünfte nicht nach § 32b Abs. 1 Nr. 3 EStG berücksichtigt werden.[597]

bb) Einkünfteverwendung

(1) Sitzstaat der Gesellschaft

Da die Personengesellschaft in ihrem Sitzstaat nach dem Kapitalgesellschaftskonzept besteuert wird, werden Ausschüttungen an die Gesellschafter nach innerstaatlichem Recht als Dividenden behandelt. Aufgrund der Anerkennung als Steuersubjekt stellt die Personengesellschaft eine im Sitzstaat ansässige Gesellschaft i. S. d. Art. 3 Abs. 1 lit. b i. V. m. Art. 4 Abs. 1 MA dar, so dass es sich bei den Ausschüttungen an die Gesellschafter um Dividenden i. S. d. Art. 10 Abs. 3 MA handelt. Dem Sitzstaat der Personengesellschaft kommt als Ansässigkeitsstaat der ausschüttenden Gesellschaft innerhalb des Art. 10 MA somit die Rolle des Quellenstaates zu, so dass ihm gem. Art. 10 Abs. 2 MA ein Quellensteuerrecht für die Gewinnausschüttungen zusteht.

(2) Ansässigkeitsstaat der Gesellschafter

Nach dem innerstaatlichen Recht des transparent besteuernden Gesellschafterstaates stellen die Gewinnausschüttungen an die Gesellschafter nicht steuerbare Entnahmen dar. Abkommensrechtlich hat nach hier vertretener Auffassung jedoch auch der Gesellschafterstaat die Per-

597 BFH v. 20.10.1982, BStBl. II 1983, 402; BFH v. 12.01.1983, BStBl. II 1983, 382; *Frenz* in Kirchhof/Söhn/Mellinghoff, EStG, § 32b Rz. A 57; *Mittermaier*, Besteuerung von Personengesellschaften im Verhältnis USA-Deutschland, S. 332 ff.; *Ostendorf*, Behandlung von Sondervergütungen, S. 166; *Probst* in Herrmann/Heuer/Raupach, EStG, § 32b Anm. 27, 88; *Riemenschneider*, Abkommensberechtigung, S. 187 ff.; *Weggenmann*, Einordnungskonflikte, S. 315 f.; Blümich/*Wied*, EStG, § 32b Rzn. 21, 50; a. A. BFH v. 19.12.2001, BFH/NV 2002, 584. Danach setzt § 32b EStG lediglich voraus, dass das einschlägige DBA die Berücksichtigung eines Progressionsvorbehaltes nicht verbietet. So auch *Lambrecht* in Kirchhof, EStG, § 32b Rn. 21. Die Entscheidung des BFH v. 19.12.2001, BFH/NV 2002, 584 erging jedoch nur zu § 32b Abs. 1 Nr. EStG.

sonengesellschaft als ansässige Gesellschaft i. S. d. Art. 3 Abs. 1 lit. b i. V. m. Art. 4 Abs. 1 MA zu qualifizieren.[598] Damit ist auf Abkommensebene die im Ausland ansässige Gesellschaft von den in Deutschland ansässigen Gesellschaftern zu trennen, und die Beteiligung der Gesellschafter ist wie eine Kapitalgesellschaftsbeteiligung zu behandeln.[599] Dementsprechend sind die Gewinnausschüttungen auch aus Sicht des Gesellschafterstaates als Dividenden i. S. d. Art. 10 Abs. 3 MA zu qualifizieren. Diese Auffassung entspricht der h. M.[600] und wird auch vom BFH[601] sowie von der Finanzverwaltung[602] vertreten.

Wegen der abkommensrechtlichen Qualifikation der Gewinnausschüttungen als Dividenden steht dem Ansässigkeitsstaat der Gesellschafter gem. Art. 10 Abs. 1 MA ein uneingeschränktes Besteuerungsrecht der Gewinnausschüttungen zu. Daneben steht gem. Art. 10 Abs. 2 MA dem Ansässigkeitsstaat der ausschüttenden Gesellschaft ein

598 § 5 III 2 c) bb) (2).

599 *Möbus*, US-Limited Liability Company, S. 189; *Riemenschneider*, Abkommensberechtigung, S. 195 ff.; *Weggenmann*, Einordnungskonflikte, S. 320.

600 *Debatin*, BB 1978, S. 671; *ders.*, BB 1978, S. 1609; *ders.*, FR 1979, S. 495; *Djanani/Brähler/Hartmann,* IStR 2004, S. 484; *Greif*, Steuergestaltung, S. 99; *Knobbe-Keuk*, RIW 1991, S. 314; *Lang/Wimpissinger*, Die Einkünfte von Gesellschaftern, S. 91; *Mittermaier*, Besteuerung von Personengesellschaften im Verhältnis USA-Deutschland, S. 339; *Möbus*, US-Limited Liability Company, S. 189; *Piltz*, Personengesellschaften, S. 180; *Pott*, Kollision, S. 225; *Riemenschneider*, Abkommensberechtigung, S. 195 ff.; *Schmidt, Ch.*, Steuerliche Probleme, S. 68; *ders.*, IStR 1996, S. 18; *Prokisch* in Vogel/Lehner, DBA, Art. 1 Rz. 40; *Vogel*, DBA 3. Aufl., Art. 1 Rz. 27d; *Wassermeyer*, IStR 1998, S. 493; *Weggenmann*, Einordnungskonflikte, S. 320. Anderer Ansicht sind nur diejenigen Vertreter im Schrifttum, die die Personengesellschaft im Rahmen der Abkommensanwendung durch den Gesellschafterstaat nicht als ansässige Gesellschaft anerkennen. Ihrer Ansicht nach handelt es sich bei den von der Gesellschaft erzielten Einkünften bereits zum Zeitpunkt der Einkünfteerzielung um Unternehmensgewinne des inländischen Gesellschafters aus einer ausländischen Betriebsstätte. Daher handelt es sich aus ihrer Sicht bei nachfolgenden „Gewinnausschüttungen“ auch auf Abkommensebene um nicht steuerbare Entnahmen, *Diehl*, FR 1978, S. 522.

601 BFH v. 16.11.1989, BStBl. II 1990, 204.

602 BMF v. 13.1.1997, BStBl. I 1997, 97; BMF v. 25.8.1997, BStBl. I 1997, 796; BMF. v. 1.10.1997, BStBl. I 1997, 863; BMF v. 28.5.1998, BStBl. I 1998, 557; BMF v. 19.3.2004, BStBl. I 2004, 411.

Quellensteuerrecht zu. Nimmt der Gesellschafterstaat das ihm zustehende Besteuerungsrecht wahr, so hat er die daraus resultierende Doppelbesteuerung gem. Art. 23 A Abs. 2 MA bzw. Art. 23 B Abs. 1 MA durch die Anrechnung der Quellensteuer zu vermeiden.

Aus der Anwendung des Art. 10 MA auf die Gewinnausschüttungen werden unterschiedliche Konsequenzen hinsichtlich der Besteuerung der Dividenden im Ansässigkeitsstaat der Gesellschafter gezogen.

(i) Besteuerung im Zeitpunkt der Einkünfteerzielung

Aigner/Züger[603] wollen dem Gesellschafterstaat aufgrund der Anwendung des Dividendenartikels bereits zum Zeitpunkt der Einkünfteerzielung ein uneingeschränktes Besteuerungsrecht für die von der Personengesellschaft erzielten Gewinne zugestehen.

Da gem. Art. 7 Abs. 7 MA die Regelung des Art. 10 MA Vorrang vor der Anwendung des Art. 7 MA habe, dürfe der Gesellschafterstaat bei intransparenter Besteuerung der Personengesellschaft in ihrem Sitzstaat allein diese Verteilungsnorm anwenden. Die Einkünfte, die der Gesellschafterstaat den Mitunternehmern zurechne, seien daher ausschließlich dem Dividendenartikel unterworfen. Da sich der Zeitpunkt, wann Einkünfte als erzielt gelten, ausschließlich nach nationalem Recht bestimme, könnten für den Gesellschafterstaat bereits zu einem Zeitpunkt Dividenden vorliegen, zu dem nach dem innerstaatlichen Recht des Sitzstaates der Gesellschaft noch gar keine Ausschüttung erfolgt sei. Im transparent besteuernden Gesellschafterstaat werde eine sofortige Besteuerung der Einkünfte bei den Gesellschaftern angeordnet und entsprechend eine „Vollausschüttung" der Gewinne im Jahr der Erzielung unterstellt. Die Einkünfte seien abkommensrechtlich Dividenden, so dass dem Gesellschafterstaat gem. Art. 10 Abs. 1 MA ein uneingeschränktes Besteuerungsrecht zustehe.

Ähnlich argumentieren *Lang/Wimpissinger*. Sie halten aus der Sicht des Gesellschafterstaates ausschließlich Art. 10 MA für anwend-

603 *Aigner/Züger*, SWI 2000, S. 256 f.

bar.[604] Nach dem Dividendenartikel stehe dem Gesellschafterstaat die Besteuerung aller Einkünfte zu, die den Gesellschaftern zugerechnet werden und für die der „Gesellschaftsanteil“ kausal sei. Darunter fielen auch die den einzelnen Gesellschaftern nach dem innerstaatlichen Recht ihres Ansässigkeitsstaates zuzurechnenden Einkünfte aus der Personengesellschaft, so dass Art. 10 MA den Gesellschafterstaat nicht daran hindere, die Einkünfte der Gesellschafter schon im Zeitpunkt der Erzielung zu besteuern.[605]

Zur Vermeidung einer Doppelbesteuerung sei der Gesellschafterstaat gem. Art. 23 A Abs. 2 MA oder Art. 23 B Abs. 1 MA dazu verpflichtet, die Quellensteuer, die der Ansässigkeitsstaat der Gesellschaft zum Zeitpunkt der Dividendenausschüttung gem. Art. 10 Abs. 2 MA erheben dürfe, anzurechnen. Da es auf die Zufälligkeiten der Erhebung nicht ankommen könne, habe dies auch dann zu gelten, wenn die Ausschüttung erst zu einem späteren Zeitpunkt erfolge und die Quellensteuer somit in einer anderen Besteuerungsperiode anfalle als die im Gesellschafterstaat auf die Einkünfteerzielung erhobene Steuer.[606] Die im Ansässigkeitsstaat der Gesellschaft auf die Einkünfteerzielung erhobene Körperschaftsteuer habe der Gesellschafterstaat hingegen nicht anzurechnen. Eine solche Verpflichtung ergebe sich nicht aus Art. 23 MA, denn der Methodenartikel wolle nur eine juristische, nicht aber ein wirtschaftliche Doppelbesteuerung, d. h. ein Besteuerung derselben Einkünfte bei verschiedenen Steuersubjekten, vermeiden.[607]

Dieser Auffassung steht entgegen, dass auch abkommensrechtlich zwischen dem Erzielen von Unternehmensgewinnen durch die Gesellschaft und der Ausschüttung dieser Gewinne an ihre Gesellschafter unterschieden werden muss. Dies ergibt sich aus Art. 10 Abs. 2 S. 3 MA, wonach das Quellenbesteuerungsrecht des Ansässigkeitsstaates der Gesellschaft im Falle einer Ausschüttung „nicht die Besteuerung der

604 *Lang/Wimpissinger*, Die Einkünfte von Gesellschaftern, S. 91 f.; so auch *Lang* in FS Fischer, S. 720 f.

605 *Lang/Wimpissinger*, Die Einkünfte von Gesellschaftern, S. 95 f.; so auch *Lang* in FS Fischer, S. 721.

606 *Aigner/Züger*, SWI 2000, S. 257 f.; *Lang/Wimpissinger*, Die Einkünfte von Gesellschaftern, S. 97 f.; so auch *Lang* in FS Fischer, S. 722.

607 *Aigner/Züger*, SWI 2000, S. 257 f.; *Lang/Wimpissinger*, Die Einkünfte von Gesellschaftern, S. 98 f.

Gesellschaft in Bezug auf die Gewinne, aus denen die Dividenden gezahlt werden", berührt. Damit ist im Jahr der Gewinnerzielung nicht Art. 10 Abs. 1 MA, sondern Art. 7 Abs. 1 MA anzuwenden.[608] Dies gilt auch für den Gesellschafterstaat, da dieser die Personengesellschaft als ansässige Gesellschaft i. S. d. Art. 3 Abs. 1 lit. b i. V. m. Art. 4 Abs. 1 MA anerkennt und diese Einordnung nicht nur für die Anwendung des Art. 10 MA, sondern auch für die Anwendung des Art. 7 MA gilt. Gem. Art. 7 Abs. 1 MA dürfen die Unternehmensgewinne aber nur im Sitzstaat der Personengesellschaft als deren Ansässigkeitsstaat besteuert werden, da sie die Unternehmensbetreiberin i. S. d. Art. 3 Abs. 1 lit. d MA ist, womit die Besteuerung der Einkünfteerzielung für den Gesellschafterstaat durch Art. 7 Abs. 1 MA ausgeschlossen ist.[609]

Im Übrigen setzt die Anwendung des Dividendenartikels voraus, dass tatsächlich eine Ausschüttung an den Gesellschafter stattgefunden hat. Dies ergibt sich aus dem Wortlaut des Art. 10 Abs. 1 MA, wo es heißt, „Dividenden, die eine Gesellschaft [...] zahlt", und aus Art. 10 Abs. 2 MA, der in seinen Tatbestandsvoraussetzungen eine „Dividenden zahlende Gesellschaft" fordert, wobei sich der Begriff der Zahlung auf einen Mittelabfluss bei der Gesellschaft bezieht.[610] Durch die Fiktion einer „Vollausschüttung" wird der Anwendungsbereich des Art. 10 MA nicht eröffnet.

Nach Auffassung *Riemenschneiders* hängt die Besteuerung der Dividenden durch den Gesellschafterstaat allein davon ab, ob die Gewinnausschüttung vor oder nach Ablauf des Jahres erfolgt, in dem die ausländische Gesellschaft den Gewinn erzielt.[611]

Erfolgt die Gewinnausschüttung erst nach Ablauf des Jahres der Gewinnerzielung, so sollen die Dividenden mangels innerstaatlicher Steuerpflicht keiner Besteuerung im Gesellschafterstaat unterliegen.[612] Hingegen sollen die Dividenden im Gesellschafterstaat einer Besteue-

608 So auch *Weggenmann*, Einordnungskonflikte, S. 323.

609 So auch *Menhorn*, Die abkommensrechtliche Behandlung von Beteiligungserträgen an einer ausländischen Personengesellschaft, S. 119.

610 *Vogel* in Vogel/Lehner, DBA, Art. 10 Rz. 22; *Wassermeyer* in Debatin/Wassermeyer, DBA, MA Art. 10 Rz. 39.

611 *Riemenschneider*, Abkommensberechtigung, S. 201 ff.

612 *Riemenschneider*, Abkommensberechtigung, S. 201.

rung unterliegen, wenn die Gewinnausschüttung vor Ablauf des Jahres der Gewinnerzielung erfolgt, wie dies etwa bei Vorabausschüttungen oder verdeckten Gewinnausschüttungen der Fall ist. Denn die ausgeschütteten Dividenden stellten einen Teil des von der ausländischen Gesellschaft erzielten Gewinns dar, für den dem Gesellschafterstaat inhaltlich das Besteuerungsrecht zustehe. Dabei hält *Riemenschneider*[613] es für unbeachtlich, wie der Gesellschafterstaat die mit dieser Steuerberechtigung korrespondierende Steuerpflicht innerstaatlich ausgestaltet. Insbesondere hält er es nicht für notwendig, dass der Gesellschafterstaat im Rahmen der nationalen Besteuerung die Gewinnausschüttung entsprechend der Wertung des DBA als Dividenden und damit als steuerpflichtige Einkünfte qualifiziert. Vielmehr sei es ausreichend, wenn der Gesellschafterstaat den von der Gesellschaft erzielten Gewinn unabhängig von einer Gewinnausschüttung nach seinem innerstaatlichen Recht anteilig den inländischen Gesellschaftern als steuerpflichtige Einkünfte zurechne. Erfolge die Ausschüttung der Dividenden nun bereits im Jahr der Gewinnerzielung, so eröffne sich das abkommensrechtliche Besteuerungsrecht bereits zu dem Zeitpunkt, da aus Sicht des Gesellschafterstaates steuerpflichtige Mitunternehmereinkünfte vorliegen, so dass die Dividenden beim inländischen Gesellschafter gem. § 15 Abs. 1 S. 1 Nr. 2 EStG zu besteuern seien.[614]

Wie gezeigt, muss zwischen dem Erzielen der Unternehmensgewinne durch die Gesellschaft und deren Ausschüttung an die Gesellschafter unterscheiden werden. Der Grund für die Nichtbesteuerung der Gewinnausschüttungen durch den Gesellschafterstaat ist allein, dass es sich nach seinem innerstaatlichen Steuerrecht um nicht steuerbare Entnahmen handelt.[615] Die Qualifikation von Einkünften erfolgt nach innerstaatlichem Recht unabhängig von dem Zeitpunkt, in dem die Einkünfte erzielt werden. Der Zeitpunkt der Gewinnausschüttung kann somit keinen Einfluss darauf haben, ob diese nach innerstaatlichem Steuerrecht als Einkünfte aus Gewerbebetrieb i. S. d. § 15 Abs. 1 S. 1 Nr. 2 EStG oder als nicht steuerbare Entnahmen zu qualifizieren

613 *Riemenschneider*, Abkommensberechtigung, S. 211.

614 *Riemenschneider*, Abkommensberechtigung, S. 211; so auch schon *Schlütter*, JbFfSt 1979/1980, S. 167 f.

615 So auch *Mittermaier*, Besteuerung von Personengesellschaften im Verhältnis USA-Deutschland, S. 343; *Weggenmann*, Einordnungskonflikte, S. 322.

sind, so dass der von *Riemenschneider* getroffenen Unterscheidung nicht zu folgen ist.

(ii) Besteuerung im Zeitpunkt der Einkommensverwendung

Knobbe-Keuk ist der Ansicht, dass die Anerkennung der Steuersubjekteigenschaft der Personengesellschaft durch den Gesellschafterstaat nicht nur abkommensrechtlich, sondern auch für die Anwendung des innerstaatlichen Rechts zu gelten habe, da andernfalls das im Abkommen geschaffene gemeinsame System nicht funktioniere.[616] Aufgrund der vertraglichen Bindung habe der Gesellschafterstaat bei der Besteuerung des ihm zugewiesenen Steuerobjekts den abkommensrechtlich anerkannten Status der Gesellschaft als Steuersubjekt zu respektieren.[617] Konsequenz dieser Auffassung ist, dass die Gewinnausschüttungen der Gesellschaft, welche abkommensrechtlich Dividenden darstellen und für die dem Gesellschafterstaat gem. Art. 10 Abs. 1 MA ein Besteuerungsrecht zusteht, nach innerstaatlichem Recht nicht anders als Ausschüttungen ausländischer Kapitalgesellschaften zu behandeln sind, d. h. sie sind nicht als Entnahmen anzusehen, sondern als Einkünfte aus Kapitalvermögen i. S. d. innerstaatlichen Rechts (§ 20 EStG) steuerlich zu erfassen. Die nach inländischem Recht bestehende Steuerpflicht werde dadurch nicht unzulässigerweise erweitert, sondern umqualifiziert.[618]

Zum selben Ergebnis kommt *Pott*. Er leitet die Maßgeblichkeit der Qualifikation des Sitzstaates der Gesellschaft für das innerstaatliche Recht des Gesellschafterstaates aus dem „Harmonisierungsgedanken" des Abkommenszweckes ab.[619] Auch *Manke* hält eine Besteuerung der Gewinnausschüttungen durch den Gesellschafterstaat für geboten und begründet dies mit dem Vorrang des Abkommensrechts vor dem innerstaatlichen Recht. Abweichend vom innerstaatlichen Recht erlaube das Abkommen dem Gesellschafterstaat nicht die Besteuerung der Gewinn-

616 *Knobbe-Keuk*, RIW 1991, S. 314.
617 *Knobbe-Keuk*, RIW 1991, S. 315 f.
618 *Knobbe-Keuk*, RIW 1991, S. 315 f.
619 *Pott*, Kollision, S. 221 ff.

erzielung, sondern nur die Besteuerung der Gewinnausschüttung. Diese einschränkende Wirkung des DBA sei zu berücksichtigen, weshalb sich regelmäßig auch die zeitliche Zuordnung im Rahmen der innerstaatlichen Besteuerung ändere.[620]

Eine Bindung des Gesellschafterstaates an die Steuersubjektqualifikation der ausländischen Personengesellschaft auch für die Anwendung des innerstaatlichen Rechts ist m. E. aus mehreren Gründen abzulehnen. So richtet sich auch bei Bestehen eines DBA die Qualifikation eines ausländischen Rechtsgebildes für innerstaatliche Steuerzwecke ausschließlich nach dem Typenvergleich.[621] Das innerstaatliche Recht auf der einen Seite und das Abkommensrecht auf der andren Seite sind zwei getrennte, in sich geschlossene Regelungskreise. Die vertragliche Bindung verpflichtet den Gesellschafterstaat nur dazu, für die Anwendung des Abkommens die Gesellschaft als eigenständiges Steuersubjekt anzuerkennen. Hingegen enthält das DBA keine Bestimmung aus der folgt, dass die Wertung des DBA auch für die nationale Besteuerung maßgeblich sei. Ferner würde dem DBA eine steuerbegründende Wirkung zukommen, wenn der Gesellschafterstaat auch im Rahmen des innerstaatlichen Steuerrechts an die abkommensrechtliche Qualifikation der Gesellschaft als Steuersubjekt gebunden wäre. Jedoch stellen DBA keine Kollisionsnormen im Sinne eines Rechtsanwendungsrechts dar, sondern beinhalten lediglich Schrankennormen, die eine Einschränkung des innerstaatlichen Steueranspruchs zur Folge haben.[622] Die DBA bauen also auf einen nach innerstaatlichem Recht bestehenden Steueranspruch auf, können einen solchen jedoch weder begründen noch erweitern.[623] Aus Sicht des DBA ist es unerheblich, ob der Ansässigkeitsstaat der Gesellschafter von dem ihm mit der Ausschüttung zugewiesenen Besteuerungsrecht Gebrauch macht oder keine Steuerpflicht vorsieht,

620 *Manke*, JbFfSt 1978/1979, S. 344 f.

621 So auch *Riemenschneider*, Abkommensberechtigung, S. 205.

622 *Debatin*, DStR 1992 Beihefter zu Heft 23, S. 1 f.; *Vogel* in Vogel/Lehner, DBA, Einl. Rz. 68.

623 *Bühler*, Prinzipien des internationalen Steuerrecht, S. 61; *Gloria*, Verständigungsverfahren, S. 61; *Mössner* in FS Seidl-Hohenveldern, S. 403, 414; *Piltz*, Personengesellschaften, S. 120; *Schaumburg*, Internationales Steuerrecht, Rz. 16.40 m. w. N.; *Vogel* in Vogel/Lehner, DBA, Einl. Rz. 72; *Wassermeyer* in Debatin/Wassermeyer, DBA, MA Art. 1 Rz. 10; *Wassermeyer*, StuW 1990, S. 404, 411.

weil er die ausländische Gesellschaft für seine nationale Besteuerung als Mitunternehmerschaft qualifiziert.[624] Darüber hinaus enthalten DBA weder eine Aussage über die zeitliche Zuordnung von Einkünften noch über den Zeitpunkt des Entstehens einer Steuer.[625]

(iii) Dividenden als steuerfreie Entnahmen

Der Gesellschafterstaat ist abkommensrechtlich an die Qualifikation der Personengesellschaft durch ihren Sitzstaat gebunden. Damit erkennt er für abkommensrechtliche Zwecke die Personengesellschaft als ansässige Person und die von ihr vorgenommenen Gewinnausschüttungen als Dividenden i. S. d. Art. 10 Abs. 3 MA an. Dem Ansässigkeitsstaat der Gesellschafter steht gem. Art. 10 Abs. 1 MA ein uneingeschränktes Besteuerungsrecht für Dividenden zu. Nutzt der Gesellschafterstaat das ihm zugewiesene Besteuerungsrecht, so hat er in seiner Rolle als Ansässigkeitsstaat im Rahmen der Anwendung des Art. 10 MA die Doppelbesteuerung gem. Art. 23 MA durch Anrechnung der ausländischen Quellensteuer zu vermeiden.

Für die Anwendung des innerstaatlichen Rechts kommt es hingegen auf die Qualifikation nach dem Typenvergleich an. Qualifiziert Deutschland als Ansässigkeitsstaat der Gesellschafter die ausländische Gesellschaft als Personengesellschaft und besteuert sie nach dem Mitunternehmerkonzept, stellen die Gewinnausschüttung nach innerstaatlichem Steuerrecht nicht steuerbare Entnahmen dar. Daran vermag auch die abkommensrechtliche Qualifikation als Dividenden oder der Zeitpunkt der Gewinnausschüttung nichts zu ändern. Der Ansässigkeitsstaat der Gesellschafter nimmt das ihm abkommenrechtlich zugewiesene Besteuerungsrecht innerstaatlich damit nicht wahr. Mangels Besteuerung der Dividenden durch den Gesellschafterstaat ist dieser auch nicht verpflichtet, die ausländische Quellensteuer anzurechen.[626] Da die

624 *Riemenschneider*, Abkommensberechtigung, S. 208.

625 *Weggenmann*, Einordnungskonflikte, S. 322.

626 BMF v. 19.3.2004, BStBl. I 2004, 411; *Debatin*, BB 1978, S. 671; *ders.*, BB 1978, S. 1610; *ders.*, FR 1979, S. 496; *ders.*, RIW/AWD 1980, S. 5; *Greif* in Mössner, Steuerrecht international tätiger Unternehmen, E 19; *ders.*, Steuergestaltung, S. 99 f.; *Jacobs*, Internationale Unternehmensbesteuerung, S. 606; *Piltz*, Per-

Dividenden nach innerstaatlichem Recht als Entnahmen nicht steuerbare Einkünfte sind, fehlt es auch an einer entscheidenden Voraussetzung für die Anwendung des Progressionsvorbehalts.[627]

Für den Fall, dass zwischen Gesellschafterstaat und Sitzstaat der Gesellschaft kein DBA besteht, wurde aufgezeigt, dass die ausländische Quellensteuer auf die im Gesellschafterstaat bereits im Jahr der Gewinnerzielung auf den Gewinnanteil des Mitunternehmers erhobene Steuer anzurechnen ist, da die Ausschüttungen als Teil des dem Gesellschafter zuzurechnenden Gewinnanteils im Inland einer Besteuerung unterlagen.[628] Für den Fall, dass zwischen den beiden Staaten ein DBA besteht, ist eine Anrechnung der ausländischen Quellensteuer ausgeschlossen, da Art. 7 Abs. 1 DBA die Besteuerung der Unternehmensgewinne ausschließlich dem ausländischen Sitzstaat der Gesellschaft zuweist, weshalb Deutschland als Ansässigkeitsstaat der Gesellschafter den gem. § 15 Abs. 1 S. 1 Nr. 2 EStG steuerpflichtigen Gewinnanteil des Gesellschafters von der Besteuerung freistellen muss. Mangels Besteuerung des Gewinnanteils wurde auch im Jahr der Gewinnerzielung keine Steuer erhoben, auf die die ausländische Steuer angerechnet werden könnte.

Zum gleichen Ergebnis, allerdings mit anderer Begründung, kommt der Steuerausschuss der OECD. So wird im Partnership-Report davon ausgegangen, dass beide Vertragsstaaten bei der Auslegung des Abkommens auf ihr originär innerstaatliches Recht zurückgreifen, so dass der Gesellschafterstaat sich für die Anwendung des Art. 7 MA in der Rolle des Ansässigkeitsstaates sieht und das ihm abkommensrechtlich zugewiesene Besteuerungsrecht innerstaatlich wahrnimmt. Soweit der Gesellschafterstaat die Freistellungsmethode anwendet und demnach den Gewinn der Gesellschaft im Rahmen der unbeschränkten Steuerpflicht freistellt und die Dividendenausschüttungen nach seinem Recht nicht steuerbare Entnahmen darstellen, stellt sich aus Sicht des Gesellschafterstaates die Frage der Anrechnung der ausländischen Körperschaftsteuer

---

sonengesellschaften, S. 180; *Schaumburg*, Internationales Steuerrecht, Rz. 18.58; *ders.*, Stbg 1999, S. 158; *Schmidt, Ch.*, IStR 1996, S. 18; *Schlütter*, JbFfSt 1979/1980, S. 167; *Vogel*, IStR 1999, S. 8.

627 *Schmidt, Ch.*, IStR 1996, S. 18 f.

628 § 4 II 3 a) cc) (2).

und der ausländischen Quellensteuer nicht.[629] Wendet der Gesellschafterstaat hingegen die Anrechnungsmethode an, soll nach Auffassung der OECD die Körperschaftsteuer, die auf Ebene der Personengesellschaft in ihrem Sitzstaat erhoben wird, auf die Einkommensteuer der Gesellschafter anzurechnen sein, die auf die ihnen zuzurechnenden Gewinnanteile erhoben wird. Da im transparent besteuernden Gesellschafterstaat die Einkünfteverwendung nicht besteuert werde, könne von ihm nicht erwartet werden, dass er eine auf diesen Vorgang erhobene Quellensteuer auf die im Rahmen der unbeschränkten Steuerpflicht der Gesellschafter erhobene Steuer anrechne.[630]

Fraglich ist, ob die Nichtbesteuerung der Dividenden durch den Gesellschafterstaat Auswirkungen auf die Quellenbesteuerung im Sitzstaat der Personengesellschaft hat. Vordergründig erscheint es gerechtfertigt, eine Reduktion der Quellensteuer zu verneinen, da mangels Besteuerung der Dividenden im Ansässigkeitsstaat der Gesellschafter keine Doppelbesteuerung der Dividenden eintritt.

Das Quellensteuerrecht des Sitzstaates der Gesellschaft ist gem. Art. 10 Abs. 2 HS 2 MA auf fünf von Hundert bzw. 15 vom Hundert des Bruttobetrages der Dividenden begrenzt, falls der Nutzungsberechtigte der Dividenden eine im anderen Vertragsstaat ansässige Person ist. Entscheidend ist somit, ob der Gesellschafter der Personengesellschaft als Nutzungsberechtigter der Dividenden anzusehen ist.

Laut OECD-MK soll mit dem Abstellen auf den Nutzungsberechtigten in Art. 10 Abs. 2 MA vermieden werden, dass der Quellenstaat zu einer Quellensteuerreduktion verpflichtet ist, wenn die Stellung des unmittelbaren Einkünfteempfängers als ansässige Person keine potentielle Doppelbesteuerung zur Folge hat, da er für Steuerzwecke seines Ansässigkeitsstaates nicht als Nutzungsberechtigter der Dividenden behandelt wird.[631] Hieraus leitet sich ab, dass als Nutzungsberechtigter diejenige Person anzusehen ist, der die Einkünfte nach dem innerstaatlichen Steuerrecht des Ansässigkeitsstaates des unmittelbaren Einkünfteempfängers zugerechnet werden, denn nur die Ansässigkeit dieser Person in diesem Vertragsstaat hat eine potentielle Doppelbesteuerung der

629 *OECD-Partnership-Report*, Rz. 135, 136.
630 *OECD-Partnership-Report*, Rz. 137.
631 OECD-MK, Art. 10 Rz. 12.1.

Einkünfte zur Folge.[632] Durch die Bezugnahme auf den ansässigen Nutzungsberechtigten in Art. 10 Abs. 2 MA soll eine Reduktion der Quellensteuer also lediglich für den Fall ausgeschlossen werden, dass überhaupt keine potentielle Doppelbesteuerung der Dividenden droht. Die Regelung hat aber nicht die Funktion einer „subject-to-tax"-Klausel in dem Sinne, dass eine Quellensteuerreduktion auch dann zu unterbleiben hat, wenn eine potentielle Doppelbesteuerung tatsächlich nicht eintritt.

Vorliegend rechnet der Ansässigkeitsstaat der Gesellschafter diesen zwar die Dividenden als Nutzungsberechtigte zu, jedoch qualifiziert der Gesellschafterstaat die Dividenden als nicht steuerbare Entnahmen. Eine potentielle Doppelbesteuerung der Dividenden ist grundsätzlich gegeben, denn die Gesellschafter als Nutzungsberechtigte sind im Gesellschafterstaat ansässig und dieser qualifiziert die Zahlungen abkommensrechtlich als Dividenden i. S. d. Art. 10 Abs. 3 MA. Würden die Dividenden nach innerstaatlichem Recht nicht als nicht steuerbare Entnahmen, sondern als steuerpflichtige Einkünfte qualifiziert, so würde der Gesellschafterstaat das ihm gem. Art. 10 Abs. 1 MA zugewiesenen Besteuerungsrecht nutzen und die Dividenden einer Besteuerung unterwerfen. Die Gefahr einer Doppelbesteuerung der Dividenden ist abkommensrechtlich damit gegeben. Dass diese tatsächlich nicht eintritt, beruht allein auf der innerstaatlichen Einkünftequalifikation des Ansässigkeitsstaates und nicht auf einer Nichtansässigkeit der Nutzungsberechtigten. Auf einen solchen Fall der tatsächlichen Nichtbesteuerung der Dividenden hin ist die Bezugnahme auf den Nutzungsberechtigten in Art. 10 Abs. 2 MA nicht angelegt. Der Sitzstaat der Gesellschaft als Quellenstaat der Dividenden ist daher zu einer Quellensteuerreduktion gem. Art. 10 Abs. 2 HS 2 MA verpflichtet.

cc) Sondervergütungen

Leistet eine Personengesellschaft an einen ihrer Gesellschafter Zahlungen aufgrund eines schuldrechtlichen Vertrags, so kann diese Sondervergütung in dem intransparent besteuernden Sitzstaat der Gesellschaft als Betriebsausgabe geltend gemacht werden. Die Sondervergütung

632 Ausführlich hierzu § 5 II 2 b) bb) (2), § 5 II 3 b) bb) (2).

unterliegt dann im Rahmen der beschränkten Steuerpflicht des Gesellschafters ggf. der Besteuerung im Sitzstaat der Gesellschaft. Im Ansässigkeitsstaat des Gesellschafters unterliegen die Zahlungen als Sondervergütungen i. S. d. § 15 Abs. 1 S. 1 Nr. 2 HS 2 EStG der unbeschränkten Steuerpflicht.

Abkommensrechtlich sind die Sondervergütungen unter eine der Verteilungsnormen zu subsumieren. Die Verteilungsnormen sind abkommensautonom auszulegen, so dass es auf die Qualifikation der Sondervergütungen nach dem innerstaatlichen Recht des Gesellschafterstaates und des Sitzstaates der Gesellschaft nicht ankommt. Hinsichtlich der Auslegung der für Sondervergütungen relevanten Verteilungsnormen kann auf die Ausführungen bei einheitlicher Qualifikation des Steuersubjekts verwiesen werden.[633]

Weist die einschlägige Verteilungsnorm dem Gesellschafterstaat ein uneingeschränktes Besteuerungsrecht für die Einkünfte zu, wie dies z. B. bei Zinsen der Fall ist, so nimmt der Gesellschafterstaat das ihm zugewiesene Besteuerungsrecht wahr und besteuert die Zinsen als Sonderbetriebseinnahmen i. S. d. § 15 Abs. 1 S. 1 Nr. 2 HS 2 EStG, denn die abkommensrechtliche Einkünftequalifikation hat keinen Einfluss auf die Einkünftequalifikation nach innerstaatlichem Recht. Steht dem Sitzstaat der Gesellschaft abkommensrechtlich ein Quellensteuerrecht für die Einkünfte zu, so rechnet der Gesellschafterstaat die Steuer gem. Art. 23 MA an.

Steht dem Sitzstaat der Gesellschaft hingegen als Quellenstaat ein uneingeschränktes Besteuerungsrecht, wie es z. B. bei Einkünften aus unbeweglichem Vermögen der Fall ist, zu, so nimmt der Sitzstaat der Gesellschaft dieses Besteuerungsrecht innerstaatlich wahr, indem er die Einkünfte im Rahmen der beschränkten Steuerpflicht des Gesellschafters besteuert. Der Gesellschafterstaat hat diese Sondervergütungen dann zur Vermeidung einer Doppelbesteuerung unter Progressionsvorbehalt freizustellen.

633 § 5 III 4 g).

b) Qualifikation der Personengesellschaft als Mitunternehmerschaft (mit oder ohne Option) im Sitzstaat und als Steuersubjekt in Deutschland

In der nachfolgend zu behandelnden Konstellation besteuert der Sitzstaat die Personengesellschaft nach dem Mitunternehmerkonzept, wohingegen Deutschland als Ansässigkeitsstaat der Gesellschafter die Personengesellschaft nach dem Typenvergleich als Kapitalgesellschaft qualifiziert und damit als Steuersubjekt anerkennt.[634]

Im Sitzstaat der Gesellschaft unterliegen die Gesellschafter bereits zum Zeitpunkt der Gewinnerzielung mit den ihnen zuzurechnenden Gewinnanteilen der beschränkten Steuerpflicht. Aufgrund des für Kapitalgesellschaften geltenden Trennungsprinzips unterscheidet Deutschland als Gesellschafterstaat nach seinem innerstaatlichen Recht zwischen thesaurierten und ausgeschütteten Gewinnen der Gesellschaft. Die thesaurierten Gewinne werden im Gesellschafterstaat mangels unbeschränkter Steuerpflicht der Gesellschaft nicht besteuert. Die Gesellschaft ist dort allenfalls mit aus dortigen Einkunftsquellen stammenden Einkünften beschränkt steuerpflichtig. Jedoch besteuert der Gesellschafterstaat im Falle einer späteren Gewinnausschüttung die ausgeschütteten Gewinne als Einkünfte aus Kapitalvermögen der unbeschränkt steuerpflichtigen Gesellschafter.

aa) Einkommenserzielung

(1) Sitzstaat der Gesellschaft

Da die Personengesellschaft nach der innerstaatlichen Wertung ihres Sitzstaates kein Steuersubjekt und damit abkommensrechtlich keine ansässige Person ist, werden die Gesellschafter als Unternehmensbetreiber i. S. d. Art. 3 Abs. 1 lit. d MA angesehen. Das Unternehmen ist damit ein solches des Gesellschafterstaates, so dass für die Anwendung des Art. 7 MA diesem die Rolle des Ansässigkeitsstaates und

634 Diese Konstellation kann sich aus deutscher Sicht insbesondere im Zusammenhang mit einer LLC ergeben.

dem Sitzstaat der Gesellschaft die Rolle des Quellenstaates zukommt. Letzterem steht als Betriebstättenstaat gem. Art. 7 Abs. 1 S. 1 HS 2, S. 2 MA eine Besteuerungsrecht der von der Personengesellschaft erzielten Unternehmensgewinne zu. Innerstaatlich wird dieses Besteuerungsrecht wahrgenommen, indem die Gesellschafter mit den ihnen zuzurechnenden Gewinnanteilen der beschränkten Steuerpflicht unterliegen.[635]

(2) Ansässigkeitsstaat der Gesellschafter

Auch aus Sicht des Gesellschafterstaates stellt die Personengesellschaft abkommensrechtlich keine ansässige Person dar, da sich die abkommensrechtliche Ansässigkeit einer Person gem. Art. 4 Abs. 1 MA ausschließlich nach dem Recht des potentiellen Ansässigkeitsstaates richtet, hier also nach dem innerstaatlichen Recht des Sitzstaates der Gesellschaft. Entsprechend ist das Unternehmen abkommensrechtlich als ein solches der Gesellschafter der Personengesellschaft anzusehen, so dass jeder Gesellschafter mit seinem Gesellschaftsanteil ein eigenes Unternehmen des Staates begründet, in dem er ansässig ist. Dem Gesellschafterstaat steht als Ansässigkeitsstaat gem. Art. 7 Abs. 1 S. 1 HS 1 MA ein uneingeschränktes Besteuerungsrecht hinsichtlich der Unternehmensgewinne der Gesellschaft zu, wobei abkommensrechtlich nicht zwischen thesaurierten und ausgeschütteten Gewinnen unterschieden wird.[636] Da auch dem Sitzstaat der Gesellschaft als Betriebstättenstaat gem. Art. 7 Abs. 1 S. 1 HS 2, S. 2 MA ein Besteuerungsrecht für die Unternehmensgewinne zusteht, hat der Gesellschafterstaat eine mögliche Doppelbesteuerung durch Freistellung der Einkünfte unter Progressionsvorbehalt oder durch Anrechnung der ausländischen Steuer zu vermeiden.

635 *Debatin*, BB 1989 Beilage 2, S. 9; *Djanani/Brähler/Hartmann,* IStR 2004, S. 484; *Kluge*, Das Internationale Steuerrecht, S 100; *Knobbe-Keuk*, RIW 1991, S. 316; *Manke*, JbFfSt 1978/1979, S. 349 f.; *Mittermaier*, Besteuerung von Personengesellschaften im Verhältnis USA-Deutschland, S. 349 ff.; *Piltz*, Personengesellschaften, S. 183 f.; *Riemenschneider*, Abkommensberechtigung, S. 219 ff.; *Weggenmann*, Einordnungskonflikte, S. 328 f.

636 *Kluge*, Das Internationale Steuerrecht, S 100.

Für die Anwendung des innerstaatlichen Rechts ist die Unterscheidung zwischen thesaurierten und ausgeschütteten Gewinnen jedoch weiterhin relevant. Hinsichtlich der thesaurierten Gewinne nimmt der Gesellschafterstaat das ihm abkommensrechtlich zustehende Besteuerungsrecht nicht wahr, denn nach innerstaatlichem Recht werden die thesaurierten Gewinne mangels Sitz oder Geschäftsleitung der Personengesellschaft im Inland nicht besteuert.[637]

Für die thesaurierten Gewinne kommt es somit bereits nach nationalem Recht im Gesellschafterstaat zu keiner Besteuerung; womit mangels steuerpflichtiger Einkünfte keine tatsächliche Befreiung durch die abkommensrechtliche Steuerfreistellung eintritt. Die im Abkommen vorgesehene Steuerbefreiung mindert also im Rahmen der inländischen Besteuerung nicht den Steuersatz für die der unbeschränkten Steuerpflicht unterliegenden Einkünfte des inländischen Gesellschafters. Damit kann ein in Verbindung mit der Freistellungsmethode für den Ansässigkeitsstaat vorgesehener Progressionsvorbehalt nicht zur Anwend-ung kommen, sondern läuft ins Leere.[638]

Auch *Knobbe-Keuk*[639] kommt im Ergebnis dazu, dass eine Besteuerung der Gewinne im Gesellschafterstaat zu unterbleiben hat. So soll ihrer Ansicht nach auch im vorliegenden Fall der Gesellschafterstaat nicht nur abkommensrechtlich, sondern auch innerstaatlich an die Subjektqualifikation der Gesellschaft durch ihren Sitzstaat gebunden sein, so dass er auch innerstaatlich das Recht zur Besteuerung der Einkünfteerzielung erhält. Dieses Recht werde jedoch dann durch das DBA nach

637 *Kluge*, Das Internationale Steuerrecht, S 100; *Lüdicke*, StbJb 1997/1998, S. 464; *Manke*, JbFfSt 1978/1979, S. 348 f.; *Mittermaier*, Besteuerung von Personengesellschaften im Verhältnis USA-Deutschland, S. 351; *Möbus*, US-Limited Liability Company, S. 213; *Piltz*, Personengesellschaften, S. 184; *Riemenschneider*, Abkommensberechtigung, S. 222 f.; *Schaumburg*, Stbg 1999, S. 158; *Schlütter*, JbFfSt 1979/1980, S. 170; *Wassermeyer*, IStR 1995, S. 50; *Weggenmann*, Einordnungskonflikte, S. 329 f.

638 *Kluge*, Das Internationale Steuerrecht, S 100; *Lüdicke*, StbJb 1997/1998, S. 464 f.; *Manke*, JbFfSt 1978/1979, S. 349; *Mittermaier*, Besteuerung von Personengesellschaften im Verhältnis USA-Deutschland, S. 352 f.; *Möbus*, US-Limited Liability Company, S. 213; *Piltz*, Personengesellschaften, S. 184; *Riemenschneider*, Abkommensberechtigung, S. 222 f.; *Schlütter*, JbFfSt 1979/1980, S. 170; *Wassermeyer*, IStR 1995, S. 50; *Weggenmann*, Einordnungskonflikte, S. 330.

639 *Knobbe-Keuk*, RIW 1991, S. 316.

Maßgabe des Betriebstättenprinzips beschränkt, indem der Gesellschafterstaat die ihm gem. Art. 7 Abs. 1 S. 1 MA zur Besteuerung zustehenden Unternehmensgewinne gem. Art. 23 MA unter Progressionsvorbehalt freizustellen habe.

Gleicher Auffassung war früher die Finanzverwaltung. In einem Erlass[640] zur Besteuerung von Einkünften aus einer argentinischen SRL, die nach dem Typenvergleich einer deutschen Kapitalgesellschaft entspricht, wurde vertreten, dass die dem deutschen Anteilseigner zugewiesenen Gewinnanteile von der Bemessungsgrundlage der deutschen Besteuerung unter Beachtung des Progressionsvorbehaltes freizustellen seien.

Die Auffassungen von *Knobbe-Keuk* und der Finanzverwaltung widersprechen dem im innerstaatlichen Recht geltenden Grundsatz, dass ausländische Gesellschaften nach Maßgabe des Typenvergleichs qualifiziert werden und steuerrechtlich dementsprechend zu behandeln sind.[641]

Im BMF-Schreiben v. 19.3.2004[642] zur steuerlichen Einordnung der LLC wird nunmehr die Auffassung vertreten, dass, falls die LLC als Körperschaft einzuordnen ist, die Einkünfte der Gesellschaft zuzurechnen sind und die inländische Gesellschafter nur mit den Gewinnausschüttungen in Form von Dividenden i. S. d. § 20 Abs. 1 Nr. 1 EStG der deutschen Besteuerung unterliegen.[643]

aa) Einkommensverwendung

(1) Sitzstaat der Gesellschaft

Aufgrund des im Sitzstaat der Personengesellschaft zur Anwendung kommenden Transparenzprinzips wird die Einkünfteverwendung als nicht steuerbare Entnahme betrachtet.

640 Erlass HesS. FinMin v. 26.9.1994, IStR 1994, S. 549.

641 So auch *Möbus*, US-Limited Liability Company, S. 214; *Wassermeyer*, IStR 1995, S. 50.

642 BStBl. I 2004, 411.

643 So auch *OFD Berlin* in einer Verfügung zur Qualifizierung der US-amerikanischen S-Corporation v. 21.1.2003, IStR 2003, S. 138.

(2) Ansässigkeitsstaat der Gesellschafter

Im Ansässigkeitsstaat der Gesellschafter kommt das Kapitalgesellschaftskonzept zur Anwendung, so dass eine Einkommensverwendung in Form der Gewinnausschüttung an die Gesellschafter bei diesen im Rahmen ihrer unbeschränkten Steuerpflicht als Einkünfte aus Kapitalvermögen besteuert wird. Dabei ist eine „Gewinnausschüttung" anzunehmen, wenn die Gewinne die Vermögenssphäre der Gesellschaft verlassen haben, d. h. wenn eine Entnahme durch die Gesellschafter erfolgt ist. Aus deutscher Steuersicht kommt es hierfür gem. § 11 EStG auf den Zeitpunkt des Zuflusses der Entnahmen an.[644]

Demgegenüber will *Knobbe-Keuk* die Bindung des Gesellschafterstaates an die Subjektqualifikation des Sitzstaats der Gesellschaft auch für das innerstaatliche Recht gelten lassen. Damit wäre der Gesellschafterstaat dazu verpflichtet, die Personengesellschaft entgegen seiner sonst geltenden innerstaatlichen Wertung nach dem Transparenzprinzip zu behandeln, so dass das Recht zu Besteuerung der „Gewinnausschüttungen" entfiele.[645] Die Subjektqualifikation des Sitzstaates der Gesellschaft entfaltet jedoch keine Wirkung auf die innerstaatlich Einkünftequalifikation des Gesellschafterstaates, so dass auch bei Bestehen eines DBA die Entnahmen innerstaatlich als steuerpflichtige Gewinnausschüttungen anzusehen sind.[646]

Fraglich ist, ob die innerstaatliche Steuerpflicht durch das DBA mit dem Sitzstaat der Gesellschaft begrenzt oder gar aufgehoben wird, und ob der Gesellschafterstaat gegebenenfalls zur Anrechnung der Steuer verpflichtet ist, die der Sitzstaat der Gesellschaft zum Zeitpunkt der Gewinnerzielung bei den Gesellschaftern auf den ihnen zuzurechnenden Gewinnanteil erhoben hat.

644 *Mittermaier*, Besteuerung von Personengesellschaften im Verhältnis USA-Deutschland, S. 356 f.; *Piltz*, Personengesellschaften, S. 115 f.; *Riemenschneider*, Abkommensberechtigung, S. 227; *Weggenmann*, Einordnungskonflikte, S. 331.

645 *Knobbe-Keuk*, RIW 1991, S. 316.

646 So auch *Möbus*, US-Limited Liability Company, S. 214; *Wassermeyer*, IStR 1995, S. 50.

Nach *Diehl,*[647] der eine Auslegung des Abkommens nach der lex fori befürwortet, ist die Personengesellschaft im intransparent besteuernden Gesellschafterstaat als ansässige Gesellschaft anzusehen, so dass dem Gesellschafterstaat ein Besteuerungsrecht der Gewinnauszahlungen gem. Art. 10 Abs. 1 MA zusteht.[648] Dagegen spreche auch nicht die Dividendendefinition des Art. 10 Abs. 3 MA, denn diese sichere lediglich das Besteuerungsrecht des Quellenstaates und habe daher nur für die Auslegung in diesem Staat Bedeutung. Das Besteuerungsrecht des Wohnsitzstaates werde durch diese Regelung hingegen nicht berührt. Der intransparent besteuernde Gesellschafterstaat müsse daher Entlastungen allein nach Maßgabe der Art. 10 Abs. 2 i. V. m. Art. 23 A Abs. 2 oder Art. 23 B Abs. 1 MA gewähren. Da jedoch die Gewinnauszahlung, d. h. die Einkünfteverwendung im transparent besteuernden Sitzstaat der Gesellschaft nicht besteuert werden könne, verbleibe das volle Besteuerungsrecht beim Gesellschafterstaat.

Die von *Diehl* befürwortete Subsumtion der „Gewinnausschüttungen" unter Art. 10 MA ist unzutreffend. Gem. Art. 10 Abs. 3 MA richtet sich die Beurteilung des Begriffs „Dividenden" nach dem innerstaatlichen Recht des Quellenstaates, wodurch dieses zu Abkommensrecht erhoben wird und damit für den Wohnsitzstaat verbindlich ist.[649] Nach dem innerstaatlichen Recht des Sitzstaates der Gesellschaft handelt es sich bei Auskehrungen an die Gesellschafter um nicht steuerbare Entnahmen. Im Übrigen setzt die Annahme von Dividenden gem. Art. 10 Abs. 1 MA voraus, dass sie von einer „in einem Vertragsstaat ansässigen Gesellschaft" ausgeschüttet werden. Das ausländische Rechtsgebilde stellt aber wegen der nach dem Recht des Sitzstaates fehlenden Steuersubjekteigenschaft abkommensrechtlich keine dort „ansässige Gesellschaft" dar, so dass es bereits an der Grundvoraussetzung für die Annahme von Dividenden fehlt.[650]

647 *Diehl*, FR 1978, S. 525.

648 So auch *Schlütter* für den Fall, dass das ausländische Rechtsgebilde nach dem Gesellschaftsrecht seines Sitzstaates eine juristische Person darstellt, unabhängig von seiner tatsächlichen Besteuerung in diesem Staat, *Schlütter*, JbFfSt 1979/1980, S. 170.

649 *Tischbirek* in Vogel/Lehner, DBA, Art. 10 Rz. 184.

650 *Debatin*, DB 1977 Beilage 13, S. 7 f.; *ders.*, FR 1979, S. 498 f.; *ders.*, BB 1989 Beilage 2, S. 9; *Kluge*, Das Internationale Steuerrecht, S 100; *Knobbe-Keuk*, RIW

Nach überwiegender Meinung im Schrifttum steht dem Gesellschafterstaat dennoch ein Besteuerungsrecht für die „Gewinnausschüttungen" zu.[651] Dies ergebe sich daraus, dass auf Abkommensebene nicht zwischen thesaurierten und ausgeschütteten Gewinnen der ausländischen Gesellschaft unterschieden werde und gem. Art. 7 Abs. 1 S. 1 MA das Besteuerungsrecht für sämtliche Unternehmensgewinne dem Ansässigkeitsstaat der Gesellschafter zustehe.[652] Da gem. Art. 7 Abs. 1 S. 1 HS 2, S. 2 MA auch dem Betriebstättenstaat ein Besteuerungsrecht zustehe, habe der Gesellschafterstaat die „Gewinnausschüttungen" allerdings gem. Art. 23 MA freizustellen. Da die Nichtbesteuerung dieser Einkünfte nunmehr – anders als vor der Gewinnaus-schüttung – nicht bereits auf der fehlenden innerstaatlichen Steuerpflicht beruhe, sondern erst durch die im DBA vorgesehene Befreiung dieser Einkünfte eintrete, sei der Progressionsvorbehalt nunmehr anwendbar.[653]

Wassermeyer[654] lehnt eine Anwendung des Art. 7 MA auf die „Gewinnausschüttungen" ab. Die Existenz eines Unternehmens i. S. d. Vorschrift werde von jedem Anwendestaat autonom beurteilt. Sei die ausländische Personengesellschaft aus Sicht des Gesellschafterstaates mit einer Kapitalgesellschaft vergleichbar, so betreibe nur sie ein Unternehmen im Sinne des innerstaatlichen Rechts. Das Halten einer Beteiligung durch den inländischen Gesellschafter sei aus Sicht des Gesellschafterstaates kein Unternehmen i. S. d. Art. 7 MA. Damit stellten

---

1991, S. 316; *Manke*, JbFfSt 1978/1979, S. 349; *Mittermaier*, Besteuerung von Personengesellschaften im Verhältnis USA-Deutschland, S. 353 f.; *Piltz*, Personengesellschaften, S. 184; *Riemenschneider*, Abkommensberechtigung, S. 223; *Wassermeyer*, IStR 1995, S. 50.

651 *Kluge*, Das Internationale Steuerrecht, S 100; *Riemenschneider*, Abkommensberechtigung, S. 225; *Weggenmann*, Einordnungskonflikte, S. 330.

652 *Kluge*, Das Internationale Steuerrecht, S 100; *Lüdicke*, StbJb 1997/1998, S. 464 f.; *Piltz*, Personengesellschaften, S. 184 f.; *Riemenschneider*, Abkommensberechtigung, S. 225; *Weggenmann*, Einordnungskonflikte, S. 330.

653 *Lüdicke*, StbJb 1997/1998, S. 465; *Manke*, JbFfSt 1978/1979, S. 349 f.; *Mittermaier*, Besteuerung von Personengesellschaften im Verhältnis USA-Deutschland, S. 355 f.; *Piltz*, Personengesellschaften, S. 185; *Riemenschneider*, Abkommensberechtigung, S. 226 f.; *Schlütter*, JbFfSt 1979/1980, S. 171; *Weggenmann*, Einordnungskonflikte, S. 330 f.

654 *Wassermeyer*, IStR 1995, S. 50 f.

die Gewinnausschüttungen abkommensrechtlich „nicht ausdrücklich erwähnte Einkünfte" i. S. d. Art. 21 MA dar, für die dem Gesellschafterstaat ein ausschließliches Besteuerungsrecht zustehe. Folglich ließe sich aus dem Abkommen keine Verpflichtung des Gesellschafterstaates zur Entlastung wegen der im Sitzstaat der Gesellschaft erhobenen Steuer entnehmen. Innerstaatlich sei aber aus Billigkeitsgründen die auf die Einkünfteerzielung bei den Gesellschaftern erhobene Steuer anzurechnen.

Diese Auffassung wird mittlerweile auch von der Finanzverwaltung[655] vertreten. Bei einer ausländischen Gesellschaft, die dem Typenvergleich nach einer Kapitalgesellschaft entspricht, seien nur die Ausschüttungen als Einkünfte aus Kapitalvermögen i. S. d. § 20 Abs. 1 Nr. 1 EStG zu besteuern, auch wenn die Gesellschaft in ihrem Sitzstaat transparent besteuert werde. Aus deutscher Sicht handele es sich abkommensrechtlich weder um Unternehmensgewinne i. S. d. Art. 7 MA noch um Dividenden i. S. d. Art. 10 MA. Das Besteuerungsrecht für diese Ausschüttungen folge aber aus Art. 21 MA, der für alle Einkünfte, die nicht unter die Art. 6 – 20 MA fallen, dem Ansässigkeitsstaat das ausschließliche Besteuerungsrecht einräume.[656] Soweit der Sitzstaat der Gesellschaft auf die Gewinne der Gesellschaft die Grundsätze der Besteuerung von Unternehmensgewinnen i. S. d. Art. 7 MA anwende und daraus für sich ein Besteuerungsrecht des Gewinnanteils des inländischen Gesellschafters ableite, folge daraus für Deutschland keine Anrechnungsverpflichtung, da keine Identität der Einkünfte gegeben sei. Aus Billigkeitserwägungen sei die Anrechnung der ausländischen Steuer dennoch zu gewähren.

Im Ergebnis bestimmt die Finanzverwaltung damit die abkommensrechtliche Ansässigkeit der Gesellschaft nach dem Recht des Sitzstaates der Gesellschaft und legt im Übrigen das DBA nach der lex fori aus. Es wird abkommensrechtlich eine Unterscheidung zwischen Gewinnentstehung und Gewinnverwendung vorgenommen, indem für die thesaurierten Gewinne Art. 7 MA und für die ausgeschütteten Ge-

655 *OFD Berlin* v. 21.1.2003, IStR 2003, S. 138; *OFD Chemnitz* v. 31.3.2003, GmbHR 2003, S. 727 f.; BMF v. 19.3.2004, BStBl. I 2004, 411.

656 So auch BMF v. 19.3.2004, BStBl. I 2004, 411 unter VI. 3. b).

winne Art. 21 MA angewendet wird.[657] Dies führt zu einer Doppelbesteuerung der ausgeschütteten Gewinne, die aus der Sicht des innerstaatlichen Steuerrechts des Gesellschafterstaats aufgrund des Trennungsprinzips, welches für Kapitalgesellschaften Anwendung findet, systemkonform ist.

Indes entspricht dies nicht der abkommensrechtlichen Sicht. Mangels Steuersubjekteigenschaft in ihrem Sitzstaat ist die Personengesellschaft abkommensrechtlich keine ansässige Person; nur die hinter ihr stehenden Gesellschafter werden abkommensrechtlich als ansässige Personen anerkannt. Auf Abkommensebene kommt das Trennungsprinzip damit nicht zur Anwendung, so dass abkommensrechtlich nur die Unternehmensgewinne der Gesellschafter i. S. d. Art. 7 MA existieren, deren Besteuerung nach Maßgabe des Betriebstättenprinzips erfolgt. Weitere Einkünfte des Gesellschafters, für die das Besteuerungsrecht dem einen oder anderen Staat abkommensrechtlich zugewiesen werden müsste, sind nicht gegeben. Die Anwendung des Art. 21 MA ist somit ausgeschlossen.[658]

Nach Ansicht von *Möbus* sind die „Gewinnausschüttungen" abkommensrechtlich in konsequenter Anwendung des Betriebstättenprinzips als Entnahmen aus einer ausländischen Betriebstätte zu interpretieren, was zu keiner weiteren Besteuerung führe, womit eine Berücksichtigung im Rahmen des Progressionsvorbehalts gänzlich ausscheide.[659]

Möbus ist insoweit zuzustimmen, als die „Gewinnausschüttungen" aufgrund der abkommensrechtlichen Nichtansässigkeit der Personengesellschaft und der daraus resultierenden Anwendung des Betriebstätten-

657 *Djanani/Brähler/Hartmann*, IStR 2003, S. 456.

658 So auch *Djanani/Brähler/Hartmann*, IStR 2003, S. 457; *dies.*, IStR 2004, S. 484; *Lüdicke*, StbJb 1997/1998, S. 465; *Möbus*, US-Limited Liability Company, S. 215. Nach *Djanani/Brähler/Hartmann* und *Lüdicke* fallen die Entnahmen daher – in Übereinstimmung mit der überwiegenden Meinung im Schrifttum – als Unternehmensgewinne unter den Anwendungsbereich des Art. 7 MA, weshalb der Gesellschafterstaat diese unter Anwendung des Progressionsvorbehalts freizustellen hat. Aufgrund der innerstaatlichen Steuerpflicht der Entnahmen im Gesellschafterstaat ist der Progressionsvorbehalt nunmehr auch anwendbar. *Djanani/Brähler/Hartmann*, IStR 2003, S. 457; *Lüdicke*, StbJb 1997/1998, S. 465.

659 *Möbus*, US-Limited Liability Company, S. 214.

prinzips abkommensrechtlich als Entnahmen der Unternehmensbetreiber aus der ausländischen Betriebstätte zu werten sind. Damit können die „Gewinnausschüttungen" unter keine der abkommensrechtlichen Einkunftsarten i. S. d. Art. 6 - 22 MA subsumiert werden. Die Entnahmen sind abkommensrechtlich nicht existent. Einem Vertragsstaat kann für die Entnahmen also abkommensrechtlich weder das Besteuerungsrecht zugewiesen werden, noch kann die Besteuerung dieser Entnahmen in einem der Vertragsstaaten abkommensrechtlich beschränkt werden. Damit ist der Gesellschafterstaat entgegen der Ansicht von *Möbus* abkommensrechtlich nicht daran gehindert, die Gewinnausschüttungen als Einkünfte aus Kapitalvermögen i. S. d. § 20 EStG zu besteuern. Dieses Ergebnis mag unbefriedigend sein, es ist aber die Folge einer konsequenten Abkommensanwendung.

Nach innerstaatlichem Recht (§ 34c EStG) besteht keine Verpflichtung zur Anrechnung der ausländischen Steuer, denn aus deutscher Sicht handelt es sich um die Steuer einer ausländischen Körperschaft, so dass es an der Steuersubjektidentität fehlt.[660]

cc) Sondervergütungen

Leistet die ausländische Personengesellschaft an einen ihrer Gesellschafter Zahlungen aufgrund eines schuldrechtlichen Vertrags, so stellen diese aus Sicht des Gesellschafterstaates Leistungsvergütungen einer ausländischen Kapitalgesellschaft dar, die steuerrechtlich grundsätzlich anzuerkennen sind. Damit unterliegen die Vergütungen als Einkünfte der Einkunftsart, die der erbrachten Leistung entspricht, im Rahmen der unbeschränkten Steuerpflicht des Gesellschafters der Besteuerung. Folgt der ausländische Staat, welcher die Personengesellschaft nach dem Transparenzprinzip besteuert, bezüglich der Sondervergütungen der Konzeption des § 15 Abs. 1 S. 1 Nr. 2 EStG, so unterliegen die Gesellschafter mit den Sondervergütungen im Jahr der Gewinnerzielung der beschränkten Steuerpflicht. Erkennt der ausländische Staat hingegen schuldrechtliche Beziehung zwischen Gesellschafter und Gesellschaft steuerrechtlich an, so lässt er die Sondervergütungen bei

660 § 4 II 3 b) cc) (1).

der Gesellschaft als Betriebausgaben zum Abzug zu. Der Gesellschafter wird dann mit den Einkünften entsprechend der dortigen Qualifikation dieser Einkünfte ggf. beschränkt steuerpflichtig, wobei i. d. R. auf den Zeitpunkt des Zuflusses abgestellt wird.

Hinsichtlich der abkommensrechtlichen Behandlung der Sondervergütungen gilt das gleiche wie im Fall des umgekehrten Subjektqualifikationskonflikts, so dass auf die dort gemachten Ausführungen verwiesen werden kann.

§6 Zusammenfassung

Die steuerrechtliche Behandlung der Personengesellschaft im Ausland weist vielfältige Varianten auf, die sich vom deutschen Steuerrecht nicht nur in Details, sondern oftmals auch der Struktur nach unterscheiden. Die hieraus resultierenden Qualifikationskonflikte hinsichtlich des Steuersubjekts und des Steuerobjekts stellen das Kernproblem der Besteuerung ausländischer Personengesellschaften mit inländischem Gesellschafterkreis dar, denn die Steuerwirkungen hängen entscheidend von der Behandlung der Personengesellschaft sowohl im Sitzstaat der Gesellschaft als auch im Ansässigkeitsstaat der Gesellschafter ab.

Ertragsteuerrechtliche Behandlung von Personengesellschaften und Kapitalgesellschaften im Inland

Nach der deutschen Steuerrechtsordnung erfolgt die Unterscheidung zwischen solchen Personenvereinigungen, die selbst – neben ihren Gesellschaftern – Steuersubjekte sind, und solchen, bei denen ausschließlich die Gesellschafter steuerpflichtig sind, rein rechtsformabhängig. Personengesellschaften werden steuerrechtlich als transparent angesehen, Steuersubjekte sind ausschließlich ihre Gesellschafter (Mitunternehmerkonzept, § 2 II). Hingegen unterliegt eine Kapitalgesellschaft als Steuersubjekt mit dem von ihr erzielten Gewinn der Körperschaftssteuer und darüber hinaus erfolgt im Fall der Ausschüttung eine Besteuerung auf Ebene der Gesellschafter.

Rechtstypenvergleich

Die für die Anwendung deutscher Steuerrechtsnormen notwendige Qualifikation ausländischer Zivilrechtsgebilde hat ohne Bindung an das ausländische Zivil- oder Steuerrecht ausschließlich nach den Wertungen des deutschen Steuerrechts zu erfolgen (§ 4 I 1 a)). Für die steuerrechtliche Qualifikation der ausländischen Personenvereinigung ist im Rahmen eines Typenvergleichs darauf abzustellen, ob die ausländische Gesellschaft ihrer Organisationsform nach eher einer deutschen Kapitalgesellschaft oder eher einer deutschen Personengesellschaft vergleichbar ist. Hierfür ist die gesellschaftsrechtliche Struktur des ausländischen Rechtsgebildes zu ermitteln. Als maßgebliche Struktur-merkmale wurden hierbei insbesondere die Haftungsverfassung, die Kapitalaufbringung und -erhaltung, die Geschäftsführungs- und Vertretungsbefugnis sowie die Dauer der Gesellschaft und die Zulässigkeit der Anteilsübertragung identifiziert. Die einzelnen Strukturmerkmale sind in Abhängigkeit von ihrer Bedeutung für das Gesamtbild unterschiedlich zu gewichten. Den Strukturmerkmalen, bei denen die zugrunde liegenden gesetzlichen Regelungen dispositiver Natur sind, ist ein geringeres Gewicht beizumessen, als den Strukturmerkmalen, die für den jeweiligen Rechtsformtyp gesetzlich zwingend vorgeschrieben sind (§ 4 I 1 b)).

Ertragsteuerrechtliche Behandlung der Personengesellschaft im Ausland

Die meisten Rechtsordnungen anderer Staaten unterscheiden ebenso wie das deutsche Recht zwischen Personengesellschaften und Kapitalgesellschaften. Die steuerliche Qualifikation erfolgt im Ausland häufig rechtsformunabhängig. In einigen Ländern wird die Personengesellschaft zivilrechtlich als juristische Person qualifiziert und daran anknüpfend steuerrechtlich als Steuersubjekt behandelt. In einigen Fällen werden Personengesellschaften auch ohne zivilrechtliche Selbständigkeit als Steuersubjekt anerkannt (§ 3 II). Andere Steuerrechtsordnungen räumen der Gesellschaft bzw. ihren Gesellschaftern unabhängig von der zivilrechtlichen Wertung ein Wahlrecht bezüglich der Besteuerungskonzeption ein (§ 3 III). Kommt im Ausland das Mitunternehmerkonzept zur Anwendung, ergeben sich häufig Abweichungen hinsichtlich der steuerrechtlichen Behandlung von Sondervergütungen. In den meisten Ländern werden diese wie Zahlungen an einen außenstehenden Dritten behandelt (§ 3 I).

Beteiligung an einer Personengesellschaft und Betriebstättenbegriff

Sind inländische Gesellschafter an einer ausländischen Personengesellschaft beteiligt, und unterhält diese für ihren Gewerbebetrieb in ihrem Sitzstaat eine Betriebsstätte, so vermittelt die Personengesellschaft jedem ihrer Mitunternehmer über dessen Beteiligung an der Gesellschaft eine ausländische Betriebstätte. Die Betriebstätte ist den Mitunternehmern als eigene Betriebstätte zuzurechnen (§ 4 I 2 b)). Durch diesen grenzüberschreitenden Sachverhalt werden zwei souveräne Steuerhoheiten berührt, wodurch es zu unerwünschten Doppelbesteuerungen kommen kann, die durch unilaterale oder bilaterale Regelungen vermieden bzw. gemildert werden sollen.

Unilaterale Maßnahmen zur Vermeidung der Doppelbesteuerung

Besteht zwischen dem Inland als Ansässigkeitsstaat der Mitunternehmer und dem Ausland als Sitzstaat der Personengesellschaft kein Doppelbesteuerungsabkommen, kommen ausschließlich unilaterale Maßnahmen zu Vermeidung einer möglichen Doppelbesteuerung in Betracht. Das innerstaatliche deutsche Steuerrecht sieht als Methode zur Vermeidung einer Doppelbesteuerung in § 34 c Abs. 1 EStG die Anrechnungsmethode vor. Die Anrechnung der ausländischen Steuern ist jedoch an gewisse Voraussetzungen gebunden. Es muss derselbe Steuerpflichtige (Steuersubjektidentität) mit denselben Einkünften (Steuerobjektidentität) in dem Land, aus dem die Einkünfte stammen (Ursprungsland), mit einer der deutschen Einkommensteuer entsprechenden Steuer (gleichartige Auslandsteuer) belastet worden sein. Sind diese Voraussetzungen erfüllt, so ist die festgesetzte, gezahlte und keinem Ermäßigungsanspruch mehr unterliegende ausländische Steuer (anrechenbare Steuer) auf die deutsche Steuer insoweit anzurechnen, als sie auf die im Veranlagungszeitraum bezogenen Einkünfte entfällt (keine Identität des Abgabenzeitraums). Jedoch kann die ausländische Steuer nur insoweit auf die deutsche Einkommensteuer angerechnet werden, als diese auf Einkünfte aus dem betreffenden Staat entfällt (Anrechnungshöchstbetrag) (§ 4 II 1 c)).

Besteuerung bei einheitlicher Qualifikation hinsichtlich des Steuersubjekts und hinsichtlich des Steuerobjekts

Kommt sowohl im Ansässigkeitsstaat der Gesellschafter als auch im Sitzstaat der Gesellschaft das Mitunternehmerkonzept zur Anwendung und behandeln beide Staaten Vergütungen, die die Gesellschaft an den Gesellschafter aufgrund schuldrechtlicher Beziehungen zahlt, als Sondervergütungen, so besteht eine übereinstimmende Qualifikation hinsichtlich des Steuersubjekts und des Steuerobjekts. In diesem Fall unterliegt der Mitunternehmer mit dem ihm zuzurechnenden Gewinnanteil und den Sondervergütungen im Inland der unbeschränkten Steuerpflicht. Im Sitzstaat der Gesellschaft (Ausland) hingegen unterliegt er der beschränkten Steuerpflicht. Die daraus resultierende Doppelbesteuerung des Gewinnanteils als auch der Sondervergütungen kann durch Anrechnung der ausländischen Steuer vermieden werden, da alle Voraussetzungen des § 34c Abs. 1 EStG erfüllt sind (§ 4 II 1).

Besteuerung bei einheitlicher Qualifikation des Steuersubjekts, aber unterschiedlicher Qualifikation der Sondervergütungen

Qualifiziert der ausländische Staat Sondervergütungen abweichend vom deutschen Steuerrecht nach der Art der Einkünfte, so erhebt er auf diese eine Quellensteuer im Zeitpunkt des Zuflusses. Eine Anrechnung der Quellensteuer auf die deutsche Steuer ist gleichfalls möglich, da trotz divergierender Einkünftequalifikation im In- und Ausland Steuerobjektidentität i. S. d. § 34 c Abs. 1 EStG gegeben ist. Auch Quellensteuer, die auf Einkünfte erhoben wird, die dem Gesellschafter erst nach Ablauf des Geschäftsjahres zufließen, ist anrechenbar. Zwar unterliegen diese Einkünfte aus deutscher Sicht als Sondervergütungen aufgrund der korrespondierenden Bilanzierung in Gesamthands- und Sonderbilanz bereits im Jahr der Aufwandsentstehung der Besteuerung. Jedoch kommt es für die Anrechnung der ausländischen Steuer nicht auf eine Identität des Abgabenzeitraums an, denn § 34c Abs. 1 S. 5 EStG verlangt lediglich, dass die ausländische Steuer auf im Veranlagungszeitraum bezogene Einkünfte entfällt (§ 4 II 2).

Besteuerung bei Qualifikation der Personengesellschaft als Steuersubjekt im Sitzstaat und als Mitunternehmerschaft im Sitzstaat der Gesellschafter

Liegt ein Qualifikationskonflikt bezüglich des Steuersubjekts in der Form vor, dass der Sitzstaat der Gesellschaft diese im Gegensatz zum Ansässigkeitsstaat der Gesellschafter als eigenständiges Steuersubjekt anerkennt, so unterliegt die Gesellschaft in ihrem Sitzstaat der unbeschränkten Steuerpflicht. Trotz der abweichenden Qualifikation des Steuersubjekts, kann die ausländische Körperschaftsteuer (anteilig) auf die inländische Steuer des Gesellschafters gem. § 34c Abs. 1 EStG angerechnet werden, denn die Anrechnung gem. § 34c Abs. 1 EStG erfolgt nach innerstaatlichem deutschen Steuerrecht, so dass es für das Kriterium der Steuersubjektidentität allein auf die innerstaatliche Betrachtungsweise ankommt. Nach inländischen Maßstäben ist der inländische Mitunternehmer unmittelbar mit der ausländischen Körperschaftsteuer auf den Gesellschaftsgewinn belastet, so dass Subjektidentität i. S. d. § 34c Abs. 1 EStG gegeben ist (§ 4 II 3 a) cc) (1)).

Ausschüttungen stellen aus innerstaatlicher Sicht nicht steuerbare Entnahmen dar. Dennoch ist eine Anrechnung der auf die Ausschüttung erhobenen ausländischen Quellensteuer geboten, denn die Ausschüttungen unterlagen bereits im Jahr der Gewinnerzielung als Teil des dem Gesellschafter zuzurechnenden Gewinnanteils der inländischen Besteuerung. Die ausländische Quellensteuer stellt somit für den Gesellschafter eine ihn unmittelbar belastende zusätzliche Steuer auf den Gewinnanteil dar. Auch eine auf die Sondervergütungen im Ausland erhobene Quellensteuer ist trotz abweichender Qualifikation anzurechnen (§ 4 II 3 a) cc) (2), (3)).

Besteuerung bei Qualifikation der Personengesellschaft als Mitunternehmerschaft im Sitzstaat und als Steuersubjekt im Sitzstaat der Gesellschafter

Liegt ein Qualifikationskonflikt der Art vor, dass die ausländische Gesellschaft im Inland gem. dem Typenvergleich als Kapitalgesellschaft und damit als Steuersubjekt qualifiziert wird, im Ausland hingegen eine Besteuerung nach dem Mitunternehmerkonzept erfolgt, ergibt sich folgendes Bild: Mangels Sitz oder Geschäftsleitung im Inland ist die Gesellschaft nicht unbeschränkt steuerpflichtig. Jedoch sind die im Inland ansässigen Gesellschafter im Fall einer Ausschüttung mit den ihnen zufließenden Dividenden unbeschränkt einkommensteuerpflichtig. Gleiches gilt für Vergütungen, die der Gesellschafter von der Gesellschaft erhält, denn aus deutscher Sicht werden diese von einer ausländischen Kapitalgesellschaft gezahlt, so dass es sich steuerrechtlich nicht um Sondervergütungen sondern um Einkünfte der jeweiligen Einkunftsart handelt. Die im Ausland bei den einzelnen Mitunternehmern auf ihren Gewinnanteil erhobene Steuer stellt aus deutscher Sicht die auf den Gewinn einer Kapitalgesellschaft erhobene Körperschaftsteuer dar, so dass eine Anrechnung nicht möglich ist, da keine Steuersubjektidentität i. S. d. § 34c Abs. 1 EStG gegeben ist (§ 4 II 3 b) cc) (1)). Hingegen ist die Anrechung der ausländischen Steuer, die auf die an den Gesellschafter gezahlten Sondervergütungen erhoben wurde, trotz abweichender Einkünftequalifikation im Inland möglich, denn sowohl die von § 34c Abs. 1 EStG geforderte Steuersubjektidentität als auch die Steuerobjektidentität sind gegeben (§ 4 II 3 b) cc) (2)).

Grundverständnis der Doppelbesteuerungsabkommen

Besteht zwischen Deutschland, als Ansässigkeitsstaat der Gesellschafter, und dem Ausland, als dem Sitzstaat der Gesellschaft, ein DBA, hat dieses gem. § 2 AO als lex speciales Vorrang vor den allgemeinen Steuergesetzen. DBA enthalten Normen, die eine Einschränkung bestehender innerstaatlicher Steueransprüche zur Folge haben. Als völkerrechtliche Verträge stellen sie einen in sich geschlossenen Regelungskreis dar, der eigene Abgrenzungen, Begriffsbestimmungen sowie Einkunftsarten beinhaltet. In Abhängigkeit von der Einkunftsart sehen die DBA als Methode zur Vermeidung einer Doppelbesteuerung entweder die Anrechnungsmethode oder die Freistellungsmethode vor (§ 5 I 1, 2, 3).

Auslegung von Doppelbesteuerungsabkommen

Ebenso wie das innerstaatliche Recht bedürfen die in den DBA verwendeten Rechtsbegriffe einer Auslegung. Im Rahmen der Auslegung bestehender DBA können das OECD-MA und der OECD-Musterkommentar als Auslegungshilfen herangezogen werden. Hinsichtlich der Behandlung von Personengesellschaften hat der Musterkommentar im Jahr 2000 durch den OECD-Partnership-Report weitreichende Ergänzungen erfahren. Es ist zu beachten, dass neuere Fassungen des MA und des MK ausschließlich zur Auslegung solcher DBA heranzuziehen sind, die nach der Änderung bzw. Ergänzung des MA bzw. MK verhandelt bzw. abgeschlossen wurden (§ 5 I 4 a), b)).

Eine am Sinn und Zweck eines DBA orientierte Auslegung des Art. 3 Abs. 2 MA ergibt, dass – soweit keine abkommensautonome Begriffsdefinition gegeben ist – einer Auslegung aus dem Abkommenszusammenhang immer dann der Vorrang vor einem Rückgriff auf das jeweilige innerstaatliche Recht der Vertragsstaaten einzuräumen ist, wenn aufgrund eines divergierenden innerstaatlichen Begriffsverständnisses ein solcher Rückgriff nicht zu einer Vermeidung der Doppelbesteuerung führen würde (§ 5 I 4 c)).

Abkommensberechtigung von Personengesellschaften

Abkommensberechtigt sind gem. Art. 1 MA Personen, die in einem oder beiden Vertragsstaaten ansässig sind. Damit müssen die Voraussetzungen der „Personeneigenschaft" (Art. 3 Abs. 1 lit. a MA) und der „Ansässigkeit" (Art. 4 Abs. 1 MA) kumulativ erfüllt sein.

Umfasst der Personenbegriff eines DBA nicht auch „andere Personenvereinigungen", kann eine Personengesellschaft nur unter den Begriff der „Gesellschaft" subsumiert werden. Die Anerkennung als Gesellschaft im abkommensrechtlichen Sinne setzt voraus, dass die Personengesellschaft als Steuersubjekt behandelt wird. Für die Ansässigkeit i. S. d. Art. 4 Abs. 1 MA ist erforderlich, dass die Person nach dem innerstaatlichen Recht des potentiellen Ansässigkeitsstaates wegen ortsbezogener Merkmale persönlich steuerpflichtig ist.

Eine Personengesellschaft, die nach dem innerstaatlichen Steuerrecht des Sitzstaates nach dem Kapitalgesellschaftskonzept besteuert wird, ist daher eine in ihrem Sitzstaat ansässige, abkommensberechtigt Person. Eine Personengesellschaft, die nach dem innerstaatlichen Recht des Sitzstaates als steuerrechtlich transparent angesehen wird, stellt hingegen keine ansässige Person i. S. d. Art. 4 Abs. 1 MA dar. Mangels Ansässigkeit ist sie – selbst wenn sie Person i. S. d. Art. 3 Abs. 1 lit. a MA ist – nicht abkommensberechtigt. In diesen Fällen können allenfalls die Gesellschafter aus dem zwischen dem Sitzsaat der Gesellschaft und dem Quellenstaat abgeschlossenen DBA abkommensberechtigt sein. Dies setzt voraus, dass die Gesellschafter zumindest in einem der beiden Vertragstaaten ansässig sind (§ 5 II 1 a), b)).

Übereinstimmende Qualifikation als Mitunternehmerschaft

Qualifizieren sowohl der Sitzstaat der Gesellschaft als auch der Quellenstaat die Personengesellschaft steuerrechtlich als transparent, erfolgt die Besteuerung des Gesellschaftsgewinns nach dem Steuerrecht beider Staaten anteilig bei den Gesellschaftern. Die Personengesellschaft ist keine ansässige Person im abkommensrechtlichen Sinne (§ 5 II 2 a)). Soweit die Gesellschafter im Sitzstaat der Personengesellschaft ansässig sind, hat der Sitzstaat in Abhängigkeit vom anzuwendenden Methodenartikel die aus dem Quellenstaat stammenden Einkünfte freizustellen oder die Quellensteuer auf die inländische Steuer anzurechnen (§ 5 II 2 b) aa)).

Bei Verteilungsnormen mit offener Rechtsfolge steht auch dem Quellenstaat ein Besteuerungsrecht zu. Dieses ist auf einen bestimmten vom Hundertsatz beschränkt, wenn der Nutzungsberechtigte eine im anderen Vertragstaat ansässige Person ist. Nutzungsberechtigter im abkommensrechtlichen Sinne ist diejenige Person, der die Einkünfte nach dem innerstaatlichen Steuerrecht des Ansässigkeitsstaates des Einkünfteempfängers zugerechnet werden. Im Fall steuerrechtlicher Transparenz der Personengesellschaft sind danach die Gesellschafter die Nutzungsberechtigten der Einkünfte, so dass eine Quellensteuerreduktion eintritt, soweit die Gesellschafter im Sitzstaat der Personengesellschaft ansässig sind (§ 5 II 2 b) bb)).

Qualifikation der Personengesellschaft als Steuersubjekt im Sitzstaat und als Mitunternehmerschaft im Quellenstaat

Erkennt der Sitzstaat der Personengesellschaft im Gegensatz zum Quellenstaat diese als Steuersubjekt an, so ist die Personengesellschaft als ansässige Person aus der Sicht des Sitzstaates abkommensberechtigt. Ihr sind grundsätzlich alle Abkommensvorteile aus dem mit dem Quellenstaat abgeschlossenen DBA zu gewähren. Die abweichende steuerrechtliche Behandlung der Personengesellschaft im Quellenstaat steht weder der Anwendung der Freistellungs- noch der Anrechnungsmethode i. S. d. Art. 23 MA entgegen (§ 5 II 3 a)).

Aus dem Wortlaut des Art. 4 Abs. 1 MA sowie aus dem Abkommenszusammenhang ergibt sich, dass der Quellenstaat hinsichtlich der Abkommensberechtigung der Personengesellschaft an die Qualifikation des Sitzstaates gebunden ist (§ 5 II 3 b) aa)). Der Quellenstaat ist zur Quellensteuerreduktion verpflichtet, wenn der Nutzungsberechtigte der Einkünfte eine im anderen Vertragsstaat ansässig Person ist. Da in der vorliegenden Konstellation die Personengesellschaft selbst Nutzungsberechtigte der Einkünfte ist, hat der Quellenstaat ihr gegenüber die Quellensteuerreduktion zu gewähren. Auf die Ansässigkeit der Gesellschafter kommt es hierfür nicht an (§ 5 II 3 b) bb)).

Qualifikation der Personengesellschaft als Mitunternehmerschaft im Sitzstaat und als Steuersubjekt im Quellenstaat

Betrachtet der Sitzstaat der Personengesellschaft diese – anders als der Quellenstaat – als steuerrechtlich transparent, so ist die Personengesellschaft keine ansässige Person i. S. d. Art. 4 Abs. 1 MA. Der Quellenstaat ist wegen des Wortlauts des Art. 4 Abs. 1 MA an diese Qualifikation gebunden. Abkommensberechtigt sind somit sowohl aus Sicht des Sitzstaates als auch aus Sicht des Quellenstaates nur die im Sitzstaat ansässigen Gesellschafter (§ 5 II 4 a)). Auch hier steht eine fehlende Steuersubjektidentität weder der Anwendung der Freistellungs- noch der Anrechnungsmethode i. S. d. Art. 23 MA entgegen (§ 5 II 4 b) aa)). Nutzungsberechtigte sind in dieser Konstellation die Mitunternehmer, denn ihnen werden die Einkünfte nach dem innerstaatlichen Steuerrecht des Ansässigkeitsstaates des Einkünfteempfängers (Sitzstaat der Personengesellschaft) zugerechnet. Der Quellenstaat ist damit den Gesellschaftern gegenüber zu einer Quellensteuerreduktion verpflichtet, soweit diese im Sitzstaat der Personengesellschaft ansässig sind. Hinsichtlich der Einkünfteanteile, die auf in Drittstaaten ansässige Gesellschafter entfallen, ist der Quellenstaat hingegen nicht aus dem zwischen dem Sitzstaat der Personengesellschaft und dem Quellenstaat abgeschlossenen DBA zur Quellensteuerreduktion verpflichtet (§ 5 II 4 b) bb)).

Gewinne eines Unternehmens i. S. d. Art. 7 MA

Gewerblich tätige Personengesellschaften erzielen grundsätzlich „Unternehmensgewinne" i. S. d. Art. 7 MA. Die Norm weist das Besteuerungsrecht für Unternehmensgewinne dem Vertragsstaat zu, dem das Unternehmen zuzuordnen ist. Dies ist gem. Art. 3 Abs. 1 lit. d MA der Ansässigkeitsstaat des Unternehmensbetreibers. Aus dem Wortlaut des Art. 3 Abs. 1 lit. d MA ergibt sich, dass Unternehmensbetreiber im abkommensrechtlichen Sinne stets nur eine ansässige Person sein kann (§ 5 III 1).

Unternehmenszuordnung bei transparent besteuerten Personengesellschaften

Wird die das Unternehmen tatsächlich betreibende Personengesellschaft sowohl vom Sitzstaat der Personengesellschaft als auch vom Sitzstaat der Gesellschafter steuerrechtlich als transparent angesehen, kann sie mangels Ansässigkeit nicht Unternehmensbetreiberin im abkommensrechtlichen Sinne sein. In diesem Fall erfordert es der gem. Art. 3 Abs. 1 MA zu berücksichtigende Abkommenszusammenhang, nicht auf ein Betreiben im tatsächlichen Sinne abzustellen, da anderenfalls eine Zuordnung des Unternehmens zu einem der beiden Vertragsstaaten nicht möglich wäre. Art. 3 Abs. 1 lit. d MA legt fest, welcher Vertragsstaat für die Anwendung von Art. 7 MA als Ansässigkeitsstaat zu behandeln ist. Aus Art. 4 Abs. 1 MA ergibt sich, dass Ansässigkeitsstaat stets der Vertragsstaat ist, der aufgrund persönlicher Anknüpfungsmerkmale einer abkommensrechtlichen Person die jeweiligen Einkünfte besteuert. Wird eine Personengesellschaft steuerrechtlich transparent behandelt, ist demnach bei der Anwendung des Art. 7 MA auf den Ansässigkeitsstaat der Gesellschafter abzustellen. Das von der Personengesellschaft betriebene Unternehmen ist somit den Ansässigkeitsstaaten der Gesellschafter zuzuordnen, weshalb diese als Unternehmensbetreiber i. S. d. Art. 3 Abs. 1 lit. d MA anzusehen sind. Das „Unternehmen der Personengesellschaft“ ist abkommensrechtlich in Unternehmen der Gesellschafter aufzuteilen, jedes dieser Gesellschafterunternehmen ist ein solches des Ansässigkeitsstaates des jeweiligen Gesellschafters (§ 5 III 2 a) bb).

Diese Beurteilung gilt auch, wenn der Sitzstaat der Gesellschafter – anders als der Sitzstaat der Gesellschaft – die Personengesellschaft nach seinem innerstaatlichen Steuerrecht als Steuersubjekt qualifiziert, denn die abkommensrechtliche Ansässigkeit einer Person richtet sich gem. Art. 4 Abs. 1 MA ausschließlich nach dem Recht des potentiellen Ansässigkeitsstaates, hier also nach dem innerstaatlichen Recht des Sitzstaates der Gesellschaft (§ 5 III 2 c) aa)).

Unternehmenszuordnung bei intransparent besteuerten Personengesellschaften

Wird die Personengesellschaft hingegen als Steuersubjekt anerkannt, ist sie, als die tatsächliche Unternehmensbetreiberin, eine ansässige Person i. S. d. Art. 3 Abs. 1 lit. b i. V. m. Art. 4 Abs. 1 MA, so dass das Unternehmen gem. Art. 3 Abs. 1 lit. d MA dem Sitzstaat der Personengesellschaft zuzuordnen ist. Für die Anwendung des Art. 7 Abs. 1 MA kommt demnach dem Sitzstaat der Gesellschaft die Rolle des Ansässigkeitsstaates zu (§ 5 III 2 b)).

Diese Zuordnung des Unternehmens gilt auch, wenn der Sitzstaat der Gesellschafter die Gesellschaft steuerrechtlich transparent behandelt. Die Personengesellschaft ist unabhängig von der steuerrechtlichen Qualifikation durch den Gesellschafterstaat die tatsächliche Unternehmensbetreiberin. Aufgrund der bindenden Qualifikation des Sitzstaates der Personengesellschaft ist auch die von Art. 3 Abs. 1 lit. d MA geforderte Ansässigkeit erfüllt, so dass die Personengesellschaft auch abkommensrechtlich als Unternehmensbetreiberin angesehen wird (§ 5 III 2 c) bb)).

Abkommensrechtliche Behandlung der Einkünfte des Gesellschafters bei einheitlicher Qualifikation von Steuersubjekt und Steuerobjekt

Wird die Personengesellschaft sowohl im Sitzstaat der Gesellschafter als auch im Sitzstaat der Gesellschaft nach dem Mitunternehmerkonzept besteuert, kommt für die Anwendung des Art. 7 MA dem Gesellschafterstaat die Rolle des Ansässigkeitsstaates zu. Aus dem Vorschriftenzusammenhang des Art. 3 Abs. 1 lit. d, Art. 7 Abs. 1 MA i. V. m. Art. 5 MA ergibt sich, dass die von der Personengesellschaft in ihrem Sitzstaat unterhaltene Betriebstätte für abkommensrechtliche Zwecke anteilig den Gesellschaftern zuzuordnen ist, so dass das in Art. 7 MA verankerte Betriebstättenprinzip auf transparent besteuerte Personengesellschaften anwendbar ist. Die Gewinnanteile der Gesellschafter können als Unternehmensgewinne im Ansässigkeitsstaat der Gesellschafter besteuert werden. Daneben steht auch dem Betriebstättenstaat, d. h. dem Sitzstaat der Personengesellschaft, ein Besteuerungsrecht für die Unternehmensgewinne zu, jedoch nur insoweit, als sie der Betriebstätte zugerechnet werden können (§ 5 III 3 a)).

Bei Personengesellschaften ist nicht der Sitzstaat der Gesellschafter sondern der „Sitzstaat" der Personengesellschaft als Belegenheitsstaat des Stammhauses anzusehen (§ 5 III 3 a) cc) (2)). Damit findet das für eine Gewinnzuordnung gem. Art. 7 Abs. 1 S. 2, Art. 7 Abs. 2 MA geltende „dealing-at-arm's-length"-Prinzip auf das Verhältnis Gesellschafter-Personengesellschaft keine Anwendung. Unterhält die Personengesellschaft außerhalb ihres Sitzstaates keine Betriebstätten, so wird der Gesamtgewinn des Einheitsunternehmens – unabhängig davon, wo die Gesellschafter ansässig sind – ausschließlich im Sitzstaat der Personengesellschaft erzielt und ist dem Stammhaus und den dort unterhaltenen Betriebstätten zuzurechnen. Die Unternehmensgewinne können somit i. S. d. Art. 7 Abs. 1 S. 2 MA in vollem Umfang vom Sitzstaat der Personengesellschaft als dem Quellenstaat der Einkünfte besteuert werden. Das „dealing-at-arm's-length"-Prinzip kommt bei internationalen Personengesellschaften erst dann zu Anwendung, wenn die Personengesellschaft für das von ihr betriebene Unternehmen Betriebstätten außerhalb ihres Sitzstaates unterhält (§ 5 III 3 a) cc) (2)).

Erzielt eine Personengesellschaft Einkünfte, die keine originären Unternehmensgewinne darstellen, sondern unter den Anwendungsbereich speziellerer Abkommensartikel (z. B. Dividenden-, Zins-, Lizenzgebührenartikel etc.) fallen, erklärt Art. 7 Abs. 7 MA diese Verteilungsnormen für vorrangig. Allerdings enthalten die Art. 10 Abs. 4, Art. 11 Abs. 4 und Art. 12 Abs. 3 MA einen Betriebstättenvorbehalt, der bei zum Betriebsvermögen gehörenden Wirtschaftsgütern des Gesamthandsvermögens stets greift (§ 5 III 3 a) dd) (3)). Somit sind die den Gesellschaftern anteilig zuzurechnenden Einkünfte, die das von der Personengesellschaft betriebene Unternehmen erzielt, abkommensrechtlich insgesamt als Unternehmensgewinne i. S. d. Art. 7 MA zu qualifizieren.

Gem. Art. 7 Abs. 1 MA steht sowohl dem Sitzstaat der Gesellschafter als Ansässigkeitsstaat als auch dem Sitzstaat der Personengesellschaft als Betriebstättenstaat ein Besteuerungsrecht zu. Kommt für Betriebstättengewinne die Freistellungsmethode i. S. d. Art. 23 A Abs. 1 MA zur Anwendung, so hat der Ansässigkeitsstaat der Gesellschafter den auf den Gesellschafter entfallenden Gewinnanteil aus der Personengesellschaft i. d. R. unter Progressionsvorbehalt freizustellen (§ 5 III 3 b) aa) (1)).

Anders als bei Gewinnen ist die Berücksichtigung von Verlusten unter Anwendung der Freistellungsmethode umstritten. Nach in dieser Arbeit vertretener Ansicht stellt die abkommensrechtliche Nichtberücksichtigung ausländischer Betriebstättenverluste einen Verstoß gegen die gemeinschaftsrechtlich geschützte Niederlassungsfreiheit dar, der m. E. durch keine sachlichen Gründe zu rechtfertigt ist (§ 5 III 3 b) aa) (2) (iv)).

Abkommensrechtliche Behandlung der Einkünfte bei einheitlicher Qualifikation des Steuersubjekts, aber unterschiedlicher Qualifikation der Sondervergütungen

Enthält das DBA keine konkreten Bestimmungen zur Behandlung der Sondervergütungen, so muss eine Auslegung der Abkommensbestimmungen erfolgen. Qualifizieren der Sitzstaat der Gesellschaft und der Ansässigkeitsstaat der Gesellschafter die Vergütungen nach ihrem innerstaatlichen Steuerrecht abweichend voneinander, so führt ein Rückgriff auf das innerstaatliche Recht des Anwendestaates abkommensrechtlich zu einem Qualifikationskonflikt. Der eine Vertragsstaat subsumiert die Vergütungen als Sondervergütungen unter Art. 7 MA, wohingegen der andere Vertragsstaat die Vergütungen seinem innerstaatlichen

Steuerrecht entsprechend als Einkünfte der jeweiligen Art unter den spezielleren Abkommensartikel subsumiert. Dies hat zur Folge, dass die Vergütungen je nach Art des vorliegenden Falls entweder doppelt oder keinmal besteuert werden. (§ 5 III 4 b)).

Im Schrifttum wird die Auffassung vertreten, dass zur Vermeidung eines solchen Qualifikationskonflikts der Ansässigkeitsstaat für die Abkommensanwendung an die Qualifikation der Einkünfte durch den Quellenstaat gebunden sei. Begründet wird dies mit dem Wortlaut des Methodenartikels und dem Regelungszusammenhang zwischen Methodenartikel und der jeweilige Verteilungsnorm (§ 5 III 4 d) bb)). Auch die OECD befürwortet in ihrem Partnership-Report eine Qualifikationsverkettung, falls der Qualifikationskonflikt auf Unterschieden im nationalen Recht beruht. Der Fiskalausschuss leitet dies aus dem Wortlaut des Art. 23 MA ab (§ 5 III 4 f) aa)).

Nach hier vertretener Ansicht ist der Ansässigkeitsstaat für die Abkommensanwendung nicht an die Qualifikation der Einkünfte durch den Quellenstaat gebunden. So ist eine Auslegung des Art. 23 Abs. 1 MA im Sinne einer Qualifikationsverkettung dem Wortlaut nach zwar möglich, aber nicht zwingend. Der Wortlaut kann vielmehr auch so ausgelegt werden, dass der Ansässigkeitsstaat nur dann von einer i. S. d. Art. 23 MA abkommenskonformen Besteuerung durch den Quellenstaat auszugehen hat, wenn diesem nach der Wertung des innerstaatlichen Rechts des Ansässigkeitsstaates abkommensrechtlich ein Besteuerungsrecht zusteht. Auch eine am Sinn und Zweck des DBA orientierte Auslegung des Art. 23 MA begründet bei negativen Qualifikationskonflikten keine Qualifikationsverkettung. Im Übrigen können Qualifikationskonflikte, die durch Anwendung von abschließenden Verteilungsnormen seitens des Ansässigkeitsstaates auftreten, nicht durch eine Qualifikationsverkettung gelöst werden, da in diesen Fällen Art. 23 MA gar nicht zur Anwendung kommt (§ 5 III 4 f) bb)).

Der entscheidende Grund der gegen eine Qualifikationsverkettung spricht, besteht darin, dass hierdurch ein Qualifikationskonflikt gelöst werden soll, der bei einer abkommensautonomen Auslegung der Verteilungsnormen gar nicht auftreten würde. Die Befürworter eine Qualifikationsverkettung gehen davon aus, dass die Besteuerung von Einkünften durch den Quellenstaat auch dann abkommenskonform i. S. d. Art. 23 A Abs. 1 MA ist, wenn die Anwendung der Verteilungsnorm aus einer Auslegung dieser Norm unter Rückgriff auf das innerstaatliche Recht resultiert. Damit wird Art. 3 Abs. 2 MA dahingehend interpretiert, dass eine am innerstaatlichen Recht des Anwendestaates orientierte Abkommensauslegung zumindest auf der gleichen Stufe steht wie eine abkommensautonome Auslegung (§ 5 III 4 f) bb)).

Nach in dieser Arbeit vertretener Ansicht ist Art. 3 Abs. 2 MA jedoch dahingehend auszulegen, dass, soweit das Abkommen keine eigenen Begriffsdefinitionen enthält, einer Auslegung der Verteilungsnormen aus dem Abkommenszusammenhang stets Vorrang vor einer Auslegung nach dem innerstaatlichen Recht einzuräumen ist, wenn anderenfalls der Sinn und Zweck des DBA nicht erreicht wird (§ 5 I 4 c) cc)). Genau dies ist aber der Fall, wenn beide Vertragsstaaten unter Rückgriff auf ihr innerstaatliches Recht die Sondervergütungen unter verschiedene Verteilungsnormen subsumieren und dadurch einen Qualifikationskonflikt verursachen.

Durch eine vom innerstaatlichen Recht unabhängige, abkommensautonome Auslegung kommen beide Vertragsstaaten i. d. R. zu einem übereinstimmenden Auslegungsergebnis, so dass ein abkommensrechtlicher Qualifikationskonflikt vermieden wird. Sollte ein solcher dennoch auftreten, so ist dies auf eine fehlerhafte Auslegung durch einen der beiden Staaten oder auf eine abweichende Sachverhaltsinterpretation zurückzuführen. Derartige Qualifikationskonflikte sind durch Verständigungsverfahren (Art. 25 MA) bzw. über Art. 23 Abs. 4 MA zu lösen (§ 5 III 4 g)).

Für die abkommensrechtliche Behandlung von Sondervergütungen ergibt sich daraus Folgendes:

Vergütungen, die der Gesellschafter für die Überlassung eines Darlehens von seiner Personengesellschaft erhält, stellen abkommensrechtlich stets Zinsen i. S. d. Art. 11 Abs. 3 MA dar, unabhängig davon, wie der jeweilige Vertragsstaat diese nach seinem innerstaatlichen Steuerrecht qualifiziert. Dies gilt auch dann, wenn die Personengesellschaft in ihrem Sitzstaat steuerrechtlich nicht als Steuersubjekt anerkannt wird, denn die abkommensrechtliche Annerkennung eines Gläubiger-Schuldner-Verhältnisses setzt nur die abkommensrechtliche Personeneigenschaft voraus, nicht jedoch die Ansässigkeit des Schuldners in einem der beiden Vertragstaaten (§ 5 III 4 g) aa) (1)).

Der in Art. 11 Abs. 4 MA enthaltene Betriebstättenvorbehalt greift bei zum Sonderbetriebsvermögen gehörenden Forderungen nicht schon deshalb, weil Sonderbetriebsvermögen nach innerstaatlichem deutschen

Steuerrecht Betriebsvermögen darstellt. Denn § 15 Abs. 1 S. 1 Nr. 2 HS 2 EStG begründet nur eine rechtliche Zugehörigkeit die nicht mit einer tatsächlichen Zugehörigkeit i. S. d. Betriebstättenvorbehalts gleichgesetzt werden kann. Aus dem Sinn und Zweck der im Betriebstättenvorbehalt geforderten tatsächlichen Zugehörigkeit ergibt sich, dass Wirtschaftsgüter, die der Gesellschafter seiner Personengesellschaft zur Nutzung überlässt, auch niemals „auf andere Weise" tatsächlich zur Betriebstätte der Personengesellschaft gehören können (§ 5 III 4 g) aa) (2)).

Überlässt ein Gesellschafter seiner Personengesellschaft immaterielle Wirtschaftsgüter zu Nutzung, so stellen die hierfür gezahlten Vergütungen abkommensrechtlich Lizenzgebühren i. S. d. Art. 12 Abs. 2 MA dar. Der in Art. 12 Abs. 3 MA enthaltene Betriebstättenvorbehalt greift nicht, denn eine tatsächliche Zugehörigkeit des Stammrechts zur von der Personengesellschaft unterhaltenen Betriebstätte ist nicht gegeben (§ 5 III 4 g) bb)).

Vergütungen für die Überlassung von beweglichen materiellen Wirtschaftsgütern, bei denen es sich um gewerbliche, kaufmännische oder wissenschaftliche Ausrüstungen handelt, sind in Abhängigkeit von dem anzuwendenden DBA unter Art. 12 Abs. 2 MA oder unter Art. 7 MA zu subsumieren. Vergütungen für die Vermietung oder Verpachtung anderer Wirtschaftsgüter stellen abkommensrechtlich Einkünfte i. S. d. Art. 21 MA dar. Der in Art. 21 Abs. 2 MA enthaltene Betriebstättenvorbehalt greift aus den bereits genannten Gründen nicht (§ 5 III 4 g) cc)).

Vergütungen die der Gesellschafter für die Überlassung von unbeweglichem Vermögen an die Personengesellschaft erhält, sind unter Art. 6 Abs. 1 MA zu subsumieren. Dem Belegenheitsstaat des Vermögens steht nach dieser Regelung ein uneingeschränktes Besteuerungsrecht zu (§ 5 III 4 g) dd)).

Vergütungen, die ein Gesellschafter für seine selbständige Tätigkeit im Dienste der Gesellschaft erhält, sind bei Anwendung von DBA, die älteren Fassungen des OECD-MA folgen, unter Art. 14 MA zu subsumieren. Folgt das DBA hingegen dem OECD-MA 2000, enthält es keine dem Art. 14 MA entsprechende Regelung mehr, so dass auf diese Einkünfte Art. 7 MA anzuwenden ist (§ 5 III 4 g) ee)).

Bezieht der Gesellschafter einer Personengesellschaft im Rahmen eines Dienstverhältnisses ein Gehalt für eine Tätigkeit, die er gegenüber der Gesellschaft erbringt, so ist auf diese Vergütungen Art. 15 MA anzuwenden. Entgegen der vom Fiskalausschuss im Partnership-Report vertretenen Auffassung kann auch einer transparent besteuerten Personengesellschaft die Arbeitgebereigenschaft zukommen. Dem steht auch die abkommensrechtliche Nichtansässigkeit der Personengesellschaft nicht entgegen (§ 5 III 4 g) ff) (1), (3)).

Grundsätzlich hat gem. Art. 15 Abs. 1 MA der Ansässigkeitsstaat des Gesellschafters das alleinige Besteuerungsrecht. Übt der Gesellschafter seine Tätigkeit allerdings im anderen Vertragsstaat, also im Sitzstaat der Personengesellschaft, aus, so steht diesem als Tätigkeitsstaat gleichfalls ein Besteuerungsrecht für die Vergütung zu. Die in Art. 15 Abs. 2 MA genannte Ausnahme vom Arbeitsortprinzip greift nicht, denn die Sondervergütungen mindern als Betriebsausgaben den Betriebstättengewinn der von der Personengesellschaft in ihrem Sitzstaat unterhaltenen Betriebstätte. Damit ist die Voraussetzung des Art. 15 Abs. 2 lit c) MA nicht erfüllt, so dass auch dem Sitzstaat der Gesellschaft als Tätigkeitsstaat ein Besteuerungsrecht zusteht (§ 5 III 4 g) ff) (3)).

Dividenden, die ein Mitunternehmer aus einer Beteiligung an der Komplementär-Kapitalgesellschaft seiner Personengesellschaft erzielt, sind unter Art. 10 Abs. 3 MA zu subsumieren. Auch Art. 10 MA enthält in seinem Absatz 4 einen Betriebstättenvorbehalt. Anders als bei Zinsen und Lizenzgebühren erzielt der Gesellschafter seine Dividenden nicht durch eine Nutzungsüberlassung o. ä. gegenüber seiner Personengesellschaft. Beschränkt sich die Tätigkeit der Komplementär-Kapitalgesellschaft auf die Geschäftsleitung der Personengesellschaft, so ist die Existenz der Kapitalgesellschaft durch die Existenz der Personengesellschaft bedingt. Damit sind die Dividenden als Teil des Gewinns der Kapitalgesellschaft durch die Aktivität der Personengesellschaft verursacht, so dass in dieser speziellen Konstellation eine tatsächliche Zugehörigkeit der Beteiligung zur Betriebstätte der Personengesellschaft i. S. d. Betriebstättenvorbehalts anzunehmen ist (§ 5 III 4 g) gg) (2)).

Abkommenrechtliche Behandlung bei Vorliegen eines Qualifikationskonflikts bezüglich des Steuersubjekts

Ein Qualifikationskonflikt bezüglich des Steuersubjets liegt vor, wenn der Sitzstaat der Personengesellschaft diese als Steuersubjekt qualifiziert, wohingegen der Sitzstaat der Gesellschafter nur die Gesellschafter als Steuersubjekte anerkennt.

Abkommensrechtlich ist der Sitzstaat der Gesellschafter an die Qualifikation der Personengesellschaft als ansässige Person durch den Sitzstaat der Gesellschaft gebunden. Entgegen der Auffassung des OECD-Steuerausschusses ist damit die Personengesellschaft von beiden Staaten als abkommensrechtliche Unternehmensbetreiberin anzuerkennen, so dass es sich abkommensrechtlich um ein Unternehmen des Sitzstaates der Personengesellschaft handelt. Für die Anwendung des Art. 7 MA ist dieser als Ansässigkeitsstaat anzusehen. Diesem steht gem. Art. 7 Abs. 1 S. 1 HS 1 MA das ausschließliche Besteuerungsrecht für die Gewinne der Personengesellschaft zu. Der Ansässigkeitsstaat der Gesellschafter hat wegen der abschließenden Rechtsfolge des Art. 7 Abs. 1 S. 1 HS 1 MA die Unternehmensgewinne freizustellen. Die nach innerstaatlichem Recht vorgesehene Besteuerung des dem Gesellschafter zuzurechnenden Gewinnanteils im Zeitpunkt der Gewinnentstehung wird abkommensrechtlich unterbunden. Auch die Anwendung des Progressionsvorbehalts ist in diesem Fall abkommensrechtlich ausgeschlossen (§ 5 III 5 a) aa)).

Die Personengesellschaft stellt abkommensrechtlich eine ansässige Gesellschaft i. S. d. Art. 3 Abs. 1 lit. b i. V. m. Art. 4 Abs. 1 MA dar, so dass Ausschüttungen an die Gesellschafter abkommensrechtlich als Dividenden i. S. d. Art. 10 Abs. 3 MA zu qualifizieren sind. Dem Ansässigkeitsstaat der Gesellschafter steht gem. Art. 10 Abs. 1 MA ein uneingeschränktes Besteuerungsrecht der Gewinnausschüttungen zu. Der Ansässigkeitsstaat der Gesellschafter, der die Gesellschaft steuerrechtlich transparent behandelt, nimmt das ihm zugewiesene Besteuerungsrecht jedoch nicht wahr, da es sich bei den Dividenden nach seinem innerstaatlichen Steuerrecht um nicht steuerbare Entnahmen der Mitunternehmer handelt. Die in Art. 10 Abs. 2 vorgesehene Quellensteuerreduktion seitens des Ansässigkeitsstaates der Gesellschaft hat trotz Steuerfreiheit der Dividenden im Sitzstaat der Gesellschafter zu erfolgen, denn Art. 10 Abs. 2 MA ist nicht im Sinne einer „subject-to-tax"-Klausel zu verstehen (§ 5 III 5 a) bb)).

Ein weiterer Qualifikationskonflikt ist gegeben, wenn der Sitzstaat der Personengesellschaft diese als Mitunternehmerschaft qualifiziert, der Ansässigkeitsstaat der Gesellschafter sie hingegen als Steuersubjekt anerkennt.

Aufgrund der steuerrechtlich transparenten Behandlung der Personengesellschaft in ihrem Sitzstaat, stellt sie abkommensrechtlich keine ansässige Person dar. Unternehmensbetreiber im abkommensrechtlichen Sinne sind die Gesellschafter, so dass gem. Art. 7 Abs. 1 S. 1 HS 1 MA dem Gesellschafterstaat ein uneingeschränktes Besteuerungsrecht hinsichtlich der Unternehmensgewinne zusteht, wobei abkommensrechtlich nicht zwischen thesaurierten und ausgeschütteten Gewinnen unterschieden wird. Dem Sitzstaat der Gesellschaft steht als Betriebstättenstaat ein Besteuerungsrecht gem. Art. 7 Abs. 1 S. 1 HS 2, S. 2 MA zu. Der Gesellschafterstaat hat sodann die Doppelbesteuerung gem. Art. 23 MA durch Freistellung unter Progressionsvorbehalt oder durch Anrechnung der ausländischen Steuer zu vermeiden.

Der Ansässigkeitsstaat der Gesellschafter nimmt das ihm abkommensrechtlich zustehende Besteuerungsrecht nicht wahr, soweit es sich bei den Unternehmensgewinnen nach seinem innerstaatlichen Recht um thesaurierte Gewinne handelt, denn die Gesellschaft ist mangels Sitz oder Geschäftleitung im Inland nicht unbeschränkt steuerpflichtig. Die Nichtbesteuerung der Gewinne resultiert aus innerstaatlichem Recht, weshalb der in Verbindung mit der Freistellungsmethode vorgesehene Progressionsvorbehalt nicht zur Anwendung kommt. Der Sitzstaat der Gesellschaft nimmt das Besteuerungsrecht, welches ihm als Betriebstättenstaat zusteht, wahr, indem die Gesellschafter mit den ihnen zuzurechnenden Gewinnanteilen der beschränkten Steuerpflicht unterliegen (§ 5 III 5 b) aa)).

Aufgrund des im Sitzstaat der Gesellschaft zur Anwendung kommenden Transparenzprinzips wird die Einkünfteverwendung innerstaatlich als nicht steuerbare Entnahme betrachtet. Der Ansässigkeitsstaat der Gesellschafter qualifiziert die Entnahme aufgrund des zur Anwendung kommenden Kapitalgesellschaftskonzepts als eine nach innerstaatlichem Recht steuerpflichtige Gewinnausschüttung.

Abkommensrechtlich ist die Gesellschaft keine ansässige Person, nur die Gesellschafter werden als ansässige Personen anerkannt. Auf Abkommensebene kommt somit das Trennungsprinzip nicht zur Anwendung, so dass abkommensrechtlich nur die Unternehmensgewinne der Gesellschafter existieren, deren Besteuerung nach Maßgabe des Betriebstättenprinzips erfolgt. Weitere Einkünfte, für die das Besteuerungsrecht entweder dem einen oder dem anderen Vertragsstaat zugewiesen werden müsste, existieren abkommensrechtlich nicht. Die Entnahmen können unter keine der abkommensrechtlichen Einkunftsarten subsumiert werden, auch nicht unter Art. 7 MA oder Art. 21 MA. Damit kann den Vertragsstaaten für die Entnahmen abkommensrechtlich weder das

Besteuerungsrecht zugewiesen werden, noch kann die Besteuerung dieser Entnahmen durch das DBA beschränkt werden. Damit ist der Gesellschafterstaat abkommensrechtlich nicht daran gehindert, die Entnahmen als Gewinnausschüttungen nach seinem innerstaatlichen Recht zu besteuern (§ 5 III 5 b) bb)).

www.ingramcontent.com/pod-product-compliance
Ingram Content Group UK Ltd.
Pitfield, Milton Keynes, MK11 3LW, UK
UKHW021941290926
8980IPUK00016B/1751